中国社会科学院财经战略研究院报告
National Academy of Economic Strategy Report Series

中国服务业发展报告2013

ANNUAL REPORT ON CHINA'S SERVICE INDUSTRY (2013)

——中国区域服务业发展战略研究

史丹　夏杰长／主编

社会科学文献出版社
SOCIAL SCIENCES ACADEMIC PRESS (CHINA)

出版前言

中国社会科学院财经战略研究院始终提倡“研以致用”，坚持“将思想付诸实践”作为立院的根本。按照“国家级学术型智库”的定位，从党和国家的工作大局出发，致力于全局性、战略性、前瞻性、应急性、综合性和长期性经济问题的研究，提供科学、及时、系统和可持续的研究成果，当为中国社会科学院财经战略研究院科研工作的重中之重。

为了全面展示中国社会科学院财经战略研究院的学术影响力和决策影响力，着力推出经得起实践和历史检验的优秀成果，服务于党和国家的科学决策以及经济社会的发展，我们决定出版“中国社会科学院财经战略研究院报告”。

中国社会科学院财经战略研究院报告，由若干类专题报告组成。拟分别按年度出版发行，形成可持续的系列。力求达到中国社会科学院财经战略研究院的最高水平。

我们和经济学界以及广大的读者朋友一起瞩望着中国经济改革与发展的未来图景！

中国社会科学院财经战略研究院

学术委员会

2013 年 6 月

《中国服务业发展报告2013》
编写组名单

主　　编　史　丹　夏杰长

副 主 编　倪鹏飞　戴学锋

成　　员　（按拼音排序）

白　旻　陈　昭　陈立平　陈玉秀　高广春
何德旭　黄　浩　姜雪梅　金　准　雷　雄
李　超　李文秀　李勇坚　廖　斌　刘彦平
刘　奕　马聪玲　倪鹏飞　裴长洪　史　丹
史晓琳　宋　瑞　孙开钊　田　侃　王朝阳
王大威　夏杰长　姚战琪　张安全　张颖熙
赵京桥　赵　鑫　赵雅萍　朱　玺　朱荣华
邹琳华

摘 要

2013 年第 1 季度，中国服务业增加值已经超过工业成为 GDP 的最大贡献者，服务业早在 2011 年就是劳动力就业的第一大部门，2011 年、2012 年连续两年服务业利用外资超过了制造业，我们虽然不能因此断定中国就迈入了“服务经济时代”，但至少可以肯定，服务经济在国民经济和社会发展中正发挥着越来越重要的作用。中国是一个区域经济发展很不平衡的发展中大国，过去我们关注的是工业的地区不平衡问题，但是随着制造业向中西部地区转移，人口向东部地区转移，特别是向东部地区主要城市群集聚，无论是为居民服务的生活性服务业，还是为生产服务的生产性服务业，东部发达地区都有着天然的优势，在这种大的背景下，很可能出现地区间制造业差距不断缩小，而区域间服务业差距逐渐扩大的格局，为此，我们 2013 年度的服务业发展报告就选择了“中国区域服务业发展战略”这个主题，旨在剖析区域服务业增长和开放情况，对区域服务业竞争力做一个基本评价，提出缩小区域服务业发展差距的基本战略思路并明晰促进区域服务业政策措施。

报告利用偏离－份额法对各省级单位的总体服务业增长和分行业增长进行了分解，构建了一套包含 4 类 15 项指标的区域服务业竞争力评价指标体系。在该指标体系的基础上，使用主成分分析法，对中国区域服务业竞争力进行了综合评价。主要结论如下：我国的区域服务业发展仍极不平衡，东部地区的发展要大幅领先于中西部地区，2011 年，东部地区就有九家省级单位占据了人均服务业增加值的前十名，中西部地区的服务业发展速度则要超过东部地区；东部地区的服务业增长效率大幅高于中西部地区，中西部地区的差异则不明显；利用偏离－份额法对各省份服务业的总体增长进行分解，结果表明，东部地区的服务业发展优于中西部地区，而西部地区虽然内部差异较大，但从整体上看则要优于中部地区；利用偏离－份额法对各省份服务业的主要子行业进行了分解增长，分析结果表明，东部地区的服务业增长在整体上具有优势，但是各个子行业存在着差异；通过对我国区域服务业竞争力的评价，得到各省份服务业竞争力的综合得分，东部地区服务业竞争力整体水平远高于中西部地区，中部地区服务业竞争力比较平均。总的来看，中部地区的服务业竞争力强于西部地区，而西部地区服务业竞争力分化比较严重。

为了促进我国区域服务业均衡发展，提升我国区域服务业竞争力水平，须从以下七个方面着力：一是加快市场化改革进度，为服务业发展创造良好的制度环境；二是促进落后地区服务业投资，提升投资效率；三是扩大区域开放，以更加积极主动的对内对外开放政策推动区域服务业大发展；四是合理规范的区间税收竞争，尽早全面推开“营改增”政策；五是鼓励东北和中西部地区承接沿海制造业转移；六是制定更加优惠和灵活的政策，引导人才向落后地区流动；七是优化服务业地区布局，发挥各地区的比较优势，走特色服务业发展道路。

目录

第一部分　总报告

第二部分　中国区域服务业增长与开放战略

第三部分　中国区域金融服务业发展战略

第四部分 中国区域商贸流通业发展战略

第五部分　中国区域房地产业发展战略

第六部分　中国区域旅游业发展战略

第一部分
总报告

中国服务业发展区域差异：实证分析与战略措施

课题组*

摘　要： 本研究报告分析了服务业发展的区域差异，包括服务业发展水平、服务业增长速度以及服务业增长效率的差异，并利用偏离－份额法对各省级单位的总体服务业增长和分行业增长进行了分解。随后，构建了一套包含了4类15项指标的区域服务业竞争力评价指标体系。在该指标体系基础上，使用主成分分析法，对中国区域服务业竞争力进行了综合评价。主要结论如下：我国的区域服务业发展仍极不平衡，东部地区的发展要大幅领先中西部地区，2011年，东部地区就有九家省级单位占据了人均服务业增加值的前十名，中西部地区的服务业发展速度则要超过东部地区；东部地区的服务业增长效率大幅高于中西部地区，中西部地区的差异则不明显；利用偏离－份额法对各省份服务业的总体增长进行分解，结果表明东部地区的服务业发展优于中西部地区，而西部地区虽然内部差异较大，但从整体上看则要优于中部地区；利用偏离－份额法对各省份服务业的主要子行业进行了分解增长。分析结果表明，东部地区的服务业增长在整体上具有优势，但是各个子行业内存在着差异；通过对我国区域服务业竞争力的评价，得到各省份服务业竞争力综合得分，东部地区服务业竞争力整体水平远高于中西部地区，中部地区服务业竞争力比较平均，总的来

* 中国社会科学院财经战略研究院“中国服务业发展报告”课题组。史丹研究员主持了课题设计、总报告框架与初稿讨论会，并对初稿、定稿提出了许多建设性意见。夏杰长研究员、李勇坚副研究员、姚战琪研究员、刘奕博士对课题设计和总报告框架提出了许多补充意见，这些意见对完善总报告有重要的参考作用。执笔人：雷雄、夏杰长、史丹、李勇坚。

看，中部地区的服务业竞争力强于西部地区，而西部地区服务业竞争力分化比较严重。为了促进我国区域服务业均衡发展，提升我国区域服务业竞争力水平，可从以下几个方面着手：一是加快市场化改革进度，为服务业发展创造良好的制度环境；二是促进落后地区服务业投资，提升投资效率；三是扩大区域开放，以更加积极主动的对内对外开放政策推动服务业大发展；四是合理规范地区间税收竞争，尽早全面推开“营改增”政策；五是鼓励东北和中西部地区承接沿海制造业转移；六是制定更加优惠和灵活的政策，引导人才向落后地区流动；七是优化服务业地区布局，发挥各地区比较优势，走特色服务业发展道路。

关键词： 区域服务业　服务业竞争力　偏离－份额法　主成分分析法　战略措施

一　中国区域服务业发展差异及竞争力研究文献综述

（一）中国区域服务业发展差异现状

我国的区域经济发展存在巨大差异，与此类似的一个现象是，我国区域服务业的发展差异也十分明显。中国区域间服务业发展水平的巨大差异，引起了研究人员的兴趣，已有大量研究成果对此进行了深入讨论。

李志杰、张颖熙、李蕊（2012）利用服务业增加值占GDP比重这一指标，将全国31个省级区域服务业发展水平由高到低分成4个层次。其中，北京、上海这两个服务经济最发达的地区为第一层；天津、广东、浙江、江苏、辽宁等经济较发达的地区为第二层；山东、湖北、湖南等为第三层，处于这一层的省份最多；经济较不发达的地区如甘肃、青海、西藏等属于第四层。靖学青（2012）选取了服务业占比、人均服务产品占有量、服务密度这三个指标，并分别赋予了它们不同的权重，计算出各省份服务业发展水平综合指数并进行排名，直观地描述了我国区域间服务业发展水平的巨大差异。其中，北京、上海的服务业发展水平领先全国，而东部地区的服务业发展水平普遍优于中、西部地区。

顾乃华（2008）利用数据包络分析（DEA）的方法对区域服务业效率差

异进行了研究，结果表明我国区域服务业效率存在较大差异并且有扩大的趋势。李扬（2011）在研究了我国服务业区域发展水平差异现状的基础上，重点考察了各区域服务业投资的差异。他认为，我国各区域之间服务业投资规模差异较大，东部地区对于中西部地区和东北地区在服务业投资上表现出明显的优势。

有的学者也研究了服务业内部某一子行业的区域发展差异情况。刘辉煌、彭炜（2007）利用因子分析法计算出我国31个省份的知识型服务业的发展水平，对知识型服务业发展在区域间表现出来的差异进行了分析。豆晓利、王文剑（2011）计算了中国金融服务业的区域发展差异，他们指出，我国区域之间金融业的发展存在差距扩大的趋势，并不存在收敛的趋势。

张克夫（2012）对我国区域服务业的失衡现状作出了较为全面的归纳，这些失衡包括：服务业发展水平失衡、服务业增长速度失衡、服务业结构失衡、服务业企业经济效益失衡、服务业效率失衡以及服务业开放程度失衡。

（二）对中国区域服务业发展差异的解释

由于研究方法、研究数据、研究目的等诸方面的差异，现有的研究成果在解释区域服务业发展方面的思路也有着显著的差异。

通常认为，区域间服务业增长与其全要素生产率（TFP）差异有关。根据增长理论中的“收敛假设”，后发地区在全要素生产率增长方面具有比较优势[①]，因此，许建平、任燕（2012）认为，落后地区服务业TFP可能会快于发达地区。他们同时指出，影响服务业区域发展差异的因素主要有区域间在经济发展程度、经济开放程度、城市化水平、工业化程度、收入与消费水平、科技水平、人力资本要素水平、基础设施水平等方面的差异。

---

① 根据新古典增长模型的边际收益递减假定，后发国家在增长上具有优势，即先发国家与后发国家都具有向稳态发展的趋势，这就是收敛假设的基础。一般将经济增长的收敛性区分为β-收敛和σ-收敛。β-收敛是指初期人均产出水平较低的经济系统趋于在人均产出增长率、人均资本增长率等人均项目上比初期人均产出水平较高的经济系统以更快的速度增长，即不同经济系统间的人均产出增长率与初始人均产出水平负相关。σ-收敛是指不同经济系统间人均收入的离差随时间的推移而趋于下降。β-收敛是针对产出增量而言的，而σ-收敛则是对产出存量水平的描述。然而，在对产业经济发展进行解释时，有另一种理论挑战着收敛假设，即集聚经济理论，根据集聚经济理论，因为集聚会产生规模收益递增，因此，先发地区更具优势。

李文秀、李勇坚、罗春燕（2012）从一个独特的视角探讨了这个问题。他们的基本观点是，后发地区的投资应该更有效率①。因此，他们使用ICOR（the incremental capital output ratio，投资－增量产出比）作为衡量投资产出的重要指标，重点考察了各省区的服务业及其内部各个行业之间的ICOR与其服务业发展水平（以人均服务业增加值衡量）之间的关系，其最后结论表明，区域间服务业投资效率并不存在显著差异。

还有研究（刘兴凯，2009；顾乃华、李江帆，2006）指出，服务业TFP增长及其构成在省区空间分布上存在明显的区域差异性，按照三大区域的划分，东部地区TFP增长最高，西部地区次之，中部地区最低，区域内各省之间TFP增长及其源泉的差距程度较大，呈现发散的特点。这个结论与前述收敛假设正好相反。对此的解释包括人口密度与服务业效率正相关②、老龄化对服务业需求的影响③等。另外，李勇坚（2008）认为，体制性障碍例如户籍制度的存在也是造成这一结果的重要原因。顾乃华、李江帆（2006）通过实证研究表明，我国区域服务业技术效率的差异加剧了区域服务业发展水平的失衡，而技术效率差异的原因主要是落后地区的市场发育水平较低。

（三）中国区域服务业竞争力的研究综述

区域竞争力一直是区域经济研究的一个热点。其中影响最大的是世界经济论坛（World Economic Forum）的《全球竞争力报告》（*The Global Competitiveness Report*）。该报告建立了一整套指标体系，将全球竞争力指标分解为三个子指标（基本条件子指标、效率强化子指标、创新和复杂性因素子指标）。每个子指标又由若干个次级指标构成，一共使用了12个原始指标。竞争力研究大师波特则指出，国家是企业最基本的竞争优势。在真实的产业竞争中，创新与变革才是基本因素。如果一个国家的产业符合如下四个条件，这个国家将在全球化经济活动中获得竞争优势：①这些产业在生产中，密集地使用该国丰富的、

① 一般认为，后发地区有着更多的投资机会，因此，投资的边际收益将更高。这也是发达地区向后发地区进行产业转移的重要理论基础。事实上，自20世纪80年代开始的大规模产业转移，证明了后发地区投资效率更高这一假定。但是，投资效率更高这一假定是否发生于所有产业领域，仍是一个值得探讨的问题。

② 服务无形性、易逝性的特点，决定了服务业的持续高效发展同人口密度息息相关。

③ 老年人对服务消费的需求不如年轻人丰富多样，因此老龄化导致结构性差异。

相对便宜的要素；②其产品拥有广大的国内市场；③每个产业形成一个产业集群；④每个产业的国内市场是竞争的市场。其中，第一个条件实际上意味着这些产业应符合由该国家要素禀赋所决定的比较优势，而第三和第四两个条件只有当产业与该国要素禀赋相符时才会成立。

对中国服务业区域竞争力的研究大致可以分为以下两条思路：第一条思路是对区域间服务业效率进行了分析，其核心指标是区域间服务业全要素生产率（TFP），也有一些使用其他方法的研究成果。第二条思路是建立服务业竞争力指标体系，对区域间服务业的竞争力进行分析。其方法是试图通过建立一套指标体系对各区域的服务业竞争力进行评价，这类研究以李素喜（2008）为代表，本文对于区域服务业竞争力的研究也是主要基于这一种方法。

关于服务业的区域竞争力，国内学者也有一些研究。胡霞（2005）认为，服务业的区域竞争力是一个综合指标，它不仅涵盖服务业本身的发展规模和结构状况，还包括经济基础条件对服务业发展的支持、技术发展水平对未来服务业的促进和服务业可持续发展的能力等因素。李素喜（2008）则指出，服务业竞争力是直接反映服务业综合竞争能力和发展水平的指标。而且，他指出，迄今为止，绝大多数关于区域竞争力的研究都集中在国家这一层次上，研究国家竞争力过程中，研究者多直接采用“国家竞争力”或“国际竞争力”一类术语，研究国际服务业竞争力时多采用“服务贸易竞争力”等名词。

关于具体指标体系的建立方法，有一些学者作出了尝试。中国人民大学竞争力与评价研究中心（2003）从规模竞争力、结构竞争力、成长竞争力、创新竞争力和管理竞争力五个方面构建了一套包含23个指标的评价体系，从而在此基础上对31个省份竞争力作了测算和排名。曹建云（2012）则建立了一个包括规模竞争力、科技竞争力、结构竞争力、环境竞争力、成长竞争力五个子指标的服务业竞争力评价指标体系。他使用的是主成分分析法，但是他所选取的指标过多，有很多指标与服务业竞争力并无直接联系。吴士元（2003）也存在着指标选取失当的问题。他将地区服务业竞争力指标体系分解为地区经济基础、地区服务业贡献、地区主要服务业产出、地区科技实力四个部分。他们的这套指标存在不少问题，比如过分强调服务业占比的重要性，另外，用地区科技实力来代表服务业竞争力也显得不够严谨。李素喜（2008）在其博士论文中构建了一套包含直接体现性指标（即服务业的两个比重）和影响因素指标在内的评价指标体系，其中影响因素指标又分为服务业的结构、效益、规模、经济基础四个方面。

尽管上述研究在指标体系、时间跨度、数据来源上均有所差别，但这些研究的结果都表明，我国省级区域之间的服务业竞争力存在着较大的差异。东部地区的服务业竞争力要明显强于中西部地区和东北地区。

二 中国区域服务业的增长与结构分析

（一）中国服务业发展的区域差异现状分析

中国区域间服务业的增长、效率及竞争力是一个有吸引力的研究课题。因为无论是增长、效率还是竞争力，都是一个非常复杂的命题。

中国区域服务业发展水平存在着巨大的差异。以人均服务业增加值计算，东部地区差不多是西部地区的 3 倍，而中西部地区不存在显著差异。2011 年，人均服务业增加值排名前五的省级单位全部属于东部地区，而前十名则有 9 家来自于东部地区。东部地区 11 个省级单位全部进入人均服务业增加值的前 20 名。从算术平均值比较来看，东部地区最高，中部地区次之，西部地区最低。

从区域内部看，东部地区服务业最发达的地区（北京）是其最落后的地区（河北）的 5.23 倍，西部地区服务业最发达的地区（内蒙古）是其最落后的地区（甘肃）的 2.64 倍，都表现出较大的差异。中部地区服务业发展水平差异较小，最发达的地区（吉林）是最落后的地区（安徽）的 1.61 倍（见表 1）。

表 1　2011 年中国服务业人均增加值的区域差异

东部地区	人均服务业增加值(万元)	全国排名	中部地区	人均服务业增加值(万元)	全国排名	西部地区	人均服务业增加值(万元)	全国排名
北　京	6.12	1	山　西	1.10	20	内蒙古	2.02	7
天　津	3.85	3	吉　林	1.34	12	广　西	0.86	26
河　北	1.17	17	黑龙江	1.19	16	重　庆	1.24	15
辽　宁	1.86	8	安　徽	0.83	28	四　川	0.87	25
上　海	4.75	2	江　西	0.87	24	贵　州	0.80	29
江　苏	2.64	4	河　南	0.85	27	云　南	0.80	30
浙　江	2.60	5	湖　北	1.26	14	西　藏	1.06	21

续表

东部地区	人均服务业增加值(万元)	全国排名	中部地区	人均服务业增加值(万元)	全国排名	西部地区	人均服务业增加值(万元)	全国排名
福　建	1.85	9	湖　南	1.14	19	陕　西	1.16	18
山　东	1.80	10				甘　肃	0.77	31
广　东	2.29	6				青　海	0.95	23
海　南	1.31	13				宁　夏	1.35	11
						新　疆	1.02	22
平　均	2.75		平　均	1.07		平　均	0.99	
极 差 1	4.95		极 差 1	0.50		极 差 1	1.26	
极 差 2	5.23		极 差 2	1.61		极 差 2	2.64	

资料来源：根据《中国第三产业统计年鉴 2012》整理计算。

注：①平均值为算术平均值，下同。

②极差 1 为区域内最高值减去最低值的差，下同。

③极差 2 为区域内最高值除以最低值的商，下同。

从服务业增加值占 GDP 的比重看，与人均增加值分布稍有差异。东部地区依然最高，而中部地区服务业占比最低。在服务业占比排名前十的省级单位中，东部地区占了七席，西部地区占了三席。有意思的是，服务业占比排名第三的西藏、排名第四的贵州，其人均服务业增加值排名都非常靠后。

从各区域内部看，东部地区服务业占比差异非常大，其占比最高者是最低者的 2.2 倍；而西部地区次之，达到 1.65 倍；中部地区各省服务业占比差异不是很大，相对比较均衡，仅为 1.29 倍（见表 2）。

表 2　2011 年中国服务业占 GDP 比重的区域差异

东部地区	服务业占比(%)	全国排名	中部地区	服务业占比(%)	全国排名	西部地区	服务业占比(%)	全国排名
北　京	76.1	1	山　西	35.2	20	内蒙古	34.9	21
天　津	46.2	5	吉　林	34.8	22	广　西	34.1	25
河　北	34.6	24	黑龙江	36.2	19	重　庆	36.2	18
辽　宁	36.7	17	安　徽	32.5	29	四　川	33.4	28
上　海	58.0	2	江　西	33.5	27	贵　州	48.8	4
江　苏	42.4	9	河　南	29.7	31	云　南	41.6	10
浙　江	43.9	8	湖　北	36.9	16	西　藏	53.2	3
福　建	39.2	12	湖　南	38.3	14	陕　西	34.8	23
山　东	38.3	15				甘　肃	39.1	13

续表

东部地区	服务业占比（%）	全国排名	中部地区	服务业占比（%）	全国排名	西部地区	服务业占比（%）	全国排名
广　东	45.3	7				青　海	32.3	30
海　南	45.5	6				宁　夏	41.0	11
						新　疆	34.0	26
平　均	46.02		平　均	34.65		平　均	38.62	
极差1	41.47		极差1	8.66		极差1	20.91	
极差2	2.20		极差2	1.29		极差2	1.65	

资料来源：根据《中国第三产业统计年鉴2012》整理计算。

从整体看，服务业发展水平差异非常明显，东部地区占据了绝对优势，而中西部地区发展相对滞后。

（二）中国区域服务业增长速度的差异

从服务业增长看，各区域之间及区域内各省级行政单位之间，增长率都呈现较大的差异（见表3）。更为重要的是，从长期增长的视角看，这种差异表现得非常不稳定（见表4）。

表3　2011年中国服务业增长率的区域差异

东部地区	增长率（%）	排名	中部地区	增长率（%）	排名	西部地区	增长率（%）	排名
北　京	8.70	29	山　西	8.70	30	内蒙古	12.44	8
天　津	14.70	3	吉　林	11	18	广　西	10.50	23
河　北	10.53	22	黑龙江	13.16	6	重　庆	10.79	20
辽　宁	11	17	安　徽	10.58	21	四　川	11.20	14
上　海	9.60	26	江　西	11.10	15	贵　州	16.50	1
江　苏	11.09	16	河　南	13.36	4	云　南	12	9
浙　江	9.53	27	湖　北	11.98	10	西　藏	11.63	11
福　建	9.10	28	湖　南	11	19	陕　西	12.50	7
山　东	11.32	13				甘　肃	11.63	12
广　东	10.04	24				青　海	9.70	25
海　南	13.30	5				宁　夏	7.20	31
						新　疆	15.24	2
平　均	10.81		平　均	11.36		平　均	11.78	
极差1	6		极差1	4.66		极差1	9.30	

资料来源：根据《中国第三产业统计年鉴2012》整理计算。

表 4　各区域服务业长期增长趋势分析

	"九五"时期	排名	"十五"时期	排名	"十一五"时期	排名	1996～2010	排名
东部地区								
北　京	1.76	10	1.82	5	1.79	20	5.74	10
天　津	1.78	8	1.74	12	1.98	5	6.14	5
河　北	1.69	21	1.72	14	1.83	14	5.30	20
辽　宁	1.52	30	1.72	13	1.82	15	4.77	26
上　海	2.06	2	1.70	16	1.79	19	6.26	4
江　苏	1.80	5	1.82	6	1.96	7	6.44	3
浙　江	1.69	24	1.91	3	1.87	10	6.02	6
福　建	1.76	13	1.65	25	1.87	9	5.42	16
山　东	1.73	16	1.77	10	1.89	8	5.76	9
广　东	1.72	19	1.79	8	1.74	24	5.36	17
海　南	1.42	31	1.55	30	2.07	1	4.58	29
平　均	1.72	16.27	1.74	12.91	1.87	12	5.62	13.18
极差1	0.64	-29	0.35	-27	0.29	-18	1.86	-26
极差2	1.45		1.23		1.16		1.41	
中部地区								
山　西	1.69	23	1.90	4	1.74	25	5.58	13
吉　林	1.73	17	1.65	24	1.97	6	5.62	12
黑龙江	1.69	22	1.60	28	1.80	18	4.85	24
安　徽	1.78	7	1.79	9	1.67	30	5.35	18
江　西	1.77	9	1.51	31	1.69	29	4.51	30
河　南	1.64	25	1.66	23	1.77	23	4.81	25
湖　北	1.74	14	1.69	19	1.85	12	5.44	15
湖　南	1.74	15	1.69	20	1.86	11	5.45	14
平　均	1.72	16.50	1.69	19.75	1.79	19.25	5.20	18.88
极差1	0.14	-18	0.39	-27	0.30	-24	1.11	-18
极差2	1.09		1.26		1.18		1.25	
西部地区								
内蒙古	1.90	4	2.20	1	2.01	3	8.39	1
广　西	1.59	29	1.70	17	1.82	17	4.89	23
重　庆	1.76	12	1.62	27	1.82	16	5.19	21
四　川	1.79	6	1.67	22	1.78	22	5.35	19
贵　州	1.42	30	1.80	7	2.06	2	5.98	7
云　南	1.72	18	1.71	15	1.71	27	5.04	22
西　藏	2.32	1	1.92	2	1.84	13	8.20	2
陕　西	1.76	11	1.67	21	2	4	5.91	8
甘　肃	1.92	3	1.76	11	1.70	28	5.73	11
青　海	1.61	27	1.63	26	1.78	21	4.71	28

续表

	"九五"时期	排名	"十五"时期	排名	"十一五"时期	排名	1996～2010	排名
西部地区								
宁　夏	1.70	20	1.59	29	1.67	31	4.50	31
新　疆	1.63	26	1.70	18	1.71	26	4.75	27
平　均	1.76	15.58	1.75	16.33	1.83	17.50	5.72	16.67
极差1	0.73	-28	0.60	-28	0.40	-29	3.89	-30
极差2	1.46		1.38		1.24		1.86	

资料来源：根据《中国第三产业统计年鉴 2012》整理计算。

从表 3 可以看出，在 2011 年服务业增长率排名前十的省级行政单位中，东部地区仅有两个（天津、海南）；中部地区有三个（河南、黑龙江、湖北）；而西部地区占据了五席（内蒙古、贵州、云南、陕西、新疆）；从服务业增长率排名前 20 位的省级行政单元看，东部地区仅有五家，中部地区有六家，而西部地区占了九家；从增长率的算术平均值看，西部地区增长率算术平均值达到了 11.78%，中部地区为 11.36%，而东部地区仅为 10.81%。这一事实说明，中西部地区服务业表现出强劲的增长态势。

在各个区域内部，服务业增长也出现了较大的差异，东部地区增长最快的天津市，比增长最慢的北京市，其增长率高了 6 个百分点；西部地区增长最快的贵州省，则比宁夏高 9.3 个百分点；中部地区表现相对平稳，内部差异较小，其增长最快的河南比增长最慢的山西省，增长率高 4.66 个百分点。

表 4 给出了各区域省级行政单元"九五"、"十五"、"十一五"时期及 1996～2010 年服务业增加值的增长倍率及排名。增长倍率是在一个特定的时间区间内，增加值的增长倍数。例如，表中的第一个数据表示，在"九五"期间，北京的服务业增加值增长到了起始年份（1996）的 1.76 倍。从表 3～4 可以看出，在三个五年计划所跨越的 15 年内，三大地区的服务业增加值增长率并无显著差异，在"九五"、"十五"、"十一五"期间，东部地区服务业增长倍率的平均值分别为 1.72 倍、1.74 倍与 1.87 倍；而中部地区分别为 1.72 倍、1.69 倍与 1.79 倍；西部地区分别为 1.76 倍、1.75 倍、1.83 倍。从时间序列看，"十一五"时期增长速度明显要快于"十五"与"九五"时期，这表明在各个区域内，都呈现了服务业加速增长的态势。

从总体看，中部地区的增长率在三个五年计划期间均稍低于东部及西部地区，从 1996～2010 年的增长倍率数据分析亦可看出这一点。15 年间，东部地区服务业增加值平均增长到了原来的 5.62 倍，西部地区为 5.72 倍，而中部地区仅为 5.20 倍。从 1996～2010 年的增长倍率排名看，在增长最快的十个省级行政单元中，东部地区占据了六席，西部地区占据四席，而中部省份无一进入增长倍率排名的前十。在增长最快的前 20 个省级行政单元中，东部地区占了九席，中部地区占了五席，西部地区占了六席。从前述分析可以看出，在 1996～2010 年间，东部地区与西部地区服务业增长强劲，其发展速度超过了中部地区，中部地区服务业发展落后于东西部地区。

从区域内部看，1996～2010 年间，东部地区服务业增加值增长最快的江苏省，其增长倍率是区域内增长最慢的海南省的 1.41 倍，这意味着，即使在 1996 年时江苏省与海南省的服务业发展水平相同，到 2010 年时，江苏省也达到了海南省的 1.41 倍。如果其发展起点存在差异，则其差距扩大了 1.41 倍。西部地区的增长率差异则更为明显，1996～2010 年间，西部地区服务业增加值增长最快的内蒙古，其增长倍率是区域内增长最慢的宁夏的 1.86 倍。同时，二者分别为全国 31 个省级行政单元在 1996～2010 年间服务业增加值增长最快与最慢的行政单元。中部地区的增长率差距则要小得多，服务业增加值增长最快的吉林，其增长倍率是区域内增长最慢的江西的 1.25 倍。

（三）中国服务业增长效率的区域差异

服务业增长效率的测算非常复杂，因为涉及各种不同的指标、计算方法及评估方法。由于本文的核心在于比较各省份之间的服务业竞争力，因此，笔者使用服务业劳均增加值对各区域服务业增长效率进行简单比较。

由于第三产业统计年鉴以及各省统计公报对服务业就业人数的统计口径均不明确，而且数据之间又有一定的矛盾（李勇坚、夏杰长，2009）。《中国第三产业统计年鉴》提供了四项地区就业人数数据：城镇第三产业按行业门类国有单位就业人数、城镇第三产业按行业门类集体单位就业人数、城镇第三产业按行业门类其他单位就业人数、城镇第三产业按行业门类私营企业和个体单位就业人数。从理论上看，这四项数据相加，可以得到第三产业全部就业人数。但是，计算结果表明，这四项数据相加所得到的“第三产业就业人数”

与全部第三产业就业人数的结果存在着巨大的差异①，由于统计年鉴未能提供除了前述数据之外，其余的就业人数在什么样的机构或单位就业的说明，因此，我们将剩余人数按照比例分配到各个省份。由于北京的数据过大（分配之后服务业就业人数超过了全部就业人数），而天津的就业数据又过小（分配之后的服务业就业人数不到全部就业人数的一半），因此，对前述两个数据，根据其统计公报所透露的信息（统计公报未公布按照行业分类的就业数据，但公布了增加值及其增长率）进行调整。根据调整后的就业人数，计算各省级单位的劳均服务业增加值，具体结果参见表5。

表5　2011年中国服务业劳均增加值的区域差异

东部地区	劳均增加值（万元/人）	排名	中部地区	劳均增加值（万元/人）	排名	西部地区	劳均增加值（万元/人）	排名
北　京	11.26	1	山　西	6.25	15	内蒙古	9.26	8
天　津	10.32	4	吉　林	6.62	12	广　西	5.33	26
河　北	8.28	9	黑龙江	5.78	19	重　庆	5.39	25
辽　宁	7.21	11	安　徽	5.57	22	四　川	5.53	23
上　海	10.89	3	江　西	4.59	30	贵　州	6.4	14
江　苏	10.93	2	河　南	5.69	21	云　南	4.83	29
浙　江	9.59	7	湖　北	6.09	16	西　藏	4.17	31
福　建	8.25	10	湖　南	6.41	13	陕　西	5.77	20
山　东	9.61	6				甘　肃	4.98	27
广　东	9.93	5				青　海	4.94	28
海　南	6.05	17				宁　夏	5.52	24
						新　疆	5.88	18
平　均	9.27		平　均	5.88		平　均	5.66	
极差1	4.89		极差1	2.04		极差1	5.09	
极差2	1.81		极差2	1.44		极差2	2.22	

资料来源：根据《中国第三产业统计年鉴2012》整理计算。

从表5可以看出，在三大区域内，劳均服务业增加值存在着巨大差异。从整体上看，东部地区的劳均服务业增加值比中西部地区有着巨大的优势，这一点与前述人均服务业增加值相比有着类似之处。而中西部地区劳均服务业增加

① 前者为19857万人，后者为27282万人，它们的差值为7425万人。

值相差不是很大。

从各区域内部看，劳均服务业增加值的差距远远小于人均服务业增加值。区域内部的差距是西部地区最大，东部地区次之，中部地区最小。

从上述分析看，分析视角不同，对区域之间及区域内部的服务业差异的评估也不一样，因此，有必要建立一个比较有说服力的指标，对区域之间及区域内部的服务业竞争力作出一个综合评估，这也是本文研究的意图所在。

三　对中国区域服务业总体增长的分解

对区域服务业增长方面的研究可以引入区域经济学中常用的偏离－份额法（Shift-share Method）对各省服务业的增长与结构进行综合评价。偏离－份额分析法（Shift-share Analysis）最初由美国经济学家 Daniel 和 Creamer 相继于 20 世纪 40 年代提出，后经 Dunn 等学者总结并逐步完善，成为研究区域经济增长有效的统计方法之一。该分析法把区域经济的变化看作一个动态的过程，以其所在的大经济区域或整个国家的经济发展为参照系，将区域自身经济总量在某一时期的变动分解为三个分量，即份额分量（the national growth effect）、结构偏离分量（the industrial mix effect）和竞争力偏离分量（the shift share effect），以此说明区域经济发展和衰退的原因，评价区域经济结构优劣和自身竞争力的强弱，找出区域具有相对竞争优势的产业部门。

我们将根据偏离－份额分析法，对中国各省份的服务业总体增长进行分解。对时间区间的选择，考虑行业数据的可获得性与数据口径的一致性，确定为五年，即 2007～2011 年。① 分析所使用的基础数据均来源于《中国统计年鉴 2012》、《中国统计年鉴 2008》。2007 年的全国 GDP 数据有三个不同的表述，按照当年各省份 GDP 相加、2008 年统计年鉴所公布的数据以及 2012 年统计年鉴上的数据，本文选择了 2012 年统计年鉴上的数据。通过计算，其结果参见表 6。

① 偏离－份额法的时间区间一般选择 5～10 年，由于我国在 2006 年才第一次出版第三产业统计年鉴，再加上从 2003 年开始统计口径发生了变化，因此，本文选择 5 年作为时间区间。

表6　2007～2011年各省份服务业增加值变化量分解

省　份	N	P	D	G	(P+D)/G(%)
北　京	3294.67	2374.92	-49.06	5620.52	41.38
天　津	1778.98	-57.19	1449.76	3171.56	43.91
河　北	4829.11	-908.24	-100.69	3820.19	-26.41
山　西	2019.55	-316.75	232.98	1935.78	-4.33
内蒙古	2145.57	-317.17	1013.03	2841.43	24.49
辽　宁	3882.98	-488.47	727.48	4121.99	5.80
吉　林	1861.51	-158.41	-48.63	1654.47	-12.51
黑龙江	2488.62	-425.13	32.44	2095.93	-18.74
上　海	4293.47	1095.13	-654.24	4734.36	9.31
江　苏	9067.21	-979.46	3135.93	11223.69	19.21
浙　江	6615.33	-186.21	105.14	6534.27	-1.24
安　徽	2594	-176.65	-316.28	2101.07	-23.46
福　建	3257.97	-148.83	72	3181.14	-2.42
江　西	1937.44	-462.95	693.15	2167.64	10.62
山　东	9146.38	-1847.6	1391.85	8690.65	-5.24
河　南	5288.08	-1494.2	-314.15	3479.75	-51.97
湖　北	3251.47	16.08	93.47	3361.02	3.26
湖　南	3240.66	-165.63	807.47	3882.5	16.53
广　东	10949.3	359.89	-661.27	10647.97	-2.83
广　西	2097.85	-173.14	-215.38	1709.33	-22.73
海　南	430.9	-12.19	232.28	650.98	33.81
重　庆	1452.14	17.69	405.96	1875.79	22.59
四　川	3700.45	-478.3	-40.11	3182.04	-16.29
贵　州	965.82	-1.15	669.37	1634.04	40.89
云　南	1670.11	-112.11	290.91	1848.91	9.67
西　藏	120.54	38.23	-25.02	133.75	9.88
陕　西	1925.3	-320.45	842.36	2447.21	21.33
甘　肃	951.91	-79.85	54.62	926.68	-2.72
青　海	276.02	-38.55	20.29	257.76	-7.08
宁　夏	313.22	-27.76	236.97	522.43	40.05
新　疆	1241.02	-192.57	-50.22	998.23	-24.32

资料来源：根据《中国统计年鉴2012》、《中国统计年鉴2008》相关数据整理计算。

为了使结果更加直观，对增加值变化量分解的结果进行进一步分析、归类与整理，其结果如表7所示。

表7　服务业偏离－份额结果分析

偏离1	偏离2	省　份
$P>0, D>0$		湖北，重庆
$P<0, D>0$	$P+D>0$	天津，内蒙古，辽宁，江苏，江西，湖南，海南，贵州，云南，陕西，宁夏
	$P+D<0$	山西，黑龙江，浙江，福建，山东，甘肃，青海
$P>0, D<0$	$P+D>0$	北京，西藏
	$P+D<0$	广东，上海
$P<0, D<0$		河北，吉林，安徽，河南，广西，四川，新疆

从表7中可以看出，整体上看，可以将分解结果分为四大类。

第一类是在基期服务业比重高于全国平均水平，观察期内其增长率亦高于全国水平的区域。即其产业结构偏离分量 P 和竞争力偏离分量 D 的值均大于零。这类地区在全国只有两个，即湖北和重庆。但是，这两个地区的结构偏离分量与竞争力偏离分量均较小，其对全国标准增长量的偏离程度（$P+D$）$/G$ 分别为3.26%、22.59%。

第二类是在基期服务业占比低于全国平均水平，观察期内其增长率高于全国水平的区域。这类地区是服务业的赶超区域，其产业结构偏离分量 P 小于零而地区竞争力偏离分量 D 大于零。这类地区最多，包括东部地区的天津、辽宁、江苏、浙江、福建、海南、山东，中部地区的山西、江西、黑龙江、湖南，西部地区的内蒙古、贵州、云南、陕西、甘肃、青海、宁夏。这类地区又包括两类，一类是 $P+D>0$ 的区域，即其快速增长正在使其与全国的平均水平的差距缩小，包括天津、内蒙古、辽宁、江苏、江西、湖南、海南、贵州、云南、陕西、宁夏。例如，天津与宁夏，其初期结构偏离度较小，观察期内增长速度很高，因此，在观察期内整体增长水平高于全国标准增长水平。另一类是 $P+D<0$ 的区域，即其快速增长无法弥补初期结构上的滞后，与全国平均水平的差距正在拉大。这类区域包括山西、黑龙江、浙江、福建、山东、甘肃、青海。

第三类是在基期服务业比重高于全国平均水平，观察期内其增长率低于全国水平的区域。其产业结构偏离分量大于零，但地区竞争力偏离分量小于零。这类区域主要是初期服务业发展水平较高，进入服务业减速阶段。这类区域主要是全国的服务业发达区域北京、上海、广东，以及西部的西藏，是被第二类地区赶超的对象。这类地区又包括两类，一类是 $P+D>0$ 的区域。说明其结构上的优势足以弥补其发展速度上的劣势，因此，在整体增长上仍高于全国标准化平均水平，包括北京与西藏。另一类是 $P+D<0$ 的区域，即其结构上的优势无法弥补发展速度上的劣势，在整体增长上低于全国标准化平均水平，包括广东、上海。

第四类是在基期服务业比重低于全国平均水平，观察期内其增长率亦低于全国水平的区域。产业结构偏离分量和地区竞争力偏离分量均小于零。这类区域的服务业发展竞争力较弱，主要包括东部地区的河北，中部地区的吉林、安徽、河南，西部地区的广西、四川、新疆。偏离程度最高的是河南。

从分析结果看，东部地区在服务业发展方面具有一定优势，北京、天津比全国标准化平均增长速度高40%以上，西部地区整体增长高于中部地区，但是西部地区内部差异较大。

四 对中国区域服务业增长的分行业分解

为了对服务业增长分解结果进行进一步解释，下面对各个子行业的增加值变化量进行分解分析。数据来源于《中国第三产业统计年鉴2012》与《中国第三产业统计年鉴2008》。

（一）交通运输仓储邮政业

对交通运输仓储邮政业的数据进行计算、整理，得到表8、表9所示的结果。

表8 2007~2011年各省份交通运输仓储邮政业增加值变化量分解

省份	N	P	D	G	(P+D)/G(%)
北京	257.96	-5.61	53.99	306.34	15.79
天津	139.29	8.35	190.4	338.04	58.79
河北	378.1	205.13	301.36	884.59	57.26
山西	158.12	61.6	98.95	318.67	50.38
内蒙古	167.99	88.28	273.33	529.61	68.28
辽宁	304.02	18.73	177.59	500.34	39.24
吉林	145.75	-7.3	6.77	145.22	-0.36
黑龙江	194.85	-11.78	-3.89	179.18	-8.75
上海	336.16	26.91	-217.89	145.18	-131.55
江苏	709.93	-188.03	566.57	1088.47	34.78
浙江	517.95	-146.7	96.25	467.51	-10.79
安徽	203.1	39.42	-135.74	106.78	-90.20

续表

省 份	N	P	D	G	(P+D)/G(%)
福 建	255.09	71.39	-12.88	313.6	18.66
江 西	151.69	17.81	0.34	169.84	10.69
山 东	716.12	-13.24	225.55	928.44	22.87
河 南	414.03	21.13	-340.4	94.77	-336.89
湖 北	254.58	-13.62	148.6	389.56	34.65
湖 南	253.73	-14.1	231.92	471.55	46.19
广 东	857.29	-227.39	205.88	835.78	-2.57
广 西	164.25	-8	120.73	276.98	40.70
海 南	33.74	9.62	-9.98	33.38	-1.08
重 庆	113.7	19.73	57.09	190.51	40.32
四 川	289.73	-32.92	-129.55	127.26	-127.67
贵 州	75.62	6.91	344	426.53	82.27
云 南	130.76	-32.32	-77.28	21.16	-517.96
西 藏	9.44	0.85	-6.81	3.47	-171.76
陕 西	150.74	5.84	84.1	240.68	37.37
甘 肃	74.53	16.47	8.09	99.09	24.79
青 海	21.61	-1.08	6.09	26.63	18.81
宁 夏	24.52	3.37	90.65	118.54	79.31
新 疆	97.17	-8.16	-9.57	79.44	-22.32

表 9　交通运输仓储邮政业偏离－份额结果分析

偏离 1	偏离 2	省 份
P>0,D>0		天津,河北,山西,内蒙古,辽宁,江西,贵州,宁夏
P<0,D>0	P+D>0	江苏,山东,湖南,河北,广西,青海
	P+D<0	吉林,浙江,广东
P>0,D<0	P+D>0	北京,福建
	P+D<0	上海,安徽,河南,海南,西藏
P<0,D<0		黑龙江,重庆,四川,云南,陕西,甘肃,新疆

仍按照服务业整体分析的方法，将全国省份分为四类。

第一类是在基期交通运输仓储邮政业比重高于全国平均水平，观察期内其增长率亦高于全国水平的区域。即其产业结构偏离分量 P 和竞争力偏离分量 D 的值均大于零。这类地区在全国只有八个，即天津、河北、山西、内蒙古、辽宁、江西、贵州、宁夏。从区域分布看，东部地区有三个，中部地区有两个，西部地区三个。

第二类是在基期交通运输仓储邮政业占比低于全国平均水平，观察期内其增长率高于全国水平的区域。这类地区是服务业的赶超区域，其产业结构偏离分量 P 小于零而地区竞争力偏离分量 D 大于零。这类地区共有九个。这类地区又包括两类，一类是 $P+D>0$ 的区域，即其快速增长正在使其与全国的平均水平的差距缩小，包括江苏、山东、湖南、河北、广西、青海。例如湖南，其初期结构偏离度较小，观察期内增长速度很高，因此，在观察期内整体增长水平高于全国标准增长水平 46.19% 。另一类是 $P+D<0$ 的区域，即其快速增长无法弥补初期结构上的滞后，与全国平均水平的差距正在拉大。这类区域包括吉林、浙江、广东。

第三类是在基期交通运输仓储邮政业比重高于全国平均水平，观察期内其增长率低于全国水平的区域。其产业结构偏离分量 P 大于零，但地区竞争力偏离分量 D 小于零。这类区域初期交通运输业占比较高，但是，区域竞争力正在缩减，是被第二类地区赶超的对象。这类地区又包括两类，一类是 $P+D>0$ 的区域。说明其结构上的优势足以弥补其发展速度上的劣势，因此，在整体增长上仍高于全国标准化平均水平，包括北京与福建。另一类是 $P+D<0$ 的区域，即其结构上的优势无法弥补发展速度上的劣势，在整体增长上低于全国标准化平均水平，包括上海、安徽、河南、海南、西藏。

第四类是在基期交通运输仓储邮政业比重低于全国平均水平，观察期内其增长率亦低于全国水平的区域。产业结构偏离分量和地区竞争力偏离分量均小于零。这类区域的交通运输仓储邮政业发展竞争力较弱，主要分布在比较偏远的区域，包括黑龙江、重庆、四川、云南、陕西、甘肃、新疆。

从整体上看，交通运输仓储邮政业的发展受到区位条件的制约，在三大地区中，西部地区由于交通条件的制约，整体上竞争力较弱。

（二）批发零售业

批发零售业计算结果参见表10、表11。

表10　2007～2011年各省份批发零售业增加值变化量分解

省　份	N	P	D	G	(P+D)/G(%)
北　京	791.99	153.35	314.89	1260.23	37.16
天　津	427.64	108.35	429.29	965.28	55.70
河　北	1160.85	-392.42	297.36	1065.79	-8.92
山　西	485.47	-110.73	123.30	498.04	2.52

续表

省　份	N	P	D	G	(P+D)/G(%)
内蒙古	515.76	-22.98	265.40	758.18	31.97
辽　宁	933.41	208.57	-243.98	897.99	-3.94
吉　林	447.48	74.91	-147.88	374.51	-19.48
黑龙江	598.23	-28.47	-39.51	530.24	-12.82
上　海	1032.09	126.47	804.68	1963.23	47.43
江　苏	2179.62	435.63	293.26	2908.51	25.06
浙　江	1590.22	249.24	-262.13	1577.33	-0.82
安　徽	623.56	-58.45	-40.21	524.90	-18.80
福　建	783.17	86.64	-167.66	702.14	-11.54
江　西	465.73	-75.82	79.34	469.25	0.75
山　东	2198.65	-93.61	1336.91	3441.95	36.12
河　南	1271.17	-448.01	-2.83	820.33	-54.96
湖　北	781.60	24.41	-42.94	763.08	-2.43
湖　南	779.01	-79.27	311.66	1011.40	22.98
广　东	2632.06	383.39	-139.44	2876.01	8.48
广　西	504.29	44.16	-255.19	293.27	-71.96
海　南	103.58	26.60	6.78	136.96	24.37
重　庆	349.07	44.57	-12.53	381.11	8.41
四　川	889.53	-217.96	-109.73	561.84	-58.32
贵　州	232.17	-44.85	87.19	274.51	15.42
云　南	401.47	-20.59	197.01	577.89	30.53
西　藏	28.97	2.24	-26.01	5.21	-456.24
陕　西	462.81	-40.53	221.22	643.51	28.08
甘　肃	228.82	-49.47	5.76	185.12	-23.61
青　海	66.35	-18.25	0.85	48.95	-35.55
宁　夏	75.29	-23.58	10.17	61.88	-21.67
新　疆	298.32	-97.20	-16.33	184.80	-61.43

表 11　批发零售业偏离－份额结果分析

偏离 1	偏离 2	省　份
$P>0, D>0$		天津，北京，上海，江苏，海南
$P<0, D>0$	$P+D>0$	山西，内蒙古，江西，山东，湖南，重庆，贵州，云南，陕西
	$P+D<0$	河北，甘肃，青海，宁夏
$P>0, D<0$	$P+D>0$	广东
	$P+D<0$	辽宁，吉林，浙江，福建，湖北，广西，西藏
$P<0, D<0$		黑龙江，安徽，河南，四川，新疆

从表 11 中可以看出，第一类地区包括天津、北京、上海、江苏、海南，全部属于东部地区。基期批发零售业占比低于全国平均水平的地区（即 $P<0$

的地区)，大部分都正在赶超过程中，包括山西、内蒙古、江西、山东、湖南、重庆、贵州、云南、陕西，这些地区的批发零售业与全国水平的差距正在缩小。

从整体上看，批发零售业的发展受到经济发展水平的制约，在三大地区中，东部地区发展基础较好，增长迅速，呈现出“强者恒强”的态势，而中西部地区也有部分省份正在赶超，但相当一部分省份与全国平均水平的差距正在拉大。

(三) 住宿餐饮业

住宿餐饮业计算结果参见表12、表13。

表12　2007~2011年各省份住宿餐饮业增加值变化量分解

省份	N	P	D	G	(P+D)/G(%)
北京	127.55	33.83	-59.97	101.41	-25.78
天津	68.87	-8.37	41.41	101.91	32.42
河北	186.95	-100.35	119.76	206.36	9.41
山西	78.18	11	35.65	124.83	37.37
内蒙古	83.06	50.28	44.21	177.55	53.22
辽宁	150.32	-3.94	65.69	212.07	29.12
吉林	72.06	4.6	11.67	88.34	18.42
黑龙江	96.34	-10.82	59.38	144.9	33.51
上海	166.21	-22.9	-83.33	59.98	-177.11
江苏	351.02	-82.74	240.22	508.5	30.97
浙江	256.1	-56.21	114.4	314.29	18.51
安徽	100.42	-13.78	33.35	120	16.31
福建	126.13	-35.38	70.7	161.45	21.88
江西	75	-18.22	126.58	183.37	59.09
山东	354.09	44.23	-126.41	271.9	-30.22
河南	204.72	117.63	-17.76	304.59	32.79
湖北	125.87	18.56	81.02	225.45	44.17
湖南	125.46	-5.23	102.62	222.85	43.70
广东	423.88	44.02	8.19	476.1	10.97
广西	81.21	24.85	39.46	145.53	44.19
海南	16.68	6.6	30.83	54.11	69.17
重庆	56.22	3.79	14.45	74.46	24.50

续表

省份	N	P	D	G	(P+D)/G(%)
四川	143.26	59.11	50.51	252.88	43.35
贵州	37.39	4.55	118.27	160.21	76.66
云南	64.66	-0.98	117.05	180.73	64.22
西藏	4.67	8.11	-14.57	-1.8	358.9*
陕西	74.53	-4.86	90.61	160.28	53.50
甘肃	36.85	7.71	10.84	55.4	33.48
青海	10.69	-2.62	-1.49	6.58	-62.46
宁夏	12.13	-1.6	10.51	21.04	42.35
新疆	48.04	-10.35	-17.51	20.18	-138.06

* 西藏是全国唯一一个在2007～2011年间住宿餐饮业负增长的省级行政单元。这说明西藏的住宿餐饮业是一个衰退的部门。其（P+D）/G的数据含义与其他省市区不具有可比性。

表13　住宿餐饮业偏离–份额结果分析

偏离1	偏离2	省份
$P>0, D>0$		山西，内蒙古，辽宁，吉林，湖北，广东，广西，重庆，四川，贵州，甘肃
$P<0, D>0$	$P+D>0$	天津，河北，江苏，浙江，安徽，福建，江西，湖南，云南，陕西，宁夏
	$P+D<0$	
$P>0, D<0$	$P+D>0$	河南
	$P+D<0$	北京，山东，西藏
$P<0, D<0$		上海，青海，新疆

从表13中可以看出，第一类地区包括山西、内蒙古、辽宁、吉林、湖北、广东、广西、重庆、四川、贵州、甘肃，大部分属于中西部地区。基期住宿餐饮业占比低于全国平均水平的地区，大部分都正在赶超过程中，包括天津、河北、江苏、浙江、安徽、福建、江西、湖南、云南、陕西、宁夏，这些地区的住宿餐饮业与全国水平的差距正在缩小。

从整体上看，住宿餐饮业的发展受到多种经济因素的影响，北京、山东、上海、西藏、青海、新疆等区域增长乏力，而中部地区普遍增长较快。

（四）金融业

金融业计算结果参见表14、表15。

表 14　2007～2011 年各省份金融业增加值变化量分解

省　份	N	P	D	G	(P+D)/G(%)
北　京	444.1	871.71	-386.67	929.13	52.20
天　津	239.79	54.99	173.55	468.33	48.80
河　北	650.93	-289.6	31.46	392.79	-65.72
山　西	272.22	-108.23	195.02	359.01	24.17
内蒙古	289.21	-148.23	168.68	309.65	6.60
辽　宁	523.4	-217.81	151.25	456.84	-14.57
吉　林	250.92	-122	-47.3	81.62	-207.42
黑龙江	335.45	-196.63	76.31	215.12	-55.93
上　海	578.73	658.1	-168.51	1068.32	45.83
江　苏	1222.2	7.5	168.32	1398.01	12.58
浙　江	891.7	256.93	458.8	1607.43	44.53
安　徽	349.65	-191.37	190.84	349.12	-0.15
福　建	439.15	-66.47	125.41	498.09	11.83
江　西	261.15	-173.47	184.03	271.72	3.89
山　东	1232.87	-371.68	-62.64	798.55	-54.39
河　南	712.8	-403.55	256.64	565.89	-25.96
湖　北	438.27	-93.26	-7.71	337.3	-29.93
湖　南	436.82	-220.22	72.75	289.35	-50.97
广　东	1475.9	363.6	-721.58	1117.91	-32.02
广　西	282.78	-128.98	141.22	295.02	4.15
海　南	58.08	-35.13	59.84	82.8	29.84
重　庆	195.74	-70.39	456.77	582.12	66.37
四　川	498.79	-131.44	141.69	509.04	2.01
贵　州	130.19	-17.94	75.29	187.54	30.58
云　南	225.12	-51.96	113.8	286.96	21.55
西　藏	16.25	-9.89	19.14	25.49	36.29
陕　西	259.52	-79.99	77.08	256.61	-1.13
甘　肃	128.31	-65.3	20.44	83.45	-53.76
青　海	37.21	-10.7	10.15	36.65	-1.50
宁　夏	42.22	6.69	37.45	86.37	51.11
新　疆	167.28	-14.64	-13.1	139.55	-19.88

表 15　金融业偏离 - 份额结果分析

偏离 1	偏离 2	省　份
$P>0, D>0$		天津，江苏，浙江，宁夏
$P<0, D>0$	$P+D>0$	内蒙古，山西，福建，江西，海南，重庆，四川，贵州，西藏，云南
	$P+D<0$	河北，辽宁，黑龙江，安徽，河南，湖南，陕西，甘肃，青海
$P>0, D<0$	$P+D>0$	北京，上海
	$P+D<0$	广东
$P<0, D<0$		吉林，山东，湖北，新疆

从表 15 中可以看出，第一类地区包括天津、江苏、浙江、宁夏，大部分属于东部地区。基期金融业发展基础好的北京、上海，凭借着金融业的良好基础，总体增长仍快于全国平均水平。从整体上看，西部地区虽然正在赶超，但是，与东部地区仍存在着差距。而中部地区大部分省份的增长优势不足以弥补其结构上的差异，与全国平均水平的差距正在拉大。

（五）房地产业

房地产业计算结果参见表 16、表 17。

表 16　2007～2011 年各省份房地产业增加值变化量分解

省　份	N	P	D	G	(P+D)/G(%)
北　京	453.86	147.85	-171.03	430.69	-5.38
天　津	245.07	-68.15	45.12	222.04	-10.37
河　北	665.24	-282.64	125.78	508.38	-30.85
山　西	278.21	-151.29	-37.9	89.02	-212.53
内蒙古	295.57	-157.3	98.45	236.72	-24.86
辽　宁	534.91	-197.91	178.31	515.31	-3.80
吉　林	256.44	-113.51	-57.35	85.58	-199.65
黑龙江	342.82	-131.18	27.37	239.01	-43.43
上　海	591.45	162.08	-540.65	212.89	-177.82
江　苏	1249.07	-191.49	557.99	1615.57	22.69
浙　江	911.31	27.01	-265.81	672.51	-35.51
安　徽	357.34	-81.83	64.42	339.93	-5.12
福　建	448.81	0.75	-19.73	429.83	-4.42
江　西	266.9	-90.04	36.31	213.16	-25.21

续表

省份	N	P	D	G	(P+D)/G(%)
山东	1259.98	-386.17	28.79	902.59	-39.59
河南	728.47	-310.56	121.65	539.56	-35.01
湖北	447.91	-93.32	-99.57	255.02	-75.64
湖南	446.42	-135.76	-125.25	185.42	-140.77
广东	1508.35	491.78	-820.28	1179.84	-27.84
广西	288.99	-65.35	2.59	226.23	-27.74
海南	59.36	-16.6	120.17	162.93	63.57
重庆	200.04	-16.92	17.1	200.22	0.09
四川	509.76	-139.11	-146.87	223.78	-127.80
贵州	133.05	-34.77	-43.2	55.08	-141.56
云南	230.07	-50.63	-149.25	30.19	-662.07
西藏	16.6	-5.22	-6.14	5.25	-216.38
陕西	265.22	-135.44	129.3	259.08	-2.37
甘肃	131.13	-53.12	-27.28	50.73	-158.49
青海	38.02	-21.25	-5.68	11.09	-242.83
宁夏	43.15	-16.93	24.72	50.94	15.29
新疆	170.96	-85.7	-0.32	84.94	-101.27

表17　房地产业偏离-份额结果分析

偏离1	偏离2	省份
$P>0, D>0$		
$P<0, D>0$	$P+D>0$	江苏,宁夏
	$P+D<0$	天津,河北,内蒙古,辽宁,黑龙江,安徽,广西,陕西
$P>0, D<0$	$P+D>0$	海南,重庆
	$P+D<0$	北京,上海,浙江,福建,江西,山东,河南,广东
$P<0, D<0$		山西,吉林,湖北,湖南,四川,贵州,云南,西藏,甘肃,青海,新疆

从表17中可以看出，没有一个省份房地产属于 $P>0$，$D>0$ 情形的，也就是说，房地产行业没有出现“强者恒强”的情况。相反，大部分地区属于 $P+D<0$ 的情况，这说明近几年来，高房价的确制约了房地产业的健康发展，房地产业并未真正成为国民经济的支柱产业。从实际销售量看，在高房价影响下，房地产的销售量远远不能满足城市化的快速推进。从总体看，东部地区房地产业由于基础较好，整体发展水平高于中西部地区。

（六）其他行业

根据第三产业统计年鉴，服务业的其他行业包括租赁和商务服务业、科学研究、技术服务和地质勘察业，水利、环境和公共设施管理业，居民服务和其他服务业，教育，卫生、社会保障和社会福利业，文化、体育和娱乐业，公共管理和社会组织，国际组织。其计算结果参见表18、表19。

表18　2007～2011年各省份服务业其他行业增加值变化量分解

省　份	*N*	*P*	*D*	*G*	(*P*+*D*)/*G*(%)
北　京	1219.21	1280.69	92.81	2592.72	52.98
天　津	658.32	-120.5	538.13	1075.96	38.81
河　北	1787.05	-301.84	-722.93	762.28	-134.43
山　西	747.35	-114.21	-86.92	546.21	-36.82
内蒙古	793.98	-231.92	267.67	829.74	4.31
辽　宁	1436.92	-299.54	402.05	1539.44	6.66
吉　林	688.86	-7.71	198.04	879.2	21.65
黑龙江	920.93	-83.58	-49.87	787.48	-16.95
上　海	1588.83	274.36	-578.43	1284.76	-23.67
江　苏	3355.38	-684.24	1033.51	3704.64	9.43
浙　江	2448.05	-278.95	-273.91	1895.19	-29.17
安　徽	959.93	48.33	-347.91	660.35	-45.37
福　建	1205.63	-221.05	91.45	1076.03	-12.04
江　西	716.96	-174.08	317.41	860.3	16.66
山　东	3384.68	-1079.66	42.22	2347.24	-44.20
河　南	1956.89	-671.77	-130.51	1154.61	-69.48
湖　北	1203.23	146.26	41.13	1390.61	13.48
湖　南	1199.23	214.79	287.91	1701.93	29.54
广　东	4051.88	-333.86	444.31	4162.34	2.65
广　西	776.32	-57.37	-246.67	472.29	-64.38
海　南	159.46	-12.88	34.23	180.8	11.81
重　庆	537.37	16.81	-106.82	447.37	-20.12
四　川	1369.38	-89.18	227.05	1507.24	9.15
贵　州	357.41	58.42	114.34	530.17	32.59
云　南	618.03	44.53	89.41	751.98	17.81

续表

省份	N	P	D	G	(P+D)/G(%)
西藏	44.6	34.99	16.53	96.13	53.59
陕西	712.47	-97.68	272.26	887.05	19.68
甘肃	352.26	21.33	79.29	452.88	22.22
青海	102.14	8.24	17.48	127.86	20.12
宁夏	115.91	-2.95	70.7	183.66	36.89
新疆	459.25	-0.34	30.41	489.32	6.15

表19　服务业其他行业偏离－份额结果分析

偏离1	偏离2	省份
$P>0, D>0$		北京，湖北，湖南，贵州，云南，西藏，甘肃，青海
$P<0, D>0$	$P+D>0$	陕西，天津，内蒙古，辽宁，吉林，江苏，广东，海南，四川，宁夏，新疆
	$P+D<0$	福建，江西，山东
$P>0, D<0$	$P+D>0$	
	$P+D<0$	上海，安徽，重庆
$P<0, D<0$		河北，山西，浙江，河南，广西

从服务业其他行业的增加值变化量分解看，三大区域差距不是很大。造成这种结果可能的原因是，其他行业的范围太广泛，行业内部差别太大，难以形成统一的规律。

五　中国区域服务业竞争力评价

（一）构建区域服务业竞争力综合评价指标体系

本文根据产业发展的原理，按照科学性、系统性、导向性、可操作性的原则，将区域服务业竞争力分解为服务业规模竞争力、发展潜力、发展质量、结构等四类。其中每类指标又包含几个指标，对于规模竞争力的描述拟采用人均服务业增加值、服务业固定资产投资额和服务业增加值三项指标；对于发展潜力的描述拟采用人口密度、人均服务业投资、城镇化率、城镇居民可支配收入、人均消费支出五项指标；对于发展质量的描述拟采用劳均服务业增加值、1/ICOR、服务业占 GDP 比重、劳动力占比四项指标，1/ICOR 为 2011 年服务业新增增加值与服务业固定资产投资之比，表示每元固定资产投资所能提供的服务业增加值；对于结构的描述拟采用现代服务业投资占比、结构虚拟化指标、代表性传统服务业占比三项指标，其中结构虚拟化指标为房地产业和金融业增加值之和与服务业增加值之比，代表性传统服务业占比为餐饮住宿业和批发零售业增加值之和与服务业增加值之比。

表 20　区域服务业竞争力综合评价指标体系

指标类别	规模竞争力	发展潜力	发展质量	结构
指标名称	①人均服务业增加值 ②服务业固定资产投资额 ③服务业增加值	①人口密度 ②人均服务业投资 ③城镇化率 ④城镇居民可支配收入 ⑤人均消费支出	①劳均服务业增加值 ②1/ICOR ③服务业占 GDP 比重 ④劳动力占比	①现代服务业投资占比 ②结构虚拟化指标 ③代表性传统服务业占比

（二）我国区域服务业竞争力的实证研究

对前述 15 个指标进行主成分分析。先对数据进行 KMO 与巴特利特球形检验（KMO and Bartlett's Test），其结果参见表 21。

表 21　KMO 与巴特利特球形检验

Kaiser-Meyer-Olkin Measure of Sampling Adequacy		0.716
Bartlett's Test of Sphericity	Approx Chi-Square	649.979
	Df	105
	Sig	0.000

巴特利特球形检验统计量为 649.979，相应的概率 Sig 为 0.000，因此可认为相关系数矩阵与单位阵有显著差异。同时，KMO 值为 0.716，根据 Kaiser 给出的 KMO 度量标准可知原有变量适合作主成分分析。

主成分分析结果参见表 22。

表 22　主成分分析结果

成分	旋转前			旋转后		
	特征值	方差占比（%）	累积方差（%）	特征值	方差占比（%）	累积方差（%）
1	8.722	58.147	58.147	5.689	37.927	37.927
2	2.333	15.555	73.702	3.599	23.991	61.917
3	1.035	6.901	80.603	2.803	18.686	80.603

前三个公因子解释了原有变量 80.603% 的信息，信息丢失较少，基本符合主成分分析法的要求。

同时，得到旋转后的因子载荷矩阵，参见表 23。

表 23　旋转后的因子载荷矩阵

变量名称	特征向量 1	特征向量 2	特征向量 3
增加值	0.455	0.102	0.84
人均增加值	0.842	0.501	0.071
投资	0.034	0.092	0.928
人口密度	0.644	0.452	0.151
人均投资	0.394	0.664	0.002
可支配收入	0.74	0.529	0.328
城镇化率	0.599	0.705	0.208
人均消费	0.743	0.576	0.246
劳均增加值	0.671	0.406	0.51
1/ICOR	0.853	0.117	0.229
增加值占比	0.902	0.112	-0.208
劳动力占比	0.806	0.486	-0.204
虚拟化	0.255	0.703	0.157
投资	0.105	0.767	0.324
传统服务业占比	-0.171	0.252	0.685

各个特征向量，得到各个主成分的值 F1、F2、F3。以各个主成分的特征值作为权数加权，得到综合得分。

对三个主成分进行分析可以看出，第一主成分在人均服务业增加值、人口密度、人均可支配收入、人均消费、劳均服务业增加值、ICOR 的倒数、服务业增加值占比、劳动力占比等变量上面的载荷较高，可将这一主成分视为反映了服务业增长潜力的指标。第二个主成分在人均投资、城镇化率、经济虚拟化水平、现代服务业投资占比等变量上面载荷较高，由于不同行业的服务业对投资有着不同要求，城镇与乡村对服务业的需求有着差异，而经济虚拟化水平本身就是一个结构性指标，因此，第二个主成分可视为服务业结构指标。第三个主成分在服务业增加值、服务业投资、代表性传统服务业占比等指标上面有着较高的载荷，而这三个指标都与服务业发展的总体状况有着一定的关系，因此，可将其视为一个服务业发展总量指标。

表 24　各省服务业竞争力综合得分

省　份	F1	F2	F3	综合得分	排名
上　海	19.32	13.79	5.14	11.60	1
北　京	20.58	13.06	2.64	11.43	2
天　津	9.95	8.57	2.19	6.24	3
江　苏	7.18	5.34	6.83	5.28	4
浙　江	7.13	6.42	4.52	5.09	5
广　东	7.12	4.47	6.52	4.99	6
山　东	1.81	1.40	6.06	2.15	7
辽　宁	0.81	2.64	1.99	1.31	8
福　建	1.55	2.00	0.85	1.23	9
内蒙古	-0.43	0.20	0.56	-0.01	10
重　庆	-0.94	1.29	-1.04	-0.24	11
海　南	-1.68	0.56	-1.87	-0.85	12
河　北	-2.71	-1.77	0.88	-1.29	13
湖　北	-2.26	-2.00	-0.25	-1.38	14
宁　夏	-1.27	-1.20	-4.21	-1.56	15
河　南	-4.20	-1.52	1.23	-1.73	16
湖　南	-2.87	-3.16	-0.29	-1.90	17
黑龙江	-3.32	-2.29	-1.11	-2.02	18
安　徽	-4.37	-1.33	-0.34	-2.04	19
陕　西	-3.89	-1.89	-0.81	-2.08	20
吉　林	-3.15	-2.73	-1.35	-2.10	21
山　西	-3.85	-2.99	-1.53	-2.46	22
广　西	-4.67	-2.21	-1.15	-2.52	23
四　川	-4.77	-2.79	-0.29	-2.53	24
江　西	-3.90	-3.13	-1.63	-2.54	25
贵　州	-3.40	-4.36	-2.68	-2.84	26

续表

省　份	F1	F2	F3	综合得分	排名
新　疆	-3.70	-3.72	-3.30	-2.91	27
云　南	-4.39	-4.17	-1.39	-2.93	28
青　海	-5.83	-4.01	-4.57	-4.03	29
甘　肃	-5.35	-6.24	-3.79	-4.23	30
西　藏	-4.46	-8.21	-7.81	-5.12	31

通过对各省份的服务业竞争力进行深入分析可以看出，服务业综合竞争力排名前9名的全部是东部地区，东部地区剩下的两个省海南（12）与河北（13）也都进入了前15名，这说明了东部地区在服务业综合竞争力方面有着绝对的优势。西部地区有内蒙古（10）、重庆（11）与宁夏（15）进入了前15名，而中部地区仅有湖北（14）进入了前15名。但是，服务业最弱的几个小单元基本都集中在西部地区，综合竞争力25名之后（26~31）的省份都来源于西部地区。因此，从大区域的视角看，中部地区的竞争力略强于西部地区。

从分项竞争力看，增长潜力竞争力方面，前10名的省市区中，除了北京与上海在前两名交换了位置之外，其他均保持不变。而从结构竞争力看，前8名的省市与综合竞争力排名一致。这说明省级行政单元的服务业竞争力与增长潜力及结构竞争力关系非常密切。在总量竞争力方面，江苏、广东、山东、上海、浙江、北京、天津、辽宁、河南、河北进入前10名，与综合竞争力的排名差异较大，这说明服务业总量对区域服务业竞争力影响并不显著。

六　主要结论

中国区域服务业发展水平存在着巨大的差异。以人均服务业增加值计算，东部地区差不多是西部地区的3倍，而中西部地区不存在显著差异。从服务业增加值占GDP的比重看，与人均增加值分布稍有差异，东部地区依然最高，而中部地区服务业占比最低。从整体看，服务业发展水平差异非常明显，东部地区占据了绝对优势，而中西部地区发展相对滞后。从服务业增长看，各区域之间及区域内各省级行政单元之间，增长率都呈现较大的差异。更为重要的是，从长期增长的视角看，这种差异表现得非常不稳定。中西部地区服务业表现出强劲的增长态势。在 1996 ~ 2010 年间，东部地区与西部地区服务业增长强劲，其发展速度超过了中部地区，中部地区服务业发展落后于东西部地区。在三大区域间，劳均服务业增加值存在着巨大差异。从整体上看，东部地区的劳均服务业增加值比中西部地区有着巨大的优势，这一点与前述人均服务业增加值相比有着类似之处；而中西部地区劳均服务业增加值相差不是很大。从各区域内部看，劳均服务业增加值的差距远远小于人均服务业增加值。区域内部的差距是西部地区最大，东部地区次之，中部地区最小。

对我国区域服务业增长的分解研究表明，第一类是在基期服务业比重高于全国平均水平，观察期内其增长率亦高于全国水平的区域，有两个：湖北和重庆。第二类是基期服务业占比低于全国平均水平，观察期内其增长率高于全国水平的区域是服务业的赶超区域，包括东部地区的天津、辽宁、江苏、浙江、福建、海南、山东，中部地区的山西、江西、黑龙江、湖南，西部地区的内蒙古、贵州、云南、陕西、甘肃、青海、宁夏。这类地区又包括两类，一类区域是其快速增长正在使其与全国的平均水平的差距缩小，包括天津、内蒙古、辽宁、江苏、江西、湖南、海南、贵州、云南、陕西、宁夏。另一类区域是其快速增长无法弥补初期结构上的滞后，与全国平均水平的差距正在拉大。这类区域包括山西、黑龙江、浙江、福建、山东、甘肃、青海。第三类是在基期服务业比重高于全国平均水平，观察期内其增长率低于全国水平的区域。这类区域主要是初期服务业发展水平较高，进入服务业减速阶段。这类区域主要是全国的服务业发达区域北京、上海、广东，以及西部的西藏，是被第二类地区赶超的对象。这类地区又包括两类，一类区域是其结构上的优势足以弥补其发展速度上的劣势，因此，在整体增长上仍高于全国标准化平均水平，包括北京与西藏。另一类区域是其结构上的优势无法弥补发展速度上的劣势，在整体增长上低于全国标准化平均水平，包括广东、上海。第四类是在基期服务业比重低于全国平均水平，观察期内其增长率亦低于全国水平的区域。这类区域的服务业发展竞争力较弱，主要包括东部地区的河北，中部地区的吉林、安徽、河南，西部地区的广西、四川、新疆。偏离程度最高的是河南。从分析结果看，东部地区在服务业发展方面具有一定优势，北京、天津比全国标准化平均增长速度高 40% 以上，西部地区整体增长高于中部地区，但是西部地区内部差异较大。

对我国区域服务业增长的分行业分解结果来看，交通运输仓储邮政业的发展受到区位条件的制约，在三大地区中，西部地区由于交通条件的制约，整体上竞争力较弱。批发零售业的发展受到经济发展水平的制约，在三大地区中，东部地区发展基础较好，增长迅速，呈现“强者恒强”的态势，而中西部地区也有部分省份正在赶超，但相当一部分省份与全国平均水平的差距正在拉大。住宿餐饮业的发展受到多种经济因素的影响，北京、山东、上海、西藏、青海、新疆等区域增长乏力，而中部地区普遍增长较快。基期金融业发展基础好的北京、上海，凭借着金融业的良好基础，总体增长仍快于全国平均水平。从整体上看，西部地区虽然正在赶超，但是，与东部地区仍存在着差距，而中部地区大部分省份的增长优势不足以弥补其结构上的差异，与全国平均水平的差距正在拉大。房地产行业没有出现“强者恒强”的情况，近几年来，高房价的确制约了房地产业的健康发展，房地产业并未真正成为国民经济的支柱产业。从实际销售量看，在高房价影响下，房地产的销售量远远不能满足城市化的快速推进。从总体看，东部地区房地产业由于基础较好，整体发展水平高于中西部地区。从服务业其他行业的增加值变化量分解看，三大区域差距不是很大。

对于中国区域服务业竞争力评价，通过对各省区的服务业竞争力进行深入分析可以看出，服务业综合竞争力排名前 9 名的全部是东部地区，东部地区剩下的两个省海南（12）与河北（13）也都进入了前 15 名，这说明了东部地区在服务业综合竞争力方面有着绝对的优势。西部地区有内蒙古（10）、重庆（11）与宁夏（15）进入了前 15 名，而中部地区仅有湖北（14）进入了前 15 名。但是，服务业最弱的几个小单元基本都集中在西部地区，综合竞争力 25 名之后（26 ~ 31）的省份都来源于西部地区。因此，从大区域的视角看，中部地区的竞争力略强于西部地区。从分项竞争力看，增长潜力竞争力方面，前 10 名的省市区中，除了北京与上海在前两名交换了位置之外，其他均保持不变。而从结构竞争力看，前 8 名的省市与综合竞争力排名一致。这说明省级行政单元的服务业竞争力与增长潜力及结构竞争力关系非常密切。在总量竞争力方面，江苏、广东、山东、上海、浙江、北京、天津、辽宁、河南、河北进入前 10 名，与综合竞争力的排名差异较大，这说明服务业总量对区域服务业竞争力影响并不显著。

七　促进中国区域服务业协调发展的战略措施

前面所述的研究内容不难看出，我国区域服务业的发展还存在着竞争力不强、地区间服务业发展严重失衡等问题。针对这些问题，笔者试图从提高我国区域服务业竞争力、促进服务业在地区间均衡发展等方面给出一些政策建议。本文的研究分析表明，我国服务业区域发展的确非常不均衡。中西部地区不但在服务业发展水平方面与东部地区存在着巨大差异，更重要的是，其增长潜力也与东部地区存在着差异。因此，为了避免区域服务业发展非均衡的状况延续甚至恶化，需要采取相应政策措施对服务业区域发展进行有的放矢的调整。

（一）加快市场化改革进度，为区域服务业发展创造良好的制度环境

美国著名的制度经济学家道格拉斯·C. 诺斯通过对经济增长现象的思考和对美国经济增长的实证分析，提出了制度因素对经济增长的巨大影响，他甚至认为：即便在技术没有发生变化的情况下，通过制度创新也可以提高生产效率，实现经济增长。从这个意义上讲，制度是影响经济增长、交易成本和经济效益的最重要因素。服务具有无形性、同时性、不可感知性等特性，服务的交易比商品交易要复杂得多，因而服务业的健康发展对完善的市场交易体系具有重要依赖度。农业和制造业提供的是看得见摸得着的有形商品，而服务经济中交易的主要对象通常表现为一项权利而不是实物，它更加依赖知识、创新、人力资本、声誉、品牌等高级生产要素和无形资产，所以服务业发展需要更加完善的市场机制和制度。我国各地区的服务市场制度建设发展很不平衡。相对而言，东部地区由于开放度比较高，市场机制运用得比较充分，服务业发达程度也比较高。因此，要借鉴东部地区服务业制度改革和制度创新的经验，积极推进落后区域的服务业市场化改革，通过制度建设缩小区域间服务业发展差异。

（二）促进落后地区服务业投资，尤其要提升信息基础设施

投资对服务业发展具有基础性作用。充分发挥中央财政及其相关资金在促进落后地区服务业发展中的作用，提升其赶超的潜力。从数据看，人均服务业投资的区域差距远远小于人均服务业增加值差距。因此，促进落后地区投资的效率，具有标志性意义。国家的政策要向中西部倾斜，中央政府应加大对落后地区的转移支付，使基本公共服务均等化。制定优惠政策引导内、外资投向中

西部地区，促进中西部地区服务业的发展。

很多服务业，如交通运输业、现代物流业、旅游业、房地产业等，对基础设施要求比较高，缩小区域间基础设施差异，吸引更多服务企业到落后地区投资，有利于缩小区域间的服务业发展差距。需要指出的是，这些基础设施不仅局限于道路交通等传统意义上的硬件基础，还包含信息与通信基础设施等软件基础，因为信息基础设施也是现代服务业发展的重要软环境和软要素，信息技术设施的速度、成本、通达性等对现代服务业和产业升级发展至关重要。夏杰长（2013）就加强信息技术基础设施建设提出了两点对策建议：一是要加大对信息基础设施建设的投入力度，以提高信息传输速度、增强网络容量、降低使用成本、解决兼容性以及交互性问题。二是切实贯彻落实《国务院关于印发进一步鼓励软件产业和集成电路产业发展若干政策的通知》（国发〔2011〕4号），制定信息基础设施领域高技术服务企业认定标准，结合行业技术经济特点，对企业研发投入、高技术产品销售收入占比、就业人员学历职称要求等方面由科技部、财政部和国家税务总局作出具体规定，确保从事信息基础设施的企业能够全面享受现有的税收优惠政策措施，以吸引社会资本更多地投向信息基础设施建设。

（三）扩大区域开放，以更加积极主动的开放政策助推区域服务业大发展

从经济史的角度来看，区域经济的对外开放与区际市场开放（市场一体化）近似可以视作相互衔接的两个阶段，区际开放有利于区域经济的产业集聚、产业结构提升等向“纵深”发展。例如，美国经济史学家林德斯托姆的研究揭示，在 19 世纪初，美国的区域开放带有强烈的国际化先行特征，随后区际开放快速发展，人力与物质资本等要素的流动在区际呈现“墨汁效应”，迅速扩散，最终呈现“虹吸效应”，导致区域要素集聚和产业结构提升，形成区域的竞争优势。

我国改革开放 30 多年的历史经验表明，开放与经济发展密切相关。经济发达程度高的地区，往往是对内对外开放度高的地区；经济欠发达的地区，往往是开放度低的地区。长期以来，我国东北、中西部地区由于观念和地缘因素的影响，开放度不如东部地区高，经济社会发展水平也相对滞后。在信息技术和互联网的催生下，再加上劳动力流动也日益频繁，服务业要素跨地区流动自

然越来越普遍。那种封闭起来搞发展的时代不复存在。国际产业转移的趋势也从过去以制造业为主转向以服务业为主。因此，各地区特别是东北、中西部地区要更加积极主动地对内对外开放，主动承接产业转移，也要主动“走出去”，参与国际竞争。这种“引进来”、“走出去”的双向互动是加快各地区服务业发展和提升其竞争力的必由之路。

我国服务业对外开放的力度自“入世”以后不断加大，但相对而言，对内开放却明显不足、比较薄弱。对内开放程度低的一个重要原因就是国有垄断和地区垄断，许多高利润服务领域不允许民营资本进入，服务业要素地区之间流动受到种种限制。对内开放的核心就是要打破“垄断”，切实贯彻“非禁即入”的政策，推进垄断行业改革，取消对非国有资本或者非本地要素的不平等做法，凡国家法律法规未明令禁入的服务业领域，要向外资、社会资本开放，并实行内外资、内外地企业同等待遇。

（四）合理规范地区间税收竞争，尽早全面推开“营改增”政策

为了吸引要素资源向本地区流动，地方政府之间的税收竞争非常普遍，甚至过度过滥的竞争也比较普遍。但是，西部地区由于地方财政能力的问题，在这种竞争过程中往往处于不利地位。因此，中央政府要对地方政府间税收竞争进行合理规制，遏制地方政府滥用税权，以缩小区域服务业发展差距。

营业税改征增值税试点工作对消除现代服务业领域重复纳税，减轻其税收负担，促进制造企业主动剥离生产性服务业，增加生产性服务业供给等有着重要的意义。营业税改征增值税的改革势在必行，但目前正在推广的“营改增”试点工作主要集中在发达地区。这使得本来就具有竞争优势的发达地区形成了“政策洼地”，出现了服务资源的“逆向流动”。因此，建议尽快在全国普遍推广“营改增”政策，创造公平合理的政策环境，以避免因为东部地区率先实施“营改增”而出现服务要素的“逆向流动”，扭转服务业发展的“马太效应”。

（五）鼓励东北和中西部地区积极承接沿海制造业转移

发达的制造业是现代服务业特别是生产性服务业发展的基础。只有有了强大的制造业，才能为生产性服务业找到稳定的市场需求；也只有有了强大的制造业，才能产生较充分的生产性供应，因为大多生产性服务业是从制造业延伸

或剥离出来的。对于落后地区而言，引进和发展制造业是培育服务业的基础。制造业的提速往往能带动服务业，特别是生产性服务业的发展。只有遵循产业结构演变的规律，落后地区的服务业才能做到真正的可持续发展。目前，发达地区普遍面临着劳动力成本上升和土地资源紧缺的“硬约束”，除了部分先进制造业还要集聚在东部地区之外，其他大部分制造业会逐渐向东北、中西部地区转移，这些地区要善于利用政策和资源禀赋优势，吸引制造业向本地区转移，为本地区的服务业发展创造市场和产业基础。

（六）制定更加优惠和灵活的政策，引导人才向落后地区流动

人才是现代服务业发展的关键，现代服务业最主要的“投入”就是人力资本。落后地区在服务业人才方面存在严重的短板，培养、引进高素质的现代服务业人才是这些地方政府义不容辞的责任。要按照“不求所有，但求所用”的原则，积极推进技术入股、管理人员持股、股票期权激励等新型分配方式，建立人才柔性流动机制，鼓励更多的高端服务业人才向落后地区聚集。

（七）优化服务业地区布局，发挥各地比较优势，走特色服务业发展道路

比较优势是制定区域产业政策的立足点。各地区发展服务业应该既要尽力弥补自己的短板，更要扬长避短，优先选择区位系数较高的服务业作为未来重点发展的目标。例如，东北地区的现代服务业比重不高，可以优先选择发展包括信息服务在内的生产性服务业，为老工业基地转型升级提供服务支撑。东部地区的现代服务业发展已经具备一定的基础，可以优先选择发展交通运输业、信息服务业、金融业、房地产业、租赁服务和商务服务业，提升现有生产性服务业的结构，促进生产性服务业的高级化。中部地区现有的服务业处于传统服务业和现代服务业交替的阶段，应在提升传统服务业水平的同时，大力发展现代服务业，结合当地的资源，发展旅游业、金融业、社会服务业，同时尽可能做好东部地区产业转移的“二传手”。西部地区的传统服务业发展较为滞后，现代服务业所占比重偏低，应重点发展物流业、旅游业、公共服务业，突破西部各省市发展外向型经济和吸引外资的物流瓶颈，同时根据西部地区旅游资源丰富的特点，大力推动包括旅游业在内的特色服务业。

参考文献

Fisher, A. G. B., *The Clash of Progress and Security*, London, 1935.

Riddle, D., *Service-Led Growth: The Role of the Service Sector in World Development*, NY, 1986.

Hill, T. B., "On Goods and Services", *Review of Income and Wealth*, 1997, 23 (4), December, 315 - 338.

Clark, C., *The Conditions of Economic Progress*, London, 1940.

Browning, H. L. and Singelmann, J., "The Emergence of a Service Society: Demographical and Sociological Aspects of the Sectoral Transformational of the Labour Force", in the U. S. A, *National Technical Information Service*, Springfield, 1975.

World Economic Forum, "The Global Competitiveness Report 2012 - 2013".

Porter, M. E., "Clusters and the New Economics of Competition", *Harvard Business*, 1998: 77 - 91.

李勇坚、夏杰长：《制度变革与服务业成长》，中国经济出版社，2009。

徐宏毅：《服务业生产率与服务业经济增长研究》，武汉理工大学出版社，2010。

肖林、王方华：《中国都市圈服务经济与全球化竞争战略》，格致出版社，2008。

袁春晓：《商业银行中间业务的服务特征研究》，《管理世界》2003 年第 7 期。

夏杰长等：《制造业的服务化和服务业的知识化》，《国外科学》2007 年第 4 期。

胡霞、魏作磊：《国外服务业区域发展理论研究述评》，《经济地理》2006 年第 3 期。

王宜虎、徐银良：《基于偏离 - 份额分析法的山东省服务业竞争力实证分析》，《山东财政学院学报（双月刊）》2009 年第 1 期。

魏后凯、吴利学：《中国地区工业竞争力评价》，《中国工业经济》2002 年第 11 期。

曹建云：《现代服务业竞争力评价体系构建及其评价》，《西北人口》2012 年第 6 期。

吴士元：《我国省级服务业竞争力的评价》，《统计与决策》2003 年第 10 期。

李文秀、李勇坚、罗春燕：《中国区域间服务业发展趋同还是集聚——基于省级分行业投资效率面板数据的研究》，《宏观经济研究》2012 年第 8 期。

许建平、任燕：《我国服务业效率特征研究——基于区域发展差异影响因素的解释》，《产业经济研究》2012 年第 1 期。

刘兴凯：《中国服务业全要素生产率阶段性及区域性变动特点分析——基于 1978 ~ 2007 年省际面板数据的研究》，《当代经济》2009 年第 12 期。

顾乃华、李江帆：《中国服务业技术效率区域差异的实证分析》，《经济研究》2006 年第 1 期。

李志杰、李蕊、张颖熙：《我国区域服务业发展差异的实证分析与政策建议》，《经济研究参考》2012 年第 46 期。

靖学青：《中国服务业发展的区域差异性与需求协调性》，《中国流通经济》2012 年第 2 期。

顾乃华：《我国服务业发展效率特征及其影响因素——基于 DEA 方法的实证研究》，《财贸研究》2008 年第 4 期。

李扬：《中国服务业投资区域协调发展的政策措施研究》，《中国青年政治学院学报》2011 年第 6 期。

刘辉煌、彭炜：《中国区域知识型服务业综合发展水平评价》，《求索》2007 年第 10 期。

豆晓利、王文剑：《中国区域金融发展差异、变动趋势与地方政府行为——兼论分税制改革对中国区域金融差异的影响》，《上海金融》2011 年第 2 期。

张克夫：《我国服务业区域发展不平衡形成的原因与对策》，《中国管理信息化》2012 年第 9 期。

李勇坚、夏杰长：《户籍制度、城市化与服务业增长关系的实证分析》，《经济与管理》2008 年第 9 期。

夏杰长、张晓兵：《我国现代服务业发展目标与战略思路》，《经济研究参考》2012 年第 46 期。

夏杰长：《以生产性服务业促进产业升级的基本路径与财税对策》，《涉外税务》2013 年第 1 期。

中国人民大学竞争力与评价研究中心：《中国 31 省市服务业竞争力评价报告》，《中国信息报》2003 年 8 月 22 日。

李素喜：《区域服务业竞争力评价理论与应用研究》，河北工业大学博士论文，2008。

戴亚平：《广东服务业区域竞争力的实证研究》，暨南大学硕士论文，2007。

第二部分
中国区域服务业增长与开放战略

中国区域服务业增长与投资效率：实证分析与战略措施

李文秀　李勇坚　雷　雄*

摘　要：本文的实证研究表明，我国服务业总体上体现了集聚趋势，但是分行业看这个趋势并不明显。我国服务业投资效率并不低，但各行业之间存在较明显的差异。此外，投资效率也直接关系到服务业区域增长水平。地方政府既要通过加大服务业投资和提高投资效率促进服务业增长，又不能简单或盲目地模仿发达地区的产业结构与模式，要提出切合本地区发展阶段的特色服务产业，并致力于创新体制机制和改善服务业投资环境。

关键词：区域服务业增长　区域服务业差异　投资效率

2011 年，我国服务业就业人数就达到了 27282 万人，超过了当年农业就业人数（26594 万人）与第二产业就业人数（22544 万人），成为国民经济中的第一大就业部门。2012 年，我国服务业增加值比重为 44.6%，比上年提高 1.2 个百分点，与第二产业增加值比重（45.3%）相比仅相差 0.7 个百分点。2013 年第一季度，我国服务业增加值占 GDP 的比重为 47.8%，超过了第二产业，成为国民经济的第一大部门。但总体看，我国现代服务业发展基础仍然比

* 李文秀，经济学博士，广东金融学院教授，中国社会科学院财经战略研究院博士后；李勇坚，经济学博士，中国社会科学院财经战略研究院副研究员；雷雄，经济学硕士，中国社会科学院研究生院/英国伦敦大学博士候选人。

较薄弱，特别是各地区服务业发展很不平衡，欠发达地区服务业发展层级和能级明显低于发达地区。我们习惯上通过加大投资力度和扩大投资规模等途径来缩小区域间服务业发展水平差异。这也许是出路之一，但我们更要在投资效率、投资环境、体制机制等方面着手，综合解决区域间服务业发展差距问题。

一　中国服务业发展差距的直观描述

（一）中国区域服务业发展的水平差异

中国区域服务业发展水平存在着巨大的差异。以人均服务业增加值计算，东部地区差不多是西部地区的 3 倍，而中西部地区不存在显著差异。2011 年，人均服务业增加值排名前五的省级单位全部属于东部地区，而前十名则有 9 家来源于东部地区。东部地区 11 个省级单位全部进入了人均服务业增加值的前 20 名。从算术平均值看，东部地区最高，中部地区次之，西部地区最低。从区域内部看，东部地区服务业最发达的地区（北京）是其最落后的地区（河北）的 5.23 倍，西部地区服务业最发达的地区（内蒙古）是其最落后的地区（甘肃）的 2.64 倍，都表现出较大的差异。中部地区服务业发展水平差异较小，最发达的地区（吉林）是最落后的地区（安徽）的 1.61 倍。

从服务业增加值占 GDP 的比重看，与人均增加值分布稍有差异。东部地区依然最高，而中部地区服务业占比最低。在服务业占比排名前十的省级单位中，东部地区占了 7 席，西部地区占了 3 席。有意思的是，服务业占比排名第 3 的西藏、排名第 4 的贵州，其人均服务业增加值排名都非常靠后。从各区域内部看，东部地区服务业占比差异非常大，其占比最高者是最低者的 2.2 倍，而西部地区次之，达到 1.65 倍，中部地区各省服务业占比差异不是很大，相对比较均衡，仅为 1.29 倍。

总之，服务业发展水平差异非常明显，东部地区占据了绝对优势，而中西部地区发展相对滞后。

（二）中国区域服务业增长的差异

从服务业增长看，各区域之间及区域内各省级行政单位之间，增长率都呈现较大的差异。更为重要的是，从长期增长的视角看，这种差异表现得非常不稳定。在 2011 年服务业增长率排名前十的省级行政单位中，东部地区仅有两个（天津、海南），中部地区有 3 个（河南、黑龙江、湖北），而西部地区则占据了 5 席（内蒙古、贵州、云南、陕西、新疆）；从服务业增长率排名前 20 位的省级行政单元看，东部地区仅有 5 家，中部地区有 6 家，而西部地区占了 6 家；从增长率的算术平均值看，西部地区增长率算术平均值达到了 11.78%，中部地区为 11.36%，而东部地区仅为 10.81%。这一事实说明，中西部地区服务业表现出强劲的增长态势。在各个区域内部，服务业增长也出现了较大的差异，东部地区增长最快的天津，比增长最慢的北京，其增长率高了 6 个百分点；西部地区增长最快的贵州，则比宁夏高了 9.3 个百分点；中部地区表现相对平稳，内部差异较小，其增长最快的河南比增长最慢的山西，增长率高了 4.66 个百分点。

各区域省级行政单元“九五”、“十五”、“十一五”时期及 1996~2010 年间服务业增加值的增长倍率及排名有较大的变化。例如，在“九五”期间，北京的服务业增加值增长到了起始年份（1996）的 1.76 倍。在三个五年计划所跨越的 15 年内，三大地区的服务业增加值增长率并无显著差异，在“九五”、“十五”、“十一五”期间，东部地区服务业增长倍率的平均值分别为 1.72 倍、1.74 倍与 1.87 倍，而中部地区分别为 1.72 倍、1.69 倍与 1.79 倍，西部地区分别为 1.76 倍、1.75 倍、1.83 倍。从时间序列看，“十一五”时期增长速度明显要快于“十五”与“九五”时期，这表明在各个区域内，都呈现服务业加速增长的态势。

从总体看，中部地区的增长率在三个五年计划期间均稍低于东部及西部地区。从 1996~2010 年的增长倍率数据分析亦可看出这一点，在 15 年间，东部地区服务业增加值平均增长到了原来的 5.62 倍，西部地区为 5.72 倍，而中部地区仅为 5.20 倍。从 1996 年到 2010 年的增长倍率排名看，在增长最快的 10 个省级行政单元中，东部地区占据了 6 席，西部地区占据 4 席，而中部省份无一进入增长倍率排名的前十。在增长最快的前 20 个省级行政单元中，东部地区占了 9 席，中部地区占了 5 席，而西部地区占了 6 席。从前述分析可以看出，在 1996~2010 年间，东部地区与西部地区服务业增长强劲，其发展速度超过了中部地区，中部地区服务业发展落后于东西部地区。

从区域内部看，1996~2010 年间，东部地区服务业增加值增长最快的江苏省，其增长倍率是区域内增长最慢的海南省的 1.41 倍，这意味着，即使在

1996年时江苏省与海南省的服务业发展水平相同，到2010年时，江苏省也达到了海南省的1.41倍。如果其发展起点存在差异，则其差距扩大了1.41倍。西部地区的增长率差异则更为明显，1996～2010年间，西部地区服务业增加值增长最快的内蒙古，其增长倍率是区域内增长最慢的宁夏的1.86倍。同时，二者分别为全国31个行政单元在1996～2010年间服务业增加值增长最快与最慢的省级行政单元。中部地区的增长率差距则要小得多，服务业增加值增长最快的吉林，其增长倍率是区域内增长最慢的江西的1.25倍。

（三）服务业增长效率的区域差异

服务业增长效率的测算非常复杂，因为涉及各种不同的指标、计算方法及评估方法。我们使用服务业劳均增加值对各区域服务业增长效率进行简单比较。由于第三产业统计年鉴以及各省统计公报对服务业就业人数的统计口径均不明确，而且数据之间又有一定的矛盾（李勇坚、夏杰长，2009）。在本报告中，《中国第三产业统计年鉴》提供了四项地区就业人数数据：城镇第三产业按行业门类国有单位就业人数、城镇第三产业按行业门类集体单位就业人数、城镇第三产业按行业门类其他单位就业人数、城镇第三产业按行业门类私营企业和个体单位就业人数。从理论上看，这四项数据相加，可以得到第三产业全部就业人数。但是，计算结果表明，这四项数据相加所得到的“第三产业就业人数”（19857万人）与全部第三产业就业人数的结果存在着巨大的差异（27282万人），由于统计年鉴未能提供说明，除了前述数据之外，其余的就业人数在什么样的机构或单位就业，因此，我们将剩余人数按照比例分配到各个省区。由于北京的数据过大（分配之后服务业就业人数超过了全部就业人数），而天津的就业数据又过小（分配之后的服务业就业人数不到全部就业人数的一半），因此，对前述两个数据，根据其统计公报所透露的信息（统计公报未公布按照行业分类的就业数据）进行调整。根据调整后的就业人数，计算各省级单位的劳均服务业增加值。

在三大区域间，劳均服务业增加值存在着巨大差异。从整体上看，东部地区的劳均服务业增加值比中西部地区有着巨大的优势，这一点与前述人均服务业增加值相比有着类似之处。而中西部地区劳均服务业增加值相差不是很大。从各区域内部看，劳均服务业增加值的差距远远小于人均服务业增加值。区域内部的差距是西部地区最大，东部地区次之，中部地区最小。

二　服务业投资效率与服务业区域分布

从区域间发展均衡的角度看，中国服务业发展的区域差异比其经济水平差异更大。根据2010年统计年鉴提供的数据，人均服务业增加值最高的北京市为5.4万元，而最低的甘肃只有0.6万元，前者是后者的9倍。而二者之间人均GDP的差距只有4.5倍。DAVID L. KAY，JAMES E. PRATT，AND MILDRED E. WARNER（2007）使用投入产出分析（I-O）所进行的研究表明，服务业具有比出口部门更强的前后向联系，是区域经济发展的重要动力。因此，就经济欠发达地区来说，实现经济赶超很重要的一个环节，就是产业结构的现代化，一个重要的出路就是大力发展现代服务业。

从产业发展的角度来说，各地区产业之间发展的差异，或者可以用产业集聚来解释，而且产业集聚理论从更微观的角度解释了产业整体规模收益递增。关于产业集聚的学术渊源可以上溯到马歇尔。由于交通条件的限制，运输成本成为制造业的重要成本因素，因此，基于运输成本节约型的制造业空间集聚比较明显，也较易于建立数学模型进行解释。但是，服务业本身是零重力的，而且，相当一部分服务业还具有生产与消费的同时性，需要最大限度地贴近消费者，因此，服务业集聚的原因更为复杂。与传统制造企业集聚以追求成本剩余为主不同，服务企业集聚主要追求收益剩余；虽然我国服务业中的绝大部分行业的集聚程度呈上升趋势，但与OECD国家相比，我国服务业无论是行业区域集聚程度还是行业内企业集聚程度都远低于发达国家，尤其是行业内企业的集聚程度较低，导致我国服务业的集聚结构较差。从行业上看，李勇坚、夏杰长（2011）指出，由于需要构建一个默示知识的网络，集聚发展是高技术服务业发展的一个最重要方面。而国外的研究则表明，金融服务业等也具有明显的集聚特征。因此，从理论上看，如果中国区域间服务业存在着趋同，则服务业欠发达的地区服务业投资应具有较高的效率；反之，如果服务业存在着集聚效应，则服务业发达的区域在整体上会有较高的投资效率。

事实上，我们选择2010年中国各省市区服务业的ICOR（投资-增量产出比）、发展水平（用人均服务业增加值表示）、人均服务业投资额三个数据进行直观考察发现（结果参见图1与图2）：从服务业投资来看，人均投资较多的区域也是服务业较发达的区域，这表明中国省区间服务业仍可能存在着集聚趋势。而从服务业投资效率来看，服务业 ICOR 与服务业发展水平之间并没有显著的关系。基于此，本文的目的拟从投资效率的角度，对区域间服务业发展是趋同还是集聚作出一个基本的判断，即从服务业投资效率来看中国区域间服务业是否存在集聚趋势。

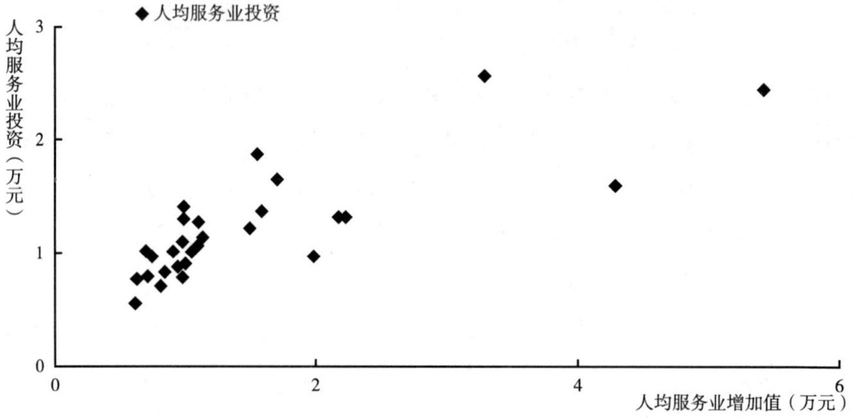

图 1　人均服务业增加值与服务业投资之间的关系

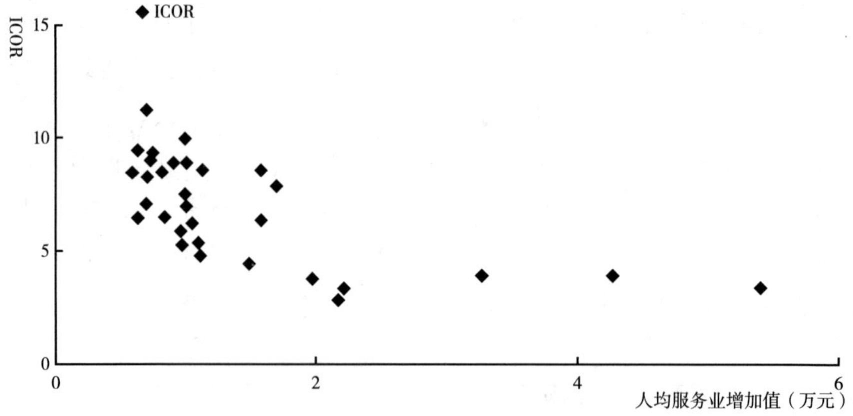

图 2　人均服务业增加值与 ICOR 之间的关系

三　模型设定及计量检验

（一）模型的构建及计量方法的选择

本部分旨在研究中国服务业各省区服务业水平与其服务业投资效率之间是

否存在着关系。按照标准的新古典增长模型的假定，在服务业发展水平较低的区域，其投资边际收益将较高，因此具有较低的ICOR值。在这种背景下，服务业投资将向这些区域集中。而根据集聚理论，在服务业越发达的区域，将具有较高的投资效率，并具有较低的ICOR值。我们需要构建模型来检验这两种理论与经验数据的吻合程度。在数据上，我们将选择各省区人均服务业增加值（SER）作为自变量，而选择各省区的ICOR作为投资效率的检验值，并以此作为因变量。

使用宏观统计指标ICOR变动对投资效率进行分析，最大的好处是简便易行，可以利用现有数据通过计算整理得到数值。Kaldor（1966）给出了ICOR的计算公式：ICOR =（I/Y）/（ΔY/Y）= I/ΔY。其中I表示总固定资产投资，ΔY表示产出增量。它反映一个单位产出增长所需要的投资量。Walter（1966）证明了当一个国家的资本收入份额相对稳定时，ICOR和K/Y作为衡量指标是等价的。一般而言，ICOR、K/Y、I/Y数值高，说明投资效率低；上升快说明出现了过度投资或投资效率恶化。综合考虑数据的可获得性问题，我们认为，ICOR在衡量产业层面的投资效率方面，仍有着明显的优势。

这样，可以给出需要检验的计量方程：

$$ICOR_{ist} = \alpha_{ist} + \beta_{ist}SER_{st} + \mu_{ist} \quad (1)$$

式中，下标 i 表示某个特定的行业，s 表示不同的省区，t 表示不同的年度。

ICOR的计算公式为：

$$ICOR_{ist} = \frac{I_{ist}}{Y_{ist} - Y_{ist-1}} \quad (2)$$

式中，Y 表示以增加值表示的产出。

由于2004年第一次全国经济普查，使2004年之前的数据与之后的数据不具备可比性。同时，在2005年时，还有一次统计口径的细微变化（信息传输、计算机服务与软件业从原交通运输邮电业中分离出来）。因此，在服务业总体上，计算了2004～2010年的数据，而在分行业水平上，计算了2006～2010年的数据。

在计量方法上，由于我们拥有多个面板数据集，因此，选择使用固定效应模型（FEM）作为分析基础。在理论上，对于面板数据，使用随机效应模型

(REM) 还是使用固定效应模型，常用的方法是进行豪斯曼检验（Hausman test）。但是，由于我们的数据并非来自于一个总体的样本，而且，横截面数据（31）要多于时间序列（5），根据古扎拉蒂（2005）所著《计量经济学》第16章的提示，我们有充分理由选择固定效应模型或混合效应模型。

（二）计量分析结果

1. 服务业发展水平对服务业总体投资效率的影响

利用 2004～2010 年人均服务业增加值与服务业 ICOR 的数据，选择跨区固定而具有时间随机的混合效应模型，可以得到结果如表 1 所示。

表 1

变量	系数	标准差	t 统计量	估计系数的显著水平
常量	7.095333	0.421439	16.83597	0.0000
服务业增加值	-1.690667	0.426697	-3.962224	0.0001

注：离差平方和 =0.485390，调整后的离差平方和 =0.399158，F 分布下的统计量 =5.628883，德宾 - 沃森检验值 =1.977369。

使用德宾 - 沃森（Durbin-Watson）检验可以发现，Durbin-Watson 统计量接近于 2，说明变量之间不存在一阶自相关。

就本文的研究目的而言，我们所关心的是人均服务业增加值对 ICOR 的影响，在考虑到固定效应之后，人均服务业增加值的系数是 -1.690667，也就是说，人均服务业增加值每增加 1 万元，ICOR 值会减小大约 1.69。这个结论说明，我国服务业投资还没有进入收益递减阶段，大规模的服务业投资将更集中于服务业相对发达的区域，集聚效应仍将主导中国服务业发展。这一点，与我们从图 1、图 2 所得到的直观印象是相吻合的。

2. 服务业发展水平对服务业各个行业投资效率的影响

诚如江小涓（2011）所指出的，服务业是一个具有异质性的部门，在使用服务业作为一个整体进行研究时，需要特别谨慎。实证研究也表明，ICOR 与投资结构也存在着关系。为了解决服务业的异质性问题，我们对服务业的各个行业投资效率与服务业发展水平之间的关系进行了回归。

（1）房地产业。

李勇坚、夏杰长（2011）的研究表明，服务业内部的交通运输仓储邮政业和房地产业具有非常高的投资/产出增量比，且其投资总量特别大，占了全部服务业投资的一半左右。事实上，这两个行业对整个服务业的ICOR影响非常大。

我们使用固定效应对房地产业的ICOR与人均服务业增加值之间进行回归，其结果非常不理想。再使用区域加权（Cross-section weights）的方法进行混合数据回归，得到结果如表2所示。

表2

变量	系数	标准差	t统计量	估计系数的显著水平
服务业增加值	13.24552	1.278773	10.35799	0.0000

注：离差平方和 = -0.115945，调整后的离差平方和 = -0.115945，德宾 - 沃森检验值 = 1.493248。

这个结果的离差平方和为负数，说明人均服务业增加值与房地产发展水平无关。因为人均服务业增加值也能够近似地代表各地区之间经济发展水平，所以这一结果表明，我国房地产的ICOR与区域经济发展水平无关。这一点与我们的直观想象存在着差距，在直观印象里，在经济欠发达地区，由于土地成本与建筑成本较低，房地产业的ICOR应相对较高，但是，计量结果并不支持这一点。我们对此的一个解释是，中国房地产投资热潮正在向全国蔓延，并成为服务业ICOR恶化的一个重要因素。这一点也得到了别的实证结果的支持。例如，Toh和Ng（2002）利用ICOR测算了新加坡的投资效率，并得出了ICOR恶化的结论。同时，他们也指出，新加坡20世纪70～80年代中期过高的ICOR，与新加坡的高涨的房屋建设投资有着直接的关系。

（2）交通运输邮政业。

我们使用区域加权（Cross-section weights）的固定效应模型对交通运输邮政业ICOR与人均服务业增加值之间的关系进行回归，得到结果如表3所示。

表3

变量	系数	标准差	t统计量	估计系数的显著水平
常量	6.549480	0.826911	7.920416	0.0000
服务业增加值	1.536081	0.732113	2.098147	0.0379

注：离差平方和 = 0.851064，调整后的离差平方和 = 0.813527，F分布下的统计量 = 22.67276，德宾 - 沃森检验值 = 2.662278。

我们注意到，人均服务业增加值的系数为1.536081，也就是说人均服务业增加值每增加1万元，交通运输邮政业的ICOR要上升1.536081。这个结果与全部服务业是相反的。也就是说，交通运输邮政业已进入边际收益递减阶段。关于这一结果，可能的解释包括：我国经济发达地区大多位于东部区域，这些区域的交通设施已相对完备，其投资效率自然会下降；而经济欠发达的西部区域，因为交通设施相对较少，而且，目前正处于资源开发阶段，对交通设施需求旺盛，所以其投资效率较高。

（3）零售批发业。

我们使用区域加权（Cross-section weights）的固定效应模型对批发零售业ICOR与人均服务业增加值之间的关系进行回归，得到结果如表4。

表4

变量	系数	标准差	t统计量	估计系数下的显著水平
常量	1.045219	0.019314	54.11576	0.0000
服务业增加值	0.005578	0.010899	0.511771	0.6097

注：离差平方和 = 0.792552，调整后的离差平方和 = 0.740268，F分布下的统计量 = 15.15866 德宾 - 沃森检验值 = 1.833804。

从回归系数上看，人均服务业增加值的回归系数很小，而且，其t统计量非常小。表明批发零售业ICOR与人均服务业增加值之间的关系不明朗。

从实际数据来看，批发零售业的ICOR值比较稳定，而且绝对值较小，这说明我国批发零售业还处于投资报酬比较稳定的阶段，ICOR与各地区的人均服务业增加值之间关系不明朗，表明区域间ICOR的差异可能是由于其他因素引起的。

（4）餐饮住宿业。

我们使用区域加权（Cross-section weights）的固定效应模型对餐饮住宿业ICOR与人均服务业增加值之间的关系进行回归，得到结果如表5。

表5

变量	系数	标准差	t统计量	估计系数下的显著水平
常量	-0.572152	0.296414	-1.930243	0.0559
服务业增加值	1.657051	0.265168	6.249062	0.0000

注：离差平方和 = 0.453784，调整后的离差平方和 = 0.316120，F分布下的统计量 = 3.296309，德宾 - 沃森检验值 = 1.968459。

从系数上看，人均服务业增加值的系数为1.657051，这说明人均服务业增加值每增加一万元，对餐饮住宿业的ICOR的影响为1.657051。从离差平方和看，调整后的离差平方和仅为0.316120，说明仅使用人均服务业增加值对餐饮住宿业ICOR的变化情况进行解释还不够。值得注意的是，这个结果与我们对服务业总体回归的结果相反，随着人均服务业增加值的增长，餐饮住宿业的投资－增量产出比会进一步增加。也就是说，餐饮住宿业在不同的发展水平区域之间存在着增长收敛的情况。

（5）金融业。

我们使用区域加权（Cross-section weights）的固定效应模型对金融业ICOR与人均服务业增加值之间的关系进行回归，得到结果如表6所示。

表6

变量	系数	标准差	t统计量	估计系数的显著水平
常量	0.132384	0.011656	11.35788	0.0000
服务业增加值	0.038908	0.010165	3.827671	0.0002

注：离差平方和＝0.561168，调整后的离差平方和＝0.450569，F分布下的统计量＝5.073863，德宾－沃森检验值＝2.343127。

从系数上看，人均服务业增加值的系数接近于零，这说明人均服务业增加值仅对金融业的ICOR有着微弱的影响。也就是说，随着人均服务业增加值的增长，金融业的投资效率仅会产生小的变化。

此外，我们还对统计年鉴上给出的“其他服务业”的数据进行了计算，但并没有发现“其他服务业”的ICOR与人均服务业增加值之间有着显著关系。

四　基本结论与政策建议

该文的目的在于研究中国各省区服务业投资效率（ICOR）与其人均服务业增加值之间的计量关系。根据新古典增长模型的边际收益递减假定，ICOR应该与其增加值之间存在着正向关系，即在区域间服务业发展趋同时，人均服务业增加值越高，其ICOR越高，服务业投资效率越低。根据集聚理论，因为集聚会产生规模收益递增，则ICOR应该与其增加值之间存在着负向关系，即区域间服务业发展出现集聚趋势时，人均服务业增加值越高，其 ICOR 越低，服务业投资效率越高。因此，对区域间服务业发展的趋同或集聚趋势做一个基本判断是前提。本文研究表明，整体上服务业体现了集聚趋势，但是分行业看这个趋势并不明显。出现这种情形的一个可能的解释是，服务业各个行业之间可能存在着横向联系与溢出效应。例如，一个金融业集聚区，会带动周边的房地产、商贸、餐饮、商务等多种产业的发展，并形成多产业的集聚效应。也就是说，整体上我国服务业投资效率还是很高的，但分行业就不一定。基于此，各省应通过加大服务业投资促进本地区服务业的发展，但投资行业的选择需要符合本地的实际发展情况。

本文的研究也具有明确的政策结论：中国的服务业在整体上并没有呈现边际收益递减的情形，各个省区在强调推动服务业增长的情况下，一定要根据本省区的实际发展，提出符合发展阶段的主导产业，而不能盲目地模仿发达地区的产业结构。具体政策建议如下。

一是促进落后地区服务业投资，改善服务业投资环境，提升服务业投资效率。投资对服务业发展具有基础性作用，有必要促进落后地区的服务业投资，提升其赶超的潜力。同时，要强化落后地区服务业基础设施建设。很多服务业，如交通运输业、旅游业、房地产业等，对基础设施要求比较高，缩小区域间基础设施差异，吸引更多服务企业到落后地区投资，有利于缩小区域间的服务业发展差距。不仅要关注落后地区的投资力度和规模，更要改进投资环境和提升投资效率。落后地区服务业投资效率低当然有许多原因，但投资体制机制僵化是其重要原因，关键在于改革现行的投资审批体制。现有的投资审批体制是一种对市场投资决策的扭曲，因为投资审批者并不对投资结果负责任，而审批的标准、原则、程序等又不够透明。从未来发展看，应对现有的投资审批体制进行全面清理，除了政府投资的项目之外，民间投资项目的审批应该全部予以取消。同时，要运用金融、土地、财政等多种政策手段鼓励和引导民间资本更大力度地进入服务业，通过民间资本的进入激活服务业投资市场，提高服务业投资效率（夏杰长，2013）。

二是优化服务业地区布局，发挥各地比较优势，走特色服务业发展道路。比较优势时制定区域产业政策的立足点。各地区发展服务业应该既要尽力弥补自己的短板，更要扬长避短，优先选择区位系数较高的服务业作为未来重点发展的目标，把其主导服务产业和特色服务产业做强做精，避免服务业结构同构化。

三是合理规范地区间税收竞争。当前，地方政府之间的税收竞争非常普遍，但是，西部地区由于地方财政能力的问题，在这种竞争过程中往往处于不利地位。因此，对地方政府间税收竞争进行合理规制，对缩小区域差距，促进落后地区服务业发展具有重要意义。

四是全力推进服务业体制改革，释放各区域服务业增长潜力。近些年，我国服务业体制机制改革不断深化，服务业管制和垄断有所削弱，服务业行政审批逐渐减少，服务业税收、价格、收费等改革深入推进。但总体看，服务业体制改革滞后，已经成为服务业发展的最大障碍。推进服务业体制改革，是一项庞大的系统工程，需要从全方位立体式有序推进，比如，严格界定服务业发展中的政府和市场边界，避免“越位”和“缺位”，尽可能减少行政审批，更加主动、更大力度地发挥市场机制的作用；打破服务业的垄断，积极促进服务业公平自由竞争；推进服务业财税体制改革，扩大服务业政府采购范围，积极稳妥推进“营改增”试点工作；改革服务业投资体制，优化服务业投资结构，提升投资效率；破除土地垄断，降低服务业发展商务成本；提升服务业微观规制水平，维护市场竞争秩序；等等。

参考文献

江小涓：《服务业增长、真实含义、多重影响和发展趋势》，《经济研究》2011 年第 4 期。

夏杰长：《打破垄断完善规制：我国服务业体制改革的关键所在》，《北京工商大学学报》2013 年第 3 期。

李勇坚、夏杰长：《制度变革与服务业增长》，中国经济出版社，2009。

李文秀、胡继明：《中国服务业集聚实证研究及国际比较》，《武汉大学学报（哲学社会科学版）》2008 年第 2 期。

李勇坚、夏杰长，《服务业是节约投资的产业吗？——基于总量与 ICOR 的研究》，《中国社会科学院研究生院学报》2011 年第 5 期。

李文秀、谭力文：《服务业集聚的二维评价模型及实证研究——以美国服务业为例》，《中国工业经济》2008 年第 4 期。

王耀中、任英华、姚莉媛：《服务业集聚机理研究新进展》，《经济学动态》2010 年第 4 期。

李文秀、李勇坚、罗春燕：《中国区域间服务业发展趋同还是集聚——基于省级分行业投资效率面板数据的研究》，《宏观经济研究》2012 年第 8 期。

DAVID L. KAY, JAMES E. PRATT, AND MILDRED E. WARNER (2007), "Role of Services in Regional Economy Growth", *Growth and Change*, Vol. 38, No. 3 (September 2007).

Barro, Robert J. and Xavier Sala-i-Martin (1992), "Convergence", *Joumal of Political Economy*, April 1992.

Baumol, William J. (1986), "Productivity Growth, Convergence, and Welfare: Whatthe Longrun Data Show", *American Economic Review*, December 1986.

Durlauf, Steven N. and Danny T. Quah (1999), "The New Empirics of Economic Growth", in John Taylor and Michael Woodford (eds.), *Handbook of Macroeconomics*, Vol. 1A, Amsterdam, North-Holland, 1999.

P. Naresh and C. Gary (2003), "The Beneflts of Industrial clustering: Insights From the Financial Services Industry at three Locations", *Journal of Financial Services Marketing* 7 (3), 2003.

M. Toh and W. Ng (2002), "Efficiency of Investment in Asian Economies: Has Singapore Over-Invested?", *Journal of Asian Economics* 13.

中国区域服务业对外开放的实证分析与战略措施

姚战琪　刘　奕*

摘　要： 改革开放后，我国服务业对外开放发展迅速，历经了从20世纪70年代末至90年代初的初始期、从20世纪90年代初至21世纪初的快速发展期以及从21世纪初开始的不断调整期。本文系统展示了我国区域服务业对外开放的政策法规变化、区域服务业对外开放的研究进展，描述了我国服务业对外开放的特点，实证研究结果表明，FDI对我国服务业全要素生产率、技术进步、技术效率增长的影响都为正；东部地区虚拟变量、中部地区虚拟变量、西部地区虚拟变量对全要素生产率的影响都为正，但东部地区外商投资对服务业生产率增长的促进作用显著高于其他地区；服务业资本密集度对服务业全要素生产率、技术进步、技术效率都有显著的正向影响。目前，我国区域服务业对外开放进入新时期，应不断调整区域服务业对外开放政策，实现完善区域开放格局的目标。

关键词： 服务业　全要素生产率　外商直接投资　服务外包

一　中国区域服务业对外开放现状

（一）第三产业对外开放的行业分布

自改革开放以来，第三产业固定资产投资对第三产业的推动作用不

* 姚战琪，经济学博士，中国社会科学院财经战略研究院服务经济研究室副主任、研究员；刘奕，经济学博士，中国社会科学院财经战略研究院助理研究员。

容忽视，第三产业外商投资由 2005 年的 1240.8 亿元增长到 2010 年的 2895.4 亿元，增长 133.35%，年均增长 26.67%。从表 1 可以看出，房地产业外商投资规模较大，其占我国第三产业固定资产投资额比重较高。根据 2000～2011 年《中国第三产业统计资料汇编》提供的数据，在第三产业城镇固定资产投资额中，2005 年房地产业外商投资额为 757.5 亿元，占我国第三产业城镇外商投资比重为 61.05%；2010 年房地产业外商投资为 2024 亿元，年均增长 33.44%，其占我国第三产业城镇外商投资比重增长为 69.9%。改革开放后，服务业外商直接投资过多地集中于房地产等利润较高的非传统服务业，在 2002～2010 年期间，从实际使用外资金额看，平均有 45.13% 的服务业外商投资流向房地产，因此，利润较高的非传统服务业成为推动服务业外商投资快速增长的重要因素，服务业外商投资对非传统服务业的较大需求推动了我国非传统服务业的增长。但是，我国在继续制定政策促进外商投资增长的同时，必须推动利用外资由量向质的根本转变，房地产业作为我国服务业吸收外商投资的主导产业不利于推动我国产业结构战略性调整和优化升级目标的实现。

（二）第三产业对外开放的区域分布

东部地区包括北京、天津、河北、上海、江苏、浙江、福建、山东、广东、海南 10 个省市；中部地区包括山西、安徽、江西、河南、湖北、湖南 6 个省；西部地区包括重庆、四川、贵州、云南、西藏、陕西、甘肃、青海、宁夏、新疆、内蒙古、广西 12 个省区市；东北地区包括辽宁、吉林、黑龙江 3 个省。本文展现了 2006～2010 年我国东部地区、中部地区、西部地区、东北地区的外商投资、港澳台商投资、内资、全社会固定资产投资规模及外商投资占全社会固定资产投资的比重等各项指标变化状况。

将东部地区、中部地区、西部地区、东北地区外商投资占第三产业全社会固定资产投资之比进行对比可以看出，第一，外商投资在东部地区占比最高。2010 年，外商投资在东部地区、中部地区、西部地区、东北地区占比分别为 54.55 %、11.8 %、15.9 %、17.74%。外商投资在东部地区占比最高，这与我国东部地区具有较好的发展基础，完善的投融资体系、多元化的产业链和便

表 1　2005～2010 年第三产业分行业城镇固定资产投资

单位：亿元

类别	2005				2006				2007			
	投资额	内资	港澳台商投资	外商投资	投资额	内资	港澳台商投资	外商投资	投资额	内资	港澳台商投资	外商投资
第三产业合计	42660.5	39717.7	1702.9	1240.8	52705.6	48930.3	2084.5	1690.8	65190.2	60030.5	2793.8	2365.9
交通运输、仓储和邮政业	8860.4	8644	105	111.7	11224.5	10932.2	174.7	117.6	12997.1	12630.8	208.7	157.5
信息传输、计算机服务和软件业	1561.6	1153	220	188.9	1772	1250.1	194.6	327.2	1819.4	1175.5	281.6	362.3
批发和零售业	1532.1	1464	27.6	40.4	1896.5	1799.2	45.7	51.6	2450.6	2318.5	56.7	75.4
住宿和餐饮业	675.9	586.7	43.9	45.3	938.7	837.6	45.1	56	1329.9	1181	68.6	80.3
金融业	105.6	103.3	1.4	0.9	118.7	113.4	5	0.3	151.9	146.3	4.5	1.2
房地产业	17098.2	15127	1214	757.5	21586.2	19024	1525.2	1037	28619.2	25032.4	2029.1	1557.8
租赁和商务服务业	486.2	460.6	15.4	10.2	662.6	641.1	6.4	15	860.7	805.8	19.9	35
科学研究、技术服务和地质勘察业	424.5	411.5	4.1	8.9	465.1	445.7	7.9	11.5	521.2	501	9.1	11.1
水利、环境和公共设施管理业	6097.9	6037	34.2	26.5	7506.7	7451.9	30.9	23.9	9276	9185.8	52.1	38.1
居民服务和其他服务业	135.5	132.2	1	2.3	183.6	174.3	7.2	2.1	235.8	229.8	3.8	2.1
教育	1966.9	1952	5.6	9.1	2128.8	2115.7	5.9	7.2	2220.9	2207	6	7.8
卫生、社会保障和社会福利业	591.8	579.7	2.8	9.3	708	695.7	6.1	6.2	809.4	794.8	7.6	6.9
文化、体育和娱乐业	685.8	637.7	19.8	28.3	858.2	799.5	25.5	33.3	1129.8	1059.1	42	28.7
公共管理和社会组织	2438.1	2429	8.1	1.5	2655.8	2649.7	4.2	1.9	2768.4	2762.9	3.9	1.6
国际组织	—	—	—	—	0.1	0.1	—	—	—	—	—	—

续表

类别	2008				2009				2010			
	投资额	内资	港澳台商投资	外商投资	投资额	内资	港澳台商投资	外商投资	投资额	内资	港澳台商投资	外商投资
第三产业合计	81588	75540.7	3322.3	2725.1	108572.5	102633.5	3384.3	2554.8	136491.7	129397	4199	2895.4
交通运输、仓储和邮政业	15700.5	15272.7	257.3	170.5	23271.3	22877.9	230.7	162.7	27883.1	27533.9	226.9	122.3
信息传输、计算机服务和软件业	2131.3	1375.3	332.7	423.3	2543.5	1925.5	251.2	366.8	2392.9	1808.8	245.4	338.7
批发和零售业	3193	3025.6	91.7	75.7	4491	4298.5	86	106.5	5233.4	5022.5	89.4	121.5
住宿和餐饮业	1735	1537.6	88.7	108.7	2328.6	2153	86.4	89.3	2980.2	2751	132.5	96.7
金融业	252.8	245.9	4.5	2.4	348.5	341.4	2.2	5	477.7	470.5	1.8	5.3
房地产业	35914.2	31753.9	2381	1779.3	43127.6	38962.8	2508.8	1656	57633.1	52404.2	3204.8	2024
租赁和商务服务业	1255.1	1172.4	32.2	50.5	1880.4	1781.4	51	48.1	2486.4	2352.3	74.4	59.8
科学研究、技术服务和地质勘察业	717.6	690.3	12.9	14.4	1084	1056	11.5	16.5	1269.2	1207.4	39.2	22.6
水利、环境和公共设施管理业	12279.1	12184.6	61.4	33.1	17878.9	17746.8	83	49.2	22333.7	22193.8	90.6	49.3
居民服务和其他服务业	312.7	306.3	3.7	2.7	518.6	508.9	4.2	5.5	757.1	742.7	8.5	5.8
教育	2355.4	2340.6	7	7.8	3242.5	3226.4	8.2	7.8	3718.1	3705.2	8	4.9
卫生、社会保障和社会福利业	1065.9	1035	12	18.9	1698	1683.1	5.6	9.4	1959.5	1941.9	11.3	6.2
文化、体育和娱乐业	1436.5	1364.8	36.1	35.5	2125.4	2042.1	54.4	28.8	2605.9	2508.2	64.8	32.9
公共管理和社会组织	3239	3235.7	1.1	2.2	4034.2	4029.8	1.2	3.2	4761.6	4754.9	1.4	5.3
国际组织	—	—	—	—	—	—	—	—	—	—	—	—

资料来源：2000~2011 年《中国第三产业统计资料汇编》。

捷的基础设施密切相关。第二，服务业外商投资占东部地区全社会固定资产投资之比逐渐降低，而在东北地区、中部地区和西部地区占比不断提升。东部地区服务业外商投资占全国服务业外商直接投资之比不断下降，由2006年的65.05%下降到2010年的55%，外商投资在东北地区、中部地区和西部地区占比分别由2006年的12%、11%、12%提升到2010年的18%、12%、16%。外商投资在东北地区和中部地区投资占比增速较快，表明我国服务业对外开放进入不断调整期，我国出台的服务业外商投资产业政策具有积极作用，明显地促进了中西部地区有序承接产业转移，对中西部地区经济和社会发展具有积极作用（见表2）。

将2006～2010年外商投资和港澳台投资占我国固定资产投资的比重进行对比可以看出，虽然在我国固定资产投资总规模中，外商投资增长迅速，由2006年的1716亿元增长到2010年的2694亿元，增长了56.99%，但外商投资占我国固定资产投资的比重保持在3%左右，这表明外商投资占我国固定资产投资之比较低，但外商投资效率较高（见表3）。

二　中国区域服务业对外开放的实证研究

（一）模型构建及数据选择

$$Y = f(K/L, FDI, DUMD, DUMZ, DUMX)$$

本文采用2005～2011年31个省及直辖市的面板数据（由于数据缺失，不包括台湾省、香港特别行政区、澳门特别行政区），具体变量包括各省及直辖市的服务业产出变量、资本存量、劳动力投入变量、FDI变量、东部地区虚拟变量、西部地区虚拟变量、中部地区虚拟变量、东北地区虚拟变量等（见表4），将我国服务业全要素生产率增长分解为技术效率和技术进步的增长，就我国各地区（即东部、中部、西部、东北地区）服务业FDI对该地区生产率增长的影响进行实证分析，尽量得出使人信服的结论。

表 2　中国各区域第三产业外商投资金额及占比

单位：亿元，%

		东部地区	东部地区占比	中部地区	中部地区占比	西部地区	西部地区占比	东北地区	东北地区占比	全国总计
2006 年	全社会固定资产投资	28626.08	48.71	11182.38	19.03	12189.23	20.74	5287.29	9.00	58769.17
	内资	26062.50	47.44	10747.98	19.56	11735.61	21.36	4910.21	8.94	54940.50
	港澳台商投资	1447.41	68.51	248.78	11.78	249.52	11.81	167.06	7.91	2112.77
	外商投资	1116.17	65.05	185.61	10.82	204.10	11.89	210.02	12.24	1715.89
2007 年	全社会固定资产投资	34386.83	47.26	14119.85	19.40	15395.96	21.16	6796.39	9.34	72766.67
	内资	30954.11	45.84	13558.94	20.08	14723.21	21.80	6229.80	9.22	67533.71
	港澳台商投资	1880.23	66.52	313.24	11.08	387.18	13.70	246.05	8.70	2826.72
	外商投资	1552.49	64.52	247.66	10.29	285.54	11.87	320.54	13.32	2406.24
2008 年	全社会固定资产投资	41750.56	45.98	17932.16	19.75	19233.84	21.18	8795.14	9.69	90802.65
	内资	37852.39	44.70	17320.01	20.45	18424.58	21.76	7996.15	9.44	84684.08
	港澳台商投资	2179.11	64.89	324.28	9.66	447.42	13.32	407.14	12.12	3357.95
	外商投资	1719.06	62.27	287.87	10.43	361.84	13.11	391.85	14.19	2760.62
2009 年	全社会固定资产投资	52722.07	43.41	24997.95	20.58	27399.51	22.56	11405.85	9.39	121453.15
	内资	49215.08	42.65	24272.68	21.03	26555.57	23.01	10432.06	9.04	115403.15
	港澳台商投资	2074.92	60.33	425.19	12.36	437.60	12.72	501.54	14.58	3439.26
	外商投资	1432.07	54.85	300.08	11.49	406.33	15.56	472.26	18.09	2610.73
2010 年	全社会固定资产投资	65540.58	43.09	31101.43	20.45	34844.05	22.91	14714.15	9.67	152096.66
	内资	61308.03	42.32	30284.23	20.91	33854.08	23.37	13512.55	9.33	144855.34
	港澳台商投资	2615.67	61.15	467.49	10.93	518.60	12.12	675.67	15.80	4277.43
	外商投资	1616.88	54.55	349.71	11.80	471.37	15.90	525.93	17.74	2963.89

资料来源：2000 ~ 2011 年《中国第三产业统计资料汇编》。

表 3　外商投资和港澳台商投资占我国固定资产投资的比重

单位：%

年　份	2006	2007	2008	2009	2010
内资占固定资产投资的比重	93.49	92.81	93.26	95.02	95.24
港澳台商投资占固定资产投资的比重	3.60	3.88	3.70	2.83	2.81
外商投资占固定资产投资的比重	2.92	3.31	3.04	2.15	1.95

资料来源：2000～2011 年《中国第三产业统计资料汇编》。

表 4　变量描述

变量名称	变量描述	符号
服务业产出变量	反映各省及直辖市服务业总产出	Y
服务业资本变量	反映各省及直辖市服务业资本投入	K
劳动力投入	反映各省及直辖市服务业的劳动力投入	L
服务业外商直接投资	反映各省服务业 FDI 对全要素生产率的贡献	FDI
东部地区虚拟变量	反映东部地区服务业开放对经济增长的影响	DUMD
西部地区虚拟变量	反映西部地区服务业开放对经济增长的影响	DUMX
中部地区虚拟变量	反映中部地区服务业开放对经济增长的影响	DUMZ
东北地区虚拟变量	反映东北地区服务业开放对经济增长的影响	DUMDB
技术效率	反映决策单元的效率值,表示与有效生产前沿面的距离	EC
技术进步	表示有效生产前沿面的外移	TC
全要素生产率指数	反映各省及直辖市全要素生产率年均增长率	FC

（二）变量描述性统计

变量的描述性统计结果显示，全要素生产率指数、技术进步、技术效率、服务业外商直接投资等指标距离均值的离散程度较小，可以认为这些变量对因变量有较稳定的影响。同时，从表 5 可以看出，我国 31 个省和直辖市的技术进步增长率和服务业全要素生产率增长值均大于技术效率增长率，因此，可以认为，我国地区服务业全要素生产率的增长主要是由技术进步的增长带动，技术效率的缓慢增长对全要素生产率增长具有负面影响。

表 5　变量的平均值及标准差

年份	Y		K		L	
	均值	标准差	均值	标准差	均值	标准差
2008	179.16	150.37	2171.99	1801.32	768.08	482.20
2009	191.71	159.24	2338.21	1938.21	805.31	505.19
2010	192.12	163.49	2431.74	2080.31	824.78	541.87
2011	206.04	177.41	2593.16	2218.14	857.37	563.58

年份	FDI		EC		TC		FC	
	均值	标准差	均值	标准差	均值	标准差	均值	标准差
2008	80.20	90.76	1.01	0.06	0.96	0.04	0.97	0.05
2009	92.02	99.53	1.02	0.05	1.00	0.01	1.02	0.05
2010	84.21	95.78	0.99	0.03	0.98	0.01	0.97	0.03
2011	95.61	105.97	0.96	0.04	1.05	0.02	1.01	0.04

（三）面板数据回归分析

从表 6 的回归统计结果可以看出，服务业资本劳动比（资本密集度）对服务业技术效率、技术进步、全要素生产率均有显著的正向影响，这表明，地区服务业资本密集度越高，服务业技术进步也越快。因此服务业与制造业相类似，资本强度是影响我国服务业技术进步的重要因素。改革开放后，第二产业和第三产业产出增长速度相差无几，我国逐年增加对服务业的资本投入以此促进服务业增长，服务业已成为我国资本投入的主体，我国第三产业资本投入增长速度远远超过第二产业，本文实证研究结果与我国经济体制改革的实践相符。

从表 6 的统计结果也可以看出，服务业外商直接投资对服务业技术效率、技术进步、全要素生产率的影响为正，这表明服务业外商直接投资存在一定程度的溢出效应，外商直接投资显著地影响我国服务业技术改进和技术创新，有助于我国服务业效率的改善，国内学者刘艳（2012）采用 DEA 方法对中国 13 个服务行业的实证分析也得出类似的结论。外商直接投资对我国服务业生产率具有正向影响是因为资本溢出效应，外商直接投资进入我国对国内企业生产技术和管理制度的改善和提升产生了良好的溢出效应。同时，由于全球化与外商直接投资是前沿技术进步的源泉，因此服务业外商投资能显著推动行业技术水平提高，促进企业提高技术水平，外商投资是中国经济技术进步的主导。具体而言，服务业外商直接投资不仅对中国资本积累具有直接效应，而且还通过技术扩散、人力资本提高和制度变迁等外溢效应促进我国服务业技术进步、知识积累和人力资本水平提高和内生经济增长。尽管如此，中国加入 WTO 以后的“入世红利”已在衰减，制定新政策尤为重要。第一，在更加着力于金融领域、文化产品等要素市场开放的同时，稳妥推进金融、医疗、教育、旅游、养老等服务业领域对外开放，推动我国产业升级。第二，不断拓宽鼓励外商投资的领域，不断完善区域开放格局，在为海外投资者提供更多投资机会的同时，也促进服务业外商投资对中西部地区经济和社会发展发挥积极作用。第三，完善外商投资管理制度，鼓励和引导外商投资我国生物工程、知识产权服务、研究开发中心、新产品开发等高技术服务业。

东部地区虚拟变量、中部地区虚拟变量、西部地区虚拟变量对全要素生产率的影响为正，但东部地区虚拟变量的影响高于其他地区虚拟变量的影响，这表明东部地区外商投资显著地促进了该区服务业生产率增长，李建春、孙忠艳、杨秀苔（2005）通过实证研究方法得到的 FDI 与西部地区投资和经济增长不存在挤出效应的结果与本文的结论相似。本文实证分析结果与前文所述是一致的，即外商投资在东部地区占比最高与该地区具有较好的发展基础、完善的投融资体系、多元化的产业链和便捷的基础设施密切相关。东部发达地区与西部落后地区之间经济增长率的差异在很大程度上与外商投资分布的差异紧密关联，外商投资分布不平衡的特点将会对东部地区资本形成、工业化进程、地区就业结构产生重要影响，但对中西部地区影响不太明显。

表 6　回归模型统计结果

变量	FC(生产率指数)		EC(技术效率)		TC(技术进步)
C	0.9762 (0.0225)	0.9721 (0.0256)	0.9562 (0.0240)	0.9608 (0.0280)	0.5686 (0.0930)
LOG(K/L)	0.0013 (0.0076)	0.0021 (0.0088)	0.0156 (0.0081)	0.0139 (0.0097)	0.3428 (0.0994)
LOG(FDI)	0.0003 (0.0036)	0.0011 (0.0041)	0.0015 (0.0039)	0.0007 (0.0044)	0.0203 (0.0130)
DUMD	0.0203 (0.0158)	0.0194 (0.0184)	0.0247 (0.0169)	0.0260 (0.0202)	—

续表

变量	FC(生产率指数)		EC(技术效率)		TC(技术进步)
DUMX	0.0156 (0.0158)	0.0164 (0.0183)	0.0189 (0.0168)	0.0172 (0.0201)	—
DUMZ	0.0025 (0.0165)	0.0031 (0.0192)	0.0056 (0.0176)	0.0048 (0.0211)	—
R Square	0.5763	0.5489	0.7989	0.6439	0.3481
Hausman 值	—	4.3555	—	7.5837	25.9908
模型	混合效应	随机效应	混合效应	随机效应	固定效应
观测数	122	122	122	122	122

注：括号内数字为标准误，计量软件为 EVIEWS5.0。

三　促进中国区域服务业对外开放的战略措施

（一）制定措施引导外资投向中西部和东北地区

首先，制定更多的财税优化政策，引导外商投资中西部地区和东北地区。其次，制定和不断完善引资特殊政策。西部和东北地区设立专项产业发展引导资金，用于重点发展的服务业产业集群重大外资项目，从而为加快产业发展和服务业基础设施建设拓宽融资渠道。再次，中西部地区和东北地区制定政策，扩大外商投资领域，鼓励外商投资城市供水、污水处理、供热、绿化等公用事业和基础设施建设，鼓励外商投资教育、文化、科研、卫生等产业。

（二）鼓励中西部地区承接东部地区制造业转移，培养服务业发展基础

服务业发展在很大程度上是为工业的生产环节提供销售、营销、研发等服务，服务业投资以工业发展为土壤，因此加快工业领域的对外开放对中西部地区具有重要意义。第一，在支持东部地区制造业向西部转移的同时，积极吸引世界500强或国际行业100强企业及国内外上市公司投向中西部地区重点发展的制造业。第二，促进中西部地区工业企业与生产性服务企业的协调发展。加强政策支持力度，推进制造业的结构调整、重组与升级，鼓励工业企业转变资金支出结构，将与产品制造相关的人力资源开发、市场销售、技术可行性研

究、环保评估等生产性服务外包给其他企业，推进工业企业内置服务市场化、社会化，降低企业运营成本，也为生产性服务业提供一定的发展空间。

（三）加快形成现代服务业产业集群

第一，各地级市应坚持生产性服务业与生活性服务业、传统服务业与现代服务业并举（国家发改委，2012），进一步优化服务业发展布局，提升服务业发展档次，营造有利于服务业发展的体制和政策环境。

第二，各级政府创造条件，提高服务业整体竞争力。通过加强政策引导，逐步完善行业准入制度，吸引其他地区的服务业企业入驻中部地区、西部地区和东北地区，与本地企业形成竞争态势，营造公平竞争的市场环境，通过竞争加快服务业的市场化进程。

（四）以务实的政策和手段吸引外商投资中西部和东北地区现代服务业

第一，积极吸引境外公司在中西部地区设立地区总部，发展总部经济，并按照其对地区各级财政的贡献率由受益财政给予有吸引力的补贴。

第二，调整招商引资的主攻方向和策略手段，鼓励服务业包括生产性服务业吸收外商直接投资，拓展服务业吸引外资的有效途径，积极引进国外商贸流通业、旅游业、文化产业、物流业进入中西部地区，对具有牵动力的重大现代服务业项目，给予财政支持和补贴，全面提升与外商投资的合资合作水平，促进服务业企业技术水平的提高以及管理手段的创新。

（五）加大基础设施建设力度，改善中西部地区吸引外商投资的环境

现代服务业是以信息技术为基础发展起来的新兴产业，加大中西部地区的信息技术投资有利于改善该地区的投资环境，有助于吸引外商投资。第一，地方政府积极探索地方公共基础设施建设投资的运营方式、利益分配以及产权结构等领域，积极吸引大量的民间资本尽快进入公益事业和基础设施等领域。第二，利用信息技术对传统服务业各部门进行技术改造，使其成为最具有发展潜力的现代服务业。第三，加快发展现代信息服务业，推动信息技术应用，从而促进产业结构调整和产业优化升级。

参考文献

高志红、徐鹏：《服务业外商直接投资在华区位选择研究》，《现代商业》2008 年第 5 期。

国家发改委：《发改委就服务业发展“十二五”规划答记者问》，http：//finance. eastday. com/economic/m1/20121228/u1a7094469. html，2012 年 12 月 28 日。

国家发改委：《新中西部地区外商投资优势产业目录颁布》，http：//money. 163. com/09/0113/13/4VHS8EKV00251OFT. html，2009 年 1 月 13 日。

李建春、孙忠艳、杨秀苔：《外商直接投资与西部地区经济增长》，《武汉金融》2005 年第 2 期。

李扬：《中国服务业投资区域协调发展的政策措施研究》，《中国青年政治学院学报》2011 年第 6 期。

刘绍坚：《中国现代服务业进一步对外开放的思考和政策建议》，http：//www. sccom. gov. cn/xxfb/priManager. do？behavior = pri&id = 45702&page = /page/gzyj/pri. jsp，2013 年 1 月 27 日。

刘艳：《服务业 FDI 的技术溢出与中国服务业生产率增长》，《国际商务研究》2012 年第 1 期。

盘锦市委宣传部：《关于进一步扩大对外开放的意见》，http：//news. xinhuanet. com/panjin/2012 - 06/13/c_ 123278183. htm，2012 年 6 月 13 日。

姚战琪：《跨国公司在华投资：不同来源外商对华投资市场战略差异的因素分析》，《世界经济研究》2004 年第 3 期。

张诚、赵奇伟：《中国服务业外商直接投资的区位选择因素分析》，《财经研究》2008 年第 12 期。

庄丽娟：《中国服务业利用外商直接投资的区位特征与政策建议》，《华南农业大学学报（社会科学版）》2006 年第 4 期。

区域市场开放与地区服务业增长：实证检验与政策建议

张颖熙　夏杰长*

摘　要：本文采用主成分分析法测算了区际市场开放度指数，发现20世纪90年代以来我国区际市场整体开放程度不高，区域间开放程度极不平衡，中西部地区开放度明显偏低。在此基础上，利用1993~2010年的省级面板数据，采用工具变量两阶段最小二乘法（2SLS）和系统动态面板（GMM）实证角度考察了省际开放程度对地区服务业增长的影响机制和影响效果。研究结果发现：区际开放与服务业增长之间存在U形曲线关系，即短期内区际开放程度的提高对服务业增长没有起到积极作用，但随着区际开放程度的不断提高，它对服务业增长的作用将由负转为正；对外开放与区际开放之间存在显著的互补关系，即对外开放水平的提高有助于促进区域间的开放，从而推动地区服务业增长；中国加入WTO尤其是履行对WTO的各项承诺，不仅对区域层面的对外开放形成积极效应，而且对区域之间的开放起到了一定的推动作用。

关键词：区际开放　市场一体化　对外开放　服务业增长

一　引言

20世纪90年代末期以来，中国陆续出台了西部大开发、促进中部崛起和

* 张颖熙，经济学博士，中国社会科学院财经战略研究院助理研究员；夏杰长，经济学博士，中国社会科学院财经战略研究院院长助理、服务经济研究室主任、研究员。

东北等老工业基地振兴等区域发展战略。但由于地域范围广大、地理差别明显，为了使这些总体战略能够更好地落到实处，产生更大的成效，中央政府先后批复涉及珠江三角洲、长江三角洲、天津滨海新区、福建省海峡西岸经济区，包括陕西、甘肃两省部分地区的关中－天水经济区，中国图们江区域，黄河三角洲等，横琴新区，安徽皖江城市带和鄱阳湖生态经济区等的10多部区域规划和文件。从形式上看，我国的区域开放战略具有渐进性的明显特征，开放的区域布局从沿海到沿江、沿边和省会城市，从珠三角、长三角到环渤海，从东部沿海再到中西部地区。在新的区域层次格局中，最大的特征就是跨越行政区划的经济区域。

随着区际经济开放加快和区域间融合程度的加深，多数国内外学者认为，行政干预的影子越来越弱，市场力量发挥作用的趋向越来越强。如Naughton（2000）、Park & Du（2003）、白重恩（2004）、陈敏等（2008）、陆铭和陈钊（2009）的研究认为尽管中国目前仍然存在地方保护和市场分割现象，但从总体趋势上看是下降的，区域市场分割呈现渐趋整合的趋势。

目前关于市场一体化（区际市场开放）与服务业增长的相关研究，主要集中于两个方面：一是关于区域市场整合对区域经济的影响，如赵永亮、刘德学（2008）以中国12个样本城市6大类商品价格为考察对象，证明了地方保护壁垒造成的省际市场分割不利于实施保护的省份自身的经济绩效的提高；赵伟等（2011）则探讨了国内市场一体化与中国制造业区域集聚变化趋势之间的关系，并认为中国国内市场一体化具有显著的制造业区域集聚效应；盛斌、毛其淋（2011）、毛其淋（2012）的研究发现，区域市场整合显著地促进了中国省域经济增长。二是关于区域对外开放与服务业增长的影响，如王小平（2005）、郑长娟（2005）、钟晓君（2009）、肖文（2009）、顾乃华（2010）、姚星等（2012）的研究一致认为，服务业FDI（外国直接投资）促进了我国服务业总体增长。遗憾的是，关于区域市场一体化与服务业增长的相关研究文献相对较少，国内学者廖婧琳（2011）利用Feldstein和Horioka对资本流动性障碍的分析方法，发现我国22个省份之间存在资本流动壁垒，并且得出省际壁垒对本省服务业的发展有抑制作用的结论。

从经济史的角度来看，区域经济的对外开放与区际市场开放（市场一体化）近似可以视作相互衔接的两个阶段，区际开放有利于区域经济的产业集聚、产业结构提升等“纵深”发展。例如，美国经济史学家林德斯托姆的研究揭示，19世纪初，美国的区域开放带有强烈的国际化先行特征，随后区际开放快速发展，人力与物质资本等要素的流动在区际呈现“墨汁效应”，迅速扩散，最终呈现“虹吸效应”，导致区域要素集聚和产业结构提升，形成区域的竞争优势。为此，我们的研究主要通过考察改革开放以来区际市场化或区域经济之间的彼此开放对地区服务业增长的作用和影响，揭示区域经济开放作用于服务业增长的渠道和机理。

基于我们的研究目标，本文的研究思路拟从三个方面展开：一是对区域市场开放与一体化程度的界定与测度；二是利用省级面板数据，实证考察省际市场开放对本地服务业增长的影响机制和影响效果；三是基于模型的结论与政策含义。

二　区域市场开放的内涵和度量

（一）区际市场开放的界定

在一般市场经济体中，一个国家或地区的区域市场整合可被视为其对内经济开放程度，即区际开放水平（赵伟、徐朝辉，2005）。从理论上来讲，区际开放可以提高一个地区的经济发展水平和生产效率。这是因为，一方面，区际开放能够促进生产要素和产品的跨区自由流动，进而按照市场信号引导要素配置到边际产出最高的生产环节中去，降低了要素市场扭曲和产出损失；另一方面，区际开放有利于不同地区企业之间开展合作与交流，促进了知识和技术的扩散和传播，有助于提高一个地区的整体技术水平。区际开放水平越高，地区之间的信息流通就越顺畅，这有利于国内不同地区和经济体可以选择自身具有比较优势的产业进行生产，避免了在相同产业上进行重复建设，因此有助于优化地区的产业结构和提高资源配置的效率，增强了经济增长的协调性。另外，区际开放水平越高，也往往意味着地方保护主义和市场分割越弱，那么劳动力和商品的跨区流动和配置就将越充分，进而可以缓解地区之间劳动力市场和商品市场的供求矛盾，有益于减轻经济的波动。

对区域间市场开放程度的衡量与测算学术界主要有两种方法，一种是直接法，即直接测度区域间的经济开放程度，如赵伟、徐朝辉（2005）综合区际贸易、区际分工和劳动力空间流动三个方面的变量，提出了一个测度区际市场开放的指标体系；赵伟等（2011）以省际货物运输状况衡量区际开放程度；张应武（2011）依据某一地区与其他地区经济融合的程度（或比重）衡量区际开放度，即“与 i 省区市场整合的省区国内生产总值之和占除 i 以外的所有省区国内生产总值之和的比重”；孙中叶（2012）根据区域经济开放的二重性特点，构建了区际开放与国际开放的评价指标体系，其中，区际开放度取决于“区际分工度、区际市场活跃度、区际劳动力流动度、区内旅游依存度、区际货运活跃度、信息开放度和观念开放度”一系列指标的加权值。另一种是间接法，即通过测算市场分割指数间接衡量中国区域市场一体化程度。考虑到间接法的数据获取与计算方法较为繁杂，计算结果的准确性难以保证，本文研究将遵循赵伟（2012）的研究思路，采用直接法，综合区域间商品流动、货物运输、劳动力流动、资本流动和分工程度五个方面来测度中国区域市场的开放程度。

（二）区际开放度的测度

为了测度区际经济开放度，我们根据直接法的基本原理，在确定相关影响因素的计算公式的基础上，运用主成分分析法构建区际经济开放度指标的测度公式。

1. 区际商品市场依存（活跃）度

区际贸易是区际经济联系的重要表现形式。区际贸易不仅指最终消费品的贸易，而且应包括中间产品贸易和服务贸易。从准确性上来说，反映区域之间商品和服务的贸易状况应采用区际商品和服务流入流出量来衡量，采用 5 年更新一次的区域经济投入产出调查数据能够较准确、全面地反映各地区之间的贸易状况。然而，由于投入产出数据周期长，存在较长的滞后期，且属于非公开发表数据，获取难度较大，而且中国已进行的投入产出调查次数很少，因此，实际测算时我们往往用反映消费品市场交易活跃性的指标作为替代，即“商品市场依存（活跃）度”，具体计算公式为：商品市场依存（活跃）度 = 地区社会消费品零售总额/地区 GDP，其数值越大说明区域之间贸易活动越活跃。

2. 货运活跃度

一般而言，一个地区的区际开放程度越高，货物运输就越繁忙，因此可以从货运角度衡量商品流动的活跃程度。该项指标的计算公式为：货运活跃度 = 地区货运周转量/全国货运周转量，其数值越大，证明地区之间的联系越紧密。

3. 劳动力流动

劳动力是经济活动中最活跃的因素之一，在市场经济条件下，劳动力总是从边际劳动生产率低的地区流向高的地区，从劳动报酬低的地区流向劳动报酬高的地区（姚枝仲、周素芳，2003）。因此，劳动力的流动程度应作为测度区际开放程度的重要指标。由于我国现有统计中找不到省域之间劳动力流动的数据，目前研究中多用“人口迁移率”来间接表示劳动力流动状况。本文研究中采用的是地区客运量与全国客运量的比值来近似反映区域之间劳动力流动状况，其原因在于，文中使用的是省际面板数据，而相关省际人口的统计年鉴中存在着明显的统计口径差异，有的省份统计的是户籍人口数，有的省份统计的是常住人口数，由于没有口径一致的统计人口数，因此只能用“客运量”来近似替代。

4. 资本流动

资本在区域间的配置和流动，不仅影响区域经济增长，而且是区域开放程度的标志之一。本文采用资本净流入比作为衡量资本流动程度的指标。为得到流动资本总量，本文借鉴了王小鲁、樊纲（2004）提出的计算国内跨地区资本流动总量的方法。根据宏观经济学理论，按照支出法核算 GDP，各省的 GDP 可分解为最终消费 C、资本形成 I、货物与服务净出口 X 三项（这里的“净出口”相当于“净出省”）。假定初始阶段某省的跨省贸易是平衡的，那么 $X=0$，$C+I=GDP$。当发生资本净流入而其他条件不变时，$C+I>GDP$，$X<0$。此时资本形成中包含省外资本的流入，其值与 X 相等，符号相反。此时用 X 扣除对国外净出口后的负值可近似表示各省国内资本流入（或流出）的近似值。各省合计数不为 0 的部分为误差部分，进行分配和剔除后可近似得到各省国内资本流动净值。计算结果显示，资本净流入比的数值有正有负，这说明有些省份的某些年份资本是净流入的，有些省份是净流出的。

5. 区际专业化分工

区际分工是区域间经济联系的一种表现，参与全国分工程度越高表示与其他地区的经济联系越紧密。本文借鉴赵伟（2011）的方法，采用区位商（Location quotient）指标作为区际分工的测算指标。区位商原本用于衡量特定经济活动在一个地区经济中的相对重要性，后被拓展引用于测算区域集聚程度（赵伟、藤田长久、郑小平等，2009）。我们引入区位商衡量区际开放度做如下界定：非农业部门区位商 =（地区第二第三产业增加值/全国第二第三产业增加值）/（地区 GDP/全国 GDP）。区位商越大，表明该地区在区际分工中的优势越大，区际开放程度也就越高。

在上述主要影响因素的基础上，本文主要采用主成分分析法构建区际市场开放程度指标。主成分分析法最大的特点和优势在于客观性，能够避免人为设定模型而带来的主观性。我们注意到，上述五个指标量纲量级不同，如果直接利用原始数据进行计算将导致主成分分析对具有较大数量级或方差的指标赋予过高的权重，会导致测算结果出现偏差，因此，我们以某个地区的最初年份作为基数，对其他地区、其他年份的数据进行指数化处理。其次，在采用主成分分析方法时，现有的研究一般根据主成分对应的特征值大于 1 且主成分累计贡献率大于 85% 来确定主成分的个数。但是单个主成分综合原始数据信息的能力是以其贡献率来衡量的，反映的仅仅是前面几个主成分单独综合原始数据信息能力的总和，其综合原始数据信息的能力不可能超过第一主成分综合原始数据信息的能力（钞小静、惠康，2009），因此，本文借鉴毛其淋（2012）的做法，采用第一主成分来确定各具体指标的权重。相关数据主要来源于《中国统计年鉴（1996～2012）》和《新中国 55 年统计资料汇编（1949～2004）》。运用 STATA12.0，应用主成分分析法，得到第一主成分并将其作为测度区际经济开放度指数的计算公式：

$$OPEN = w_1 Y_1 + w_2 Y_2 + w_3 Y_3 + w_4 Y_4 + w_5 Y_5 \quad (1)$$

其中，$w_i(i = 1,2,3,4,5)$ 为上述 5 个基础指标的权重，Y_i 为经过无量纲化处理后的基础指标，*OPEN* 为区际经济开放度指数。

（三）中国省际市场开放度

估计结果显示，第一主成分的特征值为 3.18，主成分贡献率为 63.6%。由第一主成分确定的五个权重分别为：0.5460、0.3849、0.4915、0.1131 和 0.5471。

从省域角度看，江苏、浙江和广东省的开放度都超过了 60%，明显高于其他省份。但北京和上海两个大都市是个例外，这主要是由于北京、上海作为国家金融中心是净资本流出的，从而导致资本流动一项得分偏低所致。海南、西藏、甘肃、青海和宁夏的开放度低于 10%。为了能够从动态上更好地观察这些省份开放度的变化情况，我们将整个观察期分解为三个阶段，即 1993～

1998 年、1999～2005 年和 2006～2011 年。整体看来，几乎所有省份的区际开放度都在不断提升（见表 1）。

表 1　1993～2011 年全国 31 个省域经济开放度

单位：%

省　份	1993～2011 年	1993～1998 年	1999～2005 年	2006～2011 年
北　京	10.45	5.27	10.44	15.66
天　津	19.14	5.97	16.27	35.64
河　北	29.71	11.38	22.29	56.70
上　海	28.56	15.88	15.49	56.48
江　苏	61.28	18.00	35.32	134.52
浙　江	70.77	16.16	48.45	151.43
辽　宁	32.23	12.00	20.73	65.86
山　东	53.96	18.99	41.49	103.47
海　南	2.17	1.37	2.58	2.37
福　建	32.36	10.56	26.03	61.53
广　东	90.53	39.20	66.00	170.47
吉　林	17.97	5.94	9.82	39.52
黑龙江	18.70	9.72	11.95	35.55
内蒙古	21.89	4.44	12.42	50.39
山　西	19.75	6.62	14.07	39.51
安　徽	24.22	9.61	17.50	46.67
河　南	45.97	12.50	26.24	102.45
湖　北	28.15	10.00	20.57	55.15
湖　南	30.22	12.09	21.82	58.15
江　西	16.84	6.43	12.69	32.09
重　庆	21.23	6.38	13.15	35.61
四　川	37.35	15.05	22.32	62.32
贵　州	13.84	4.83	11.06	26.09
广　西	23.61	7.97	14.24	50.20
云　南	20.78	5.40	13.98	44.08
西　藏	2.15	0.03	1.24	4.98
陕　西	21.16	7.64	13.77	43.29
甘　肃	9.97	4.11	6.53	19.85
青　海	4.22	1.16	3.18	8.48
宁　夏	5.81	1.37	4.24	12.07
新　疆	14.79	5.96	10.38	28.78

注：表中数值表示的是均值。

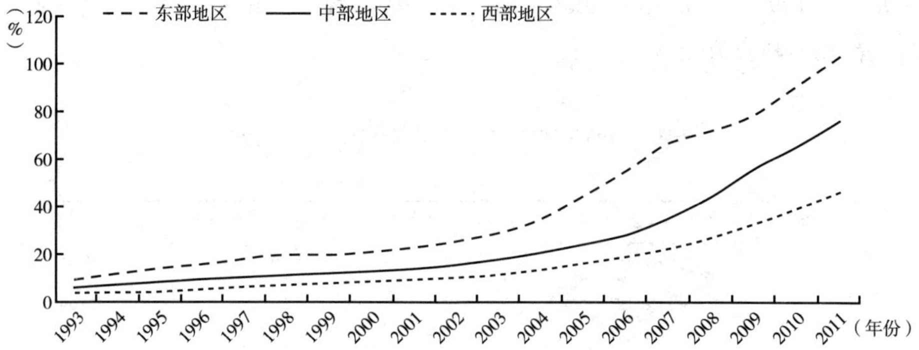

图1　1993～2011年东、中、西三大区域区际经济开放度

从区域角度看，1993年以来，我国东、中、西三大区域的区际开放度一直不断提升，且三大区域开放度差距较大，东部地区的开放程度明显高于中部和西部地区。

三　计量模型与数据说明

（一）计量模型

为考察省域（含省、自治区、直辖市）的区际市场开放程度对该地区服务业增长的影响机制，本文设定计量模型如（2）式所示：

$$Service_{it} = c + \beta_1 Inneropenning_{it} + \beta_2 Inneropenning_{it}^2 + \gamma X_{it} + \alpha_i + \mu_{it} \qquad (2)$$

其中，下标 i 表示地区，下标 t 表示年份，$Service_{it}$ 表示服务业增加值占GDP的比重，$Inneropenning$ 、$Inneropenning^2$ 分别为区际开放度及其平方项，X 为其他控制变量，包括：服务业投资 $Invest$ 、服务业劳动力投入 $Labor$ 、政府规模 $Govs$ 以及城市化水平 $Urban$ ，α_i 表示非观测的地区个体效应，μ_{it} 表示随机误差项。

（二）指标测度和数据说明

本文的核心解释变量为区际开放度 $Inneropenning$ 及其平方项 $Inneropenning^2$，由前文介绍的采用主成分分析法测算得到，这里不再赘述。下面主要对被解释变量和控制变量进行说明。

1. 被解释变量

本文以“区域服务业增加值占区域 GDP 的比重”表示区域服务业的发展水平。

2. 控制变量

服务业投资 *Invest* 。从增长动力来看，服务业的增长具有明显的投资驱动特征。李勇坚、夏杰长（2011）认为服务业整体上具有非常高的投资需求，是一个资本高消耗的行业。本文采用“第三产业固定资产投资占全社会固定资产投资比重”表示服务业领域的资本投资。由于统计数据的局限，1995～2003 年的“第三产业固定资产投资比重”拟用“城镇集体单位第三产业固定资产投资比重”代替。

服务业劳动力投入 *Labor* 。本文采用“第三产业从业人员占全部从业人员的比重”表示服务业劳动力投入。

政府规模 *Govs* 。政府规模的扩张是阻碍了经济增长还是推动了经济增长这一问题，目前仍然充满争议。国内学者郭庆旺、吕冰洋、张德勇（2003）、陈健和胡家勇（2003）、张海星（ 2003）发现政府消费有损于经济增长；而另一些学者的研究结论截然相反，如马拴友（2000）、欧阳志刚（ 2004）、刘霖（ 2005）研究表明，我国政府规模对经济增长有积极影响。在政府规模与服务业增长问题上，国内学者汪德华等（2007）的跨国经验研究表明，政府规模对服务业的影响是负面的。国内外学者的研究之所以产生如此大的分歧，部分原因在于其对政府规模的界定和统计口径的差异。我们认为，在中国式分权的背景下，地方政府有动力扶持本地服务业的发展。如果用地方政府财政一般预算支出占 GDP 的比重表示政府规模，那么，该比重越高，则政府越有能力支持当地服务业发展。

城市化水平 *Urban* 。从经济发展来看，城市化是促成一个国家由农业型经济向服务型经济转变的重要因素（Singelmann，1978；Daniels，1991；Harris，1995）。衡量城市化水平的常用指标有“城镇人口占总人口的比重”和“非农业人口在总人口中的比重”，考虑到中国的城镇人口统计是建立在城镇户籍制度之上，由于城镇居民中有一部分没有城镇户籍，若采用城镇人口比重会低估城市化水平（陆铭、陈钊，2009）。因此，本文采用“非农业人口比重”来表示地区城市化水平。

本文的样本为1993~2010年31个省份的面板数据。其中，有关第三产业增加值、投资、就业和地方政府财政支出的数据来自于《中国统计年鉴》和《新中国六十年统计资料汇编》，2005~2010年第三产业就业数据来自《中国第三产业统计资料汇编》，非农业人口、总人口数据来自于《中国人口和就业统计年鉴》。表2汇总了主要变量的统计特征。

表2　主要变量的统计特征描述

变量	样本数	均值	标准差	最小值	最大值
Inneropenning	558	0.2380664	0.2832599	-0.002919	1.866074558
Invest	558	0.5810914	0.1713037	0	1
Labor	558	0.2949488	0.0921307	0.1144098	0.741
Govs	558	0.1632572	0.1235602	0.0491709	1.085871
Urban	558	0.3174457	0.1591205	0.1265	0.8886

（三）计量方法

服务业增长是一个长期动态的过程，这就意味着采用普通的面板数据方法得到的结果可能是有偏差的，为此，我们拟采用动态面板方法来克服该问题。目前，动态面板数据模型主要有两种估计方法：差分GMM（广义矩估计，Generalized Method of Moments，GMM）和系统GMM。差分估计仅对差分方程进行估计，因此可能会损失一部分信息。系统GMM则同时对水平方程和差分方程进行估计，并以差分变量的滞后项作为水平方程的工具变量，以水平变量的滞后项作为差分方程的工具变量。该方法由于利用了更多的样本信息，在一般情况下比差分GMM估计更有效，因此，我们采用系统GMM方法进行估计。系统GMM估计的有效性依赖于模型中工具变量选取的有效性及残差的差分项不存在高阶序列相关的假定。为此，我们参考Arellano & Bover（1995）、Blundell & Bond（1998）的方法进行了Sargan过度识别检验和残差序列相关检验。

四　计量结果与分析

在前文理论分析和数据描述的基础上，本部分对设定模型进行计量检验，深入分析省域的区际开放度对服务业增长的影响机制。我们首先采用静态面板方法进行估计，在此基础上汇报了系统 GMM 估计结果，以考察结论的稳健性。

（一）静态面板混合估计结果

表 3 报告了静态面板数据混合模型的估计结果。我们首先对模型进行 Hausman 检验，Hausman 检验的原假设为：在随机效应与解释变量不相关的假定下，固定效应和随机效应模型是一致的，但随机效应模型更为有效，模型选择结果均列在表 2 下方。

表 3 静态面板混合估计结果

变量	服务业比重		
	(1)	(2)	(3)
Inneropen	-0.022^{***} (−1.83)	-0.038^{*} (−1.95)	-0.035^{**} (−1.89)
Inneropen2	0.043^{***} (3.76)	0.029^{***} (2.71)	0.028^{**} (2.11)
Invest		0.048^{***} (5.01)	0.071^{***} (5.34)
Labor		0.526^{***} (11.10)	0.5358^{**} (10.20)
Govs		0.061^{*} (1.85)	0.037 (1.02)
Urban		0.105^{***} (1.94)	0.062 (1.07)
常数项 *C*	0.352^{***} (11.52)	0.220^{***} (16.17)	0.193^{***} (10.53)
R^2(within)	0.1475	0.4479	0.3838
Hausman 检验	17.95 [0.0001]	28.64 [0.0332]	2.56 [0.2561]
模型选择	FE	FE	RE

注：() 内数值为估计量的 t 统计值，[ ] 内数值为 Hausman 检验的 p 值；*** 、** 和 * 分别表示 1%、5% 和 10% 的显著水平。

模型 1 仅考虑核心解释变量区际开放及其平方项与服务业增长之间的关系，回归结果如列（1）所示，估计结果表明区际开放及其平方项对服务业增长均有显著影响，但前者系数为负，后者系数为正。这说明，在区际开放初期，提高开放程度没有对服务业增长起到积极的促进作用，但随着区域间开放程度的不断提高直至超过某一个临界点时，它对服务业的作用将由负转为正。由此可见，区际开放与服务业增长之间的关系呈现U形曲线。通过计算得到，U形关系的临界点为0.256。

模型2在模型1的基础上加入了相关控制变量，回归结果如列（2）所示，我们发现核心解释变量的估计系数变化不大，仍然显著。在控制变量中，资本和劳动力投入显著提高了服务业增长。特别是劳动力投入系数达0.526，说明服务业总体上是劳动密集型行业，受劳动力供给的影响较大。政府规模对服务业增长的影响显著为正，说明提高政府支出规模，有利于服务业的增长和产业结构的优化。城市化水平对服务业增长的回归系数为0.105，与江小涓、李辉（2004）的回归系数0.185相比差别不大，也就是说，服务业占GDP的比重与城市化率之间高度相关，城市化率每提高1个百分点，可使服务业在GDP的比重提高0.105个百分点。

模型3加入了工具变量（Instrument Variable，IV），以解决可能存在的解释变量的内生性问题，因为内生性会影响计量结果的稳健性。根据计量经济学理论，选择IV的前提条件是其应该是外生的，在理论上对被解释变量没有直接影响，而且通过影响工具的变量简介影响被解释变量。我们参照相关文献，采用解释变量 *Inneropenning* 的滞后一阶 *L. inneropenning* 作为工具变量并进行2SLS估计①，其结果显示加入工具变量后，核心解释变量依旧显著，这初步证实了区际开放程度对区域服务业增长的影响是稳健的。

关于区际开放度的临界点，模型2、模型3对应的临界点分别为0.655、0.625，这两个数值非常接近。说明当区际开放度接近0.65时，区际开放度对服务业的促进作用由负变正，区际开放与地区服务业增长之间的U形关系依然存在。

（二）动态面板估计结果

如前文所述，服务业增长是一个长期持续的动态过程，因此有必要在回归

① 将 *L. inneropenning* 放入方程发现其不显著，说明其不直接影响被解释变量，而 *L. inneropenning* 和 *Inneropenning* 的相关系数为0.9783，所以可以用作工具变量。

方程中引入一阶滞后项，但是在引入该项后，采用面板数据方法进行估计时会产生内生性问题，而系统 GMM 方法则可以有效解决这一问题，尤其是在计量模型中含有被解释变量的滞后项时，系统 GMM 方法具有突出优势。鉴于此，表 4 进一步报告了两步系统 GMM 方法的估计结果，比较各栏估计结果，我们得到如下结论。

表 4　动态面板估计结果

变　量	服务业比重			
	(1)	(2)	(3)	(4)
Inneropen	-0.046*** (-4.56)	-0.062*** (-5.90)	-0.045*** (-3.55)	-0.018 (-1.49)
Inneropen2	0.027*** (5.63)	0.030*** (4.64)	0.014 (1.44)	0.014** (2.08)
Invest	0.034*** (15.42)	0.035*** (14.13)	0.036*** (14.39)	0.027*** (8.71)
Labor	0.377*** (10.27)	0.399*** (11.29)	0.383*** (9.43)	0.400*** (9.76)
Govs	0.041*** (2.98)	0.057*** (3.82)	0.055*** (3.84)	0.066***
Urban	0.080** (2.40)	0.103*** (3.19)	0.096*** (3.07)	0.037 (1.53)
Inneropen × *Open*		0.018** (3.19)		
Inneropen2 × *Open*			0.017*** (3.09)	
WTO				0.015*** (7.12)
L. inneropen	0.409*** (30.82)	0.392*** (27.96)	0.392*** (23.53)	0.418*** (22.92)
常数项 *C*	0.118*** (15.04)	0.123*** (15.40)	0.124*** (16.16)	0.098*** (9.84)
Wald 检验	9996.20 (0.0000)	4913.2 (0.0000)	5297.67 (0.0000)	3541.45 (0.0000)
Sargan 检验	30.0067 (1.0000)	28.7761 (0.6587)	29.2114 (0.8002)	17.1254 (0.4293)

注：() 内数值为估计量的 t 统计值，***、** 和 * 分别表示 1%、5% 和 10% 的显著水平。

第（1）列表明，采用系统 GMM 估计，核心解释变量 *Inneropenning* 和 $Inneropenning^2$ 方向不变，且在 1% 的显著性水平，这一结果充分支持了我们前文的分析，且 U 形关系的临界点为 0.85。

在控制变量中，资本、劳动力和政府规模均在 1% 的水平上显著为正，城市化率在 5% 的显著性水平上显著为正。和静态面板回归分析中的系数比较，系数值变化不大，且劳动力投入系数 0.377 明显高于其他几个控制变量的回归系数，进一步说明服务业增长受劳动力投入的影响较大。

为进一步检验结果的稳健性，我们还采取了如下措施进行稳健性检验。首先，我们引入区际开放与对外开放的交叉项和区际开放的平方与对外开放的交互项。这里用一个地区进出口总额占地区 GDP 的比重来代表对外开放水平。如果交互项的估计系数大于 0，表明在影响地区服务业增长方面，对外开放和对内开放之间是互补的，即对外开放会强化对内开放对服务业增长的作用，反之则是替代关系。从估计结果看，*Inneropen* × *Open* 的系数为 0.018，在 5% 的水平上显著为正；*Inneropen2* × *Open* 的系数为 0.017，在 1% 水平上显著为正，这说明对外开放水平的提高有助于促进区域间的开放，从而推动地区服务业增长。其次，为进一步验证这一结论，我们继续尝试引入虚拟变量 WTO。加入 WTO 尤其是履行对 WTO 的各项承诺，不仅对区域层面的经济国际化或对外开放起了无与伦比的“大推进”效应，而且也对区域之间的开放起了积极的推动作用。从某种意义上讲，履行对 WTO 的某些承诺，对于国内地区之间开放所起的作用，明显大于对国际开放的作用。这方面最显著的例子就是给予内外资企业一视同仁“国民待遇”承诺的兑现。由于兑现这一承诺，限制国内区际投资流动的制度障碍不复存在，促成了区域间投资流动高潮的到来。另外，区际开放度的增加，使产品和要素的流动更加活跃，从而强化了产品市场的竞争和要素的退出机制。市场竞争的加剧增加了制度创新的压力和动力，形成了一种“开放倒逼改革”的局面，即通过打破地区分割，引入竞争有利于加速市场化转型，打破体制惰性，促进市场化转型慢的地区加速制度转型，从而释放促进服务业发展制度红利。表（3）第 4 列显示虚拟变量 WTO 的估计系数在 1% 显著性水平上显著为正，从而充分证实了中国加入 WTO 在推动对外开放水平的同时，也积极促进区域间的开放程度的提高。

五　结论和政策建议

改革开放以来，我国服务业增长较快。1980 年，服务业增加值占国内生产总值的比重仅为 21.6%，到 2013 年第一季度服务业比重上升为 47.8%。加快服务业发展，提高服务业在国民经济中的地位已成为各地方政府经济政策的重要导向之一。加快区域开放，促进服务业市场化改革是当前我国服务业发展的方向。但目前对经济开放与服务业增长关系的研究主要侧重于对外开放领域，缺乏区际开放视角的深入研究，我们的研究弥补了这一空白。本文综合区域间商品流动、货物运输、劳动力流动、资本流动和分工程度五个维度界定了中国区际市场开放度的内涵，并采用主成分分析法对区际开放度指数进行测算，研究发现，我国区际市场整体开放程度不高，东、中、西三大区域开放程度存在明显差距，区域间开放程度极不平衡，中西部地区开放度偏低，区际开放进展缓慢，中西部地区所拥有的区际分工和贸易优势远未得到利用。在此基础上，本文利用 1993～2010 年的省级面板数据，并采用工具变量两阶段最小二乘法（2SLS）和系统动态面板（GMM）实证角度考察了省际开放程度对地区服务业增长的影响机制和影响效果。研究结果发现，短期内，区际开放程度的提高对服务业增长没有起到积极作用，但在长期内，随着区际开放程度的不断提高，它对服务业增长的作用将由负转为正，即区际开放与服务业增长之间存在 U 形曲线关系。此外，在影响服务业增长上，对外开放与区际开放之间存在显著的互补关系，即对外开放水平的提高有助于促进区域间的开放，从而推动地区服务业增长。中国加入 WTO 尤其是履行对 WTO 的各项承诺，不仅对区域层面的对外开放起了积极效应，而且也对区域之间的开放起了一定的推动作用。

本文的研究也具有较强的政策含义。我们认为，在经济全球化背景下，应当更加关注加快区际开放与促进服务业发展的作用关系，放宽地方政府的产业管制政策，打破地方保护，尽快建立公平、有序、开放的国内统一市场。在服务业竞争优势扩散及服务业转移的过程中，服务部门的准入、经营、定价等方面都受到政府相关政策的管制，政府的管制政策直接决定了市场进入的机会和市场结构以及市场竞争的激烈程度。目前传统的地方政策框架的多重管制及过度管制对现代服务业有着较大的抑制作用，堵塞着服务业竞争优势吸纳的通道。因此，我国各地区的产业政策应加快进行政策框架调整，转向放松管制，包括允许混业经营、业务交叉，从而给予现代服务业更大的发展空间和自由度，吸引更多外部服务业企业进入，由此带动相关产业配套、基础设施投资以及竞争活力，产生的乘数效应反过来将大大促进服务业的发展，从而推动产业结构的高级化。

参考文献

Acemoglu, "Politics and Economics in Weak and Strong States". NBER, Working Paper, No. 11275.

Davis L., North D. C., "Institutional Change and American Economic Growth: A First Step Toward a Theory of Institutioanal Innovation", *Journal of Economic History*, 1970, 30 (1).

Naughton Barry, 2000, "How Much Can Regional Integration Do to Unify China's Markets?" Stanford University Working Paper, No. 58.

Rauscher M., "Leviathan and Competition among Jurisdiction: The Case of Benefit Taxation", *Journal of Urban Economics*, 1998, 44.

Young Alwyn, 2000, "The Razor's Edge: Distortions and Incremental Reform in the People's Republic of China", *Quarterly Journal of Economics*, 115 (4).

Poncet S., "Measuring Chinese Domestic and International Integration", *China Economic Review*, 2003 (14).

Singelmann J., "The Sectoral Transformation of The Laborforce in Seven Industrialized Countries, 1920 - 1970", *The American Journal of Sociology*, 1978, 83 (5).

Daniels P. W., O'Connor K., Hutton T. A., "The Planning Response to Urban Service Sector Growth: An International Comparison", *Growth and Change*, 1991.

Harris N., "Bombay in a Global Economy - Structural Adjustment and The Role of Cities", *Cities*, 1995, 12 (3).

赵伟等：《中国区域经济开放：制度转型与经济增长效应》，经济科学出版社，2011。

李勇坚：《制度变革与服务业成长》，中国经济出版社，2009。

夏杰长、李勇坚：《服务业体制改革的动力与路径》，《改革》2010 年第 5 期。

胡向婷、张璐：《地方保护主义对地区产业结构的影响——理论与实证分析》，第四届中国经济学年会论文，2004。

陈志武：《国有还是民营》，《国际融资》2004 年第 11 期。

白重恩等：《地方保护主义及产业地区集中度的决定因素和变动趋势》，《经济研究》2004 年第 4 期。

银温泉、才婉茹：《我国地方市场分割的成因和治理》，《经济研究》2001 年第 6 期。

郑毓盛、李崇高：《中国地方分割的效率损失》，《中国社会科学》2003 年第 1 期。

陈敏等：《中国经济增长如何持续发挥规模效应？——经济开放与国内商品市场分割的实证研究》，《经济学（季刊）》2008 年第 1 期。

赵永亮、刘德学：《市场歧视、区际边界效应与经济增长》，《中国工业经济》2008 年第 12 期。

王小平：《中国服务业利用外资的实证分析》，《财贸经济》2005 年第 9 期。

郑长娟：《我国服务业外国直接投资的特征和趋势分析》，《国际贸易问题》2005 年第 9 期。

钟晓君：《服务业 FDI 对我国服务业增长效应研究》，《技术经济与管理研究》2009 年第 4 期。

肖文：《FDI 流入与服务业市场结构变迁——典型行业的比较研究》，《国际贸易问题》2009 年第 2 期。

顾乃华：《对外开放门槛与服务业的外溢效应——基于省际面板数据的实证检验》，《当代经济科学》2010 年第 6 期。

姚星等：《对外开放门槛、生产性服务业与制造业生产效率——基于省际面板数据的实证分析》，《经济学动态》2012 年第 5 期。

张应武：《中国省区市场开放：测度、特征及其政策含义》，《首都经贸大学学报》2011 年第 5 期。

孙中叶：《河南省二重开放的测度与比较》，《地域研究与开发》2012 年第 8 期。

郭文杰、李泽红：《劳动力流动、服务业增长与经济结构转换——基于中国省际面板数据的实证研究》，《数量经济技术经济研究》2009 年第 11 期。

李勇坚、夏杰长：《户籍制度、城市化与服务业增长关系的实证分析》，《经济与管理》2008 年第 9 期。

李自杰、李计广：《中国区域开放战略的演变与反思》，《云南社会科学》2010 年第 3 期。

廖婧琳：《我国省际之间的开放度与服务业发展的相关性研究》，《商场现代化》2011 年第 1 期。

毛其淋：《二重经济开放与中国经济增长质量的演进》，《经济科学》2012 年第 2 期。

申小林、张玉杰：《中国区域开放度指标体系的构建与测算》，《统计与决策》2012 年第 8 期。

李治国：《中国区域间资本流动——基于 Feldstein Horioka 方法的检验》，《统计研究》2008 年第 10 期。

江小涓：《服务业增长：真实含义、多重影响和发展趋势》，《经济研究》2011 年第 4 期。

黄少军：《服务业与经济增长》，经济科学出版社，2000。

赵伟、徐朝辉：《测度中国省域经济“二重开放”》，《中国软科学》2005 年第 8 期。

白重恩等：《地方保护主义及产业地区集中度决定因素和变动趋势》，《经济研究》2004 年第 1 期。

郭庆旺、吕冰洋、张德勇：《财政支出结构与经济增长》，《经济理论与经济管理》

2003 年第 11 期。

陈健、胡家勇：《政府规模与经济发展》，《财经问题研究》2003 年第 8 期。

马拴友：《1983～1999：我国财政政策效应测算》，《中国经济问题》2001 年第 6 期。

汪德华等：《政府规模、法治水平与服务业发展》，《经济研究》2007 年第 6 期。

陆铭、陈钊：《分割市场的经济增长——为什么经济开放可能加剧地方保护?》，《经济研究》2009 年第 3 期。

盛斌、毛其淋：《贸易开放、国内市场一体化与中国省际经济增长：1985～2008 年》，《世界经济》2011 年第 11 期。

姚枝仲、周素芳：《劳动力流动与地区差距》，《世界经济》2003 年第 4 期。

王小鲁、樊纲：《中国地区差距的变动趋势和影响因素》，《经济研究》2004 年第 1 期。

赵伟、藤田长久、郑小平：《空间经济学：理论与实证新进展》，浙江大学出版社，2009。

钞小静、惠康：《中国经济增长质量的测度》，《数量经济技术经济研究》2009 年第 6 期。

第三部分
中国区域金融服务业发展战略

中国区域金融服务业发展现状、问题与战略措施

何德旭　史晓琳*

摘　要： 金融服务业在我国国民经济中发挥着举足轻重的作用，它不仅影响金融行业的稳定与发展，还影响整个国家资源配置的效率。中国金融服务业的总体规模及其在国民经济中的比重呈现加速上升趋势，主要金融行业在新的发展形势下展现各自特征。不同区域的金融服务业发展良莠不齐，中国金融服务业出现区域性结构问题。因此，未来发展中，应注重优化结构，妥善处理分散与集中的关系。

关键词： 金融服务业　区域分布　区位商

大力发展中国金融服务业、提高国内资源配置效率、促进经济发展模式转变具有特殊重要的意义。然而，从区域角度看，中国金融服务业发展不平衡，有的地区金融服务业正向国外发达金融服务业靠拢，有的地区金融服务业起步较晚，发展水平落后。有的地区金融服务业整体较好。有的地区金融服务业本身存在结构不平衡问题，其某些金融服务行业发展较好，其他行业则发展较差。这种结构性问题是中国经济金融整体不平衡的一个缩影。金融服务业不平衡发展，无法为经济发展提供均衡有效的金融服务，有些短板甚至还会阻碍中国经济的发展。当然，这并不意味着，金融服务业各个分类齐头并进、平均发

* 何德旭，经济学博士，中国社会科学院数量与技术经济研究所党委书记、副所长、研究员；史晓琳，经济学博士，社会科学文献出版社编辑。

展才能提供较好的金融服务。金融服务业应在各个地区协调发展，各个金融服务行业应该协调发展，才能服务好中国经济发展。金融服务业区域发展中存在的问题成为影响中国金融未来发展的重要因素，从区域金融发展视角分析中国金融服务业发展具有重要意义。

一　中国金融服务业发展现状

近年来，在引入服务意识后，中国金融业就找到了新的发展着力点。强化服务、优化服务，成为金融发展的新方向。这不仅表现在中国金融服务业的总体规模及其在国民经济中的比重上，在区域、省际方面也表现出了新的特点。

（一）中国金融服务业的总体规模与比重

改革开放以来，中国金融服务业的增加值持续上升，从1978年的68.2亿元上升至2011年的24958.3亿元。在经历了前15年（1978～1993年）的平稳孕育后，增加值增长速率有所提高，并于2005年开始了快速增长的阶段。即使在全球金融危机的大背景下，这一增长速度也没有减慢（见图1）。这展现了金融服务业的强劲增长力。

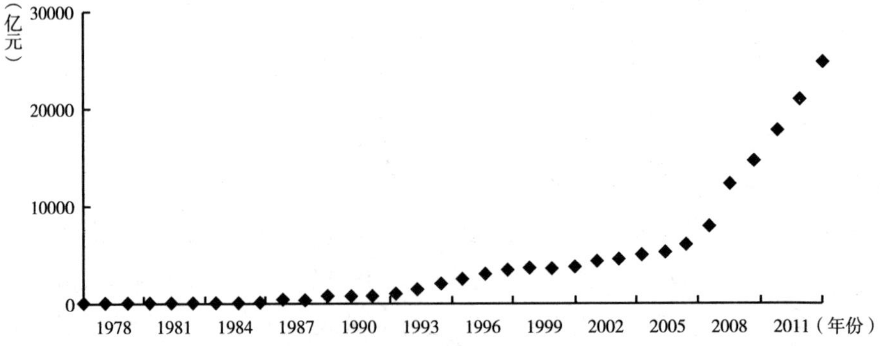

图1　改革开放以来中国金融业增加值

资料来源：根据《中国统计年鉴2012》数据绘制。

从金融业增加值占GDP的比重看，其变化区分为三个明显的阶段。第一个阶段是1978～1989年，从1978年开始持续增长，到1989年达到改革开放以来的峰值5.67%。此后进入第二个阶段1990～2005年，金融业增加值GDP

占比开始出现下降趋势，2005 年达到阶段性低值 3.29%，说明这一阶段金融业增长相对中国经济增长缓慢。第三个阶段是 2006～2011 年，金融业增加值 GDP 占比表现出强劲的回升趋势，说明这一阶段金融业增长相对中国经济增长迅速。但是受金融危机影响，从 2009 年开始增长趋势放缓，至 2011 年，该占比只有微弱增加（见图 2）。2011 年，全国金融业生产总值合计 25901.93 亿元，占国内生产总值 472881.6 亿元的 5.5%，接近改革开放以来的历史最高值。

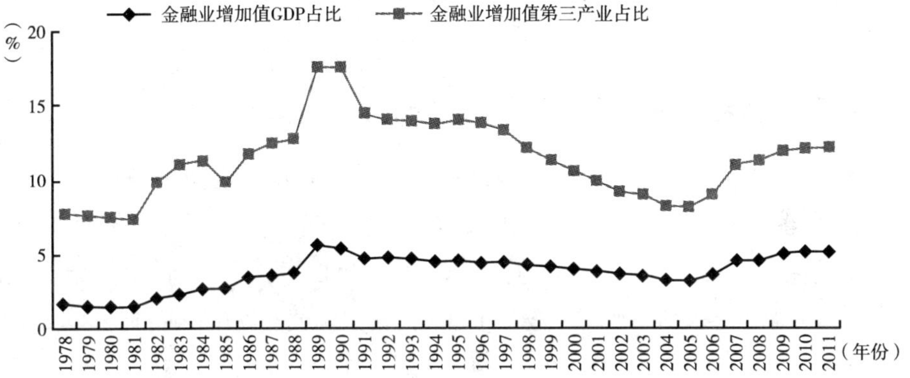

图 2　改革开放以来金融业增加值占比

资料来源：根据《中国统计年鉴 2012》数据绘制。

从金融业增加值占第三产业增加值的比重来看，改革开放以来，这一比值在 7%～18% 之间波动，在 1989 年达到峰值 17.7%，2009～2011 年基本稳定在 12%（见图 2）。尽管存在波动，但是金融业在第三产业中占据了相当席位，成为第三产业发展的重要一极。

中国金融业总体规模不断增加，近年更是表现出强劲的增长势头，这与金融业自身发展需要以及中国经济发展对其的巨大需求密不可分。中国金融业增加值占 GDP 的比重和其占第三产业增加值的比重都存在波动，这种波动来自于 GDP 和第三产业增加值的波动，而非金融业本身。近期这两个比重处于上升通道，说明金融业增长相对中国经济和第三产业增长迅速，金融业在中国经济发展中的拉动作用越来越显著。

从总体上看，银行存款结构有所变化，各地居民储蓄存款增速放缓，中西部地区单位存款增长较快；稳健货币政策的效果明显，货币信贷结构开始优化，信贷投放增速回归理性，节奏控制更趋合理；各地“有扶有控”的信贷政策有效落实，信贷开始向“三农”、小微企业、服务业等重点领域和薄弱环节倾斜，信贷资源配置效率提高；贷款利率前三季度平稳上升，第四季度有所回落；金融机构贷款定价机制逐步完善，对市场作出合理反应的能力增强；金融改革进一步深化，金融体系出现结构性改变，农村金融发展开始加快，证券业出现调整，保险业平稳发展，信托业发展迅速，期货交易品种不断丰富；债券融资规模明显扩大，直接融资比例提高；各地金融生态环境有所改善，为区域经济金融有序协调发展创造条件；各地金融服务业继续稳健运行，金融服务实体经营与服务能力继续增强，金融服务效率稳中有升。

（二）中国金融服务业的区域结构

参考 2012 年 6 月中国人民银行发布的《2011 年中国区域金融运行报告》，将全国分为东部地区、中部地区、西部地区和东北地区。东部地区 10 个省（直辖市），包括北京、天津、河北、上海、江苏、浙江、福建、山东、广东和海南；中部地区 6 个省，包括山西、安徽、江西、河南、湖北和湖南；西部地区 12 个省（自治区、直辖市），包括内蒙古、广西、重庆、四川、贵州、云南、西藏、陕西、甘肃、青海、宁夏和新疆；东北地区 3 个省，包括黑龙江、吉林、辽宁。

从图 3 中可以看出，2011 年金融业生产总值中，东部地区占据了 65% 的

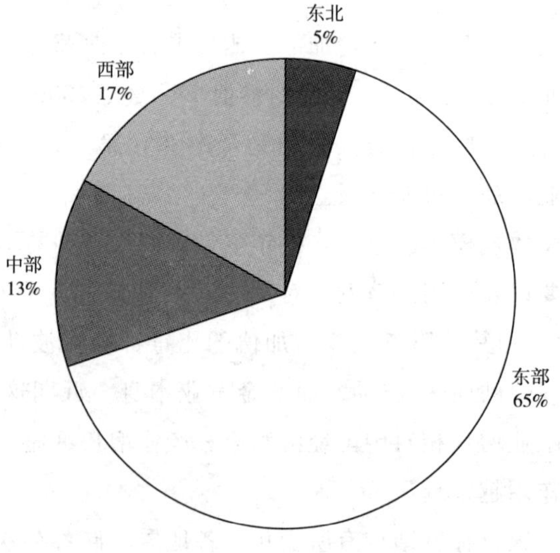

图 3　2011 年区域金融业生产总值结构

资料来源：根据《中国统计年鉴 2012》数据绘制。

多数份额，西部位居第2，占据17%的份额，中部和东北分别分享13%、5%的份额。从生产总值来看，东部地区在金融领域仍然占据主导地位。

从表1中可看出，金融业区位商①大于1的区域只有东部，说明金融业是东部地区的专业化部门。而在中部、西部、东北地区，金融业区位商小于1，金融业属于自给性部门。

表1　区域金融业区位商

区　域	工业生产总值（亿元）	金融业生产总值（亿元）	金融业生产总值/工业生产总值	区位商
东　部	118497.86	16849.91	0.14	1.27
中　部	49043.93	3424.47	0.07	0.63
西　部	43116.75	4313.51	0.10	0.90
东　北	21217.25	1314.04	0.06	0.55
全　国	231875.79	25901.93	0.11	1.00

资料来源：根据《中国统计年鉴2012》数据计算。

从就业情况看，各区域内金融业就业人数占其总就业人数的比重大体相当，但是各区域内金融业人数占全国金融业就业总数的比重各有不同，其中东部地区占比最大，东北地区的占比最小，中部和西部的占比相当（见表2）。

表2　区域金融业就业

单位：万人，%

区　域	就业总数	金融业就业总数	金融业就业总数/就业总数比重	区域金融业就业数/金融业就业总数比重
东　部	6783.9603	249.735	3.68	49.42
中　部	3142.2116	101.8999	3.24	20.17
西　部	3163.499	106.071	3.35	20.99
东　北	1323.6305	47.6184	3.60	9.42
全　国	14413.3014	505.3243	3.50	100

资料来源：根据《中国统计年鉴2012》数据计算。

① 在区域经济学中，通常用区位商来判断一个产业是否构成地区专业化部门。区位商是指一个地区特定部门的产值在地区工业总产值中所占的比重与全国该部门产值在全国工业总产值中所占比重之间的比值。区位商大于1，可以认为该产业是地区的专业化部门；区位商越大，专业化水平越高；如果区位商小于或等于1，则认为该产业是自给性部门。

根据中国人民银行发布的《2011 年中国区域金融运行报告》，2011 年，中国保险密度为 1062 元/人，较上年提高 100 元。保险密度区域差异仍然明显，总体呈由东部和东北地区向中、西部地区递减态势。北京、上海、天津仍然位居前三，西部地区保险密度总体水平偏低，但提升速度较快。中国保险深度为 3%，较上年下降 0.2 个百分点，主要受保费收入增速放缓影响。其中，北京和上海下降幅度最大，中国保险业原保险赔付支出 3929.4 亿元。其中，财产险赔付支出 2186.9 亿元，人身险赔付支出 1742.5 亿元。东部、中部、西部和东北地区各类赔款给付占比分别为 56.2%、18.2%、17.7% 和 7.9%，与 2010 年相比，东部和中部地区占比分别提高 1.6 个和 0.3 个百分点，西部和东北地区占比分别下降 0.9 个和 1.0 个百分点。海南、湖南、上海、广西各类赔款给付支出增速均超过了 30%。[①]

（三）中国金融服务业的省际结构

从图 4 看省际金融业生产总值，广东、浙江、江苏、上海、北京、山东的生产总值位列前六位，远高于其他省、直辖市，具有绝对优势。

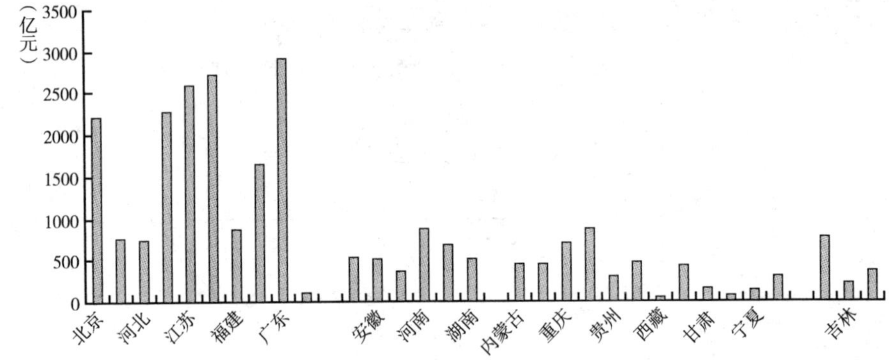

图 4　2011 年省际金融业生产总值

从表 3 中可看出，金融业区位商大于 1 的省份有北京、天津、上海、江苏、浙江、福建、广东、海南、重庆、贵州、云南、西藏、宁夏，说明金融业是这些省份的专业化部门。而在其他省份，金融业区位商小于 1，金融业属于

① 中国人民银行：《2011 年中国区域金融运行报告》。

自给性部门。北京、西藏以6.51、5.89的区位商遥遥领先于其他各省份，上海以2.83的区位商位居第三位，说明在这三个地区内，金融专业化水平最高。这里需要说明的是西藏，其工业化水平较低，凸显了其金融部门在其区域内的专业化水平。

表3　省际金融业区位商

地　区	工业生产总值（亿元）	金融业生产总值（亿元）	金融业生产总值/工业生产总值	区位商
北　京	3048.79	2215.41	0.73	6.51
天　津	5430.84	756.50	0.14	1.25
河　北	11770.38	746.01	0.06	0.57
上　海	7208.59	2277.40	0.32	2.83
江　苏	22280.61	2600.11	0.12	1.04
浙　江	14683.03	2730.29	0.19	1.66
福　建	7675.09	862.41	0.11	1.01
山　东	21275.89	1640.41	0.08	0.69
广　东	24649.60	2916.13	0.12	1.06
海　南	475.04	105.24	0.22	1.98
山　西	5959.96	519.32	0.09	0.78
安　徽	7062.00	503.85	0.07	0.64
江　西	5411.86	357.44	0.07	0.59
河　南	13949.32	868.20	0.06	0.56
湖　北	8538.04	674.57	0.08	0.71
湖　南	8122.75	501.09	0.06	0.55
内蒙古	7101.60	447.46	0.06	0.56
广　西	4851.37	445.37	0.09	0.82
重　庆	4690.46	704.66	0.15	1.34
四　川	9491.05	868.15	0.09	0.82
贵　州	1829.20	297.27	0.16	1.45
云　南	2994.30	456.23	0.15	1.36
西　藏	48.18	31.70	0.66	5.89
陕　西	5857.92	432.11	0.07	0.66
甘　肃	1923.95	145.05	0.08	0.67
青　海	811.73	62.56	0.08	0.69
宁　夏	816.79	134.18	0.16	1.47
新　疆	2700.20	288.77	0.11	0.96
辽　宁	10696.54	755.57	0.07	0.63
吉　林	4917.95	207.65	0.04	0.38
黑龙江	5602.76	350.82	0.06	0.56
全　国	231875.79	25901.93	0.11	1.00

资料来源：根据《中国统计年鉴2012》数据计算。

从省际金融业就业情况看，上海金融业就业数占其就业总数的比重最高，为5.59%，福建金融业就业数占其就业总数的比重最低，为2.28%。各省份金融业就业数占全国金融业就业总数的比重中，广东最大，为9.12%，山东第二，为6.85%，西藏最小，仅为0.19%（见表4）。

表4　省际金融业就业

单位：万人，%

地　区	就业总数	金融业就业总数	金融业就业总数/就业总数比重	地区金融业就业数/金融业就业总数比重
北　京	685.9018	32.8689	4.79	6.50
天　津	268.2419	7.7246	2.88	1.53
河　北	555.4236	23.8344	4.29	4.72
上　海	497.3238	27.7838	5.59	5.50
江　苏	811.2753	28.9413	3.57	5.73
浙　江	995.6677	31.8802	3.20	6.31
福　建	596.3333	13.5976	2.28	2.69
山　东	1050.4433	34.6174	3.30	6.85
广　东	1238.2227	46.0858	3.72	9.12
海　南	85.1269	2.401	2.82	0.48
山　西	409.6869	15.0372	3.67	2.98
安　徽	411.5517	16.0433	3.90	3.17
江　西	344.3984	10.8882	3.16	2.15
河　南	839.0882	23.8102	2.84	4.71
湖　北	586.0529	15.761	2.69	3.12
湖　南	551.4335	20.36	3.69	4.03
内蒙古	262.3926	10.4429	3.98	2.07
广　西	341.6335	11.0066	3.22	2.18
重　庆	337.2005	11.4984	3.41	2.28
四　川	614.0225	21.4458	3.49	4.24
贵　州	241.0482	7.1546	2.97	1.42
云　南	350.0665	9.7341	2.78	1.93
西　藏	23.3163	0.9369	4.02	0.19
陕　西	393.6961	14.0494	3.57	2.78
甘　肃	199.2932	6.9015	3.46	1.37
青　海	60.5907	2.0035	3.31	0.40
宁　夏	60.8547	2.8026	4.61	0.55
新　疆	279.3842	8.0947	2.90	1.60
辽　宁	579.576	22.4191	3.87	4.44
吉　林	277.8558	10.5249	3.79	2.08
黑龙江	466.1987	14.6744	3.15	2.90

资料来源：根据《中国统计年鉴2012》数据计算。

二　中国金融服务业发展面临的问题

（一）总体水平不高和内部结构不合理

目前我国的金融服务业发展总体水平比较低，行业结构与区域经济发展结构不协调。2011 年中国金融服务生产总值占全国 GDP 的 5.5%，这一数据只相当于美国的一半。近年来，我国金融服务业发展速度缓慢，低于 GDP 的增速，难与较快的经济发展相匹配，对经济发展支持力度不够。金融服务业没有充分发挥其引导储蓄资金投向和优化配置的功能，其现实表现为：中国投资不足和产能过剩并存，货币量过多与资本化不足、金融抑制并存，大量的对外金融投资与较高水平的 FDI 并存。此外，政府隐性担保广泛存在，引起不正当竞争；监管不足和监管过度并存，监管资源配置失效；人民币不可完全自由兑换，货币政策仍存在大量的行政性控制；金融市场广度和深度不足，金融服务微观主体的国际竞争力不强。

目前中国金融服务业内部结构不均衡现象较为严重。银行的绝对的主导地位与保险、证券交易以及信托投资等行业的弱势形成鲜明对比。各个行业内部的结构也不均衡，银行、保险行业由几家主要的机构占据大部分市场份额。截至 2011 年底，全国性大型银行[①]的人民币存款占金融机构总存款的 57.1%，贷款占 55.2%。[②] 保险领域，人保股份占财产险市场份额达 36.7%，国寿股份占人身保险市场份额达 34.7%。[③]

金融服务业发展具有明显的地理和区域特征。[④] 在这方面，中国金融服务业的特征是重城市、轻农村，重东部、轻西部，重发达地区、轻贫困地区，重大中型企业、轻小微企业等，致使对资金需求急切的地区或行业得

---

① 指本外币资产总量大于等于 2 万亿元的银行（以 2008 年末各金融机构本外币资产总额为参考标准），包括工行、建行、农行、中行、国开行、交行和邮政储蓄银行。

② 中国人民银行网站。

③ 中国保险监督管理委员会网站。

④ 金融系统的一个主要功能是在不同时间、地区和行业之间提供经济资源转移的途径，因此金融系统的地理特征是与生俱来的，这种地理特征或者说是金融资源的跨地区流动，对于经济社会发展具有重要意义。

不到应有的金融支持。其中比较严重的是农村金融和中小企业金融支持的欠缺。

目前，金融资源大幅向城市、发达地区集中，其中来自农村的资金也大都流向了这些地区。中国县及县以下的农业和农村经济遭受严重的“信贷短缺”，资金求大于供的矛盾非常突出。大量的金融资源远离农村，使得农村金融市场不发达、储蓄转化投资渠道不畅、金融运行效率低下、金融服务机构与金融服务缺乏，难以满足农村经济发展的需要，抑制了农村经济结构调整。

金融服务业对中小企业的扶持力度也十分欠缺。从融资实践来看，面向中小企业的贷款门槛高企，中小企业难以从正规渠道获得融资。从金融政策环境来看，虽然近几年针对中小企业的贷款和担保颁布了一些新的政策，但是远没有形成完善有效的中小企业融资扶持政策体系，中小企业融资仍然受到很大限制。

（二）区域分布的中心与外围问题

在我国，金融服务业集聚特征已初步形成。目前首都核心区域经济圈，以深圳为核心毗邻香港的广东珠三角地区，以上海为代表的长三角地区以及环渤海经济区内金融集聚态势日趋显现。例如，北京的金融街金融资产规模达48.6万亿元，占北京市金融资产的82%，全国金融资产的47.6%；保有全国95%的信贷资金和65%的保费资金。[①] 上海陆家嘴中心商务区（CBD），已集聚了近千家国内外金融企业，同时在上海“四个中心”建设的系列优惠政策下，更多新兴的金融机构纷纷选择落户上海。深圳以毗邻香港的区位优势，成就了珠江三角洲地区金融集聚地（马毅，2012）。除了上述三地，有条件的地区都在依托本地的资源禀赋，力争打造为区域性的金融中心。

虽然金融服务业的集聚形成，金融服务业中心纷纷建立，但是这些区域金融中心未能根据其自身结构特征，设计并建立起具有地方特色的金融服务体系，发挥具有独特竞争力的集群效应。其次，金融中心仅仅从外围吸收金融资源，在将金融资源集聚的同时，并没有有效服务和带动外围经济发展，从而引发新的金融发展不均衡问题。

---

① 人民网，http：//finance. people. com. cn/GB/13057201. html。

（三）地区之间同质化竞争与差异化互补

近年来，地方金融组织体系不断健全，经营规模不断扩大，服务地方经济的能力明显提升。但是，各地看重金融服务业巨额利润在缺乏创新探讨的情况下纷纷上马金融项目，使得地区金融服务业普遍存在着产品同质化趋势严重的问题，主要体现在机构设置上偏好县城以上的城市区域，具体产品、经营理念、经营方式、市场定位和发展策略等基本雷同，服务方式和业务流程方面也趋同。在营销产品的过程中，金融业的同质化制约了其竞争力的提高、竞争方式的创新和赢利水平的提升，常见低水平竞争模式，极少有哪个地区的金融机构由于其自身产品或服务的优势而长期独占客户群体的现象存在。金融服务业的核心业务都差不多，各地金融机构的竞争相当激烈，在某些产品上存在恶性竞争的情况。这主要是由利率管制、分业经管体制的限制、监管方式僵化以及专利保护制度的缺失造成的。

实施差异化互补是各地创新金融发展模式，形成全国金融业发展合力的重要手段，然而，在金融领域存在大量的地方政府保护（隐性担保和管制利率提供的利润空间），各地更多地从本地利益出发，只想享有后发优势，而不愿意承担创新风险——首先突破现状，主动与其他地区实现差异性互补。

（四）金融基础设施、金融监管与创新环境需要优化

从目前的情况看，中国金融基础设施建设不足，难以满足金融服务业高水平发展的需要。金融机构的数据库，特别是银行业和保险业的数据库建设落后，与精细化管理还有很大差距；国内信用评级和会计服务能力缺乏，仍然需要大量依靠外国机构，而各种国际标准无法反映中国国情。金融信息化建设刚刚起步，信息化水平不足以支撑金融业服务经济快速增长的需要。

我国目前实行的分业监管模式难以适应混业经营逐渐成为未来金融服务业发展方向的状况和格局，跨部门金融创新往往会引起各监管部门的监管冲突或引发监管真空，从而引发市场参与机构的无所适从或道德风险，影响市场竞争机制的效率和金融稳定。

在金融机构和产品的市场准入方面，一些法律和会计、税收制度的发展存在滞后性，不能完全适应某些金融业务发展的需求，使得大量的金融行为灰色

运行，无法实现阳光化。大量的私募基金（包括证券类和股权类的）和地下钱庄以商业租赁名义从事融资租赁和典当行为。这不利于金融体系的完善和金融监管的完备，也不利于金融创新的产生与发展。

三　促进中国区域金融服务业发展的战略措施

（一）提升金融服务业发展水平，优化内部结构

内部结构不合理是金融服务业总体水平不高的重要原因，为提升金融服务业发展水平，必须调整优化金融服务业的内部结构，实现其内部各行业和地区的协调均衡发展。

一是完善农村金融服务体系，满足农村金融服务需求，为新农村建设和农民的生产生活提供强有力的金融支持，促进农村经济全面较快发展。这就要为农村金融发展制定不同于现有金融体系的发展战略和相应的扶持政策。

二是加快证券、保险和信托等金融服务行业的发展，构建与实体经济发展相适应的完善的金融服务体系，提升金融服务质量，促进金融资源合理流动，提高金融资源配置效率。

三是区分信贷市场与资本市场的功能性差异。消除体制障碍，使不同市场主体能够根据自身特征选择合适融资方式的畅通渠道，自主选择进入信贷市场或资本市场。推进金融产品和机制创新，开发能够满足实体经济需求的资产证券、政府债券等产品，提升资本市场服务实体经济的能力。

四是加快完善区域性场外股权交易市场体系。国内外经验表明，场外交易市场是资本市场体系中最具灵活性和创新能力的组成部分。我国已经实现了场内交易市场（上海证券交易所和深圳证券交易所）、场外交易市场（即“新三板”市场）和区域性股权交易市场（天津、广州、上海、武汉、沈阳、深圳等城市已经相继建立了区域性股权交易市场）的资本市场布局，然而，这种市场体系很不完善，特别是区域性股权交易市场，行政气息较浓，尚不具备完全市场化运行的能力。这就需要进一步明确各地区域性股权交易市场的合法地位，减少行政管理方式，将其纳入我国金融监管体系统一管理，营造区域性股权交易市场发展的良好环境。

（二）妥善处理金融服务业集中与分散的关系

一是充分认识金融业服务集中的重要意义，合理促进金融服务业集中。增强金融开放和制度创新的力度，促进金融产品和服务创新，形成货币市场、信贷市场、证券市场、保险市场等相互促进的金融市场体系，从而营造有助于金融集聚的市场化环境。

二是认识金融服务业分散的重要性，促进金融服务业合理分散。金融服务业分散有助于金融资源的公平和分配以及金融业的区域均衡发展。直接接触终端客户的金融服务适合于分散发展，可以帮助金融机构聚集更多的客户资源。

三是把握好集中与分散的度，需要集中时加强集中，需要分散考虑时适当分散。例如，统一交易所、银行间债券市场，使之成为一个统一的市场，将有助于发挥金融的集聚效应。在地方政府发展本地金融服务业的时候，应避免进行市场分割，人为地不规范分散。金融中心建设有助于金融区域性集聚和辐射作用的发挥，也有助于区域实施差异化发展战略。然而，各地纷纷草率上马金融中心，缺乏金融中心的全国性布局战略，这有可能造成新的市场分割，扰乱金融竞争秩序。因此，应尽早形成全国统一规划，设计合理的利益分配和共享机制，全面布局区域性金融中心。

（三）培育良好的发展环境，建立优秀的人才队伍

发展金融服务业需要相应的软硬件配套要素，硬件即良好的发展环境，软件即优秀的人才队伍。发展环境主要包括如下几点。

一是深化金融服务体制改革，建立健全现代化的金融服务体系。金融机构按照市场机制的要求参与市场竞争，提高服务效率。银行业方面，应建立一套科学有效的现代企业治理结构与完善的内部控制机制，建立层次清晰、目标明确的银行服务体系，优化资金配置效果。证券业方面，建立和完善先进的交易制度与交易规则，包括发行机制、定价机制、信息披露制度、证券产品创新机制和投资者保护机制，并搭建完善的多层次的市场管理体系。保险业方面，开发丰富的保险理财产品，建立更加通畅的保险理赔渠道，扩大保险产品的销售渠道。

二是消除民间资本进入金融体系的制度性障碍，并建立相应的风险管理和监督机制，在保障中国金融体系整体稳定的前提下，提高金融体系活力，丰富

金融服务种类，扩大金融服务对象规模和范围。

三是货币市场定位于利率市场化，以价格型、市场化手段对经济进行调控。进一步推进利率市场化进程，将利率作为货币政策的中介目标，并在其基础上促进经济结构调整。

四是加强金融基础设施建设，开发先进的金融信息技术，强化电子网络系统的作用，加速资金周转和经营效率，促进信用评级机构、会计和法律制度建设。

五是进一步拓宽民营资本投资领域。进行体制改革，发挥民营企业的投资主体作用，促进经济的转型升级，进一步提高货币政策的传导效应。

参考文献

《2012 年第三季度中国宏观经济形势分析与预测报告》，http：//finance. sina. com. cn/hy/20120922/134713210794. shtml。

《2012 年上半年宏观经济形势分析》，http：//theory. people. com. cn/n/2012/0716/c83861 – 18526833. html。

《2013 年经济蓝皮书发布会实录》，http：//finance. sina. com. cn/china/20121205/112113904631. shtml。

陈道富：《促进我国金融服务业健康发展》，《内蒙古金融研究》2011 年第 9 期。

何德旭、王朝阳：《中国金融服务业的体制改革与产品创新》，《财经问题研究》2007 年第 6 期。

何德旭、姚战琪：《中国金融服务业的产业关联分析》，《金融研究》2006 年第 5 期。

何德旭：《关于金融服务业的一个比较分析》，《金融理论与实践》2004 年第 7 期。

何德旭：《有序发展金融服务业》，《中国金融》2006 年第 9 期。

《金融服务实体经济需要“两轮驱动”》，http：//finance. people. com. cn/bank/GB/17789831. html。

马毅：《金融服务业驱动产业集群创新的研究》，《经济问题探索》2012 年第 1 期。

南京市农村金融学会课题组：《在同质化的金融环境中寻求差异化和专业化竞争路径》，《现代金融》2011 年第 12 期。

《强化金融服务　支持实体经济》，http：//finance. sina. com. cn/roll/20120818/061912886524. shtml。

秦月星：《关于中国发展金融服务业的思考》，《技术经济》2009 年第 2 期。

盛建国：《中国金融服务业的创新初探》，《中国外资》2012 年 5 月。

谭海涛、罗芳琳：《我国金融服务业存在的问题及对策》，《东方企业文化 · 国家与城市竞争》2010 年第 7 期。

《跳出同质化——金融人士热议地方金融机构差异化发展》，http：//finance. 21cn. com/newsdoc/zx/2012/11/27/13798380. shtml。

王重润等：《金融服务业发展模式及经验研究——兼论对河北省的启示》，《经济与管理》2010 年第 10 期。

魏后凯主编《现代区域经济学》（修订版），经济管理出版社，2011。

吴志明、王大生：《区域金融安全框架下地方政府角色探析》，《学术论坛》2010 年第 6 期。

肖蓉蓉：《我国中小商业银行的同质化竞争现象研究》，《金融经济》2012 年第 10 期。

邢勃：《加快完善现代金融服务业监管的思考》，《经济研究导刊》2010 年第 16 期。

徐磊、张峭：《中国村镇金融服务业发展战略研究》，《农业展望》2011 年第 4 期。

许伟：《我国金融服务业发展的主要制度障碍分析及政策建议》，《经济研究参考》2011 年第 40 期。

闫彦明：《京、沪、深金融服务业集群模式比较研究》，《现代管理科学》2012 年第 7 期。

姚战琪：《现阶段我国金融服务业的结构、效率及公共政策》，《国际贸易》2006 年第 3 期。

张慧文：《我国三大经济圈金融服务业集群竞争力研究》，《管理世界》2010 年第 6 期。

张立华：《新型农村金融服务业发展障碍与对策研究》，《财会月刊》2011 年第 2 期。

东北地区金融服务业发展现状、问题与战略措施

田 侃*

摘 要： 近年来，东北地区经济持续快速增长，经济实力显著增强。2011 年东北三省经济总量达到 4.5 万亿元，经济发展速度高于全国平均水平。尽管改革开放以来东北地区金融服务业的发展取得了巨大的成绩，基本建立起比较完善的金融服务体系。但是，与东北地区的经济总量相比，其金融服务业的发展相对滞后。处于经济转型关键时期的东北地区要实现经济持续、健康的发展，必须正确把握金融服务业发展与经济发展的关系，建立起与经济发展相适应的现代金融服务业支撑体系。

关键词： 东北地区 金融服务业 发展差异 区域金融合作

一 东北地区金融服务业发展现状

（一）总体状况

1. 金融服务业对 GDP 的贡献持续提升，服务经济作用显著

近年来，伴随着振兴东北老工业基地战略的实施，东北地区经济高速增长，为金融服务业的发展打下了坚实基础；同时，随着区域金融的不断开放，东北地区金融服务水平明显提高，金融服务业从单一的存贷款功能发展为适应

* 田侃，经济学博士，中国社会科学院财经战略研究院副研究员。

市场经济要求的现代化金融服务体系，有力地促进了东北地区经济增长和扩大就业，成为国民经济中的重要行业之一。据统计，2011 年东北地区金融服务业实现增加值 1314.04 亿元，占地区 GDP 比重达到 2.9%，占地区第三产业的比重达到 8.02%，金融服务业从业人员 47.6 万人。

2. 金融服务业在第三产业中的比重不断增加

由图 1 可以看出，东北地区金融服务业在第三产业中的比重不断增加。其中，辽宁省金融服务业在第三产业中的比重由 2001 年的 6.41% 提高到 2011 年的 9.26%；吉林省金融服务业在第三产业中的比重由 2001 年的 2.81% 提高到 2011 年的 5.64%；黑龙江省金融服务业在第三产业中的比重由 2001 年的 2.86% 提高到 2011 年的 8.02%。

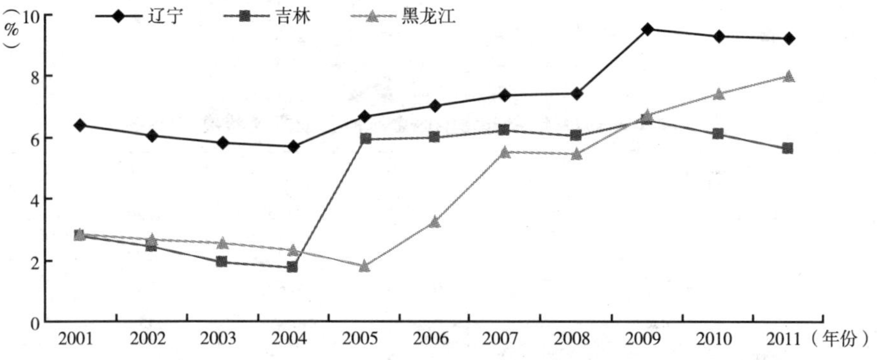

图 1　东北地区金融服务业占第三产业比重

3. 金融深化程度不断提高

金融深化是国际上普遍用来衡量一个国家或地区金融发展水平的标准。实践中通常采用金融相关率即金融资产总量（通常是 M2）与 GDP 之比作为衡量金融深化程度的具体量化指标。金融相关率越高，表明经济金融化程度越高。由于中国没有各地区货币供给的数据，但中国金融资产主要集中在银行，银行最主要的资产是存贷款，所以可以使用金融机构人民币存贷款余额近似代表金融资产总量。2011 年东北区域人民币存贷款余额达 9.6 万亿元，GDP 为 4.5 万亿元，两者相比即金融相关率为 2.13，比 1993 年的 1.78 上升了 20%。[①] 此

① 自邓小平 1992 年南方谈话之后，中国步入了一个改革开放与经济发展的快速增长时期。

外，经过多年的发展，东北地区基本建立了以国有银行为主体，政策性银行、股份制商业银行、城市商业银行（城市信用社）、农村信用社（农村合作银行）、村镇银行、外资银行为补充的银行组织体系，证券、期货、产权交易和上市公司组成的资本市场组织体系，保险公司和保险中介机构组成保险市场组织体系等多样化的金融服务体系。

（二）金融服务业规模

截至 2011 年底，东北地区银行业服务机构 19424 个，法人机构 352 个，从业人员 350155 人，资产总额 76527 亿元；总部设在辖区内的证券公司 6 家，期货公司 14 家，基金公司则没有，上市公司 132 家；总部设在辖区内的保险公司 6 家，分支机构 155 家，实现保费收入 1066.4 亿元，保险密度 999 元/人，保险深度 2.3%。详见表 1。

表 1　2011 年末东北地区金融服务业规模状况

项　　目		辽宁	吉林	黑龙江	东北地区
银行业	机构个数(个)	8737	4533	6154	19424
	法人机构(个)	160	84	108	352
	从业人员(人)	155134	85789	109232	350155
	资产总额(亿元)	42321	14981	19225	76527
证券业	总部设在辖内的证券公司数(家)	3	2	1	6
	总部设在辖内的基金公司数(家)	0	0	0	0
	总部设在辖内的期货公司数(家)	7	4	3	14
	上市公司数(家)	65	37	30	132
保险业	总部设在辖内的保险公司数(家)	4	1	1	6
	保险公司分支机构(家)	92	25	38	155
	保费收入(亿元)	525	223.4	318	1066.4
	保险密度(元/人)	1221	809	833	999
	保险深度(%)	2.4	2.2	3	2.3

资料来源：根据《2011 年中国区域金融运行报告》整理获得。

（三）金融服务业结构

表 1 和表 2 显示，东北地区金融服务体系主要以银行类金融机构为主，证券服务机构、保险服务机构等非银行类金融机构发展相对滞后，不论从营业机

构个数、从业人员，还是资产规模上，银行类金融机构都占据绝对主导地位。在银行类金融机构中，国有商业银行又占据主导地位，政策性银行、股份制商业银行及其他金融机构发展则相对滞后。特别是金融租赁公司、汽车金融公司、货币金融公司、消费金融公司等尚属空白领域。2011 年末，国有商业银行机构占银行类全部金融机构的 34.3%，从业人员占全部从业人员的 49.5%，资产总额占全部资产总额的 38.9%，国有商业银行对东北地区金融服务业具有明显的垄断优势。

表 2　2011 年末东北三省银行业金融机构情况

机构类别	机构数量(个)			从业人员(人)			资产总额(亿元)		
	辽宁	吉林	黑龙江	辽宁	吉林	黑龙江	辽宁	吉林	黑龙江
国有商业银行	3120	1499	2045	73406	43864	56058	15190	6172	8400
国家开发银行和政策性银行	81	49	90	2361	1797	2617	4070	2203	2663
股份制商业银行	356	36	76	11416	1727	2544	6789	1317	1355
城市商业银行	963	340	329	21081	7191	10172	8067	1900	3057
农村合作机构	2474	1553	1950	27905	21459	23108	5505	2063	1961
财务公司	4	2	3	177	460	79	274	309	55
信托公司	0	1	1	0	164	34	0	28	42
邮政储蓄	1621	1056	1624	16079	8139	14000	1819	902	1630
外资银行	36	1	5	1298	22	92	397	5	16
新型农村金融机构	82	0	31	1411	966	528	210	84	46
其他	0	0	0	0	0	0	0	0	0
合　计	8737	4537	6154	155134	85789	109232	42321	14983	19225

注：①农村合作机构包含农村信用社、农村合作银行及农村商业银行。②新型农村金融机构包括村镇银行、贷款公司和农村资金互助社三类机构。③其他包含金融租赁公司、汽车金融公司、货币金融公司、消费金融公司等。

资料来源：根据《2011 年中国区域金融运行报告》整理获得。

（四）金融效率

金融效率反映了金融系统在广泛吸收社会资金并通过自身体系的中间运作将资金向投资资本转化的程度，也反映了金融系统实现资金配置推动经济快速发展的程度。金融效率是衡量一个地区金融服务业发展水平的重要方面，金融效率水平的高低可以反映一个地区金融结构及金融服务业的发展水平。在这方面一个很好的具体量化指标是贷存比。贷存比反映了将储蓄转化为投资的情况，体现了金融服务业影响和推动经济增长，服务于经济活动的本质。按照国际经验，75%的贷存比是一个公认的正常的贷存比。2011年，东北地区的贷存比为71.4%，表明其金融效率水平适中。

二 东北地区金融服务业发展趋势分析

（一）东北地区经济发展的潜力为金融服务业成长和发展提供了新的空间

经济决定金融。可持续的、富有包容性的经济增长是金融发展最根本的依托（詹向阳，2012）。金融服务业首先是服务业，服务业有对象才能服务。因此，一个地区的消费和投资水平决定了其对金融服务业的需求水平。根据《东北振兴“十二五”规划》，“十二五”时期东北地区城镇化率将达到60%，服务业增加值比重达40%，战略性新兴产业增加值占地区生产总值的比重达到8%，粮食综合生产能力达12640万吨，森林覆盖率达37.5%，城镇居民人均可支配收入和农村居民人均纯收入增长速度高于经济增长速度，城镇新增就业750万人，城镇登记失业率控制在5%以下，新建设保障性住房310万套，全面完成棚户区改造，九年义务教育巩固率达到98.5%，全面提升对外开放水平，建设向东北亚开放的重要枢纽。这将为东北区域金融服务业的持续发展提供广阔的市场空间。

（二）经济转型为金融服务业的发展提供了强大的需求动力

伴随着东北老工业基地振兴战略的继续推进，东北老工业基地将质变为新型工业基地，裂变为现代装备基地，提升为科技产业基地，创建为生态农业基地和农畜产品出口加工基地。[①] 工业转型升级伴随着传统产业的技术改造、新兴产业的培育发展、企业的兼并重组、节能减排的推进、落后产能的淘汰等。金融是现代经济的核心，在工业转型升级过程中，无论是工业结构向合理化、高度化升级，还是向创新驱动、智能制造、绿色低碳转型，金融都发挥着举足轻重的作用。[②] 完善的金融市场体系和机构服务体系可以提高各种资源市场配

① 李靖宇、于艳：《东北区域金融业协调发展的现实论证》，《财经问题研究》2005年第7期。

② 郭春风、邓平：《中部地区工业转型升级的金融支持研究》，《海南金融》2012年第9期。

置的效率，推动产业布局调整和优化升级，从而为加快经济转型和结构调整提供重要支撑。同时，经济的转型也将促进东北区域内的企业利润、个人收入及社会财富大幅度增长。这些因素将催生大量的资金需求和丰富的金融产品需求，推动金融服务业创新发展，从而促进区域金融总量与规模的大幅度增长。

（三）经济转型要求必须加快金融服务业转型

东北地区作为老工业基地，其经济转型要求大力发展现代服务业和先进制造业，这将对整个金融生态产生根本性的影响。支持现代服务业发展应成为金融服务机构经营转型的主线，要大力支持能够促进产业升级的生产性服务业和与民生密切相关的生活服务业。同时，在经济转型过程中，新业态的不断涌现将使金融机构的服务对象大大拓展，而经济主体的金融服务需求也会日趋多元化、个性化和高端化。面对这些新挑战，促使各金融服务机构积极地推进金融创新，提升服务水平，增强综合竞争力和抗风险能力。此外，战略性新兴产业和文化创意、高新科技等行业的多元化服务需求日益旺盛，也使得各金融机构必须以更广泛、更深入的综合化经营来适应这种趋势。

三　东北地区金融服务业发展面临的问题

金融服务业的发展在为东北地区经济持续发展和社会全面进步作出重要贡献的同时，也存在不少问题，制约了其进一步发展。突出表现在以下几个方面。

（一）金融生态环境欠佳

金融生态环境是吸引金融资源的决定性因素之一，环境欠佳是造成金融服务供给不足的重要原因。东北地区金融生态环境不理想。在 2010 年地区金融生态环境评价中，辽宁省在全国名列第 10 位，吉林省和黑龙江省则分别名列第 18 和第 26 位。而且吉林省和黑龙江省的排名与 2009 年相比有所下降，表明两省的金融生态环境有所恶化。从区域平均得分情况来看，东北地区金融生态综合评分在四大区域中位列第三，比西部地区高，但远远落后于东部沿海地区（见图 2）。[①]

① 刘煜辉、陈晓升主编《中国地区金融生态环境评价（2009～2010）》，社会科学文献出版社，2011。

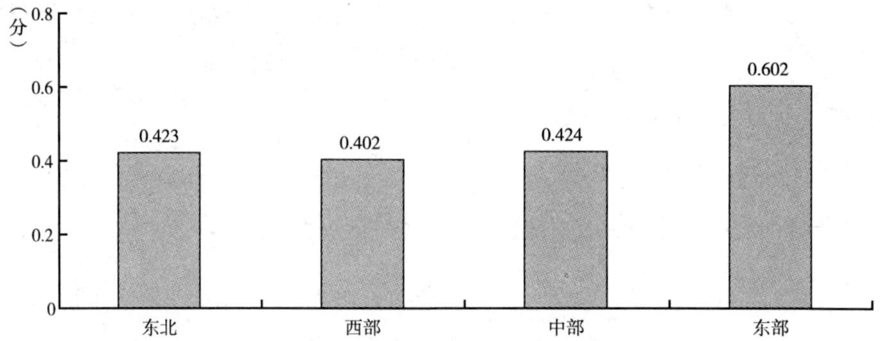

图 2　东北、东部、中部、西部四大区域金融生态环境综合评分

突出地表现在金融法制环境差和诚信文化低。

根据2010年《中国地区金融生态环境评价结果分析报告》显示，东北地区金融法制环境得分0.243，与西部地区得分相同，远远低于东部地区的得分0.646（见图3）。东北地区的诚信文化也远远落后于东部地区和中部地区。其中企业诚信度得分0.392，地方政府对于诚信建设的支持得分0.385，地方征信体系建设得分0.326（见图4）。[①]

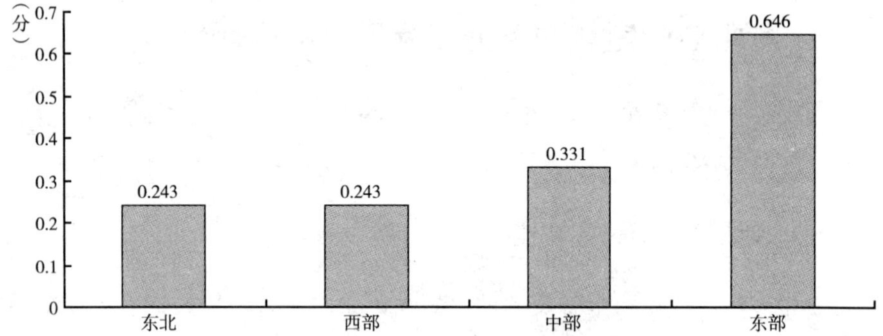

图 3　东北、东部、中部、西部四大区域金融法制环境评分

此外，金融机构不良贷款比率整体上仍然偏高。由表3可以看出，东北三省银行金融机构不良贷款率虽然呈下降趋势，但依然高于全国同期不良贷款率。

① 刘煜辉、陈晓升主编《中国地区金融生态环境评价（2009～2010）》，社会科学文献出版社，2011。

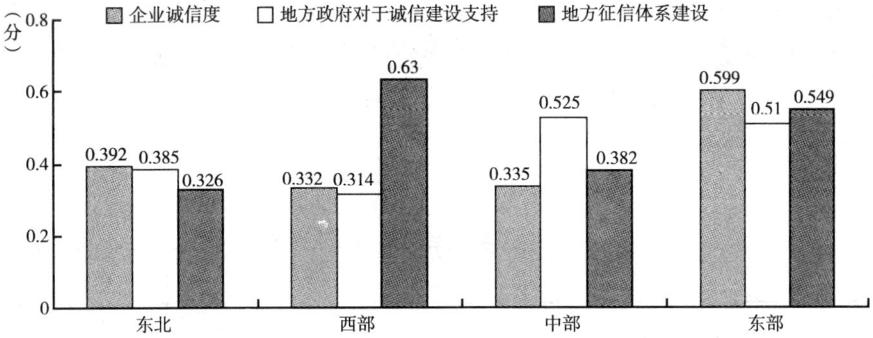

图4　东北、东部、中部、西部四大区域诚信文化评分

表3　2006～2011年东北地区银行金融机构不良贷款率

单位：%

年份	辽宁	吉林	黑龙江	全国
2006	11.9	17.45	23.38	7.5
2007	12.25	18.61	24.6	6.1
2008	3.64	5.08	4.9	2.4
2009	2.15	2.75	2.52	1.6
2010	1.35	1.36	1.42	1.1
2011	1.31	0.94	1.17	1.0

资料来源：《中国银行业监督管理委员会年报（2006～2011）》。

（二）金融服务体系不足，总体水平不高

伴随着经济的发展，金融服务需求也呈现多样化。无论是银行金融机构还是非银行金融机构的金融产品与服务，也不论是正规金融还是民间金融，在推动经济发展和经济转型升级上都不可或缺。一定数量的多元化的金融服务机构是金融服务体系健全的重要标志，也是经济发展和经济转型升级的重要支撑。与东部、西部和中部地区相比，东北地区金融服务机构的数量和规模，无论是国有商业银行、股份制商业银行，还是外资银行和地方性法人金融服务机构，都明显偏少，特别是投资公司、证券公司、信托公司等非银行金融机构更是不够发达。表4显示，截至2011年末，东北地区银行业金融机构个数、从业人数、资产总额、法人机构个数占全国的比重分别为9.7%、11%、7.3%、8.7%，新型农村金融机构中村镇银行、贷款公司、农村资金互助社、小额贷

款公司占全国的比重分别为14.7%、11.1%、18.2%、16.2%，证券业中总部设在辖内的证券公司、基金公司、期货公司占全国的比重分别为5.4%、0%、8.7%，保险业中总部设在辖内的保险公司、保险公司分支机构占全国的比重分别为4.3%、10.4%，各项指标不仅低于东部地区，也低于西部地区。

表4　2011年末金融机构地区分布

单位：%

项目		东北	西部	中部	东部	全国
银行业金融机构	机构个数占比	9.7	27.3	24	39	100
	从业人数占比	11	24	21.3	43.7	100
	资产总额占比	7.3	17.9	14.6	60.2	100
	法人机构个数占比	8.7	35.9	28.3	27.1	100
新型农村金融机构	村镇银行	14.7	31.1	23.8	30.4	100
	贷款公司	11.1	44.4	22.2	22.2	100
	农村资金互助社	18.2	36.4	15.9	29.5	100
	小额贷款公司	16.2	31.7	25.3	26.7	100
证券业	总部设在辖内的证券公司数	5.4	16.2	10.8	67.6	100
	总部设在辖内的基金公司数	0	3	0	97	100
	总部设在辖内的期货公司数	8.7	11.2	10.6	69.5	100
保险业	总部设在辖内的保险公司数	4.3	6.4	2.9	86.4	100
	其中:财产险经营主体	5.2	10.3	5.2	79.3	100
	人身险经营主体	4.8	4.8	1.7	88.7	100
	保险公司分支机构数	10.4	23.3	18.3	48	100
	其中:财产险公司分支机构	9	25.7	18.4	46.9	100
	人身险公司分支机构	12	21.7	18.7	47.6	100

资料来源：根据《2011年中国区域金融运行报告》整理获得。

缺乏面向中小企业的金融服务体系。从全国范围看，多数地区50%的中小企业可以获得银行贷款，但在东北地区只有25%的中小企业获得了银行贷款。与中小企业融资难直接相关的是，东北地区中小企业担保机构欠缺。辽宁省是东北地区经济最发达的省份，但中小企业担保机构只有110家，与浙江省的245家和江苏省的507家相去甚远。①

① 王东风、张荔：《东北老工业基地金融发展现状分析及政策建议》，《东北大学学报（社会科学版）》2008年第1期。

东北地区金融服务业总体水平也不高，主要体现在以下方面。

一是金融发展水平较低。金融相关比率（FIR）是衡量一个国家或地区金融发展水平的最常用指标。表 5 显示，2011 年末东北地区金融相关比率为 2.13，仅比中部略高，不仅低于西部 2.52 和全国 2.63 的平均水平，而且与金融经济发展水平较高的东部地区相比更是相去甚远。这表明，东北地区金融发展总体水平还处于相对落后的程度。

表 5　2011 年末各地区金融发展程度比较

区　域	东北	西部	中部	东部	全国
GDP	4.5	10	10.4	26.9	51.8
金融机构本外币各项存款余额(万亿)	5.6	14.7	12.5	47.4	80.2
金融机构本外币各项贷款余额(万亿)	4	10.5	8.2	33.3	56
金融机构本外币存贷款余额合计(万亿)	9.6	25.2	20.7	80.7	136.2
金融相关率	2.13	2.52	1.99	3.00	2.63

资料来源：根据《2011 年中国区域金融运行报告》整理获得。

二是金融服务业对经济增长的贡献度不高。截至 2011 年底，东北地区金融业增加值占 GDP 的比重仅为 2.9%，金融业产值占第三产业的比重仅为 8.02%，不仅低于全国的平均水平，而且位于四大区域的末位。就其区域内各省而言，最高的是辽宁省，其金融业增加值占 GDP 的比重也仅为 3.4%，金融业产值占第三产业的比重仅为 9.26%，未达到全国平均水平。详见表 6。

表 6　2011 年末东北地区与其他三大区域的金融业产值贡献

地　区	地区生产总值（亿元）	第三产业（亿元）	金融业（亿元）	金融业增加值占地区生产总值比例(%)	金融业产值占第三产业比例(%)
辽　宁	22226.70	8158.98	755.57	3.40	9.26
吉　林	10568.83	3679.91	207.65	1.96	5.64
黑龙江	12582.00	4549.97	350.82	2.79	7.71
东　北	45377.53	16388.86	1314.04	2.90	8.02
东　部	271354.75	121727.15	16849.91	6.21	13.84
中　部	104473.87	35636.3	3424.47	3.28	9.61
西　部	100234.96	36424.54	4313.51	4.30	11.84
全　国	521441.11	210176.85	25901.93	4.97	12.32

资料来源：根据《中国统计年鉴 2012》整理获得。

三是资本形成能力较弱。收入比是一个地区的存款总额与国民收入之比，可以用来衡量一个地区的相对储蓄能力和资本形成能力。2011 年，东北地区收入比为 1.24，低于全国 1.55 的平均水平。这说明，东北地区资本形成能力相对不高，也制约了金融服务业的发展。

（三）金融市场化程度偏低，资金配置效率不高

东北地区的融资结构明显地过度依赖间接融资，直接融资占融资总额的比重偏低。由表 7 可以看出，长期以来东北地区银行贷款在融资总额中占 90% 左右，而间接融资总额只占 10% 左右。截至 2011 年底，东北地区上市公司数量为 132 家，其境内上市公司数占全国上市公司数量的比重仅为 5.6%，境外上市公司数占全国境外上市公司数量的比重仅为 8.4%。

表 7　2001～2011 年东北三省非金融机构贷款、债券和股票融资占比情况

年份	辽宁			吉林			黑龙江		
	贷款	债券	股票	贷款	债券	股票	贷款	债券	股票
2001	96.1	0	3.9	93.9	0	6.1	100	0	0
2002	99.6	0	0.4	100	0	0	88.8	0	11.2
2003	95.8	3.8	0.4	100	0	0	100	0	0
2004	99.1	0.9	0	100	0	0	100	0	0
2005	99.3	0.7	0	100	0	0	82.6	17.4	0
2006	95.5	3.5	1	96.5	3.5	0	97.3	2.7	0
2007	77.8	3.9	18.3	94.5	0	5.5	89.4	8.3	2.3
2008	89.2	7.9	2.9	96.9	1.3	1.8	93.8	1.6	4.6
2009	89.9	9.4	0.7	91.7	8	0.3	96.7	3	0.3
2010	80.9	11.9	7.2	94.4	4.1	1.5	88.4	1.8	9.8
2011	76.8	13.1	10.1	88.6	9.9	1.5	91.2	7.3	1.5

资料来源：根据《2011 年中国区域金融运行报告》整理获得。

东北地区金融体系主要是以银行类金融服务机构为主。而在银行类金融机构中，国有银行占据主导地位。这种金融体系结构，一方面难以形成银行业市场竞争的格局，资源配置效率低下；另一方面，经济发展中的融资需求高度依赖国有商业银行，造成金融风险大量集中于国有商业银行，也不利于中小商业银行的发展和壮大。此外，银行业金融机构贷款主要投向政府融资平台和国有企业，金融资源锁定效应明显。这种强有力的金融锁定效应使金融机构缺乏动

力进行金融创新和提高服务水平，使得金融的资源配置效率大为降低，不利于东北地区经济转型升级和健康稳定发展。

（四）金融服务业发展不均衡

作为一个发展中大国，地区经济金融发展二元性一直是我国国情的基本特征之一，这是由不同地区的比较优势决定的（邢毓静，2001）。东北地区金融服务业这一问题更为突出。一是区域内不同省份金融服务业发展存在极大差异。辽宁省金融服务业相对比较发达，吉林省和黑龙江省金融服务业的发展则相对落后。二是金融服务业内部发展不均衡。表现为银行金融服务占据绝对主导地位，非银行金融服务相当落后。一些新型的金融服务机构如金融租赁公司、汽车金融公司、货币金融公司、消费金融公司等基本不存在。三是城乡地区金融服务发展存在很大差异，突出表现在农村金融服务发展滞后，远不能满足农村经济发展，农民生活改善的需要。比如仅沈阳、大连两地就聚集了占辽宁省总数1/3的金融机构，而偏远地区的金融机构数量和层次明显偏低，特别是近年来县域机构纷纷撤并，造成广大县域和农村地区金融服务覆盖面降低。[①] 实证分析表明，近几年，东北36个地级城市的金融相关比率变异系数有逐年增大的倾向，意味着东北区域内部的金融深化差异程度有所扩大。如果这种趋势长时间存在，势必会影响到区域经济金融运行的整体效率和协调稳定。[②]

（五）金融创新不足，同质竞争严重

发达国家的金融创新经验证明，只有竞争的市场才会促使金融机构产生创新的动因，只有放松金融管制才能为金融机构的创新提供广阔的空间。金融创新需要政府营造良好的创新环境。由于缺乏必要的基础性衍生工具市场，金融产品的创新又受到较为严格的管制，而且金融领域存在较多政府保护，如隐性担保和管制利率提供的利润空间，使得各金融服务机构金融创新动力不足，导致市场整体创新性不足。新产品开发以客户需求驱动型为主，还不能主动开发新产品引导客户消费。虽然市场中存在大量金融机构，但几乎所有机构的核心

---

① 吴涛：《辽宁实施区域经济发展战略的金融支持研究》，吉林大学，2012。

② 王顺：《加快东北区域金融中心建设，促进区域经济金融协调发展》，《金融时报》2012年3月19日。

业务都差不多，在这些核心业务领域，金融机构的竞争相当激烈，在某些产品上存在恶性竞争的情况，甚至同一机构的不同部门、不同业务人员也出现相互竞争。如商业银行热衷于大项目、大客户，车险业务是产险公司最主要的保费来源，分红型产品是寿险公司保费收入的首要来源。

四 促进东北地区金融服务业发展的战略措施

（一）加强区域金融生态环境建设，营造良好的外部环境

金融生态环境建设的实质是为金融服务业改革发展创造良好的外部环境。一个地区的金融生态环境状况决定着该地区对金融资源的吸引力。在市场经济条件下，区域间金融资源的流动更多地取决于地区的金融生态环境。金融生态环境好的地区会吸引金融机构大量进驻，引来资金，形成资金集聚的“洼地”。一个稳定的金融生态环境也是提高金融效率的保证。因此，为了促进东北地区金融服务业发展，首先应加强区域内金融生态环境建设力度。一是强化政府主导作用。推动各级政府进一步完善金融生态环境建设领导和协调机制。二是不断完善以信用征集、信用评估、信用发布、信用监督和信用惩戒为主要内容的社会信用体系。依托全国统一的基础数据库，建立区域信用信息数据共享平台。综合运用法律、经济、舆论监督等手段，在区域内形成激励守信和惩戒失信的机制。加强诚信教育，宣传信用文化，普及信用知识，提升诚信意识，优化社会信用环境。三是健全金融法规，保护金融债权。研究制定推动金融服务业发展的地方性法规，出台国家相关法律法规的实施细则和配套规章制度，加大金融法律法规的执行力度，形成完善的债权人保护机制。

（二）进一步加大金融支持力度，提高金融贡献度

不断完善金融服务业发展的政策体系，加大对金融服务重点行业、机构的扶持力度。建立支持金融服务业发展专项基金，并制定完善的专项基金管理办法，提高资金使用效率。合理规划金融产业布局，打造金融产业发展高地。大力推进跨境贸易人民币结算试点，搭建便捷的区域资金流通渠道，积极推进东北地区金融服务一体化。加快构建金融资源集聚和优化配置的平台，吸引国内外各大银行、证券、保险、基金、期货等金融机构在东北地区设立机构。进一

步优化金融资源配置，培植若干在国内具有影响力的金融控股集团，促进东北地区金融服务业发展。

（三）整合金融服务业结构，推动金融服务业均衡协调发展，提升金融服务水平和辐射能力

在现代市场经济中，只有银行、证券、保险、基金、信托等金融服务体系实现协调发展，才能更好地发挥金融资源在各行业各地区的有效配置功能，更好地发挥在区域经济建设中的金融服务功能。一是积极吸引全国性和外资金融机构在东北地区设立分支机构，扩大竞争主体，增强市场活力，满足日益增长的金融服务需求。二是通过引进战略投资者，加快上市步伐，把区域性金融机构逐渐发展成为全国性的金融机构，做大金融总部经济。探索在区域内增设或组建新的信托公司、财务公司、汽车金融公司、金融租赁公司和货币经纪公司等金融服务机构。鼓励有条件的地方金融机构向金融控股公司转变，打造金融控股集团。三是发展融资担保、征信、保险经纪、咨询评估、金融信息服务、金融服务外包、第三方支付等金融中介机构，提高金融运行效率。四是积极引导农业银行，村镇银行增加在农村地区的网点，不断扩大业务覆盖面，加大农村地区金融服务供给，提升服务水平，推动城乡金融服务均衡发展。五是积极稳妥地发展民间金融，扶持和引导民间金融组织发展，制定明确的法律法规降低民间金融组织经营上的不确定性，使其成为金融服务机构中的重要力量。六是推进东北产权交易平台互联互通、区域整合和功能扩展，依托东北产权交易机构，加快建设涵盖股权、债权、物权、知识产权、权益性资产等各产权领域的东北地区综合性产权交易市场。

（四）加大金融服务业的创新力度，提高金融服务水平

一是加大金融产品创新力度。要根据东北地区经济发展的实际情况开发金融产品，并根据市场需求的发展变化不断改进和完善现有的金融产品，通过个性化、差异化的产品创新战略来满足不同层次的金融服务需求。

二是积极推进金融服务创新。要不断完善金融基础性制度建设和金融基础设施建设，进一步健全安全高效的支付结算体系，准确全面的统计信息服务体系，功能完善的征信服务体系，为金融创新提供保障。充分应用现代化的金融技术，大力发展电话银行、网络银行等中间业务领域。扩大贷款的抵（质）

押范围，试行知识产权、经营权等多种方式的抵（质）押贷款担保形式，开展所有权质押试点，有效突破抵押担保瓶颈，大力推动信贷服务创新。在汽车、农产品加工等产业的上下游企业中探索发展产业链金融。鼓励银行、证券、保险等各类金融机构在资产管理、投资理财以及保险等方面的业务合作，大力发展私人银行、私募证券投资、券商直投、金融投资衍生产品业务，为居民和企业开辟新的投资服务渠道。鼓励和发展股权投资、产业投资等各类专业投资基金，支持中外股权投资管理机构发起设立符合本区产业导向的专业投资基金。建立农业保险和小额贷款保险试点。积极展开与保险公司的合作，推动保险公司在东北地区建立分支机构，探索政府引导、银保合作、保险机构共保的模式，为解决小微企业融资难问题开辟新渠道。

（五）进一步加强东北亚区域金融合作，提升金融服务辐射力

借助于东北亚区域合作机制，进一步加强东北亚区域金融合作，提升金融服务辐射力。积极吸引俄、日、韩资金融机构及其他外资金融机构将亚太区、中国区域总部设在东北地区；完善对东北亚国家贸易人民币结算试点工作机制，推动金融机构开办跨境贸易人民币结算工作，探索建立人民币与卢布、日元、韩元交易中心。实施“走出去”战略，推动设在东北区域的金融机构与东北亚各国开展金融合作。

参考文献

李靖宇、于艳：《东北区域金融业协调发展的现实论证》，《财经问题研究》2005 年第 7 期。

詹向阳：《构建经济金融对接机制》，《中国金融》2012 年第 7 期。

郭春风、邓平：《中部地区工业转型升级的金融支持研究》，《海南金融》2012 年第 9 期。

刘煜辉、陈晓升主编《中国地区金融生态环境评价（2009～2010）》，社会科学文献出版社，2011。

田侃、夏杰长著《信用环境构建与现代服务业发展研究》，经济管理出版社，2010。

王东风、张荔：《东北老工业基地金融发展现状分析及政策建议》，《东北大学学报（社会科学版）》2008 年第 1 期。

邢毓静：《中国金融发展中区域二元结构的形成及其特征研究》，中评网，2001 年 12

月 21 日。

陈道富：《促进我国金融服务业健康发展》，《内蒙古金融研究》2011 年第 9 期。

吴涛：《辽宁实施区域经济发展战略的金融支持研究》，吉林大学，2012。

王顺：《加快东北区域金融中心建设，促进区域经济金融协调发展》，《金融时报》2012 年 3 月 19 日。

何德旭、王朝阳：《中国金融服务业的体制改革与产品创新》，《财经问题研究》2007 年第 6 期。

中国人民银行货币政策分析小组：《2011 中国区域金融运行报告》，http：//www. pbc. gov. cn/。

王春丽：《东北地区金融发展实证研究》，东北财经大学出版社，2011。

《中国银行业监督管理委员会年报（2006 ~ 2011）》，http：//www. cbrc. gov. cn/。

鲁昕：《建设区域金融中心　形成金融发展合力　促进区域经济金融共同成长》，http：//www. ln. gov. cn/。

东部地区金融服务业发展现状、问题与战略措施

王朝阳　朱　玺*

摘　要： 本文描述了东部地区各省市金融业发展的总体规模和银行、证券、保险等主要金融行业的发展格局，基于东部地区金融服务业在全国的重要地位，探讨了国家金融发展战略中东部地区的金融定位和发展趋势。考虑到东部地区金融服务业发展质量需要进一步提高，金融专业化水平需要进一步提升，各省市之间金融发展的职能分工需要进一步明确，本文就金融中心城市与周边城市的协调配合、金融核心区建设、优化金融生态环境等问题提出了相应的对策建议。

关键词： 东部地区　金融服务业　金融中心　区位商

一　东部地区金融服务业发展现状①

（一）东部各省市金融业总体规模

衡量各省市金融服务业规模所用的指标通常是金融业增加值和金融业就业。相关统计表明，2000～2005 年，东部地区金融业增加值平均值为 3593.3

* 王朝阳，中国社会科学院财经战略研究院副研究员，《财贸经济》编辑部副主任；朱玺，中国社会科学院研究生院财经系硕士研究生。

① 东部地区包括北京、天津、河北、上海、江苏、浙江、福建、山东、广东、海南 10 个省市。

亿元，平均增速（按现价计算，下同）为8.8%，其中2000年和2005年东部地区金融业增加值分别为2987.3亿元和4452.2亿元。“十五”期间，东部地区金融业增加值提高了1464.86亿元，而“十一五”期间，东部地区金融业增加值提高了9849.23亿元。2011年，东部地区金融业增加值为16849.9亿元，比2010年增长了17.8%。从历年的增长情况来看，2007年东部地区金融业增加值增速最快，高达51.9%。受到金融危机的影响，2007年以后，东部地区金融业增加值增速保持在18.7%左右，仍高于“十五”期间的平均增速，说明东部地区金融业的发展虽然受到金融危机的影响，但总体上依然保持较快的发展速度。

在就业方面，2000~2011年间，东部地区金融业就业人数持续增加，增速最大年份是2008年。2011年末，东部地区金融业就业人数达到249.7万人。受金融危机的影响，2009年和2010年的金融业就业人数增速回落，从2004年至2011年的其他年间，金融业就业人数增速逐年增加。近六年来东部地区金融业发展迅速，实力增强，尽管金融危机使得部分年份增速有所回落，但整体增速依然保持较快趋势。

（二）东部各省市银行业发展比较

比较东部地区各省市银行业发展情况，可以使用金融机构数量以及存贷款等指标。统计表明，近年来东部地区银行业金融机构数量稳步增加，在全国占比最高，平均占比高达39%。此外，东部地区外资银行稳步发展，2011年外资银行资产的94.2%集中在东部地区；东部地区农村金融机构发展加快，农村金融服务体系更趋完善，农村合作机构资产将近半数集中在东部地区。

在存贷款方面，东部地区银行业金融机构存贷款余额稳步增加，2005~2011年间，东部地区银行业金融机构存款余额增速最高年份是2007年，增速高达39%，贷款余额增速最高年份是2009年，增速达到33%。近两年来，尽管东部地区存款增长放缓，但其存款余额占全国比重依然保持较高；贷款增长向常态回归，金融服务实体经济能力得到进一步增强。

具体来看，以2011年为例，广东省银行业金融机构数量最多，其银行业规模效益稳步提升，赢利能力进一步提升，并且其新型农村金融机构发展迅速。截至2011年末，广东省村镇银行达到25家，其中当年新筹建14家。此外，虽然海南省是东部地区中银行业金融机构数量最少的，但随着国际旅游岛建设的推进，海南省银行业也得到较为快速的发展，银行业的规模、质量和效益都有较为明显的提升。

（三）东部各省市证券业发展比较

近些年来，东部地区上市公司数量稳步增加，但股票市场筹资规模变动幅度较大。2011 年，东部各省市在国内的股票（A 股）筹资规模有所回落，但债券筹资规模持续增加（见表 1）。

表 1　东部地区证券业上市公司数量和融资额

年份	年末国内上市公司数量（家）	当年国内股票（A 股）筹资（亿元）	当年国内债券筹资（亿元）
2006	824	1532	3087.8
2007	891	6657.7	4186.9
2008	951	2377.4	7499.1
2009	1027	3696.8	11010.1
2010	1287	7150.4	12071.3
2011	1503	5239.4	18225.3

资料来源：中国人民银行 2006～2011 年《中国区域金融运行报告》。

具体来看，比较东部地区各省市上市公司数量和融资额（见表 2）可以发现，截至 2011 年末，国内上市公司数排在前三位的分别是广东、浙江和江苏，融资额排在前三位的省市为北京、广东和上海。此外，东部地区各省市证券业发展的一个显著特征就是非均衡性。截至 2011 年末，海南省国内上市公司仅 25 家，不足广东省的 1/13。当然，如果仅从海南省自身的发展来看，其证券市场运行较为平稳，上市公司经营保持稳定，融资规模也创出新高。

表 2　2011 年东部地区证券业基本情况

项目＼地区	北京	天津	河北	上海	江苏	浙江	福建	山东	广东	海南
年末国内上市公司数（家）	194	37	46	196	214	226	81	145	339	25
当年国内股票（A 股）筹资（亿元）	1315	32	325.9	708.9	657	559	137.0	422.6	1013	69
当年发行 H 股筹资（亿元）	0	0	18.5	134	0	0	88.9	58.4	0	0
当年国内债券筹资（亿元）	12018	323	654.3	1026	1000	738	273.0	754.0	1363	76
其中：短期融资券筹资额（亿元）	4195	73	98.2	372	285	360	115.0	246.5	501	10

资料来源：中国人民银行。

（四）东部各省市保险业发展比较

面对金融危机带来的严重影响和国内外环境的深刻变化，东部地区保险业在面临挑战和困难较多的情况下，继续保持了平稳发展的态势。2011 年，东部地区保费收入虽然有所回落（见表 3），但总体上仍保持了较大的规模。2011 年，在东部十省（市）中，广东、江苏、山东三个省保费收入超过千亿元，海南和上海各类赔款给付增速超过 30%，东部地区赔款给付持续增长。

表 3　东部地区保险业保费收支

单位：亿元

年份	保费收入	各类赔款给付	年份	保费收入	各类赔款给付
2006	3239.2	842.5	2009	6056.9	1767.8
2007	4034.1	1248.4	2010	7902.6	1710.7
2008	5312.4	1632.2	2011	7698.9	2134.1

资料来源：中国人民银行 2006 ~2011 年《中国区域金融运行报告》。

2011 年，由于受到保费收入增速放缓的影响，东部地区保险深度略有下降，其中，北京和上海下降幅度最大。但比较而言，东部地区保险密度在全国范围内较高，北京、上海、天津仍然位居前三，保险密度继续提高（见表 4）。

表 4　2011 年东部地区保险深度、保险密度

地　区	保险深度(%)	保险密度(元/人)	地　区	保险深度(%)	保险密度(元/人)
北　京	5	4125	浙　江	3	1609
天　津	1.9	1663.6	福　建	2.5	1162.4
河　北	3	1016.1	山　东	2.3	1075
上　海	4	3272	广　东	3	1503
江　苏	2.5	1525.6	海　南	2.1	61.4

资料来源：中国人民银行 2011 年《中国区域金融运行报告》。

二　东部地区金融服务业发展趋势

（一）东部地区金融服务业的重要地位

1. 东部地区银行业在全国的地位

2011年，全国各地区银行业金融机构网点个数、从业人数稳步增加，资产规模增长较快。截至2011年末，银行业金融机构网点共计20万个，从业人员319.1万人，分别比上年增加0.5万个和11.1万人；资产总额105.8万亿元，同比增长19.1%。分地区看，东部地区银行业金融机构网点个数、从业人数和资产总额在全国所占比重最高，其中，广东、北京、上海、江苏、浙江和山东六省市银行业资产总额在全国所占比重超过50%；东部、中部、西部和东北地区银行业资产总额分别增长20.4%、17.5%、21.8%和18.6%。

2011年，全国各地区本外币存款增长放缓，增速较上年有所回落。截至2011年末，东部地区本外币各项存款余额为47.4万亿元，同比增长12.1%，增速比上年降低6.8个百分点。东部地区人民币存款增速总体放缓。受居民理财意识增强、金融产品创新增多并加速存款分流等因素的影响，居民储蓄存款增速持续放缓。到2011年末，东部地区人民币储蓄存款余额增速同比回落3.7个百分点。受派生存款减少、企业产成品库存和应收账款净额增加等因素影响，东部地区人民币单位存款增速回落明显。到2011年底，东部地区本外币存款余额占全国的比重较上年同期下降0.6个百分点。

2. 东部地区证券业在全国的地位

2011年，我国上市公司数量稳步增加，股票市场筹资规模有所回落。截至2011年末，境内上市公司总数（A股、B股）2342家，比上年增加279家。分地区来看，东部地区境内上市公司数量占全国的比重为64.0%。从筹资额来看，2011年我国股票市场筹资额有所回落，全年沪、深A股市场累计筹资5 073亿元，比上年下降43.4%。具体而言，广东、北京、上海A股筹资额居全国前三位，合计占当年国内A股筹资总额的35.9%。此外，沪、深交易所债券筹资规模稳步增长，全年累计筹资1707.4亿元，同比增长29.3%，其中东部地区国内债券筹资额占比较上年有所上升。

3. 东部地区保险业在全国的地位

2011年全国实现保费收入①（指原保险保费收入，下同）共计1.4万亿元，较上年同期增长10.5%。其中，东部地区中的广东、江苏、山东三个省保费收入超过千亿元。在赔付方面，2011年保险业原保险赔付支出3929.4亿元。其中，财产险赔付支出为2186.9亿元，人身险赔付支出为1742.5亿元。分地区来看，东部地区各类赔款给付占比为56.2%，与上年相比提高1.6个百分点。其中，海南、上海各类赔款给付支出增速超过30%。2011年全国范围的保险密度为1062元/人，较上年增加100元。保险密度在不同区域之间的差异仍十分明显，东部和东北地区领先，北京、上海、天津仍然位居前三，中、西部地区则相对较为落后。2011年全国范围的保险深度为3%，比上年同期减少0.2个百分点，其原因主要是保费收入的增速有所放缓。其中，北京和上海两地保费收入的降幅最为明显。

（二）国家经济战略中东部地区的金融定位

东北地区在中国经济版图上具有举足轻重的地位，涵盖了京津冀、长三角、珠三角三大经济增长极。按照金融服务于实体经济的原则，东部地区金融发展必须领先于全国，并为其他地区发挥示范作用。从各地区金融发展的规划来看，东部地区主要省市大都有发展金融业的规划。

北京市发展和改革委员会2008年5月6日对外公布《中共北京市委北京市人民政府关于促进首都金融业发展的意见》。其中提出，北京金融业发展的目标是，将自己打造成具有国际影响力的金融中心城市。意见将北京定位为国家金融决策中心、金融监管中心、金融信息中心和金融配套服务中心。从地理区位上来看，北京将构建“一主一副三新四后台”格局的金融业空间布局规划。以金融街为主中心区，以北京商务中心区（CBD）为副中心区，确定海淀中关村西区为新兴科技金融功能区，东二环交通商务区为新兴产业金融功能区，丰台丽泽商务区为新兴金融功能区。同时，建设海淀稻香湖、朝阳金盏、通州新城、西城德胜等四个金融后台服务园区。

① 2011年中国保险监督管理委员会的统计数据开始按照《关于印发〈保险合同相关会计处理规定〉的通知》的口径，保费收入统计口径有所变动。原保险保费收入同比增速是按照行业2011年全面实施《企业会计准则解释第2号》后的口径测算。

2009年3月25日，国务院审议并通过了《关于推进上海加快发展现代服务业和先进制造业、建设国际金融中心和国际航运中心的意见》。根据该意见，上海将在2020年基本建成与我国经济实力和人民币国际地位相适应的国际金融中心、具有全球航运资源配置能力的国际航运中心。与金融相关的主要任务是：建设比较发达的多功能、多层次金融市场体系。加强金融机构和业务体系建设，稳步推进金融服务业对外开放。完善金融服务设施和布局规划，提升金融服务水平。健全金融法制，加强金融监管，维护金融稳定和安全。同时，要加强上海与长三角地区以及国内其他中心城市的相互协作和支持，加强与香港的优势互补和战略合作，形成分工合理、相互促进、共同发展的格局。

2008年3月，国务院印发《关于天津滨海新区综合配套改革试验总体方案的批复》，正式批准天津滨海新区成为全国综合配套改革试验区，先行试验一些重大改革开放措施。国务院对滨海新区综合配套改革试验提出的具体要求是：用5～10年时间，在滨海新区率先基本建成完善的社会主义市场经济体制，其特征就是市场主体自主能动、市场体系统一开放、法制环境完备规范。金融改革被认为是此次综合配套改革试验的亮点之一。滨海新区将设立全国性非上市公众公司股权交易市场（OTC），作为多层次资本市场和场外交易的重要组成部分，逐步探索产业基金、创业投资基金等产品上柜交易。滨海新区还将开展金融业综合经营试点。允许有条件的金融企业，经批准在天津进行综合经营试点，创新金融产品。整合天津市现有各类地方金融企业的股权，设立金融控股公司，控股参股银行、保险、证券等各类金融企业。

除上述三个直辖市之外，东部地区还有许多重要城市也提出了建设区域性金融中心的设想。比如作为半岛城市群和山东经济发展的龙头城市，青岛早在20世纪90年代就提出了建设区域性金融中心的设想；2006年初，济南市制定《金融业“十一五”发展规划》。规划明确提出将济南建设成为与区域中心城市相适应的，在全国占有重要地位的区域金融中心。再比如，南京市曾提出作为长三角重要的区域中心城市，将大力推进区域性金融中心建设；杭州提出要建设长三角南翼金融中心；宁波提出要打造区域金融服务中心；广州提出三步走建设区域金融中心；深圳提出深港合作共建金融中心；厦门提出建设区域性对台金融中心。

（二）东部地区金融服务业发展的前景判断

我们认为，金融中心具有多层次性，至少体现在两个方面，其一是从地理范围的角度来看，区域具有一定的等级体系，相应地金融中心在区域上存在国际金融中心、国内金融中心、区域金融中心等区别。其二是从等级上来看，金融中心具有明显的层次性，不同的金融中心在梯次结构上表现出明显的差异。特别是从地理范围角度来看，金融中心具有明显的层次性。相关研究表明，金融中心发展过程的高度规律性可以被归纳为五个阶段，分别是直接腹地、腹地外更大区域、整个国家范围、邻近国家和政治属地、世界范围的金融中心，这同时构成了一个腹地范围的等级体系。

总体来看，东部地区创新发展能力将不断增强，随着首都经济圈的打造，京津冀、长江三角洲、珠江三角洲地区区域经济一体化的发展将为东部地区经济的发展提供有效支撑。东部地区将利用自身的有利条件，各省市金融机构将保持合理的货币信贷投放和社会融资规模。同时，按照金融服务实体经济的本质要求，随着信贷结构不断优化，对小微企业、“三农”等薄弱环节的信贷支持不断加强，金融产品和服务创新能力稳步提高，东部地区的区域性系统性风险防范能力将会得到明显改善，从而保障其经济平稳健康协调发展。

具体来说，在北京，金融业服务首都经济发展的动力和能力将进一步增强。“三个北京”发展战略的稳步实施为金融业提供了良好的发展环境；文化、知识产权、石油和金融资产等要素交易市场建设有序推进和社会信用担保体系的不断完善，将吸引相关机构落户北京，进一步强化首都的总部金融特征。根据现有的条件和资源，预计到2015年，北京能够发展成为辐射亚太地区的区域性国际金融中心，之后继续朝着国际金融中心这一方向发展。

在上海，随着上海世博会引起的基数效应消失，收入的持续增长和消费的提升将会使消费增速有所提高，进一步提高对经济的拉动作用。为了更好地支持上海的经济发展，有必要对金融业进行优化。上海市金融业的发展方向将会是服务实体经济、对外开放，金融业的创新也将会是符合实体经济的需要，防范各类风险的能力将会逐步提高。当然，上海国际金融中心的建设远非上海一个地区的事情，而是需要在全国层面上做好顶层设计，特别是在关于人民币兑换、利率汇率改革、资本项目开放等方面做好配套。

三 东部地区金融服务业发展面临的问题

（一）东部地区金融业发展的总体水平和质量

从金融中心的梯次结构来看，在实证研究工作中，Poon（2003）曾运用层次聚类分析方法对国际金融中心的资本市场进行研究，1980 年的资本市场分为三个层次，1990 年的资本市场分为四个层次，而 1998 年的全球资本市场划分为 7 个层次，其中纽约伦敦占据第一层的位置，东京受亚洲金融危机的影响与法兰克福同属于第二层，中国台北、香港位居第三、第四层。换言之，中国内地的主要城市如上海、北京、广州、深圳等在 20 世纪末期都没有进入国际金融中心的行列之中。当然，这与中国金融发展较为滞后和金融开放较晚有直接关系。

由卡塔尔金融中心联合伦敦金融城公司、Z/Yen 集团等机构发布的全球金融中心指数（GFCI），是全球范围内率先对全球各大金融中心进行专业排名的权威性指数，该指数着重关注各金融中心的市场灵活度、适应性以及发展潜力等方面。GFCI 是基于两组相互独立的数据——特征性指标（外部指数）和金融专业人士的网络问卷调查结果，对全球 70 多个金融中心进行分类、评分和排名。通过“因子评价模型”（factor assessment model），GFCI 对全部特性指标和问卷调查结果进行统计分析和计算，最终得出各个金融中心的得分和排名。[①]

按照 2012 年 9 月发布的 GFCI 12，排在前十的分别是伦敦、纽约、香港、新加坡、苏黎世、首尔、东京、芝加哥、日内瓦、多伦多。上海排名第 19 位，深圳排名第 32 位，北京排名第 43 位。与以往相比，香港、新加坡、东京、上海、北京和深圳的得分均出现下滑。中国内地金融中心得分下滑的趋势尤甚，其中得分下降最明显的上海继 GFCI 11 中下降了 37 分之后再次下降 31 分；北京下降了 18 分，香港也下降了 21 分（GFCI 11 中下降了 16 分）[②]。总体上，所有的中国金融中心在 GFCI 中的得分都出现了下降（见表 5）。

---

① 2007 年 3 月，该指数开始对全球范围内的 46 个金融中心进行评价，并于每年 3 月和 9 月定期更新以显示金融中心竞争力的变化。

② 本期香港下降了 21 分，现在落后伦敦 52 分，而一年前仅落后 4 分。不过香港仍然保持着第三大全球性金融中心的地位，力压排名第四的新加坡。排名前三的金融中心控制全球绝大部分的金融交易，并极有可能在可预见的未来继续保持强大。

表5　各城市国际金融中心指数排名

城　　市	GFCI 12(2012.9)		GFCI 11(2012.3)		变化	
	排名	得分	排名	得分	排名	得分
伦　　敦	1	785	1	781	—	4
纽　　约	2	765	2	772	—	-7
香　　港	3	733	3	754	—	-21
新 加 坡	4	725	4	729	—	-4
苏 黎 世	5	691	6	689	-1	2
首　　尔	6	685	9	686	-3	-1
东　　京	7	684	5	693	2	-9
芝 加 哥	8	683	7	688	1	-5
日 内 瓦	9	682	14	679	-5	3
多 伦 多	10	681	10	685	—	-4
波 士 顿	11	680	11	684	—	-4
旧 金 山	12	678	12	683	—	-5
法兰克福	13	677	13	681	—	-4
华 盛 顿	14	672	15	677	-1	-5
悉　　尼	15	670	16	674	-1	-4
温 哥 华	16	668	17	667	-1	1
蒙特利尔	17	667	18	658	-1	9
墨 尔 本	18	657	20	653	-2	4
上　　海	19	656	8	687	11	-31
泽 西 城	20	654	21	652	-1	2
深　　圳	32	637	32	638	—	-1
北　　京	43	626	26	644	17	-18

资料来源：Long Finance（http：//www. longfinance. net/Publications/GFCI% 2012. pdf）。

可以说，在国内乃至亚洲，上海在金融发展环境与人力资源等方面仍具有一定的优势；北京的金融业经过近几年的高速发展，已经成为北京的支柱行业，北京也是事实上的金融监管中心；深圳证券市场规模日益扩大，在促进实体产业发展方面发挥了积极作用。但尽管这样，与国际上成熟的国际金融中心相比，中国最为发达的东部地区的金融发展水平仍有着不小的差距。特别是从现阶段来看，上海国际金融中心的建设与伦敦、纽约等城市相比，还有相当大的差距。

（二）东部地区金融业的集中度与专业化水平

区位商（LQ_{ij}），亦称专业化率，是衡量地区专业化的重要指标，其计算公式为：

$$LQ_{ij}=\frac{\frac{L_{ij}}{L_i}}{\frac{L_j}{L}}=\frac{\frac{L_{ij}}{L_j}}{\frac{L_i}{L}}$$

其中：LQ_{ij} 为区位商或专业化率；L_{ij} 为 i 地区 j 部门的就业人数；L_i 为 i 地区的总就业人数；L_j 为全国 j 部门的就业人数；L 为全国的总就业人数。

一般认为，如果 $LQ_{ij}>1$，表明该部门的产品除区内消费外，还可以向外输出，属于专业化部门；如果 $LQ_{ij}<1$，表明该部门的产品不能满足地区范围内的需要，需要从区外调入，属于非专业化部门；若 $LQ_{ij}=1$，表明该部门产品供需平衡。所以只有 LQ_{ij} 值大于 1 的部门才能构成地区的专业化部门。LQ_{ij} 值越大，说明该部门的专业化程度越高；反之亦然。上述判断在一定程度上可以被用来作为产业集群的评估标准。即 LQ_{ij} 值越大，说明 i 地区 j 部门的集群程度越高。

我们用金融业区位商（LQ_{ij}）来测算东部地区金融业集中度和专业化水平，即以东部地区金融业就业人员数作为金融业集中度和专业化水平指标来测算东部地区金融业区位商。测算指标数据选择东部地区金融业就业人员数。就东部地区金融业专业化水平来看，东部地区各省市的金融业专业化水平变化趋势有所不同。河北、上海的金融业特征最为明显，2000 年以来，LQ_{ij}都维持在 1.0 以上，并且于 2010 年分别达到了 1.29、1.67，表现出突出的产业优势（表 6）。其中，上海的金融业专业化水平增速明显快于河北。2010 年，东部地区 LQ_{ij}大于 1.00 的省市有上海、河北、北京、广东，表明这些地区具有一定的专业化优势。

表 6　东部地区金融业区位商（LQ_{ij}）

年份	北京	天津	河北	上海	江苏	浙江	福建	山东	广东	海南
2000	0.83	0.86	1.02	1.07	0.99	1.52	1.12	0.93	1.14	1.08
2005	0.99	0.83	1.16	1.51	1.12	1.14	0.79	0.88	1.05	0.76
2010	1.17	0.94	1.29	1.67	0.98	0.92	0.71	0.96	1.02	0.71

资料来源：根据《中国统计年鉴 2011》的数据计算。

（三）各省市之间的职能分工与同质化竞争

从国际经验来看，大多数金融中心在作为交易中心的同时还是本国中央银行或金融监管当局的所在地，如伦敦、东京、法兰克福和巴黎等。这是因为中央银行或监管当局所在地对金融企业区位选择的影响是不容忽视的，出于非标准化信息获取和业务公关等方面的考虑，许多金融机构会把其总部安置在中央银行和监管当局的所在地。当然，由于某些特殊原因，金融中心与中央银行在地理上也会出现偏离，如美国的纽约和华盛顿、意大利的米兰和罗马。我国也存在类似的问题，北京作为“一行三会”的所在地无疑成为各大金融机构的首选，但从交易中心的角度来看，上海则是我国重要的金融中心。对此，我们认为没有必要强求把交易中心和监管中心置于同一个地区。

2011 年，东部地区加强各省市间的职能分工并出台多项合作内容，加快实施国家区域发展战略，经济金融合作继续向纵深发展，体制机制不断健全。①长三角各地区制定了长江三角洲地区区域规划的实施方案，联动实施《江苏沿海开发地区发展规划》、《浙江海洋经济发展示范区规划》，重大基础设施、产业布局、城镇体系一体化发展进程加快；签署了《共同推进长三角地区贷款转让市场发展合作备忘录》，进一步推进长三角金融协调发展；继续推动宁波等长三角次中心城市融入上海“两个中心”建设，扩大了长三角金融合作辐射范围。②京津冀规划取得新突破。《河北沿海地区发展规划》的批准实施，进一步促进了京津冀区域协调发展；三省市文化、社会、金融等部门签署了京津冀三地文化产业、银行业监管合作备忘录以及人才合作框架协议书等文件，加强相关领域合作力度。

东部地区各省市金融业在竞争中合作，同时也在合作中竞争。东部地区诸多省市都把建设成金融中心作为目标，这导致了同质化竞争问题，过多的金融中心对东部地区以及全国的发展是不利的，不仅造成了资源的浪费而且会导致效率的低下，东部地区应该有一个总体的规划，结合各省市的发展情况、地域优势、资源禀赋等因素来确定各省市的金融业发展目标。就北京和上海而言，两座城市金融业实力相当，但其优势又各不相同。北京在决策中心和信息中心方面具有先天优势，但其金融产品交易能力相对欠缺，其金融功能侧重于宏观调控和信息流动。上海具有全方位的金融市场体系，但在金融决策能力方面相对欠缺，其金融功能更加倾向于金融交易。从长期来看，为了提高效率和避免资源浪费，两个城市在功能定位上应该有所区别并形成互补。通过充分发挥自身优势，上海的目标是建设成为金融市场功能发达的国际金融中心，而北京则应建设成为金融决策、金融信息流动丰富的金融中心。

四 促进东部地区金融服务业发展的战略措施

（一）金融中心城市与周边地区的协调配合

金融中心意味着金融产品交易与资金融通集散中心、金融产品定价中心和金融信息中心，三者之间是相互促进的关系。金融中心首先要有大量的资金集散，为金融中心的形成打好基础。金融产品交易额大，产生大量资金流量，为金融中心形成资金集散地。金融中心资金流动及所代表的供需价格，金融信息生产、分配和消费提供信息价格，一般会对本地以及周边地区经济和金融活动产生金融价格影响，也因为金融中心具有信息凝聚作用，会吸引更多的资金来此集散交易。现代社会的金融中心主要是指在市场经济高度发达的基础上建立起来的金融机构紧密，金融市场完善，资金交易活跃，金融工具齐全，金融信息灵敏，辐射能力强，金融设施先进，金融服务高效的地区，一般是以某个经济发达的中心城市为依托。

从中国当前的城市发展格局来看，东部地区的北京、上海和深圳较有可能率先发展成为具有金融中心特征的城市。针对这三座城市周边城市建设区域金融中心的热情，有必要作出合理的疏导和引导。不同层次、功能互补的金融中心对于促进地区和一国经济发展具有重要作用，因此必须妥善处理金融中心城市和周边城市的关系，通过明确分工、协调配合，实现金融发展的总体效应，并在此基础上实现经济强国的国家战略。

（二）进一步强化金融核心区的建设

总体来看，一个地区能否成为金融中心必须具备以下条件：比较雄厚的经济实力；高度集中的金融机构和发达的金融市场；健全的金融法规和地方防范金融风险的管理制度，同时又有宽松的金融业发展环境；良好的地理位置、便利的交通和先进的通信设备；较高的金融专业知识水平和管理能力的政府及官员；经验丰富并通晓国际通用语言的从业人员。其中，地理位置、经济实力和金融发展是金融中心形成所需要的三大最基本的要素。

建设金融核心区首先需要增加金融机构的种类和数量。在东部各地区特别是具有金融中心特征的城市里，有必要继续增加银行、证券、保险、信托、金融租赁、货币经纪等金融机构，继续增加各类为金融机构提供服务的诸如法律、会计等服务性机构。通过引进和建设不同层级的金融产品交易市场，实现交易主体由东部地区向全国乃至国际的扩展，为金融业的发展提供广阔的空间。对此，各地政府应通过相关优惠政策以及激励措施来吸引新的金融企业及与金融相关的企业的进入。

尽管多数城市都出台了促进当地金融业发展的相关政策，或者针对区域金融中心建设目标提出了具体的规划，但总体来说，金融政策的出台还不够系统和全面。特别是在建设金融中心方面，我们应该注意到产业政策和集群政策是有所区别的。从产业政策来说，有没有金融产业政策，对于发展金融产业、规范金融行为、调整金融秩序、提高金融资源利用效率是大不一样的。相比之下，金融中心建设在更大程度上应该依靠集群政策，毕竟金融中心建设是一个金融机构聚集的过程。从这个角度来看，在金融中心区内，银行、保险、基金管理以及法律服务处于核心位置，中心区内的许多其他部门发展都离不开它们的支持，因此对于这些部门的发展要求应该高度关注。

（三）不断引领其他地区的金融创新

在东部地区，服务实体经济的金融创新不断推出，上海、浙江、广东首次在银行间市场自行发行地方政府债券，为推动建立规范的地方举债融资机制、有效化解地方债务风险进行了有益探索。中小企业集合票据、专项用于支持中小企业的金融债券、信用增进等多种创新相互配合，为缓解中小企业融资难、融资贵等问题发挥了积极作用。在未来一段时期，还需要继续通过金融创新来解决中小企业融资难问题，积极开展适合中小企业需求的金融产品和信贷模式创新。继续稳步开展各类有益于服务实体经济发展的金融创新，促进金融业的发展，分散金融体系风险。

此外，银行业依靠资本实力、机构网点和市场认知度在综合经营方面具有优势，证券业、保险业机构相对较弱，特别是证券业的业务模式以经纪与承销为主，竞争同质化明显，产品创新能力与资源配置能力不足，整体发展空间受限。未来一段时期，东部地区还应加大证券业创新的力度，引领其他地区金融业的创新和均衡发展。

（四）优化金融生态环境，金融服务实体经济

金融中心建设是一个长期的过程，一方面需要大量金融企业和相关支撑机

构的进入，另一方面还需要具有能够留住它们的环境和机制。金融中心意味着劳动力、客户、供应商和服务商在一个地区的地理集中，其建设要取得成功，必须具备一套完善的发展机制，因此维持该地区对相关部门和要素的长期吸引力是至关重要的。特别是在劳动力方面，现代金融人才是金融中心能够持续发展的根基，对此应该注意不断强化当地劳动力市场对于各类专业化人才的吸引力。同时，为了促进知识的共享与转移，还要确保劳动力市场的流动性和开放性。

参考文献

倪鹏飞、孙承平：《中国城市：金融中心的定位研究》，《财贸经济》2005年第2期。

中国人民银行：《2011中国区域金融运行报告》，2012年6月。

中国人民银行金融稳定分析小组：《中国金融稳定报告2012》，中国金融出版社，2012。

综合开发研究院（中国·深圳）：《第十二期全球金融中心指数》，金融中心信息网，2012年9月。

Poon, J. P. H., "Hierarchical Tendencies of Capital Markets Among International Financial Centers", *Growth and Change*, 2003, Vol. 34, No. 2.

中部地区金融服务业发展现状、问题与战略措施

裴长洪　朱荣华*

摘　要：中部地区进入了实施“中部崛起”战略的关键时期。2011年中部六省金融加速发展，资产规模保持适度增长。本外币存款总额稳定增长，信贷结构趋于优化，不良贷款率进一步下降；证券业经营机构稳健发展，债券和股票融资比重有所上升；保险业务稳健发展，保险服务功能进一步加强，取得了“十二五”的良好开局。面对全球复杂的政治经济环境和国内经济结构调整的不确定性，中部地区金融发展要立足中部地区，制定科学的金融发展战略。建立区域协调机制，整合区内金融资源，建立信息共享机制；进一步优化金融机构体系、完善金融市场体系；增强金融服务于实体经济功能，加大对战略性新兴产业、“三农”以及中小企业的支持力度。

关键词：中部崛起　金融组织　直接融资　金融生态

一　中部地区金融服务业的发展现状①

（一）金融业总体实力提高，发展加速

作为国民经济行业分类中的一个产业，金融业总体发展的水平可以增加值

* 裴长洪，经济学博士，中国社会科学院经济所所长、研究员；朱荣华，中国社会科学院研究生院博士生，安徽财经大学讲师。

① 中部地区包括山西、安徽、江西、河南、湖北和湖南六省，地处内陆腹地，面积占全国的10.7%，人口占比26.76%。

和就业两个衡量指标进行说明。从绝对数量上看，2000年和2005年底，中部地区金融增加值仅为592.23亿元和790.17亿元，“十五”期间，中部地区金融业增加值仅增加了197.94亿元。“十二五”开局之年2011年，中部地区金融业增加值达到了3424.47亿元，占全国金融业增加值的13.7%，比2010年末增加了616.40亿元，比2005年末增加了3.3倍。2011年末金融业就业人数达到116.08万人，占全国金融业就业人数的23%，比2005年末金融业就业人数提高了46%（见表1）。

表1 中部地区金融业增加值和就业人数

年份	金融业增加值（亿元）	第三产业增加值(亿元)	GDP（亿元）	金融业就业人数(万人)	第三产业就业人数(万人)	总就业人数（万人）
2000	592.23	6960.98	19790.98	78.50	4551.58	19387.08
2001	606.84	7684.65	20697.36	77.80	4790.53	19396.46
2002	608.22	8451.40	22694.84	78.60	5035.12	19561.22
2003	621.42	9591.90	25870.88	80.78	5286.53	19760.08
2004	661.16	11067.32	31616.36	81.03	5571.33	19983.33
2005	790.17	13613.07	37230.30	79.69	5857.98	20262.45
2006	947.69	15645.26	43480.57	80.22	6121.09	20748.43
2007	1316.10	18708.54	52971.08	85.45	6414.71	21023.38
2008	1576.24	21768.28	64040.53	87.88	6636.47	21287.11
2009	2267.94	25416.98	70577.56	93.66	6872.19	21569.79
2010	2808.07	29757.99	86109.38	103.66	7077.37	21903.99
2011	3424.47	35047.10	104446.02	116.08	7293.95	22267.42

资料来源：根据中部六省2012年统计年鉴数据整理。

从增速上看，2006～2011年，中部地区金融业增加值平均增速达到28.04%，远高于中部地区第三产业增加值和国内生产总值分别为17.08%和18.95%的增速。同时，金融业就业人数的平均增速为6.54%，也高于第三产业就业和总就业分别为3.72%和1.59%的平均增速。中部地区金融业进入“十一五”之后开始加速发展。2006年之前，中部地区金融业增加值增速远低于第三产业和GDP的增速，2006年以来金融业开始加速发展，受金融危机的影响，仅个别年份增速有所回落，但整体是向上的。2007年和2009年金融业增加值增速达到峰值，分别为38.87%和43.88%，而同时期的第三产业和GDP增速还不到20%。

（二）金融业资产规模持续增加，资产质量不断提高

中部地区金融机构规模快速增长，资产质量不断提高，抗风险能力增强。2011年末银行业金融机构资产总额达到15.5万亿元，同比增加18%，比2005年末增加了2倍多。本外币存款余额达到125239.8亿元，贷款总额达到82220.7亿元，同比增长15.23%和15.02%，分别较2005年末累计增长192.74%和175.91%。2011年末银行业不良贷款①余额605.4亿元人民币，同比略有回升，较2005年末累计下降76%（见表2）。2005年以来银行业不良贷款率持续下降，到2011年末，中部六省平均不良贷款率为1.11%，银行资产质量提高显著。

表2 中部地区银行机构存贷余额及不良贷款

单位：亿元

年份	存款余额	贷款余额	不良贷款余额
2005	42782.16	29799.58	2572.18
2010	108684.20	71484.70	587.90
2011	125239.80	82220.70	605.40

资料来源：wind咨询。

保险公司资产总额达到6034.93亿元，同比增加23.4%，比2005年末累计增加221%。六省实现保费收入2834.37亿元，同比增加了1.6个百分点，比2005年末增加了2.5倍。2011年末保险深度②为2.71%，比上年略有下降，但较2005年增加了0.5个百分点；保险密度为791.92元/人，比2005年末增加了2.4倍（见表3）。保险的保障功能的发挥为中部地区经济增长起到了直接和间接的作用。

① 按照贷款的五级分类，不良贷款包括次级、可疑、损失类贷款。

② 保险深度是衡量保费收入占地区生产总值的比重；保险密度是按照常住人口计算的人均保费收入。

表3 2005～2011年中部地区保费收入及保险深度、保险密度

年份	保费收入（亿元）	保险深度（%）	保险密度（元/人）
2005	819.83	2.20	232.89
2006	964.75	2.22	273.68
2007	1214.82	2.29	344.21
2008	1877.35	2.93	529.34
2009	2119.86	3.00	595.41
2010	2788.95	3.24	781.29
2011	2834.37	2.71	791.92

资料来源：根据各省2006～2012年保险统计年鉴和统计年鉴数据计算。

（三）金融机构数量稳步增加，结构更加多样化

中部地区金融机构数量稳步发展，且结构分布趋于合理，非银行的金融机构加速发展，尤其是农村新型金融机构更是快速发展。2011年末中部地区银行类金融机构达48074家，占全国的24%，比2010年增长了0.4个百分点。中部辖区内证券机构数量由2010年的771家上升到863家。保险公司机构数量扩张迅速，2011年末中部地区保险公司省级分支机构达273家，比上年增加了43家，是2005年底的2.68倍，全国占比18.3%，远高于2005年的16.48%（见表4）。

表4 中部地区金融机构数量及占比

单位：家，%

年份	银行类金融机构			证券机构营业部			保险公司省级分公司		
	中部	全国	占比	中部	全国	占比	中部	全国	占比
2005	49454	206058	24.00	380	2917	13.03	102	619	16.48
2010	46074	195229	23.60	771	4573	16.86	230	1264	18.20
2011	48074	200308	24.00	863	4936	17.48	273	1492	18.30

资料来源：相关年份《中国区域金融运行报告》（中国人民银行发布）。

较2005年末，2011年末政策银行和股份制商业银行机构略有精简，而外资银行在中部地区稳步发展，已有22家进入，2005年湖北仅有两家外资银行网点；非银行的金融机构如财务公司、信托公司、农村新型金融机构、金融租赁公司、汽车金融公司、消费金融公司大大增加，尤其是农村金融机构改革取

得了很好的进展。包括村镇银行、贷款公司和农村资金互助社在内的各类新型机构共计577家。除贷款公司外中部地区各类新型农村金融机构在全国的比重均有所上升，村镇银行占全国的23.8%，小额贷款公司占全国的25.3%，较上年提高了2.7%。

（四）金融市场体系不断完善，融资渠道进一步多元化

融资结构的变化反映出中部地区的融资结构进一步优化，贷款仍然占主要地位，但直接融资占比进一步上升，债券融资规模明显扩大。2011年，中部地区非金融机构融资总量保持稳定，达15597.10亿元，远远高于2005年的3591.17亿元和2000年底的1858.17亿元，且融资结构进一步优化。间接融资仍占主导地位，占比76.81%，但比2005年下降了17.36个百分点。直接融资中主要是债券融资比重大大提高，比2005年提高了12.74%，股票融资占比相应提高了4.62个百分点（见表5）。

表5　中部地区2000～2011年非金融部门融资结构

单位：亿元，%

年份	融资总量	贷款融资	债券融资	股票融资	贷款占比	债券占比	股票占比
2000	1858.17	1586.59	39.05	232.82	85.38	2.10	12.53
2001	1972.94	1767.63	51.35	153.95	89.59	2.60	7.80
2002	2751.32	2615.58	37.39	98.32	95.07	1.36	3.57
2003	3769.97	3627.25	52.61	89.94	96.21	1.40	2.39
2004	3637.76	3390.99	70.15	176.71	93.22	1.93	4.86
2005	3591.17	3381.78	145.20	64.19	94.17	4.04	1.79
2006	5415.50	4450.47	569.01	397.25	82.18	10.51	7.34
2007	6235.70	5069.76	614.88	552.24	81.30	9.86	8.86
2008	7824.00	6800.10	603.10	420.80	86.91	7.71	5.38
2009	16965.20	15030.69	1337.65	598.75	88.60	7.88	3.53
2010	15626.10	12580.88	1817.55	1229.33	80.51	11.63	7.87
2011	15597.10	11980.88	2617.20	999.02	76.81	16.78	6.41

资料来源：2005～2011年《中国区域金融运行报告》（中国人民银行发布）。

资本市场在企业融资中的作用不断提升。截至2011年末，中部六省境内上市公司共358家，比2005年230家增长了128家，覆盖主板市场、中小板市场

和创业板市场，当年共筹集资金 999 亿元。债券市场也得到了大大的发展，地方政府和企业发行债券筹资总额达 2617.20 亿元，其中，短期融资券为 794.3 亿元。

二　中部地区金融服务业的发展趋势

2011 年中部地区 GDP 为 104446.02 亿元，按照《促进中部地区崛起规划》既定 13% 的年均增长目标，到 2015 年中部地区 GDP 将达到 170296.48 亿元。即使按照全国 7% 的增长目标，中部 GDP 亦将达到 161254.19 亿元。按金融业增加值 5% 的占比目标，2015 年中部地区金融业增加值将达到 8514.82 亿元，或 GDP 按 7% 的增长速度，金融业增加值为 8062.71 亿元。

另外，该规划提出到 2015 年末，非金融企业股债融资占社会融资规模比重达到 15% 以上。“十五”和“十一五”时期，中部地区非金融企业直接融资平均占比分别为 6.35% 和 16.1%。“十二五”时期开局之年，中部地区直接融资的比重为 23.19%，已经达到这一目标。按融资总规模 15%① 的增速，2015 年中部地区融资总量预计达到 27279.43 亿元，直接融资突破 4000 亿元，5 年累计突破 17000 亿元。

中国进入了经济转型，工业化、城镇化加速推进，消费结构加快升级的关键时期。“十二五”规划明确指出，要加强产业结构升级，培育发展战略性新兴产业，大力发展文化产业；完善现代农业产业体系，促进农业生产经营专业化、标准化、规模化、集约化。这些战略规划，极大地释放了“十二五”期间金融业的需求，增加了金融需求的多样性。而城镇化进程的加速，将加大金融服务业的发展空间。可以预见，“十二五”期间中部地区金融业发展速度将进一步加快，资产规模进一步扩大，服务品种将更加丰富，更好地服务于实体经济。

三　中部地区金融服务业面临的问题

（一）中部地区经济、金融发展不平衡，差异较大

中部地区是一个较为松散的区域板块，行政分割严重、区域协调性差、区

① 参考中部六省金融业、服务业“十二五”发展规划制定的指标。

域间的竞争与冲突明显多于合作，六省之间缺乏广泛的经济联系，导致中部地区尚未形成完整意义上的经济区域（朱美光，2011）。六省的经济发展水平和金融发展程度差异较大。2011 年，山西省和江西省的 GDP 在中部六省最少，并且增长也较为缓慢。湖北省的 GDP 略低于湖南省的 GDP，分别为 19635 亿元和 19594 亿元。河南省的 GDP 一直排在中部六省第一，到 2011 年，河南省 GDP 达到 2.7 万亿元，是山西省的 2.5 倍。作为经济总量首位的河南省，第三产业增加值占 GDP 比重为 28.8%，位于中部六省最后一名，说明河南省第三产业发展略显滞后，这与河南省是农业大省存在一定关系。河南省金融业增加值也居中部第一，为 868.2 亿元，其次是湖南，为 674.57 亿元，而江西仅为 357.44 亿元，不到河南省的一半。

（二）金融业占 GDP 比重过低，发展相对滞后

中部地区金融业总体规模较东部地区小，金融业增加值占 GDP 比重与全国平均水平还有较大的差距。中部六省金融业增加值占 GDP 的比重远远低于全国平均水平，2011 年仅占 GDP 的 3.28%，比全国平均低了 2 个百分点。2001～2010 年中部金融占比年均为 2.9%，全国年均为 4.17%，与金融业发展"十二五"规划的目标相去甚远。表 6 表明，中部地区第三产业、金融业占全国的比重要远远低于 GDP 占全国的比重，中部地区的金融业相对于第三产业、相对于 GDP 的发展严重滞后，且远远落后于东部地区。按照《"十二五"规划纲要》7% 的 GDP 年均增长目标，金融业占比要达到 5% 的目标，2015 年底金融业增加值要达到 8062.71 亿元，"十二五"时期中部金融业累计年均增速要达到 37% 才能达到既定目标。

表 6　2011 年中部六省金融业增加值占比及平均增速

单位：%

省　份	占第三产业比重	占 GDP 的比重	2006～2011 年平均增速
山　西	13.37	4.68	29.66
安　徽	10.23	3.29	28.89
江　西	9.92	3.09	31.89
河　南	11.07	3.19	30.25
湖　北	9.36	3.44	34.32
湖　南	6.61	2.55	20.89
全　国	12.18	5.29	27.07

资料来源：根据各省 2007～2012 年统计年鉴和中国统计年鉴数据整理。

（三）金融机构的比例结构、地区分布仍不合理

一方面，大型商业银行、股份制商业银行机构无论从网点数还是从资产规模来说都居主导地位，其他银行类金融机构相差悬殊。证券、保险、信托、基金等非银行金融机构发展缓慢，金融中介机构，如金融资讯公司、担保公司、征信公司、信用评级公司等有待进一步发展。当地金融机构规模小、资产质量不高、竞争力不强，而农村信用社改革不到位，新型农村金融机构增速较大，但发展仍然不够，规模相对较小。各省的证券公司资本实力较弱，保险的覆盖面不够广。2011 年末保险密度为 791.92 元/人，保险深度为 2.71%，远远低于全国 1062 元/人和 3% 的平均水平。另一方面，金融机构网点相对集中在大中城市，资金也流向大城市、大企业、大项目，而县域、中小企业和“三农”的金融供给严重不足。中部地区金融机构体系发展中的比例结构、城乡结构、区域结构不合理问题比较突出。

（四）资本市场利用不足，资金配置效率低下

证券化率①是衡量一国证券市场发展程度的重要指标，因此一国或地区的证券化率越高，意味着证券市场在该国或地区的经济体系中越重要。2010 年中部地区经济证券化率仅为 34%，远远低于全国 66% 的平均水平。中部地区对资本市场的利用不足，主要表现为上市公司数量较少，总体质量不高，高科技中小企业在中小板和创业板的上市力度不大，债券市场的利用不足，企业发行债券规模较小。2011 年末六省境内上市公司有 358 家，占全国的 15.2%；境外上市公司仅 57 家，全国占比为 12.4%。此外，作为资本市场又一个新兴平台的产权交易市场制度不完备，交易主体和交易品种相对单一，产权市场交易服务功能不强。

（五）金融服务业对外开放程度较低

外资银行进入中国，主要分布在上海、广东、北京、深圳、山东、天津、江苏等经济发达地区，外资银行的 94.2% 集中在东部地区。2011 年底，仅有

① 证券化率，指的是一国各类证券总市值与该国国内生产总值的比率，实际计算中证券总市值通常用股票总市值来代表。

22家外资银行机构进入中部地区，湖北10家，湖南4家，江西3家，安徽和河南各2家，山西1家，数量占比非常小。外资证券机构、基金公司等还没有进入，金融业的对外合作也处于较低层次。企业参与对外融资的平台较少，2011年末仅57家公司境外上市，安徽、江西、湖北仅1家公司境外上市，与金融业整体资产规模、发展水平不相称，金融服务开放水平较低。

四 促进中部地区金融服务业发展的战略措施

（一）立足中部地区，制定科学的金融发展战略

中部地区并非严格意义上的经济带，与“长三角”、“珠三角”、“环渤海”三大经济区不同，中部六省差距较大，经济联动性少，区域竞争性相对较强。而“中部崛起”战略的提出，就是要发挥中部六省的地区、资源和后发优势，发挥中部地区的“腹地效应”，促进东、中、西互动。行政区划分壁垒、地方保护主义的存在，以及协调机制缺乏等制约了中部地区经济的协同发展，造成区域内经济发展不平衡。因此中部金融服务业的发展，应充分考虑六省的经济、金融现状，制定合理的区域金融合作机制。各省政府之间应该紧密配合，制定科学的发展规划，从战略的高度为中部地区的金融发展提供有力保障。要加强区域金融合作，就不能各自为政，因而区域协调与配合非常重要。金融促进区域经济发展，要协调、整合与优化配置区内金融资源，同时促进政府之间、企业之间以及银企之间的合作。要逐步建立区域经济金融分析会等合作协调机制，共商区域经济金融合作发展大计。地方政府还应该树立金融领先意识，把金融放在省市经济发展战略的先行位置上，制定金融发展规划，以金融业的发展带动经济的发展。

（二）制定中部金融合作机制，促进区域金融的协调发展

1. 建立健全区域金融信息共享机制

打破行政区域界线，建立统一数据标准和发布机制的信息共享平台，形成良好的信息沟通系统。信息共享系统有利于区域内金融资源的快速流动和高效配置，加快金融合作的步伐，减少因信息不对称带来的各种金融风险，促进区域金融合作更深层次的发展。如在全国信用体系的基础上，建立区域内统一的

信用档案系统，促进区域信用环境建设的同步发展。此外，信息共享还包括区域内产业发展和市场状况方面的内容，引导区域内资金的合理配置。各省及地方政府应加强和金融部门的合作，消除信息共享中的各种障碍，推动信息共享工程的顺利进行。

2. 适当整合区内金融资源

充分利用中部地区的金融资源，通过成立金融控股公司，整合银行、证券、保险、信托、租赁、担保等各类金融资源。积极推动区域内城市商业银行等中小金融机构跨行政区设立分支机构，扩大业务范围，增强当地金融机构的实力。积极利用、整合多层次的资本市场，为区域内企业提供便利的投融资平台。建立健全统一的中部产权交易机制，建立信息共享机制，完善产权交易市场；积极鼓励和支持异地贷款、银团贷款，促进信贷市场的发展；建立区域性票据结算中心和支付清算中心，大力发展票据市场，以促进票据和资金在中部地区的高速流通。

3. 建设功能互补的区域金融中心，发挥辐射效应

建设金融中心能够促进金融资本及其他生产要素在中心城市的集聚和有效配置，最大限度地满足经济发展对金融服务的需求。据中国金融中心指数报告（第 4 期），目前全国有 31 个城市在努力地建设金融中心，必然面临着区域金融中心城市之间的竞争。中部地区的武汉、长沙、郑州、合肥、南昌都相继提出了打造区域性金融中心的构想。中部区域经济发展水平差异大，金融资源分布也不平衡，各金融中心对金融资源的争夺也愈加激烈。因此，各城市要发挥各自的比较优势，充分发掘经济发展潜力，建设具有相对特色的区域金融中心，避免恶性竞争，造成不必要的资源浪费。金融中心的构建应充分考虑优势互补，功能互补，形成多层次的格局。依托武汉、长沙、郑州、合肥、南昌形成的金融中心，相互协作，共同推动中部地区的金融业发展。

（三）优化金融机构体系、完善金融市场体系，增强金融服务的功能

《金融业发展和改革“十二五”规划》明确指出，金融发展要着力推动经济结构的调整。金融业的发展要增强对实体经济的支持力度，通过健全金融机构体系和市场体系，加强金融产品和工具的创新，充分发挥金融服务经济的

能力。各省一方面要根据经济、金融发展现状，注重银行与非银行金融机构，如金融租赁、融资租赁、典当行、小额贷款公司、融资性担保公司等新兴金融业态的共同发展。另一方面，要积极开拓金融市场，形成多层次的市场体系。

1. 进一步优化信贷结构，服务战略性产业

“十二五”时期，是中部地区由资源优势向产业优势转化、传统产业调整升级、战略性新兴产业加速发展的重要时期。金融应加大科技含量高、经济效益好、资源消耗低、环境污染少的产业的支持力度，加快构建绿色金融体系，促进低碳金融发展。引领金融资源向新能源、新材料等战略性行业聚集，增加对文化产业成为国民经济支柱性产业的金融支持。合理发展消费信贷，扩大消费信贷覆盖范围，引导消费结构升级，支持扩大内需。

2. 加强农村金融机构改革，服务新农村建设

中部地区六省中有五个省份是农业大省，农业的发展离不开金融的支持。在工业化、城镇化和新农村建设的广泛基础之上建立新型农村金融体系，其服务领域要远远大于传统的“三农”。鼓励发展村镇银行，支持优质小额贷款公司发展成村镇银行，支持有条件的村镇银行在乡镇设立分支机构。推动农信社转变职能，减少行政管理，强化服务功能，逐步发展成为有较强影响力的区域金融服务机构。鼓励农村金融机构增加涉农金融服务，根据社会主义新农村建设和农业产业化发展的需要，开发与之配套的新产品，满足日益丰富的金融服务需要。

3. 拓宽融资渠道，服务中小企业

各金融机构应对中小企业市场进行必要的细分，制定符合各类中小企业特点的市场策略，积极开展产品创新，推出满足各类中小企业不同需求的贷款产品和金融服务。扩大抵押贷款范围，根据不同中小企业的具体情况要求企业提供相应的抵押，可以是有形资产也可以是无形资产。同时对贷款制度也应根据中小企业的特点进行创新，简化贷款程序和审批制度，提高贷款效率。“十二五”金融规划提出，“丰富货币市场和资本市场金融投资工具，推动发展金融衍生产品市场，疏通投资渠道……”，把发挥金融市场的投融资功能作为着力点之一。鼓励有条件的中小企业通过中小板块、创业板上市，支持中小企业发行企业债券、可转换债券等，提高中小企业直接融资比重。积极探索中小企业集合发行债券，利用好股权融资平台，风险投资基金等，破解中小企业融资难的瓶颈。

（四）发挥政府保障职能，努力创造和谐稳定的金融生态环境

充分发挥政府职能，加强各省金融生态建设。首先要进一步加强与金融业相关的基础设施建设，增强区域资金流通和结算的便利；其次要建立和完善企业信用信息共享平台，加大对企业违约特别是恶意逃债行为的惩罚力度，增加违约人的违约成本，以逐步营造良好的社会信用环境；再次要完善信用担保体系建设，建立信用担保风险补偿基金，用于担保机构的代偿坏账补助，使担保行业承担的社会贡献与政府扶持力度相一致，切实解决中小企业和“三农”的融资难问题；最后要完善法律、制度体系，为金融业发展特别是中部地区金融协调和合作提供一系列的法规和制度保障。

参考文献

《中华人民共和国国民经济和社会发展第十二个五年规划纲要》，2011 年 3 月。

《金融业发展和改革“十二五”规划》，2012 年 9 月。

荆林波、史丹、夏杰长主编《中国服务业发展报告 No.9》，社会科学文献出版社，2011。

厉以宁：《中国经济当前面临的问题及走势》，《当代经济》2011 年第 4 期。

李佐军：《中国经济面临九大问题及挑战》，人民网，2012 年 8 月 8 日。

李中元主编《中国中部地区发展报告（2012）》，社会科学文献出版社，2011。

裴长洪、郑文：《发展新兴战略性产业：制造业与服务业并重》，《当代财经》2010 年第 1 期。

朱美光：《基于知识溢出的中部地区协作研究》，《科技进步与对策》2011 年第 1 期。

西部地区金融服务业发展现状、问题与战略措施

王大威　高广春*

摘　要：近年来，西部金融服务业保持了持续健康的发展，在支持西部大开发，促进西部经济增长方面起到了重要作用。本文针对西部12省（区、市）金融服务业的整体发展状况，以及当前各省（区、市）金融业的具体现状进行了分析，剖析了西部地区的金融环境、信贷投放等问题及其深层次原因，根据我国西部各省（区、市）金融服务业的实际发展情况和国家相关政策导向，提出了有针对性的政策建议。

关键词：西部地区　金融环境　风险防范　信贷投放

一　西部地区金融服务业发展现状

本部分所界定的“西部地区”概念，是按照在西部大开发中，我国对西部地区的界定，即其范围共包括陕西省、甘肃省、青海省、宁夏回族自治区、新疆维吾尔自治区、四川省、重庆市、云南省、贵州省、西藏自治区、内蒙古自治区、广西壮族自治区12个省（区、市），其中含5个自治区、1个直辖市。面积共685万平方公里，约占全国的71.4%；2002年末人口3.67亿人，

* 王大威，经济学博士，银行家杂志社编辑部主任助理，主要研究方向为银行风险管理与宏观经济；高广春，经济学博士，中国社会科学院财经战略研究院，主要研究方向为房地产金融与商业银行竞争力。

占全国的25%；约占国内生产总值的15%。关于金融业的界定，本部分参照《国民经济行业分类 GB/T 4754－2002》中对金融业的界定，即包含银行业（中央银行、商业银行和其他银行）、证券业（证券市场管理、证券经纪与交易、证券投资、证券分析与咨询）、保险业（含人寿保险、非人寿保险、保险辅助活动）和其他金融活动类（含金融信托与管理、金融租赁、财务公司、邮政储蓄、典当和其他未明金融活动）。为此，本部分将按照以上两项界定，对西部地区的金融服务业发展现状进行分析。

（一）金融机构存贷款规模情况

作为评价一个地区金融规模的重要指标——金融机构存贷款规模反映着一个区域某一时点上整体的资金供应和运用情况，部分表征着该区域金融体量的大小。而在西部地区，这一指标一直呈增长态势，截至2011年底，各省份的金融机构本外币存贷款均呈正增长。但也应看到，尽管12省（区、市）均被划在我国西部，但各省份间的经济发展水平特别是金融发展水平有显著差异，在存款方面，存款规模最大的陕西省为19348.66亿元，最小的西藏自治区仅为1662.5亿元，前者为后者的11倍；而贷款方面，规模最大的重庆市为13001.39亿元，最小的西藏自治区为409.05亿元，前者为后者的31倍。可见，西部12省（区、市）间的金融资金量规模相差极大。而在整体存贷比指标方面〔笔者通过这一指标以显示该省（区、市）的资金净流入与流出情况〕，宁夏回族自治区、重庆市和内蒙古自治区分列前三位，分别为99.61%、82.12%和80.87%，均在80%以上，另青海省、云南省、贵州省和广西壮族自治区也在75%以上，超过中国银监会对单一金融机构存贷比75%的要求，显示为资金净流入省（区、市），而另外5省（区、市）则均在75%存贷比要求以下。可见，西部地区12省（区、市）半数以上为资金净流入省（区、市），显示了在西部整体经济金融发展不平衡的情况下，受国家经济支持，各地投资资金已逐渐开始流向西部。

（二）银行业发展情况

我国金融改革经过30余年的发展，各类金融机构发展日趋完善，西部地区的金融机构设置也日趋健全。银行类金融机构中，四大国有商业银行在西部地区基本实现了全面布局，大部分股份制银行也已在西部省份布设了网点，而

表1　西部12省（区、市）金融机构本外币各项存贷款情况

省　份	金融机构本外币各项存款余额(亿元)	增长(%)	金融机构本外币各项贷款余额(亿元)	增长(%)	存贷比(%)
陕西省	19348.66	16.77	12097.34	18.61	62.52
甘肃省	8460.94	18.39	5736.2	25.34	67.80
青海省	2825.83	22.04	2231.52	22.44	78.97
四川省	34971.2	15	22514.2	16.6	64.38
重庆市	15832.81	16.29	13001.39	18.19	82.12
云南省	15356.86	14.5	12114.59	14.6	78.89
贵州省	8742.79	18.58	6841.92	19.45	78.26
内蒙古自治区	12132.48	17.4	9811.68	23.6	80.87
广西壮族自治区	13527.97	14.61	10646.43	18.51	78.70
宁夏回族自治区	2978.4	15.13	2966.86	15.27	99.61
新疆维吾尔自治区	10387	17.1	6270.22	26.08	60.37
西藏自治区	1662.5	28.2	409.05	35.5	24.60

西部省份自身的城商行、农商行也发展迅速，原有的农村信用体系也日趋壮大。证券类金融机构方面，西部各省份在引入其他地区证券机构的同时，均发展了本省份的证券机构，以推动自身证券业的发展。保险类机构发展也基本引入了国内主要的保险公司。其他金融机构类，根据各省份情况的不同，出现了差异性的金融发展状况。

在银行类金融机构方面，截至2011年底，中国工商银行、中国农业银行、中国建设银行和中国银行四大国有商业银行均以省分行形式在西部地区12省（区、市）设置了分行。

在股份制银行方面，交通银行于2011年作为战略投资者身份筹备发起设立了西藏银行，从而在西部12省（区、市）均设立了分行；招商银行在陕西省、甘肃省、四川省、重庆市、内蒙古自治区、广西壮族自治区、宁夏回族自治区和新疆维吾尔自治区8省（区、市）设置了分行；浦发银行在陕西省、甘肃省、四川省、重庆市、云南省、贵州省、内蒙古自治区、广西壮族自治区和新疆维吾尔自治区9省（区、市）设置了分行；中国民生银行、兴业银行、华夏银行、光大银行在陕西省、四川省、重庆市、云南省、内蒙古自治区、广西壮族自治区和新疆维吾尔自治区7省（区、市）均设置了分支机构；中信银行在陕西省、四川省、重庆市、云南省和广西壮族自治区5省（区）均设置了分支机构；恒丰银行在陕西省、四川省、重庆市和云南省 4 省（市）设置了分行；浙商银行在陕西省、甘肃省、四川省和重庆市 4 省（市）设置了分支机构；平安银行（原深发展银行）在四川省、重庆市和云南省 3 省（市）设置了分支机构；广发银行在云南省和新疆维吾尔自治区两地设置了分支机构；渤海银行在西部 12 省（区、市）均未设置网点（按省份分布见表 2）。

表 2　西部 12 省份股份制银行分支机构设置情况

银行 / 省区	交通银行	招商银行	浦发银行	民生银行	兴业银行	华夏银行	光大银行	中信银行	恒丰银行	浙商银行	平安银行	广发银行	渤海银行
陕西省	设	设	设	设	设	设	设	设	设	设			
甘肃省	设	设	设							设			
青海省	设												
四川省	设	设	设	设	设	设	设	设	设	设	设		
重庆市	设	设	设	设	设	设	设	设	设	设	设		
云南省	设		设	设	设	设	设	设	设		设	设	
贵州省	设		设										
内蒙古自治区	设	设	设	设	设	设	设						
广西壮族自治区	设	设	设	设	设	设	设	设					
宁夏回族自治区	设	设											
新疆维吾尔自治区	设	设	设	设	设	设	设					设	
西藏自治区	设												

注：表中各省（区、市）对应银行表格为“设”的为已设置分支机构，否则为未设置分支机构。

在城商行和农村信用合作社方面，包括股份制银行较少设置网点的西藏自治区，也由交通银行发起设立了西藏银行，其他 11 省（区、市）也有由过去城市信用社改制成的城商行，宁夏回族自治区更是将区内城商行整合成立了宁夏黄河银行。而各省（区、市）的农信系统，除重庆市做直辖市，整体改制为重庆农村商业银行并在香港上市外，其他均在各省（区）的省联社体系服务、管理下运行。

（三）证券业保持持续发展

西部证券业多年来保持了持续快速发展，各省（区、市）均有 1～2 家本地证券公司，国内一些大型证券公司也均在西部12省（区、市）的一些主要省份设置了营业部。以近年来发展迅猛的能源大省——内蒙古自治区为例，截至2011年底，共有两家本地证券公司，为恒泰证券股份公司（注册资本21.95亿元）和日信证券有限公司（注册资本6亿元）。全区各类证券公司共有证券营业部59家，证券投资者75.74万户，客户资产794.51亿元，交易额3003.35亿元，实现利润2.42亿元。期货营业部9家，期货投资者2120户，客户资产3.1亿元，成交额6052.86亿元，期货从业人员1700人。

证券业的快速发展，也推进了西部省（区、市）资本市场的发展，各省（区、市）境内外上市公司数量日趋增加（见表3），这既推动了西部省（区、市）经济的发展，也让西部以外的其他省份以及境外投资者能够更好地了解西部经济、西部发展，提高西部地区的影响力。

表3　西部12省（区、市）境内外上市公司数量情况

省(区、市)	陕西省	甘肃省	青海省	四川省	重庆市	云南省	贵州省	内蒙古自治区	广西壮族自治区	宁夏回族自治区	新疆维吾尔自治区	西藏自治区
上市公司数量	38	24	10	95	36	28	20	28	29	12	35	9

资料来源：各省份《2011年经济与社会发展统计年鉴》与《2012年经济与社会发展统计年鉴》。

（四）保险业整体呈增长态势

随着西部各省（区、市）经济的发展，各地金融意识、保险意识日趋增强，全国性保险公司如中国人寿保险股份有限公司、中国人民保险股份有限公司，基本实现了网点布局西部区域全覆盖，各省（区、市）自身的省级保险公司数目也日渐增多。如内蒙古自治区，截至2011年末，其自身省级保险公司达32家，其中财产保险公司17家，人身保险公司（含健康险、养老险公司）15家，自治区各类保险公司的分支机构共达1733家。这显示了西部省（区、市）的金融机构发展日趋成熟。

在保费收入方面，西部12省（区、市）的保费收入总体保持增长态势，我国西部地区居民保险意识日趋增强，各省（区、市）保费收入情况见表4。

表4　西部12省（区、市）保费收入情况

省(区、市)	陕西省	甘肃省	青海省	四川省	重庆市	云南省	贵州省	内蒙古自治区	广西壮族自治区	宁夏回族自治区	新疆维吾尔自治区	西藏自治区
保费收入(亿元)	38	24	10	95	36	28	20	22	29	12	35	9
增长(%)	38	24	10	95	36	28	20	22	29	12	35	9

资料来源：各省份《2011年经济与社会发展统计年鉴》与《2012年经济与社会发展统计年鉴》。

二　西部地区金融服务业发展面临的问题

在西部12省（区、市）金融业保持持续发展，金融机构存贷款规模不断增大，各省（区、市）金融业架构日益完善的同时，作为我国经济欠发达地区的西部，尽管在国家政策、能源推动以及区域优势发展的各类因素推动下经济取得了高于全国经济增速的发展水平，但就金融业而言，诸如整体金融环境、金融总量偏低、民间金融发展亟待完善等因素的存在，仍制约着西部省（区、市）金融业的发展进而制约着西部省（区、市）整体经济的发展，主要体现为以下六方面。

（一）西部地区整体金融环境相对落后

尽管西部12省（区、市）的金融业近年来保持持续发展，但应看到，在整体金融环境建设方面，西部地区仍滞后于东部地区。这既体现在西部地区居民、企业的金融意识方面，也体现在西部地区整体的金融信用环境方面，两方面相互影响制约着西部地区金融业的发展。一方面西部省份特别是西北省份，经济以农牧业、能源等为主，居民整体金融意识不强，政府发展金融业的动力与导向性也有待加强。另一方面，由于金融意识的薄弱，使得相应的金融信用环境也相对较差，这既体现在金融机构方面，也体现在实体经济与居民方面，金融信用环境的相对落后使得金融机构在设置网点方面也较少，如表2所示，更多出于营利性考虑设置网点的股份制银行较少在甘肃省、青海省、宁夏回族自治区、贵州省和西藏自治区设置网点；而金融机构对此类地区的较少光顾又加剧了此类地区的金融支持不足问题，影响了金融业对地区实体经济的支持力度。

（二）金融总量和经济金融化程度相对偏低

在金融总量方面，以金融机构存贷款规模、存贷款规模与省（区、市）生产总值的比值、金融增加值以及金融资产与地区生产总值相比四个指标计算，显示了西部省（区、市）金融业总量近年来尽管保持持续增长，但在总量比较和经济金融化程度方面，仍然偏低。在金融机构存贷款规模和金融增加值方面，以西部省（区、市）近年来发展相对较快，在国内生产总值比较中居2011年首位的内蒙古自治区为例（2011年全国生产总值排名第15位），其2011年的金融增加值居西部12省（区、市）第6位（居于中间位置），但在全国仅排名第21位。2011年的存款余额和贷款余额在西部12省（区、市）同样居于第6位（居于中间位置），但存款余额在全国仅排名第24位；贷款余额在全国仅排名第22位。显示了西部省（区、市）的存贷款余额与金融增加值在国内排名的相对靠后情况。而从金融资产与地区生产总值相比指标看，内蒙古自治区1.7万亿元的金融资产与其区域生产总值比为121%，而全国119万亿元金融资产与国内生产总值比则为254%，差距明显。西部其他省（区、市）尽管有部分好于内蒙古自治区，但从整体看，比值仍较小。

在最能反映经济金融化程度的存贷款余额与各省（区、市）生产总值相比指标方面，截至2011年底，全国金融机构各项存款余额为826701.35亿元，各项贷款为581892.50亿元，而相应的国内生产总值为471564亿元，存贷款与国内生产总值之比分别为175.31%、123.39%。而西部12省（区、市）如表5所示，在区域存款余额与地区生产总值之比方面，仅西藏自治区高于全国指标；而在区域贷款余额与地区生产总值之比方面，也只有青海省、重庆市、云南省和宁夏回族自治区四省（区、市）高于全国值。可见，西部12省（区、市）无论金融总量还是经济金融化程度，尽管部分地区达到或高于全国水平，但从整体看仍低于全国水平。

（三）信贷投放结构不合理

金融业的根本在于支持实体经济，而西部省（区、市）推动金融业发展的实质更是在于根据西部各省（区、市）经济发展的特点，在国家西部大开发的战略指导下，有的放矢地支持各省（区、市）的经济发展。其中，信贷投放作为各省（区、市）金融业主力军的银行业主流业务，自然成为评判一

表5 截至2011年底西部12省（区、市）存贷款规模与该区域生产总值的比例比较

省(区、市)	地区生产总值(亿元)	该区域存款余额与地区生产总值之比(%)	与全国比值相比(高/低)	该区域贷款余额与地区生产总值之比(%)	与全国比值相比(高/低)
陕西省	12391.30	156.15	低	97.63	低
甘肃省	5000.47	169.20	低	114.71	低
青海省	1634.72	172.86	低	136.51	高
四川省	21026.68	166.32	低	107.07	低
重庆市	10011.13	158.15	低	129.87	高
云南省	8750.95	175.49	低	138.44	高
贵州省	5701.84	153.33	低	119.99	低
内蒙古自治区	14246.11	85.16	低	68.87	低
广西壮族自治区	11714.35	115.48	低	89.33	低
宁夏回族自治区	2060.79	144.53	低	143.97	高
新疆维吾尔自治区	6474.54	160.43	低	96.84	低
西藏自治区	605.83	274.42	高	67.52	低
全国	471564	175.31		123.39	

资料来源：国家统计局。

区域金融支持地方经济发展的重要指标。在此方面，西部12省（区、市）中，除重庆市、四川省和云南省金融业发展较好，信贷支持相对较好外，其他省（区）信贷投放结构仍存在诸多不合理之处。如甘肃省、青海省、宁夏回族自治区、内蒙古自治区等尽管近年来各项产业发展迅速，但此四省的农牧业在其总体经济中所占比重均较大，信贷的支持力度却明显不足，如在内蒙古自治区的信贷投放中，截至2011年底，呼和浩特、包头和鄂尔多斯三地的贷款总额为1142.5亿元，占到其自治区总额的61%，使得大量地区特别是农牧地区的信贷支持经济发展力度明显不足。

（四）金融体系发展尚不完善

完善的金融体系应当是金融业通过直接融资与间接融资并举的模式支持地区的实体经济发展。而目前西部省（区、市）中，除重庆市、四川省等少数省份直接融资达到一定比重，外其他省份仍以直接融资类的银行信贷融资为主，以内蒙古自治区为例，该区债券融资规模不到全国的0.5%，直接融资与间接融资比例为11∶89，共有境内上市公司22家，在西部12省（区、市）中

处于中间位置，而在全国仅排名第 27 位。以西部地区整体数据统计（见表 6），考虑到东北地区仅有辽宁省、吉林省和黑龙江省三省，西部地区在境内上市公司数方面与中部地区持平（中部地区仅有 6 省，即山西省、安徽省、江西省、河南省、湖北省和湖南省），尚不足东部地区的 1/4；在境外上市公司数方面，西部地区为中部地区的 1/2 强，为东部地区的 1/10 弱。可见，西部 12 省（区、市）的金融体系仍以直接融资为主，尚待完善。

表 6　截至 2011 年底国内各区域上市公司占比情况

单位：%

地　区	东部	中部	西部	东北	全国
境内上市公司数	64	15.2	15.2	5.6	100
境外上市公司数	72.5	12.4	6.7	8.4	100

资料来源：各省（自治区、直辖市）证监局，中国人民银行工作人员计算。

（五）民间金融发展明显欠缺

在十八大明确提出深化金融改革的大背景下，民间金融的发展日趋成为推动各区域金融的重要力量。而国内金融业的实际情况也表明，在我国民营经济、中小企业已成为推动我国经济发展、促进就业的重要力量的今天，民间融资缺血，在正规金融体系之外的民间金融支持已迫在眉睫。在西部省（区、市）金融业整体发展缓于东部省份的大背景下，其民间金融发展同样滞后于东部省份，而西部省（区、市）对民间金融的渴求却同样强烈，如与温州民间借贷齐名的鄂尔多斯民间借贷，便是西部省（区、市）迫切需要民间金融的明证。

（六）保险业功能发挥尚显不足

与间接融资情况类似，西部省（区、市）保险业尽管取得了不错的成绩，但在与东部省份的横向比较方面，其发展仍显滞后。其分散风险、风险共担以及投资等功能尚未充分发挥。特别是在西部省（区、市）整体金融环境尚不完善的情况下，保险密度和保险深度仍相对落后，与西部 12 省（区、市）整体经济规模相比，保险业规模相对较小，且在金融资产中的比重较低，特别是在保费收入方面，仍然较低（如表 7 所示）。在截至 2001 年底的国内各区域保费收入及各类赔款给付的比例情况方面，扣除仅有三省的东北区域，西部地区仅财产保险保费收入好于仅有 6 省的中部省份，而相较东部省份，其总体保费收入、财产保险保费收入和人身保险保费收入均为东部省份的 1/3 强，而赔付比例为东部省份的 1/3 弱，这都使得保险业在西部省份的功能发挥明显不足。

表 7　截至 2011 年底国内各区域保费收入及赔付占比情况

单位：%

地　区	东部	中部	西部	东北	全国
保费收入	53.9	19.8	18.8	7.5	100
其中:财产保险保费收入	55.6	16.1	20.9	7.4	100
人身保险保费收入	53.1	21.6	17.8	7.5	100
各类赔款给付	56.2	18.2	17.7	7.9	100

资料来源：各省（自治区、直辖市）保监局，中国人民银行工作人员计算。

三　促进西部地区金融服务业发展的战略措施

西部地区作为我国整体经济发展战略中的重要组成部分，在国家东中西部协调发展，平衡区域经济的大格局中，西部大开发的发展对于我国经济发展意义重大，而要推动西部大开发战略，西部金融业的发展的作用显得尤为重要。为此，针对西部地区的发展现状与现存的相关问题，提出以下六点建议，以期完善西部地区金融体系，优化西部金融生态环境，提升西部产业竞争力，推动西部地区整体经济发展。

（一）改善西部地区金融环境

针对当前西部地区金融环境相比东部地区尚有诸多需完善之处，居民、企业的金融意识有待提升，整体金融信用环境需要改善的问题，应努力改善金融环境，特别是在西北部省份加强金融知识的宣传力度，加快信用体系建设，推进各省（区、市）信用评级系统和个人征信系统的建设，逐步构建区域性的征信平台，实现区域信息共享，使金融信息交流得以更加顺畅，改善西部地区整体的金融信用环境。同时，制定切实可行的相关金融人才引进策略，大力引进培育扎根西部的金融人才，为西部地区打造一支首席金融理论和金融业务的领导干部队伍，形成具有国际视野的高级金融研究人才队伍以及具有实践经验的高素质金融管理人才队伍，形成可持续的人才建设梯队。

（二）完善地方金融体系的发展

地方性金融机构作为植根于本地的金融机构，一直是支持地方经济发展的主力军，其相对于引进的金融机构，更能够发挥支持本地经济、支持中小企业发展、支持农牧区经济的作用，对于改善当前西部地区存在的信贷结构不合理等问题裨益甚大。目前，西部 12 省（区、市）的银行类地方性金融机构基本为各地原有的城市信用社与农村信用社改革而成，西部基本形成了大小规模不等的地区银行类金融机构的布局，而未来应按照《国家金融业“十二五”规划》的改革思路，以及中国银监会对农村信用机构的指导，加大对地方性金融机构的扶持改革力度，推进西部 12 省（区、市）信用合作机构的商业化改革，壮大自身的银行类金融机构。同时，发展西部 12 省（区、市）各自的证券机构，尚无地方性法人保险机构的省（区、市）应根据自身情况，在当前中国保监会鼓励地方性保险机构发展的机遇下，适当引进战略投资者，设立自身的保险机构，完善自身的地方性金融服务体系，使地方性银行类金融机构、证券类金融机构与保险类金融机构协调发展，与引进类金融机构共同促进地方经济的发展。

（三）支持新型金融机构的发展壮大

村镇银行、小额贷款公司和资金互助社三类新型金融机构从 2009 年设立之初，便成为支持地方经济发展，解决农村金融缺血，支持中小企业发展的重要力量。其中，小额贷款公司作为由各省（区、市）金融办公室审批设立的机构，目前在内蒙古自治区、重庆市等地推进力度较大，而其在设立后对于支持各地中小企业发展的成效也日趋显现，对于活跃地方经济贡献颇大。而村镇银行和资金互助社，更是从成立之初便被定位为支持“三农”经济，解决常年来农村金融仅有农村信用社独立支撑这一长期困局的重要使命，而对于解决西部省（区、市）特别是西北部省（区）农牧业金融支持意义重大。因此，应鼓励在西部省（区、市）特别是各欠发达地区设立小额贷款公司和村镇银行，并允许符合条件的小额贷款公司和村镇银行设立分支机构，在村一级鼓励设立资金互助社，使新型金融机构成为西部 12 省（区、市）的地方性金融机构的二级梯队。

（四）大力推进民间金融的发展

针对西部省（区、市）民间金融发展相对滞后，民间金融需求却相对旺盛的困局，应在监管部门不断提高民间融资参股金融机构比例的大背景下，鼓励新型金融机构等民间融资可介入的力度，并在推动各地信用合作机构改革时给予民间资本更大的参与度，同时逐渐推动形成民间资本交易平台，使之在合理地方监管规范的范围内，推动西部民间金融体系的发展完善，避免资金流向民间借贷市场和泡沫产业等风险较大投机领域。

（五）建立有效的风险防范体系

在大力推动西部地区金融业发展的同时，也应切实注意防范金融业发展中的相关风险。首先，建立各地政府与金融监管部门之间以及各省份之间的沟通协调机制和应急处置机制，强化各省（区、市）的经济金融研究能力，定期对西部各省（区、市）金融发展中的稳定情况、风险情况进行分析，构建各省（区、市）的金融风险识别和监测评估体系。其次，各省（区、市）可成立金融专项应急指挥机构，或由各省份间协调成立应急指挥机构，针对金融风险协调处置。再次，应加大对金融违法犯罪活动的防范打击力度，加强对金融机构风险管理和内控制度建设的监督检查力度，强化内部风险防控意识。最后，应加大对非法金融活动的整治力度，强化对非法集资和非法证券经营活动的防控和打击。全面规范不合理的民间金融活动，强化对民间金融组织活动的监测分析，做好民间金融的预警工作。

（六）推进金融要素市场建设

在完善西部省（区、市）金融体系建设中，应加大力度推进金融要素市场的建设，完善西部省（区、市）直接融资体系的建设。一方面，可推进各类交易所的发展。推进各省（区、市）的场外交易市场，使得各省（区、市）有发展潜力但尚未能上市的中小企业可通过柜台交易、技术产权交易等多种场外交易形式进行技术、产权转让。针对内蒙古自治区等西部资源丰富的省份还可建立区域性的资源产权交易市场，设煤炭、畜产品、粮食等大宗商品交易库，与国内各大期货交易所合作，推进能源交易。还可以联合各省份合力推动区域性金融资产交易所盘活西部省份的金融资产交易。另一方面，积极推动债券市场建设。我国上海证券交易所和深圳证券交易所发展多年，已形成了先天优势，而西部各省（区、市）可在债券市场方面进行努力，推动上市与未上市公司的债券发行规模扩大，在合理控制风险的情况下，鼓励公司债和可转换债的发展，增加企业的直接融资渠道。

参考文献

中国人民银行：《2011 年中国区域金融运行报告》。

中国人民银行：《2011 年金融机构贷款投向统计报告》。

中国银监会：《2011 年中国银监会年报》。

中国证监会：《2011 年中国证监会年报》。

中国保监会：《2011 年中国保监会年报》。

第四部分
中国区域商贸流通业发展战略

中国区域商贸流通业发展现状、问题与战略措施

孙开钊*

摘　要： 中国经济正在发生着深刻的变化，城市化、工业化从小板块向大板块集聚，区域发展协调性进一步增强，传统经济增长格局发生重大变化，经济增长正从主要依靠东部地区“单一推动”向各大区域“多级推动”迈进。商贸流通业作为中国经济的血脉和神经产业，经过改革开放以来30多年的快速成长，基础设施、规模、主体和业态都得到了长足发展，在促进生产、引导消费、惠及民生等方面的作用日益突出，在国民经济中发挥着不可替代的先导作用。商贸流通作为“加快转变经济发展方式、调整优化经济结构”战略的有效途径之一，对于促进中国经济区的协调发展将会贡献其不可或缺的力量。

关键词： 商贸流通业　区域差距　政策建议

改革开放以来，中国商贸流通业得到了长足的发展，在促进中国社会和经济的发展上起着不可替代的先导作用，在促进生产、引导消费、惠及民生等方面的作用日益突出。从计划经济到市场经济，中国发生了深刻变化，中国商贸流通业也发生了重大改变，无论是指导思想、发展战略和发展方式还是发展政策、机制改革都适应了新时期的变化和发展。但是随着经济和市场的发展，一部分问题逐渐凸显出来，如流通成本过高、流通渠道不畅以及流通效率不高

* 孙开钊，经济学博士，中国社会科学院财经战略研究院助理研究员。

等。因此，近几年政府和相关部门密集出台了诸多政策来改善和解决这些问题，使中国流通业进入了黄金发展期。

当前，中国经济增长正从东部地区“单一推动”向各大区域“多级推动”迈进，新的“经济马赛克”格局将会形成，而区域联动成为发展的目标之一。中国“十二五”规划也明确提出要促进区域协调发展，实施区域发展总体战略和主体功能区战略，实现四大经济板块即东部先行、西部大开发、东北振兴、中部崛起的和谐发展。而商贸流通业作为经济发展的血液，将对促进四大板块经济区和“经济马赛克”之间的协调发展贡献不可或缺的力量，可以实现不同地区资源的有效配置和产业间的有效衔接，从而调整中国经济结构，实现区域联动的目标，最终实现经济发展方式的转变。

一　中国商贸流通业发展现状

（一）流通业政策密集出台

纵观中国商贸流通业的发展历程，相关政策的出台和实施都对流通业的发展和促进起到了重要的作用。中国在 1952 年、1961 年和 1983 年分别出台了流通业相关的政策，流通业得到了前所未有的发展。而随着市场经济的发展，中国商贸流通业不再像之前那样受重视。在改革开放 30 多年后的今天，商贸流通业被重新摆在了重要的位置，政府和相关机构出台了诸多政策。

2009 年 3 月，为应对全球经济危机，国务院颁布实施了中国首个物流业专项规划——《物流业调整和振兴规划》，这对促进流通业的发展，尽快化解全球金融危机带来的风险，促进中国经济复苏起到了至关重要的作用。

2011 年 6 月，国务院常务会议研究部署促进物流业健康发展工作，推出了推动物流业发展的八项配套措施，对提高流通效率，降低整个流通产业成本起到了重要作用。

2012 年 8 月，国务院发布《关于深化流通体制改革，加快流通产业发展的意见》（国发〔2012〕39 号），首次明确了流通业作为国民经济基础性和先导性产业的地位和作用，提出了加强现代流通体系建设、积极创新流通方式以及深化流通领域改革开放等任务，提出到2020年，中国将基本建立起统一开放、竞争有序、安全高效、城乡一体的现代流通体系，对国民经济社会发展的贡献进一步增强。

2012年9月，国务院办公厅发布《国内贸易发展“十二五”规划》，提出要统筹国内贸易协调发展，促进内贸领域服务行业大发展，大力发展流通现代化等措施，并提出要加快形成11个主要商业功能区，发挥其商品集散、价格形成、消费集聚、产业服务和辐射带动功能，形成一批国内贸易的重要增长极。

2012年12月，国务院常务会议研究部署和确定降低流通费用等十项政策措施。其中包括严格执行鲜活农产品运输绿色通道政策、建立健全流通费用调查统计制度等措施。“国十条”的颁布将有助于降低流通费用，降低物价从而释放消费。

2013年1月，国务院办公厅发布《降低流通费用提高流通效率综合工作方案》，明确提出降低农产品生产流通环节用水电价格和运营费用、强化零售商供应商交易监管、便利物流配送等十项措施。

2013年5月，国务院办公厅发布《深化流通体制改革加快流通产业发展重点工作部门分工方案》，明确了各部门的职责分工，这对于39号文件的实施有重要的意义，也表明国家下决心要消除流通业顽疾，推动流通业的健康发展。

如此密集的政策出台尤其是“十二五”规划和39号文件都将流通业定位于“国民经济基础性和先导性产业”，这必然会对流通业产生深远的影响。

（二）商贸流通业发展规模稳步增长

一方面，社会消费的增长需要稳健的经济增长作支撑，另一方面经济的增长需要通过扩大内需、促进消费来实现。因此，在社会消费和经济增长的互动上，商贸流通业起着关键的桥梁作用，尤其是对社会消费起着重要的“引擎”效应。

2012年，中国社会消费品零售总额①实现210307亿元，比上年名义增长

① 指批发零售业、住宿餐饮业以及其他行业直接售给城乡居民和社会集团的消费品零售额。

14.3%（扣除价格因素实际增长12.1%）。从图1可以看出，随着中国经济近几年的高增长，社会消费品零售总额实现稳步增长，由2008年的114830亿元上升到2012年的210307亿元，增幅达83%，远超过了GDP 65%的增幅。[①] 国内贸易“十二五”规划中指出，2015年社会消费品零售总额达32万亿元左右，年均增长15%左右。

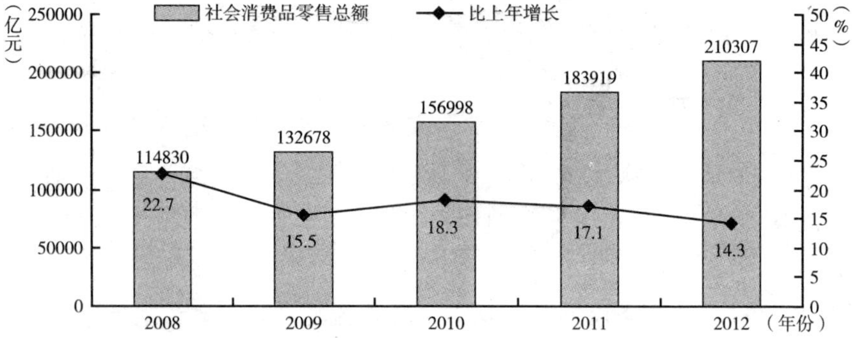

图1　2008~2012年中国社会消费品零售总额及增长率

资料来源：作者根据国家统计局数据整理所得。

2012年，中国生产资料销售总额50.1万亿元[②]，按可比价计算，同比增长约11.9%，增速较上年同期回落1.3个百分点。“十二五”期间，中国生产资料销售总额将达到76万亿元。

2012年全年，中国社会消费品零售总额呈现出U增长（见图2），全年实现210307亿元，比上年名义增长14.3%（扣除价格因素实际增长12.1%）。其中，限额以上企业（单位）消费品零售额101129亿元，比上车增长14.6%。按经营单位所在地分，城镇消费品零售额179318亿元，比上年增长14.3%；乡村消费品零售额27849亿元，增长14.5%。按消费形态分，餐饮收入23283亿元，比上年增长13.6%；商品零售183884亿元，比上年增长14.4%。[③] 商品零售各品类都保持了较高的增长率（见表1），其中仍以汽车消费、石油及其制品为主，增长最快的为家具产品。

---

① 2008年，GDP为314045亿元，2012年为519322亿元。

② 数据来自中国物流信息中心。

③ 以上数据来自国家统计局资料。

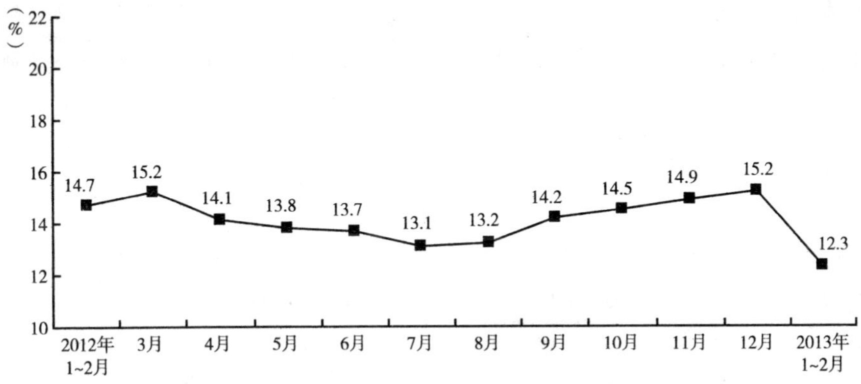

图 2　2012 年中国社会消费品零售总额分月同比增长速度

资料来源：国家统计局。

表 1　2012 年中国分类商品零售额及增长率

单位：亿元，%

类　别	绝对量	同比增长
商品零售	183884	14.4
其中：限额以上企业（单位）商品零售	93330	14.8
粮油食品、饮料烟酒	12406	17.9
服装鞋帽、针纺织品	9778	18.0
化妆品	1340	17.0
金银珠宝	2209	16.0
日用品	3364	17.5
体育、娱乐用品	411	10.5
家用电器和音像器材	5936	7.2
中西药品	4814	23.0
文化办公用品	2183	17.7
家具	1604	27.0
通信器材	1540	28.9
石油及制品	16657	16.9
汽车	23803	7.3
建筑及装潢材料	1978	24.6

资料来源：国家统计局。

（三）邮政快递业发展迅猛

近几年，随着中国社会和经济的发展尤其是电子商务的高速增长使得与人们生活较为密切的邮政快递业也得到了长足的发展。邮政快递业占中国商贸流通业的份额越来越大。据国家统计局资料显示，中国规模以上快递服务企业业务收入（不包括邮政储蓄银行直接营业收入）以及邮政企业于2012年共完成1980.9亿元，同比增长26.9%。业务总量完成2036.8亿元，同比增长26.7%，邮政函件业务完成70.7亿件，同比下降4.1%；包裹业务完成6874万件，同比下降0.1%；报纸业务完成190.2亿份，同比增长4.6%；杂志业务完成11.3亿份，同比增长5.1%；汇兑业务完成2.3亿笔，同比下降13.6%。

2012年中国快递服务企业得到了迅猛的发展，全国规模以上快递服务企业业务量完成56.9亿件，业务收入更达到了1055.3亿元，分别同比增长54.8%和39.2%。增长速度远远超过了中国商贸流通业的发展速度。在增长结构上，异地业务占据半壁江山，国际及港澳台业务份额仍然较少。据统计，同城快递和异地业务发展迅速，业务量分别占全部快递业务量的23.1%、73.7%，而国际及港澳台业务量占全部快递业务量的3.2%。在收入上，同城、异地、国际及港澳台快递业务收入分别占全部快递收入的10.4%、60.2%和19.5%，比重分别上升1.7个、1.4个和-4.9个百分点。其中，同城快递和异地业务分别完成110.2亿元和635.5亿元，同比增长67.3%和42.5%，国际及港澳台业务收入完成205.6亿元，同比增长11.3%。[①]

中国东中西部地区的快递业务发展仍然不平衡，东部地区的业务量和收入仍然占据了80%以上。2012年，中国东部地区的业务量和业务收入的比重分别为81.9%和82.3%，比重分别上升2个和1.2个百分点。而中部和西部的业务量比重为10.5%和7.6%，分别下降0.7个和1.3个百分点；业务收入比重为9.3%和8.4%，均下降0.6个百分点。[②]

中部和西部的业务量和收入远远低于东部，而且在2012年增幅都呈现下降趋势。但是，随着中国经济版图的调整和国家开发西部、建设中原经济区的战略实施，再加上南方和东部制造业向中西部的转移，其快递的业务量和业务收入也会随着经济的发展而不断上升，有非常大的发展潜力。

① 以上数据来自国家邮政局统计数据。

② 以上数据来自国家邮政局统计数据。

因此，中国快递企业应提前做好网络规划，尽早制定中部和西部的物流发展战略。

（四）物流业实现稳中渐升

物流业作为中国重要的生产性和生活性服务业，在近些年得到了快速的发展，从2005年的48.1万亿元的社会物流总额增长到2012年的177万亿元，年均增幅达33.5%。物流业增加值对GDP的贡献度进一步提高，2012年物流业增加值达到3.5万亿元，占GDP的比重为6.8%，占服务业增加值的比重为15.3%。但是，在社会物流高速增长的同时，社会物流总费用也在不断增加，2012年约为9.4万亿元，同比增长11.4%，增幅虽比上年回落7个百分点，但却高于社会物流总额9.8%的增长速度。同时，社会物流总费用与GDP的比率约为18%，同比提高0.2个百分点，经济运行中的物流成本依然较高。[①]

从2005～2012年的统计数据看，中国物流业在2009年增幅下降后，企稳回升，社会物流总额增加适度，经受住了严峻挑战和考验，实现了平稳适度增长，对国民经济发展和发展方式转变发挥了重要作用。但也必须清醒地看到，2011～2012年增幅有所回落，随着行业运行增速趋缓，长期掩盖在高速增长下的一系列问题将日益突出。

（五）流通能力不断提升

随着中国加快流通基础设施投资，铁路网、公路网以及水路网等基础设施都得到了快速发展与升级，流通能力不断提升。2012年，全年完成公路货运量322.1亿吨，相较2006年的146.63亿吨增幅达120%；水路货运量为45.6亿吨，相较2006年的24.87亿吨增幅达83%。从表2可以看出，在各种交通运输方式中，公路和水路仍是货物周转量贡献最大的运输方式，在2012年分别实现59992亿吨公里和80654.5亿吨公里，分别增长16.8%和6.9%。[②] 而铁路、民航等出现了不同程度的下降。

---

① 以上数据来自中国物流与采购联合会统计资料。

② 交通运输部发布的历年统计数据。

表2　2012年各种运输方式运输量、周转量及其增长率

运输方式	货物运输量		货物运输周转量	
	绝对数(亿吨)	比上年增长(%)	绝对数(亿吨公里)	比上年增长(%)
铁　路	39.0	-0.7	29187.1	-0.9
公　路	322.1	14.2	59992.0	16.8
水　运	45.6	7.0	80654.5	6.9
民　航	54.56	-2.2	163.89	-5.8
管　道	5.3	-7.8	3149.3	9.1
合　计	412.1	11.5	173146.79	8.7

资料来源：作者根据国家统计局历年统计数据整理所得。

二　中国商贸流通业面临的问题

（一）政策支持力度较弱，配套落实效果不佳

改革开放以来，各级政府为了体现经济的发展，只追求GDP的增长，将发展高产值的制造业放在首要位置，而将基础性、低产值的流通产业放在次要地位。因此，中国流通业在发展过程中一直存在政策支持较弱的问题。比如在资金的扶持上，流通业远低于工业和农业；在政策的扶持上，“重外贸、轻内贸”，使流通企业的发展受到不同程度的阻碍；在配套资源的支持上，水、电等价格的不一致使零售企业的运营成本要高于企业。此外，还存在一个问题就是政策的本意是好的，但往往落实不够甚至是落实偏离了原方向。配套政策的缺失使政策权责不明，各级政府和各部门往往推卸责任，制定的政策落不到实处。

（二）流通理论发展滞后，人才培养体制不健全

随着经济的发展，中国流通理论取得了相应进展，但是尚未形成一个比较完整独立的理论体系。尤其是在以服务业为主导的市场经济下，服务业创造的增加值远远超过制造业，因此当前的流通理论已不能满足实践需要，亟待创新。此外，在过去的多年间，中国高等教育轻视流通经济学，许多高校不再设立流通学科，学科建设举步维艰，使得人才的教育和培养难以满足当前流通产业发展的实际需要。

（三）市场分割严重，供应链理念淡薄

体制不健全、政策缺失等因素造成了中国农产品流通市场分割严重，比如内外贸割裂使国内流通企业很难走出去，而外向型企业对内市场的流通能力逐渐丧失；区域市场的分割使资源难以在全国进行优化配置，高效率的大市场难以形成。此外，中国农产品流通企业缺乏供应链的理念往往只关注自身的利益，单方面追求利润最大化，忽视供应链其他成员的利润，不利于流通业的健康发展。如当前，以农业龙头企业、超市等为代表的核心企业主导构建的供应链已逐渐完善，但是在这种买方主导下的供应链条及不完善的制度下，农产品生产者尤其是小农户往往只能被动地接受核心企业所制订的各种条件，使本来有利于农村发展、农民增收的模式变成一种自上而下压榨处于弱势地位的农产品生产者的系统。

（四）企业配送率低，商业连锁优势未能充分发挥

从中国现有商业零售企业来看，除了一些大中型知名的商业企业以外，一般的商业“连锁”企业都没有建立自己的物流配送中心或利用第三方物流中心。有些企业虽然也建立了一些自己的“连锁”分店，但实际上商店经营的商品并没有做到“统一采购、统一配送、统一结算”。配送规模较小、配送技术落后、效率低下、机械化水平低、信息化水平有限等都是中国大多数商贸流通企业面临的问题。

（五）农产品流通问题较为突出

近几年出现的一系列农产品质量安全事件引起了社会各界的广泛关注，表明农产品尚存在较多问题。传统的农产品流通往往要经过五道以上的环节，包括采购、产地批发、集散地批发、销地批发、零售等，生产者和消费者之间的直接交易较少，导致农产品流通费用的增加和流通效率的低下。另外，中国农产品和食品检测检验体系仍不健全，导致农产品质量检测标准混乱、食品质量检测标准不统一。往往会造成假货较多，以次充好，扰乱了市场秩序，阻碍了农产品流通的发展。此外，基础设施尤其是现代化冷藏储运设施设备滞后使得鲜活农产品难以通过运输、加工等实现其价值，造成巨大的在途损失。

三 中国商贸流通业发展趋势

（一）商贸流通业将进入黄金发展期

近几年诸多政策的出台，尤其是国内贸易“十二五”规划和 39 号文件的发布使商贸流通业的发展迎来了新的契机。商贸流通业“国民经济基础性和先导性产业”的定位将使各级政府和机构重新认识商贸流通业的重要性。随着政策的落实和各级政府的重视再加上未来几年中国扩大内需长效机制逐步建立和消费市场的持续扩大，中国流通业将进入发展壮大的黄金发展期。

（二）大部制改革将极大提高商贸流通效率

商贸流通业是一个复合型系统，涉及的部门较多，体制性成本较高，在以前小部制体制下，流通职能被很多部门所分割，比如快递是邮政部门在管理，铁路运输是铁道部门在管理，航空货运是民航部门在管理，船运和公路是交通部门在管理等。职能的分割极大地制约了商贸流通业的发展。自 2008 年中国实施大部制改革以来，政府加强了事务的综合管理与协调，最大限度地避免政府职能交叉和多头管理，从而提高行政效率，降低行政成本。

2013 年新一轮的大部制改革使铁道部并入交通运输部，这可以实现交通运输产业的协调发展，进而提高商贸流通效率，相信流通成本也将会有所降低。

（三）商贸流通业影响力将日益增强

商贸流通业对扩大内需、促进消费有着至关重要的影响力，能够直接实现即期消费，创造未来消费，开发潜在消费。商贸流通服务业可通过服务设施的建设提供强大的服务功能，营造、改善消费环境，增加城乡居民的福利，提高居民生活质量。此外，商贸流通业涵盖工业、农业和服务业，其水平的高低直接关系着其他产业的发展。随着商贸流通业的发展再加上近期一系列政策的出台，其影响力将会大大增强。

（四）供应链参与主体的碎片化将促使商贸流通竞争加剧

商贸流通业的供应链与制造业相比，涉及的主体多、环节多、种类多，地域和消费习惯也不同，因此在结构和管理上显得格外复杂。在供应链上游，生产企业存在大量的中小企业，分布地域广再加上种类繁多使得生产阶段呈现出碎片化。而在供应链的中游即核心企业上，中国农产品流通企业包括各类批发市场、零售企业等，大小不同层次的各类企业和组织构成了商贸流通体系。随着未来新的业态的产生和商业模式的创新，将使流通阶段的碎片化越来越严重。在供应链下游，随着“80后”“90后”的兴起，消费呈现个性化、碎片化等新的特点。因此，供应链参与主体的碎片化将使供应链从线性单链向网络化转变，这必然导致商贸流通竞争加剧。

（五）新技术和管理方法推动商贸流通业快速发展

随着分工的深化和产品流程的延长，产品生产状态占用的时间在整个时间流程中的比重已经平均下降至10%，其余90%处于流通状态。因此，缩短流通时间、加快经济节奏、消灭耽搁迟滞和断档脱销，已成为新时期提高竞争力的最重要的战略问题。随着当前信息技术、电子商务、云计算、物联网、RFID等新技术以及供应链等管理方法的应用，商贸流通业将会彻底改变当前的传统格局，并迅速改变原有的生产和消费方式。

（六）工业化和服务化融合将进入新的层次

随着产业结构的进一步变革和消费的不断变化，工业企业和商贸流通企业的合作更加密切，工业化和服务化将会相互融合。一方面，随着生产成本的提高，工业企业要将一部分业务外包给商贸流通企业，如物流服务等。另一方面，商贸流通企业也越来越出现工业化即服务产业化等现象，从而提高效率。比如零售、餐饮等商贸流通企业在市场竞争和劳动力成本等的压力下将会实现服务的专业化生产，从而实现商贸流通的现代化。

四　促进中国商贸流通业发展的战略措施

（一）将流通业提升为战略性支柱产业

虽然国家出台了一系列对商贸流通业发展有利的政策但力度不够，应在充分认识流通业在国民经济和社会发展中的重要功能和地位的基础上，调整“重价值创造、轻价值实现”的思想，将流通业提升为国民经济战略性支柱产业。同时要加强各地区流通业的定位和政策的落实，各级地方政府应在国家产业定位的基础上，依据本地区经济发展和工业化进程的实际情况依次明确本地区的流通业定位，制定相应的配套政策，引导商贸流通业有序发展。

（二）优化商贸流通业生态环境，建立大流通体系

认识不足、理论滞后以及政策导向等原因导致中国流通业的生态环境恶化，严重制约了大市场、大流通的形成。因此，政府应从不同方面来进行改善。一是国家从战略层面逐步理清中央政府和相关部门的利益关系，规范各级政府和部门的利益行为，消除地方保护主义和部门保护主义。二是制定统一的市场交易制度和公平市场竞争规则，促进市场交易的规范化、市场运行的有序化、市场竞争的公平化。三是在长三角、珠三角、环渤海等经济区促进区域市场的整合，从而推动全国统一市场的建设。四是制定支持流通业大发展的战略，促进流通业的快速升级，加快构建城乡统一、区域统一、国内统一大市场和内外贸一体的大流通体系。

（三）加强商贸流通企业供应链建设

一条供应链的健康发展将会带动链上众多企业的共同赢利，因此在未来的战略上应加强商贸流通企业的供应链建设。一是大力培育大型零售企业。大型零售企业往往具有强大的组织能力、协调能力和金融能力，因此应优先发展那些能够具有供应链和共赢理念的零售企业，从而带动更多中小型商贸流通企业的发展。二是发展以城区商业中心为支撑、以社区商业中心为骨干、以便民服务网点为基础的商品零售网络，为供应链提供基础。

（四）发展商贸流通业供应链金融

供应链金融突破了传统的融资手段，可以使众多中小企业依靠供应链上的大企业来进行融资。因此，一方面是建立商贸流通企业供应链金融服务体系，缩短商业银行和商贸流通企业在供应链信息流、资金流活动过程中的响应时间，进而提高其财务运营和控制能力；另一方面，出台相关政

策加大对供应链各环节的金融支持。在考察供应链的稳定性和核心企业的主导能力的基础之上，与核心企业有密切业务往来的零售、批发、物流等企业都可以提供金融支持，从而解决当前中小型商贸企业因为融资难而发展滞后的问题。

（五）发展战略同盟，实行共同配送

从发达国家现代商贸流通的发展趋势看，那些既拥有大量物流设施、发达网络，又具有强大全程物流设计能力的综合性流通企业发展空间最大。但是，中国由于中小型商业企业比较多，如果各个企业各自为战，单独搞配送，往往会形成不成合力，而且提高了商业物流成本。国内贸易“十二五”规划中，提出到2015年，统一配送率达到70%左右。因此，商贸流通企业需要相互合作、发展战略同盟，实行共同配送，提高商业物流运行效率。此外，还要广泛合作开展加工、配送、货代等业务，甚至包括物流策略和流程解决方案、搭建信息平台等服务，发展战略性合作伙伴关系。

（六）加强农村和农产品流通体系的建设

在农村流通体系的建设上，一是推进农村市场现代流通体系建设，积极搭建工业品和农资下乡村、农副产品和废旧物资进城的双向流通平台，完善农资流通服务体系，推进城乡商贸统筹发展的设施和平台建设；二是培育一批连接城乡、规模较大、集聚和辐射力较强、具有区域示范效应的专业市场，实现所有行政村农资中心和日用品超级市场全覆盖，形成城区商贸中心、镇级商业中心、村级（社区）商业中心相互依托、互为补充，规模适度、层次分明、结构完善、功能齐备的城乡商贸和谐发展的大市场、大流通、大商贸格局；三是在加强农村流通市场基础设施的同时，加大对农村流通市场的监管力度，保障农村居民的消费安全。

在农产品流通体系的建设上，一是加强城市农产品配送建设，提高配送效率，切实降低“最后一公里”成本；二是加强冷链物流建设，保障农产品质量安全；三是大力培育农产品供应链中介组织尤其是农业合作社和家庭农场的建设，保障农民的利益；四是研究农批对接、农社对接、农餐对接、农产品电子商务等新的商业模式，提高农产品流通效率。

参考文献

孙开钊:《解读物流“国八条”:推动物流业健康发展》,《经济研究参考》2011 年第 9 期。

宋则:《新发现:中国商贸流通服务业发展新趋势》,《中国商贸》2012 年第 32 期。

宋则:《中国商贸流通服务业战略研究》,《经济研究参考》2012 年第 32 期。

宋则、常东亮、丁宁:《流通业影响力与制造业结构调整》,《中国工业经济》2010 年第 8 期。

宋则:《关于市场成本与流通成本结构变化的研究——商品流通成本绝对上升和相对上升的新趋势》,《价格理论与实践》2012 年第 7 期。

荆林波、王雪峰:《中国流通产业发展现状、存在的问题及对策》,《中国流通经济》2012 年第 2 期。

东北地区商贸流通业发展现状、问题与战略措施

陈　昭*

摘　要：在扩大内需政策的指引下，近几年东北地区商贸流通业发展势头良好，有效推动了东北地区城镇化进程和区域经济发展，但2011年东北地区的商贸流通业增加值占地区生产总值仅为15.2%，低于全国平均水平，且各省份之间的发展水平存在较大差距。东北地区的商贸流通业亟待迎头赶上，要不断扩大产业规模，并努力打破区域封锁，建立更为开放的市场体系，实现省际优势互补，推动东三省整体竞争力提升。

关键词：东北地区　商贸流通业　发展差距　区域协作

一　东北地区商贸流通业发展现状

（一）总体发展情况

商贸流通业是推动东北地区经济发展的重要力量，也是东北地区第三产业的重要组成部分。2011年东北地区各省份商贸流通业增加值总额占该地区第三产业总额的42.1%，占该地区生产总值的15.2%。同时，商贸流通业有效地吸纳了就业，从东北地区各省份商贸流通业的从业人员情况来看，其商贸流通业吸纳从业人员数基本占到各省份第三产业从业人员的40%以上，占全社

* 陈昭，经济学硕士，中国社会科学院财经战略研究院助理研究员。

会就业比重的15%以上。随着商贸流通业结构的优化升级，其将在东北地区经济发展中发挥越来越重要的作用。

1. 商贸流通业是推动东北地区经济发展的重要力量

从东北地区各省份2009～2011年商贸流通业增加值来看，其增长轨迹与全国趋同，逐年上升。大体上，东北地区商贸流通业增加值占全国商贸流通业增加值的9%以上。而近三年，东北地区商贸流通业增加值占该地区第三产业增加值的比重均保持在42%以上，高于全国平均水平；东北地区商贸流通业增加值占该地区生产总值比重则在15%以上，基本与全国平均水平持平。不过也要看到，东北地区上述两个比重在逐年缓慢下降，这一方面可能是因为东北地区第三产业内部结构调整后，其他部门得到了更快的发展；另一方面也可能是由于商贸流通业内部存在发展瓶颈，亟须结构优化，需要我们在下文中进一步分析。

从东北地区各省份商贸流通业发展情况来看，辽宁省商贸流通业的规模最大，2011年已经达到3539.6亿元，近三年其商贸流通业增加值占第三产业增加值比重在43%左右，占其地区生产总值比重在16%左右；其次是黑龙江省，2011年商贸流通业增加值为1879.9亿元，近三年其商贸流通业增加值占第三产业增加值比重在40%以上，占其地区生产总值比重在15%左右；规模最小的是吉林省，2011年其商贸流通业增加值仅为1487.1亿元，不足辽宁省的一半。但可以清楚地看到，东北三省总体上商贸流通业占第三产业比重及占地区生产总值比重呈逐年下降趋势。

表1　东北地区各省份商贸流通业增加值及其所占比重

地　区	增加值(亿元)			占第三产业比重(%)			占地区生产总值比重(%)		
	2009	2010	2011	2009	2010	2011	2009	2010	2011
全　国	52829.7	62783.1	74549.9	35.7	36.3	36.4	15.5	15.6	15.8
东　北	5094.2 (9.6%)	5845.7 (9.3%)	6906.6 (9.3%)	42.4	42.3	42.1	16.4	15.6	15.2
辽　宁	2519.7	2948.1	3539.6	42.8	43.0	43.4	16.6	16.0	15.9
吉　林	1172.6	1307.3	1487.1	42.5	42.0	40.4	16.1	15.1	14.1
黑龙江	1401.9	1590.3	1879.9	41.6	41.2	41.3	16.3	15.3	14.9

注：①据国家统计局可统计的项目，商贸流通业的增加值包括交通运输仓储邮政业、批发零售业、住宿餐饮业三个行业；

②东北地区括号内数字为东北地区商贸流通业增加值占全国商贸流通业增加值的比重。

资料来源：各年份《中国统计年鉴》和《中国第三产业统计年鉴》，比重数据由作者整理。

2. 商贸流通业有效吸纳了就业

从东北地区各省份商贸流通业从业人员数及其所占比重来看，各省商贸流通业在吸纳就业方面成效显著，基本上占各省第三产业从业人员的40%以上。其中，辽宁省商贸流通业吸纳的就业人数最多，2011年从业人员数已达到458.6万人，比上一年增加了40多万人；其次是黑龙江省，近三年吸纳就业人数均超过340万人；① 吉林省商贸流通业吸纳就业人数最少，2011年才突破200万人，不足辽宁省吸纳就业人员数的一半。但总体上看，东北三省商贸流通业吸纳就业人员数在逐年增加，其在缓解就业压力方面发挥的作用也越发显著。

表2　东北地区各省份商贸流通业从业人员数及其所占比重

地　区	从业人员数(万人)			占第三产业从业人员比重(%)			占全社会从业人员比重(%)		
	2009	2010	2011	2009	2010	2011	2009	2010	2011
辽　宁	429.0	417.8	458.6	44.7	43.0	45.0	18.8	18.0	19.4
吉　林	164.2	193.9	203.9	35.2	40.3	41.3	12.7	14.8	15.2
黑龙江	340.4	359.3	—	50.2	47.3	—	18.1	18.6	—

资料来源：历年《中国统计年鉴》及各省份各年统计年鉴，比重数据由作者整理。其中，黑龙江2011年数据缺失。

此外，随着市场经济体系的完善，东北地区商贸流通产业的市场竞争越发激烈，已形成了包括国有企业、有限责任公司、股份有限公司、私营企业、港澳台商投资企业及外商投资企业在内的多种所有制市场主体。大体上看，东北地区的商贸流通业仍然以内资为主，虽然港澳台商投资及外商投资逐年增加，但规模较小，未来需要东北地区各省份利用优势资源吸引外资在商贸流通领域的投入，以引进新的业态和运营模式，促进东北地区商贸流通领域的繁荣发展。

（二）产业发展情况

1. 交通运输仓储和邮政业

东北地区交通运输仓储和邮政业是其商贸流通业的重要组成部分，2011年该增加值为2108亿元，占整个东北地区商贸流通业增加值的30.5%。未来

① 黑龙江省2011年数据缺失，但根据2009年和2010年数据推测其商贸流通业吸纳就业数也应在340万人之上。

几年，随着《东北地区物流业发展规划》的有效实施，东北地区将基本建成布局合理、结构优化、技术先进及高效便捷的现代物流服务体系，交通运输、仓储和邮政业也将得到良好的发展。

（1）在商贸流通业中的地位基本保持稳定

从表3可以看到，2009～2011年间，东北地区交通运输仓储和邮政业增加值逐年增加，与全国交通运输仓储和邮政业发展趋势一致。近三年，基本上占全国的9%以上。而其占地区商贸流通业的比重也基本上保持在30%以上，2009年以后，连续两年该比重高于全国平均水平。

表3　东北地区交通运输仓储和邮政业增加值一览

地　区	增加值（亿元）			占商贸流通业比重（%）		
	2009	2010	2011	2009	2010	2011
全　国	16727.1	18968.5	21931.9	31.7	30.2	29.4
东　北	1565.9（9.4%）	1770.1（9.3%）	2108.0（9.6%）	30.7	30.3	30.5
辽　宁	790.6	926.8	1143.2	31.4	31.4	32.3
吉　林	341.8	373.9	421.0	29.1	28.6	28.3
黑龙江	433.6	469.3	543.8	30.9	29.5	28.9

注：东北地区括号内数字为东北地区交通运输仓储和邮政业增加值占全国相应数据的比重。

资料来源：根据各年份《中国统计年鉴》、《中国第三产业统计年鉴》和各省份统计年鉴数据整理。

具体到各省来看，辽宁省交通运输仓储和邮政业规模最大，2011年达到1143.2亿元，占东北地区交通运输仓储和邮政业增加值一半以上，且近三年该产业增加值占商贸流通业比重保持在31%以上；其次是黑龙江省，2011年增加值为543.8亿元；吉林省交通运输仓储和邮政业规模最小，不足辽宁省的1/2。除辽宁省外，其他两个省份交通运输仓储和邮政业占地区商贸流通业比重逐年下降，与全国发展趋势保持一致。

（2）吸纳就业的作用在下降

从2009～2011年数据看，东北地区各省份交通运输仓储和邮政业吸纳就业的能力在下降。其中，从业人员数最多的辽宁省已从2009年的120.2万人下降到2011年的101.6万人，该行业从业人员在商贸流通业从业人员中的占比也由28%下降到22.2%，而其他两个省份占比也呈下降趋势，且都达不到

20%。从整体上看，近三年东北地区各省份交通运输仓储和邮政业从业人员不足该地区商贸流通业总从业人员的30%。

表4　东北地区各省份交通运输仓储和邮政业从业人员一览

地　区	从业人员（万人）			占商贸流通业比重（%）		
	2009	2010	2011	2009	2010	2011
辽　宁	120.2	97.4	101.6	28.0	23.3	22.2
吉　林	28.2	26.8	28.9	17.2	13.8	14.2
黑龙江	43.5	40.4	—	18.2	15.6	—

资料来源：各省份各年统计年鉴，比重数据由作者整理，其中黑龙江省2011年数据缺失。

（3）客运占比略有下降，货运占比有所提升。

从2009年到2011年，东北地区客运量相应地由19.7亿人次增长到21.7亿人次，占全国客运总量的比重略有下降；旅客周转量由1733.5亿人公里增长到2013.2亿人公里，占全国旅客周转量的比重有所下降；货运量由22.4亿吨增长到29.6亿吨，占全国货运总量的比重略有提高；货运周转量由10565.9亿吨公里增长到13825.4亿吨公里，占全国货运周转量比重保持稳定。而从东北地区各省份运力看，无论在客运还是货运上，辽宁省的运量均最大，优势比较显著，吉林省和黑龙江省与其相比存在一定差距。

表5　东北地区客运量和货运量情况一览

地　区	客运量（亿人次）		旅客周转量（亿人公里）		货运量（亿吨）		货物周转量（亿吨公里）	
	2009	2011	2009	2011	2009	2011	2009	2011
全　国	297.7	352.6	24834.9	30984.0	282.5	369.7	122133.3	159323.6
东　北	19.7 （6.6%）	21.7 （6.2%）	1733.5 （7.0%）	2013.2 （6.5%）	22.4 （7.9%）	29.6 （8.0%）	10565.9 （8.7%）	13825.4 （8.7%）
辽　宁	9.6	9.9	840.7	955.8	13.5	18.5	7753.9	10404.6
吉　林	5.9	6.8	426.6	515.8	3.5	4.7	1167.3	1452.6
黑龙江	4.3	5.0	466.3	541.6	5.4	6.3	1644.7	1968.2

注：东北地区括号内数字为东北地区数据占全国相应数据的比重。
资料来源：各年份《中国统计年鉴》。

（4）邮政业务量占全国比重下降。

东北地区的邮政业务总量从2006年的69.9亿元增长到2010年的131.9

亿元，增速为88.7%，低于全国平均增速（171.8%）。其中，2006～2008年间东北地区邮政业务量增长速度严重滞后于全国平均水平，该时期全国平均增速达到91.9%，是同期东北地区增速的近3倍。2008～2010年间，全国邮政业务增速下降，东北地区增速有所提升，高于全国平均增速两个多百分点。而东北地区邮政业务总量占全国业务量的比重逐年下降，已从2006年的9.6%下降到2011年的5.4%。

从东北地区各省邮政业务情况看，辽宁省始终保持着较快的增长速度，基本上高于东北地区平均增速；吉林省和黑龙江省于2006～2008年间邮政业务增速较慢，低于地区平均水平，2008～2010年间则开始提速，高于同期全国平均增速，大体与地区增速持平。

表6　东北地区邮政业务情况一览

地区	邮政业务总量(亿元)				增速(%)		
	2006年	2008年	2010年	2011年	2006～2008年	2008～2010年	2006～2010年
全国	730.5	1401.8	1985.3	1607.7	91.9	41.6	171.8
东北	69.9 (9.6%)	91.6 (6.5%)	131.9 (6.6%)	86.7 (5.4%)	31.0	44.0	88.7
辽宁	27.8	40.7	58.4	38.2	46.4	43.5	110.1
吉林	15.6	18.0	25.8	18.4	15.4	43.3	65.4
黑龙江	26.6	32.9	47.7	30.1	23.7	45.0	79.3

注：①东北地区括号内数字为东北地区数据占全国相应数据的比重；
②2011年邮政业务总量按2001年不变价格计算，其余年份为当年价；
③增速按当年价计算。
资料来源：各年份《中国统计年鉴》。

2. 批发和零售业

批发和零售业是东北地区商贸流通业的主导产业，其增加值占东北地区商贸流通业的50%以上，对东北地区各省而言亦是如此。总体看，批发和零售业的快速发展吸引了大量的从业人员，批发业增长缓慢，亿元以上商品交易市场增长放缓；零售业快速增长，特别是连锁零售业发展势头良好。

（1）连锁零售业发展迅速，零售业全国占比有所提高。

东北地区连锁零售业发展良好，2011年总店数、门店总数、年末销售营业面积及商品销售额的增速普遍高于全国平均水平。具体来看，总店数由2009年的128个增加到2011年的147个，增速高于全国平均增速近6个百分点，其占全国总店数的比重也略有提高；门店总数由2009年的6955个增加到2011年的7934个，占全国门店比重也相应提高到4.5%，增速达到7%，高于全国平均增速（5.6%）；年末零售营业面积也实现了20.4%的增长，远高于全国平均增速（7.6%），2011年底达到484.4万平方米，占全国比重提高到3.5%；商品销售额也保持快速增长，由2009年的747.9亿元增加到2011年的1250.3亿元，增速高于全国同期平均水平9个百分点。

就东北地区各省份连锁零售业基本情况来看，各省之间存在差距，辽宁省在门店数量、营业面积和商品销售额上具有绝对优势，基本上占整个东北地区的2/3；而黑龙江省保持着较快的增长势头，无论从门店数，还是营业面积和销售额的增长速度上，都要高于同期其他省份及整个东北地区和全国平均水平。单从商品销售额上看，三个省份都保持着高于30%的增速，发展势头较好。

表7　东北地区连锁零售业基本情况

地区	总店数（个）			门店总数（个）			年末零售营业面积（万平方米）			商品销售额（亿元）		
	2009	2011	增速（%）	2009	2011	增速（%）	2009	2011	增速（%）	2009	2011	增速（%）
全国	2327	2411	1.8	175677	195779	5.6	11809.2	13670.7	7.6	22240.0	34510.7	24.6
东北	128（5.5%）	147（6.1%）	7.4	6955（4.0%）	7934（4.5%）	7.0	344.2（2.9%）	484.4（3.5%）	20.4	747.9（3.4%）	1250.3（3.6%）	33.6
辽宁	78	86	5.1	5228	5547	3.1	239.1	364.4	26.2	525.9	860.1	31.8
吉林	21	25	9.5	790	867	4.9	60.0	59.3	-0.6	87.3	145.8	33.5
黑龙江	29	36	12.1	937	1520	31.1	45.2	60.7	17.1	134.7	244.4	40.7

注：①东北地区括号内数字为东北地区批发和零售业法人企业和商品销售额占全国相应数据的比重；

②销售额年均增速未剔除价格因素。

资料来源：各年份《中国统计年鉴》，比重数据由作者整理。

此外，东北地区商品销售额占全国比重有所提高。东北地区限额以上零售业企业销售额由2009年的2958.3亿元上升到2011年的5181.4亿元，占全国比重也相应地由2009年的6.8%上升到2011年的7.2%。

（2）亿元以上商品交易市场发展速度放缓。

从东北地区亿元以上商品交易市场基本情况来看，发展速度较为缓慢，无论是市场数量、摊位数，还是营业面积和成交额，其增长速度均低于全国平均水平，相应的全国占比均有所下滑。具体来看，2009年东北地区亿元以上商品交易市场数量为380个，到2011年仅增加了4个，增速为0.5%，低于全国4.1%的平均增速；摊位数占全国比重由2009年的9.8%下滑到2011年的9%，增速低于全国4.3个百分点；而营业面积由2009年的1588.2万平方米减少到2011年的1479.8万平方米，全国占比也下降了1个百分点；成交额由2009年的3918.7亿元增加到2011年的5376.6亿元，增速略低于全国平均水平，占全国成交额比重下降了0.2个百分点。

从东北地区各省份的基本情况看，辽宁省是该地区亿元以上商品市场发展最好的省份，2011年共有市场数量221个，占东北地区的比重为57.6%，摊位数占东北地区的比重为59.8%，营业面积和成交额的占比分别是55%和70.6%。

表8　东北地区亿元以上商品交易市场基本情况

地区	市场数量（个）			摊位数（万个）			营业面积（万平方米）			成交额（亿元）		
	2009	2011	增速（%）	2009	2011	增速（%）	2009	2011	增速（%）	2009	2011	增速（%）
全　国	4687	5075	4.1	299.5	333.5	5.5	23230.3	26234.5	6.3	57963.8	82017.3	19.0
东　北	380（8.1%）	384（7.6%）	0.5	29.4（9.8%）	30.1（9.0%）	1.2	1588.2（6.8%）	1479.8（5.6%）	-3.4	3918.7（6.8%）	5376.6（6.6%）	18.6
辽　宁	225	221	-0.9	18.0	18.0	0.0	978.2	813.8	-8.4	2686.7	3795.4	20.6
吉　林	68	66	-1.5	5.9	5.6	-2.4	298.6	308.9	1.7	500.7	643.3	14.2
黑龙江	87	97	5.7	5.6	6.5	8.1	311.3	357.2	7.4	731.2	937.9	14.1

注：①东北地区括号内数字为东北地区市场数量、摊位数、营业面积和成交额占全国相应数据的比重，单位为%；

②成交额年均增速未剔除价格因素。

资料来源：各年份《中国统计年鉴》，比重数据由作者整理。

此外，辽宁亿元以上商品交易市场在社会消费中的地位也在下降，亿元以上商品交易市场成交额占社会消费品零售总额比重从2009年的32.2%下降到31.7%。

（3）住宿和餐饮业。

住宿和餐饮业发展较为稳定，占东北地区商贸流通业的13%，但各项发展指标占全国比重却在下降。具体来看，在法人企业数量方面，住宿业增速高于全国平均增速2个百分点，而餐饮业则由1110个减少到1098个；在营业额方面，住宿业增速低于全国1.3个百分点，餐饮业则高于全国0.4个百分点。但可以明显看到，住宿业和餐饮业的法人企业及营业额占全国比重都在下降。

在东北地区各省份中，辽宁省的住宿餐饮业发展最好，住宿业和餐饮业的营业额增速均高于全国平均水平；吉林省餐饮业发展缓慢，在法人企业数量减少的情况下，其营业额增速仅为2.7%；而黑龙江省的餐饮业营业额出现了负增长。

表9　东北地区限额以上住宿业和餐饮业基本情况

地区	住宿业法人企业（个）			住宿业营业额（亿元）			餐饮业法人企业（个）			餐饮业营业额（亿元）		
	2009	2011	增速（%）	2009	2011	增速（%）	2009	2011	增速（%）	2009	2011	增速（%）
全国	14498	16506	6.7	2260.7	3261.9	20.1	20694	22496	4.3	2686.4	3809.0	19.1
东北	904（6.2%）	1005（6.1%）	8.7	121.2（5.4%）	166.8（5.1%）	18.8	1110（5.4%）	1098（4.9%）	-0.9	138.9（5.2%）	175（4.6%）	19.5
辽宁	475	558	8.7	72.5	104.4	22.0	697	684	-0.9	93.3	129.6	19.5
吉林	223	200	-5.2	23.9	30.1	13.0	189	163	-6.9	18.2	19.2	2.7
黑龙江	206	247	10.0	24.8	32.3	15.1	224	251	6.0	27.4	26.2	-2.2

注：①东北地区括号内数字为东北地区住宿和餐饮业法人企业和营业额占全国相应数据的比重；②营业额年均增速未剔除价格因素。

资料来源：各年份《中国统计年鉴》，比重数据由作者整理。

东北地区连锁餐饮企业发展较快，占整个餐饮业营业总额的比重上升。尽管总店数和门店数增长速度不如全国平均增速，但其营业额保持着较高增速，达到24.9%，高于全国平均增速12个百分点。同时，连锁餐饮企业营业额占餐饮业营业额比重由2009年的26.6%提高到2011年的31.7%。在东北地区各省份中，连锁餐饮业发展较好的是辽宁省，除总店数与黑龙江省相同都有8个外，其门店数和营业额都高于地区其他省份，其中门店数占整个东北地区的比重为82.9%，营业额占地区比重为92.4%。

表 10　东北地区连锁餐饮企业情况

地　区	总店数(个)			门店数(个)			营业额(亿元)			营业额占比(%)	
	2009	2011	增速	2009	2011	增速	2009	2011	增速	2009	2011
全　国	426	428	0.2	13739	16285	8.9	879.3	1120.4	12.9	32.7	29.4
东　北	17 (4.0%)	17 (4.0%)	0.0	418 (3.0%)	485 (3.0%)	8.0	37.0 (4.2%)	55.4 (4.9%)	24.9	26.6	31.7
辽　宁	9	8	-5.6	362	402	5.5	34.2	51.2	24.9	36.6	39.5
吉　林	1	1	0.0	2	14	300.0	0.0	0.6	—	0.1	3.3
黑龙江	7	8	7.1	54	69	13.9	2.8	3.5	13.2	10.2	13.5

注：①东北地区括号内数字为东北地区连锁餐饮业各项指标占全国相应数据的比重；

②营业额年均增速未剔除价格因素；

③营业额占比指连锁餐饮企业营业额占餐饮业营业额比重；

④吉林省连锁餐饮企业数量较少、基数小，故其门店数及营业额增速仅作参考。

资料来源：各年份《中国统计年鉴》，比重数据由作者整理。

二　东北地区商贸流通业面临的问题

从上面的分析可以看出，各省份之间的发展水平存在较大差距。而2011年东北地区的商贸流通业增加值占地区生产总值仅为15.2%，低于全国平均水平，产业能力有待进一步发展与提高。

（一）各省份之间商贸流通业发展不平衡

在区域分工、市场环境和城镇化水平等诸多因素影响下，东北地区各省份商贸流通业的发展水平不一。根据相关统计数据，较之吉林和黑龙江，辽宁的发展优势较为明显。任保平、王辛欣（2011）通过构建地区商贸流通业发展指标体系，对除台湾省外的31个省份进行了排名，综合考察了商贸流通业规模与市场支持（F1）、技术水平和交通设施（F2）、贡献与增长（F3）、效益（F4）和劳动与就业（F5）。如表11所示，东北地区辽宁的总得分最高，排在全国第7位，从各因子排名来看，其商贸流通业在规模、市场支持及效益方面具备优势，但在吸引就业上能力不足，与全国其他省份存在一定差距；吉林排名处在全国中游水平，其在技术支持和交通设施、效益方面存在比较优势；黑龙江仅位于全国第23名，排名较为靠后。

总体上，三个省份商贸流通业发展水平存在差距。同时，东北各省与东部其他发达省份如江苏、山东、广东等省份还存在差距，特别是对地方经济贡献和拉动作用不显著，以及在吸纳就业和劳动力方面相对落后，需要将来加以调整改善。

表 11 中国部分省份商贸流通业因子得分和综合排名

	F1	排名	F2	排名	F3	排名	F4	排名	F5	排名	总得分	排名
北 京	0.00899	13	3.45112	1	0.36583	14	-2.14167	31	-0.00405	20	0.300255	6
天 津	-0.64006	23	1.15042	3	0.68299	7	0.04149	16	-1.14279	29	-0.13552	19
河 北	0.69784	6	-0.56472	23	-0.68122	25	0.089	15	-0.50163	25	0.137435	9
山 西	0.15172	11	-0.87022	29	-1.30382	28	0.2276	12	-3.54523	31	-0.39493	24
内蒙古	-0.53453	20	-0.25605	17	1.73455	2	1.14937	5	0.17568	16	0.022463	11
辽 宁	0.58497	8	-0.07846	15	0.11973	16	0.46391	8	-0.67666	27	0.253009	7
吉 林	-0.47929	18	0.24204	9	0.00041	17	1.60726	3	-1.13393	28	-0.12144	16
黑龙江	-0.24033	16	-0.74443	25	-0.63778	23	-0.61973	25	-0.46561	24	-0.3482	23
上 海	0.89465	5	2.32316	2	-0.4136	21	0.12125	13	-1.67864	30	0.541127	5
江 苏	1.83807	4	0.3758	7	0.30822	15	1.95272	1	0.72774	6	1.094999	1
浙 江	1.91207	3	0.69262	6	-1.44248	29	0.37084	10	1.79422	1	0.922576	4
安 徽	-0.04424	15	-0.52666	21	0.60317	9	0.23695	11	0.91445	4	0.057469	10
福 建	0.14752	12	0.7489	5	-0.35811	20	0.11796	14	1.61747	2	0.237577	8
江 西	-0.54436	21	-0.52673	22	1.26235	3	-0.10149	20	0.25131	14	-0.16404	20
山 东	2.06833	2	-0.83931	27	0.95936	5	1.6453	2	0.11426	18	1.045572	2

资料来源：任保平、王辛欣撰《商贸流通业地区发展差距评价》，《社会科学研究》2011 年第 2 期。

（二）市场体系不完善，缺乏有效的产业战略规划

商贸流通业市场体系不够完善、功能不够健全、特色不够突出。市场基础设施档次不够高，购物环境和服务水平有待提升，人们的多样化消费需求难以得到有效满足。同时，东北作为老工业基地，政府将重心更多地放在制造业上，对于服务业领域的商贸流通业重视不够，特别在产业战略规划方面缺乏对商贸资源系统的考虑，使得规划内容层次简单，目标单一，使得商贸流通领域的政府投资、产业秩序、融资机会和人才培养等方面相对其他发达省份较为滞后。此外，商业网点布局不尽合理、资源浪费较为严重，市场经济秩序也有待进一步规范，诚信体系建设还比较缺失，重要商品的储备和价格监测系统不健全，应对突发事件的能力还比较弱。

（三）商贸物流业的现代化步伐发展缓慢

东北地区商贸业态较为传统，商品档次不高。在流通产业方面缺乏对现代物流的理解，连锁经营、现代物流配送等新型业态的引进和发展，只是停留在形式上的创新，并没有真正实现物流的现代化。而电子商务发展也不够成熟，对商贸流通业经营管理、服务理念、高层次管理人才引进及基础设施改进等方面工作有很大差距。

（四）农村商贸流通业相对落后

东北地区农村有着广阔的市场，市场潜力较大，但是农村商贸市场的发育程度还比较低，乡镇市场散乱，市场交易集中程度低，农业服务体系不够完善，农村物流配送与城市相比还存有较大差距。政府工作方面，一是对农村合作经济组织的扶持力度还有待加强，二是缺乏对农村商贸流通业的总体规划思路。因此，要重视农村商贸流通业发展，壮大农村合作经济组织力量，通过大力实施“万村千乡市场工程”，促进城乡商贸流通业的协调发展。

此外，东北地区还缺乏既有技术又懂管理的综合型商贸流通人才，商贸服务信息化水平较低等，这都有待进一步的解决。

三　东北地区商贸流通业发展趋势

“十二五”期间，东北地区经济结构面临转型，对于商贸流通业而言，则需要产业的优化升级，通过科技、信息化及先进的管理经验提升地区商贸流通业的层次，引进新的商贸业态，并大力发展现代物流业。同时，在扩大内需和城镇化政策指引下，惠及民生成为新时期政府工作的又一要务，而商贸流通业作为与居民生活息息相关的产业，必然会引起重视，将以一种崭新的思路进行发展。

可以预判东北地区的商贸流通业将在以下方面有所提升：传统商贸服务业将被改造升级，以连锁配送、特许经营和电子商务为代表的现代流通方式和经营业态将得到大力发展；作为东北亚区域中心之一，高水准的国际化大型商业服务设施及国际知名的商业街将被规划建设，区域批发市场的集群吸纳与辐射能力将被提高，社区人本化服务体系将不断完善，新的消费热点也将不断被培育出来；为进一步扩大内需，将建成一批规模较大、功能健全、信息快捷、极具市场潜力的商贸集散中心；在“万村千乡市场工程”及新农村建设的推进下，农村商贸流通体系将逐渐完善，城乡市场流通体系将不断健全；同时，根据《东北地区物流业发展规划》的实施目标：到2015年，东北地区将初步建立起布局合理、技术先进、便捷高效的现代物流服务体系，物流社会化、专业化水平显著提高，物流服务能力进一步增强，物流成本下降，一批辐射力强的物流产业园区、大型物流企业集团及具有经营特色的中小物流企业和服务品牌将被培育出来。[①]

四　促进东北地区商贸流通业发展的战略措施

（一）实现区域商贸流通业协调发展

东北地区各省份之间商贸流通业发展不平衡，不同省份商贸流通业差距明显，因此，各省份要因地制宜，根据自身产业发展特点及不足，制定相应的发展战略和产业规划目标，实现区域商贸流通业协调发展。特别是需要在提高商贸流通业对地区经济贡献率及扩大就业方面下功夫，这就需要东北三省打破区域封锁，建立更为开放、流通通畅的商贸市场，各省市之间优势互补，通过地区各省政府、行业协会及企业之间的定期交流合作，最大限度地利用开发区域商贸资源，进一步加强跨区域基础设施建设合作，扩大交流的领域和范围。同时，要建立区域内商贸信息交流平台，通过各类论坛、博览会和大型交易会等形式，促进区域内商贸信息交流。

（二）大力发展商贸服务业

“十二五”期间，要规范引导东北地区各省份商业网点建设，提升商业服务功能，构建布局合理、功能齐全、结构优化的商贸网络体系。积极改造传统商贸业态，提升经营商品档次，实现连锁超市、专业店、折扣店、便利店、百货加超市店、购物中心等多种商贸新型业态的并存发展。优化商业布局，形成

① 国家发改委于2011年12月发布《关于印发东北地区物流业发展规划的通知》，加快发展东北地区物流产业，预计2015年该地区初步完成现代化物流体系的建设。

商贸服务业向城市中心区的集聚，积极推进商贸购物广场、商务中心以及特色商业街建设，营造商品种类丰富、服务水平优质、经营业态多元化的消费环境。继续推进“万村千乡市场工程”，发挥民营商贸企业下乡积极性，促进农村商贸市场繁荣发展。同时，以社区商业作为有效补充，形成城区－乡镇－农村三级商业体系，最大限度地满足城乡居民的消费需求。构建蔬菜农产品批发、建材家具、机动车交易、生产资料等专业市场，实现专业市场与物流园区的相互依托，互动发展。

（三）完善现代物流体系

在《东北地区物流业发展规划》指导下，依托区位优势和便捷的交通设施，进一步加大基础设施建设，并针对东北地区行业特点，统筹规划建设综合物流园区，为东北工业基地振兴提供物流服务。具体来看，对内要完善物流园区基础设施，实现资源优化配置。要将信息网络、新型物流业态等现代化因素融入综合物流园区的建设中，加快发展电子商务、物联网、网络配送等网络物流业，积极打造物流信息平台。以市场为导向，规范物流市场，引导物流企业向现代化物流企业转变，努力培养一批具有区域知名度的现代化物流企业。对外，要提升东北地区物流国际化水平，继续扩大国际物流规模，加强与东北亚相关国家的协调沟通，提高跨境物流的效率与服务水平。

参考文献

倪方树、王锦良：《黑龙江省商贸服务业的发展策略研究》，《黑龙江对外经贸》2008年第12期。

李彦春：《黑龙江省流通业现状、问题与成因分析》，《商业经济》2006年第3期。

赵德海、邵万清：《黑龙江省流通产业信息化的现状及对策》，《商业研究》2003年第7期。

任保平、王辛欣：《商贸流通业地区发展差距评价》，《社会科学研究》2011年第2期。

方天堃、于红梅：《着力推进辽宁省“十二五”服务业加快发展》，《辽宁经济》2012年第2期。

吉林省人民政府：《我省商贸流通业跃上新台阶》，吉林省政府网，2012年11月12日。

东部地区商贸流通业发展现状、问题与战略措施

白　旻*

摘　要： 商贸流通业及商品市场是联结生产与消费的中间环节，是工农、城乡和地区之间经济联系的桥梁和纽带，是社会化大生产的重要环节，商贸流通业已成为拉动经济发展的重要力量。东部作为我国改革开放的最前沿和经济最为发达的区域，商贸流通业规模大、水平高，在国内居于领先地位。东部地区要发挥好其龙头引领作用，不断推进流通现代化，打造大型商贸企业集团，深化流通体制改革，打造高端品牌，提高开放水平，加强区域合作。

关键词： 东部地区　商贸流通业　流通现代化　区域合作

一　东部地区商贸流通业发展现状①

（一）总体发展情况

1. 发展水平居全国领先地位，拥有一批国内知名商贸企业

东部地区商贸流通业发展水平领先全国。通过对商贸流通业的空间分级可以看出（见图1），排在Ⅰ、Ⅱ、Ⅲ三级的省（区、市）除了内蒙古自治区外

* 白旻，经济学博士，中国社会科学院财经战略研究院助理研究员。

① 东部地区，包括北京、天津、河北、山东、上海、江苏、浙江、福建、广东、海南十个省份。

都属于东部地区；从2011年各地区社会消费品零售总额看，东、东北、中、西结构比大概为52%∶10%∶20%∶18%；从各地区亿元以上商品交易市场基本情况来看，2011年全国亿元以上商品交易市场有5075个，东部地区拥有3036个，成交额为5.75万亿元，分别占亿元市场总体的59.8%和70.1%；全国九大商贸流通区域有五个在东部①，21个全国性商贸流通节点城市有11个在东部②，2011年全国十大商业城市有7个在东部③。

东部地区拥有一批国内知名商贸企业，2011年中国零售百强企业中，东部地区的苏宁电器（南京）、国美电器（北京）、百联集团（上海）、华润万家（深圳）、银座集团（济南）五家企业位列前十名；2012年度中国物流百强企业排名中，东部地区企业在前十名中占9席，包括中国外运股份有限公司、中铁集装箱运输有限责任公司、中铁快运股份有限公司、中国石油天然气运输公司、中国远洋物流有限公司、冀中能源国际物流集团有限公司，开滦集团国际物流有限责任公司、福建省交通运输集团有限责任公司、海丰国际控股有限公司。

由以上分析可以看出，无论从总体规模、水平还是企业层面上看，东部地区商贸流通业在全国处于明显领先地位。

2. 整体规模持续扩大，对区域经济贡献率显著提高

2006~2011年，东部地区社会消费品零售总额年平均增长速度为17.5%，2011年东部地区社会消费品零售总额达到97004.58亿元（见表1），占当年全国总额的52.74%。商贸流通业对促进消费、推动制造业升级和推动城市化进程等方面正发挥着越来越重要的作用。2011年东部地区居民消费支出占该地

---

① 全国九大商贸流通区域包括：以北京、天津为中心的华北商贸流通区域，以沈阳、大连为中心的东北商贸流通区域，以青岛为中心的山东区域，以上海、南京、宁波为中心的长江三角洲商贸流通区域，以厦门为中心的东南沿海商贸流通区域，以广州、深圳为中心的珠江三角洲商贸流通区域，以武汉、郑州为中心的中部商贸流通区域，以西安、兰州、乌鲁木齐为中心的西北商贸流通区域，以重庆、成都、南宁为中心的西南商贸流通区域。

② 全国性商贸流通节点城市包括：北京、天津、沈阳、大连、青岛、济南、上海、南京、宁波、杭州、厦门、广州、深圳、郑州、武汉、重庆、成都、南宁、西安、兰州、乌鲁木齐共21个城市。

③ 据全国城市商业信息网络统计数据显示，全国主要十大商业城市共实现社会消费品零售额40607亿元，平均增幅为15.7%；十大城市占全国比重为22.4%。与2010年相比，排名无变化，依次为北京、上海、广州、深圳、天津、重庆、武汉、成都、苏州、南京。其中，北京以6900亿元高居榜首，上海以6777亿元紧随其后。

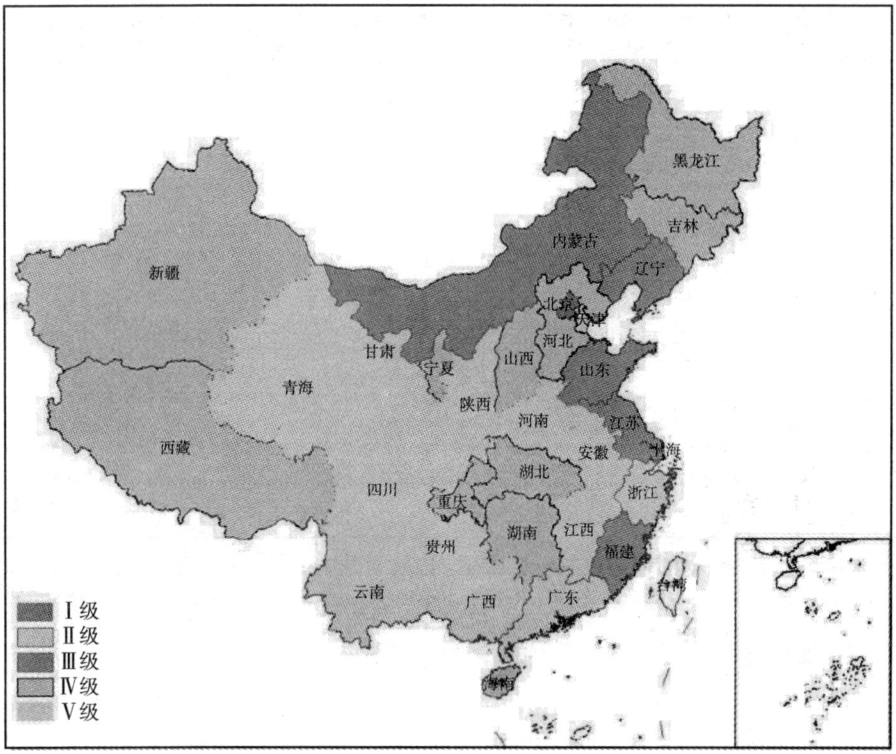

图 1　我国商贸流通业发展水平的空间分级示意

注：时保国、张育林（2011）根据对我国 31 个省份商贸流通业增加值比重、人均商贸流通业增加值、商贸流通业就业比重、商贸流通业区位商五个指标的聚类分析，从空间上将我国商贸流通业发展水平从发达到不发达依次划分为Ⅰ、Ⅱ、Ⅲ、Ⅳ、Ⅴ五个等级。Ⅰ级包括北京和上海两市；Ⅱ级包括天津、广东、浙江 3 省（市）；Ⅲ级包括辽宁、福建、江苏、山东、内蒙古 5 省份；Ⅳ级包括河北、吉林、黑龙江、湖北、湖南、海南、山西、西藏、新疆、重庆、宁夏 11 省份；Ⅴ级包括河南、江西、陕西、四川、广西、安徽、青海、云南、甘肃、贵州 10 省份。

区 GDP 的比重达 34.8%，其中商贸流通业的作用功不可没；东部地区消费结构升级加快，有力地推动了制造业的升级，通过实施家电、汽车、摩托车下乡和家电、汽车以旧换新等消费政策，推动了家电、汽车、电子信息产品持续旺销，东部地区城镇居民家庭每百户拥有汽车量由 2005 年末的 8.02 辆上升到 2011 年的 27.18 辆；2011 年东部地区商贸流通业（含邮政仓储运输业、批发零售业、住宿餐饮业）的从业人员达 2773 万人，占该地区城镇私营企业和个体就业人数的比重为 46%，商贸流通业已经成为吸纳就业、再就业和农村富余劳动力转移的重要领域。

表 1　2006～2011 年东部地区各省（市）社会消费品零售总额

单位：亿元

年　份	2006	2007	2008	2009	2010	2011
北　京	3295.3	3835.2	4645.5	5309.9	6229.3	6900.3
天　津	1356.79	1603.74	2000.34	2430.83	2902.55	3395.06
河　北	3397.4	3986.2	4991.1	5764.9	6821.8	8035.5
山　东	7217.13	8607.45	10658.76	12362.97	14620.30	16675.9
上　海	3375.20	3873.30	4577.23	5173.24	6070.50	6814.80
江　苏	6623.18	7985.90	9905.10	11484.10	13606.80	15988.38
浙　江	5357.97	6271.32	7533.30	8622.26	10163.20	11930.60
福　建	2717.62	3212.34	3866.69	4480.99	5310.03	6276.19
广　东	9118.08	10598.14	12986.60	14891.78	17414.66	20246.72
海　南	313.35	370.92	463.24	537.51	623.82	741.13
总　计	42772.02	50344.51	61627.86	71058.48	83762.96	97004.58

资料来源：《中国统计年鉴（2007～2012）》。

3. 现代化程度逐年提升，组织化程度不断提高

东部地区商贸流通产业的现代化程度逐年提升，条形码技术、POS 机、保鲜技术、冷藏链技术、电子商务等在东部地区流通领域的应用逐步普及，服务质量与商业效率不断提高。网上购物已渐渐成为东部地区流通方式的时尚潮流，网上的售后服务和配送体系也不断完善。一批机制灵活、经营规范的第三方物流企业纷纷崛起，初步具备了全方位、多层次的现代物流服务与增值服务功能。随着连锁经营、物流配送、电子商务、特许经营等新型流通方式和超市、大卖场、便利店、购物中心等新型业态的发展，流通领域各项改革逐步深化，部分流通主体及流通企业正在向市场化、大型化、集团化、规模化、品牌化方向发展，竞争实力逐年提高。目前东部地区出现了很多大型商业企业集团，如百联集团有限公司、苏宁电器股份有限公司、国美电器有限公司都是中国连锁百强企业。

4. 利用外资规模不断扩大，对外开放水平不断提高

在经济全球化和中国改革开放的背景下，东部地区是最先抓住对外开放发展机遇的。东部地区利用其改革开放窗口的区位优势，抓住国际商业资本和各类区域外商业资本对营销网络开拓的机遇，在引进国际知名商业企业，推动商贸流通业的开放方面，取得了明显优于国内其他地区的成绩。2011 年，家乐福在中国的门店总数为为 203 个，其中东部地区 124 个，占 61%；沃尔玛在中国的门店数为 271 个，其中东部地区 118 个，占 43.5%。

（二）产业发展情况

1. 邮政仓储运输业

2011 年，我国东部地区邮电业务量 7035.27 亿元，占当年全国总量的 52.8%，完成快递业务量 29.4 亿件，实现业务收入 614.3 亿元，占当年全国总量的 79.9%，与上年末相比，东部地区快递业务量的比重出现上升；东部地区物流仓储业继续保持良好发展势头。东部地区物流需求总量巨大，外向型程度高，交通设施完善，物流信息建设发达，物流企业规模大，外资企业多，现代化水平高；仓储业的发展在我国呈现严重的区域不均衡，仓储业大部分分布在东部地区，长江三角洲、珠江三角洲和环渤海地区三个主要地区的仓储设施量占全国的 85%。

东部地区交通运输业发达。铁路里程 2.17 万公里，占全国的 23.3%，2011 年铁路完成货运量 7.9 亿吨，占全国的 20.1%；公路里程 100.9 万公里，占全国的 24.6%，机动车 4845 万辆，占全国的 51.8%，2011 年公路完成货运量 101.9 亿吨，占全国的 36.1%；内河航道里程 5.29 万公里，占全国的 42.5%，2011 年水运完成货运量 28.5 亿吨，占全国的 66.9%；东部地区有着漫长的海岸线，沿海规模以上港口拥有泊位 3240 个，其中万吨级泊位占全国的 54.3%；2011 年，东部地区完成旅客吞吐量 3.65 亿人次，占全国的 58.8%，完成货邮吞吐量 905.98 万吨，占全国的 78%，2011 年，年旅客吞吐量 100 万人次以上的运输机场 53 个，其中北京、上海和广州三大城市机场旅客吞吐量占全部机场旅客吞吐量的 31.9%。2011 年，年货邮吞吐量 1 万吨以上的运输机场 47 个，其中北京、上海和广州三大城市机场货邮吞吐量占全部机场货邮吞吐量的 54.9%。

2. 批发零售业

2011 年，东部地区社会消费品零售总额增长 16.44%，限额以上批发企业有 49196 个，占全国的 73.7%，年末从业人员 255.2 万人，占全国的 68.34%，商品销售额 21.6 万亿元，占全国的 74.8%；限额以上零售企业有 29680 个，占全国的 50.76%，年末从业人员 286.6 万人，占全国的 54.33%，商品销售额 4.2 万亿元，占全国的 58.3%；东部地区亿元以上商品交易市场

3072 个，占全国的 60.53%，成交额 5.75 万亿元，占全国的 70.14%。2011 年中国零售百强企业中，东部地区企业在前十名中占 5 席，在前 100 名中占 57 席。

3. 住宿餐饮业

2011 年，东部地区限额以上住宿企业有 8313 个，占全国的 50.36%，年末从业人员有 123.2 万人，占全国的 57.16%，营业额 2026.4 亿元，占全国的 62.12%，2011 年度最具规模的 30 家中国饭店管理公司中，东部地区公司占 25 家；东部地区限额以上餐饮企业有 12903 个，占全国的 57.36%，营业额 2515.1 亿元，占全国的 66.03%。2011 年餐饮百强企业中东部地区企业达到 60 家。大规模的餐饮航母越来越多，营业额超过 10 亿元的餐饮企业数量几乎占了百强餐饮企业的半壁江山，从 2010 年的 36 家增加到 44 家，特别是 10 亿~50 亿元的餐饮企业数量，更是从 2009 年的 32 家增加到 41 家。

二　东部地区商贸流通业发展面临的问题

（一）总体存在的问题

1. 存在发展不平衡问题，结构性矛盾突出

首先，东部地区商贸流通内部各产业间发展不平衡，商贸业发展快，物流业发展慢，现代化批发方式发展不足，零售业各业态发展不均衡。其次，东部各地区间的产业发展不平衡，虽然东部沿海省市经济发达，但也并非皆是繁荣富庶的，苏北 5 个省辖市，土地面积和常住人口分别占江苏全省的 53%、37.8%，但经济总量却只有全省的 21.1%，人均地区总值大致相当于苏南的 1/4、全省的 1/2、全国的 4/5；在第一经济大省广东，北面的英德，面积比南面的顺德大 6 倍，年工业总产值却是后者的十几分之一；地处鲁西南的菏泽市，长期以来一直是山东经济基础最薄弱的地级市，区域内部经济社会发展的巨大差异，导致城乡之间、地区之间商贸流通产业发展不平衡。最后，由于城乡二元结构，导致城乡流通发展不平衡，城乡市场分割较为明显，农民“买难”、“卖难”现象经常发生。

2. 企业规模普遍偏小，缺乏国际知名的大型商贸企业

东部地区商贸企业，一方面是企业规模偏小，国际知名度不高，排名位于前20位的国内大型商贸企业中，东部地区企业有13家，虽然东部地区的大型商贸企业规模在国内居于前列，但与国际一流的大型商贸企业相比，企业规模仍然偏小，2011年，沃尔玛净销售总额为4190亿美元，当年中国连锁百强排名第一的上海百联集团为1182亿元，仅相当于沃尔玛的4.5%；另一方面是企业品牌内涵不丰富，品牌运营与管理水平普遍较低，距离打造国际知名品牌还有很大差距。

3. 商贸流通业的先导作用有待增强

商贸流通是连接生产与消费的中间环节，商贸流通产业应该发挥基础产业和先导产业的作用，但是东部地区商贸流通业发展仍然存在着对生产和消费拉动力不够的问题。首先是对生产的引导不够，工农业产品流通效率整体上讲还比较低，企业流通成本较高，商贸流通业发展对地区本土产品价值的实现和提升作用还不明显；其次是对居民消费的促进作用发挥不够，对农村市场还需要进一步发掘，消费环境还有待进一步改善。

4. 商贸流通业体制改革任务更加艰巨

由于历史原因，我国的商贸流通管理体制一直没有理顺，条块分割现象仍没有根本性消除，政出多门的问题依然存在。如现代物流业，其业务领域涉及铁路、公路、民航、水运、内贸、外贸、仓储、邮政等众多部门，这种条条分割的部门管理体制，不利于发挥物流资源流动性、综合性优势，在很大程度上束缚了物流业的发展；同时，各地区之间缺乏整体规划和合作机制，地区之间“割据”态势明显，地方保护主义倾向严重，阻碍了区域物流行业的健康发展。

（二）产业发展存在的问题

1. 邮政仓储运输业

邮政速递业务中主要存在以下问题，一是市场主体竞争力不强，发展速度与快速增长的市场需求不相匹配；二是基础设施建设有待加强，农村邮政服务网络有待延伸；三是客户对邮政速递服务的满意度较低，快递的服务水平有待提高。

东部地区仓储业中存在的主要问题，一是东部地区由于经济发展水平较高和土地价格普遍较高，导致城市驱赶仓库的速度加快，特别是在北京、上海、广州等一线城市集约使用土地和仓库业大量用地的矛盾更加突出；二是仓储业的标准化建设体系还不完善，相关企业对仓储标准化工作的响应程度还不够；三是由于仓储企业的同质化，导致行业存在一定的竞相压价等市场秩序问题；四是个别城市存在行业垄断问题。

运输业存在主要问题，一是行业结构性矛盾仍较突出，运输企业规模有待做大做强，运输组织结构、运力结构等有待进一步优化；二是运输信息化水平有待提升，特别是道路运输信息化水平与其他运输方式差距较大；三是多种运输方式之间的统筹与衔接工作还存在不足。

2. 批发零售业

零售业存在的主要问题，一是法律法规建设滞后；二是经营模式转变缓慢，零供关系不够和谐；三是企业注重规模扩张，创新能力和品牌竞争力较弱，社会责任意识不强，行业诚信问题突出；四是流通效率和经营效益不高；五是零售业的集中度依然处于较低水平。

3. 住宿餐饮业

住宿餐饮业存在的主要问题，一是缺乏整体规划和权威的食品安全实施标准，没有将餐饮业上升为地域文化代表性产业的高度去进行综合规划，也没有制定出一部可以作为行业标杆的食品安全实施标准。二是行业集中度较低，企业综合实力较弱，位于全球饭店集团规模排名首位的洲际酒店集团在2010年底就拥有客房65万间，远超过我国最具规模的30个集团在2011年底的客房总量32万间。可见，虽然东部地区的饭店集团保持了规模上的持续快速扩张，但在规模存量上与国际饭店集团相比还有巨大差距，因此还需要保持较高的增速，才能在规模存量上实现质的飞跃。2011年度餐饮百强企业营业额为1586.52亿元，仅占2011年全社会餐饮收入的7.69%，而美国前50名餐饮企业的营业额占美国餐饮市场的比重高达20%以上。三是管理效率下降与经营成本上升，百强企业的经营效率和管理效率同比2010年均有所下降，依靠精细化管理出效益变得越来越难。百强餐饮企业的成本费用利润率①仅为6.37%，不仅低于2010年的水平，也处于全行业绩效评价值的良好水平以下。2011年餐饮百强企业的员工离职率在2010年的基础上继续走高。在通货膨胀的压力及国家社会保险及工资制度改革的推动下，餐饮行业平均工资一路看

① 成本费用利润率是企业一定期间的利润总额与成本、费用总额的比率，成本费用利润率 = 利润总额/成本费用总额 ×100%。

涨。人均劳效[①]也呈下降趋势，百强餐饮企业的人均劳效仅为12.68万元，不仅远低于2010年的水平，而且还低于2008年限额以上餐饮企业的人均劳效水平。

三　东部地区商贸流通业发展趋势

（一）总体发展态势

1. 未来将继续保持国内领军地位

《国内贸易发展“十二五”规划》指出，发挥东部地区先行带动作用，重点拓展新的服务领域，推动内外贸互动发展，加快形成大城市以服务经济为主的产业结构，形成消费拉动经济增长的先行区。同时，要在加快形成11个主要商业功能区（见图2），发挥其商品集散、价格形成、消费集聚、产业服务和辐射带动功能并形成一批国内贸易重要增长极的基础上，推动环渤海、长三角、珠三角商业功能区建设，大力发展现代服务业，进一步强化贸易中心地位和消费集聚功能。由此可以看出，东部地区在国家商贸业总体布局中位于领军地位。

2. 商贸业深度参与产业结构调整战略

2012年中央经济工作会议指出，“实现尊重经济规律、有质量、有效益、可持续的发展，关键是深化产业结构战略性调整。要充分利用国际金融危机形成的倒逼机制，把化解产能过剩矛盾作为工作重点，总的原则是尊重规律、分业施策、多管齐下、标本兼治。要加强对各个产能过剩行业发展趋势的预测，制定有针对性的调整和化解方案。要着力增强创新驱动发展新动力，注重发挥企业家才能，加快科技创新，加强产品创新、品牌创新、产业组织创新、商业模式创新。”对于东部发达地区来讲，完全有条件也必须率先实现这一目标。而商贸流通服务业对调整产业结构，提高产业整体素质也可以起到全面促进的作用，第一，流通业影响力可以缓解制造业产能过剩；第二，流通业影响力可以优化制造业区域分工；第三，流通业影响力可以促使制造业节能降耗；第四，流通业影响力可以提升制造业的国际地位；第五，流通业影响力可以强化制造业的自主创新能力（宋则，2010）。

---

① 人均劳效即人均平均劳动效率的简称，代表了一个公司、企业、团队的劳动力程度，人均劳效计算方法：本年销售金额/本年工资人数。

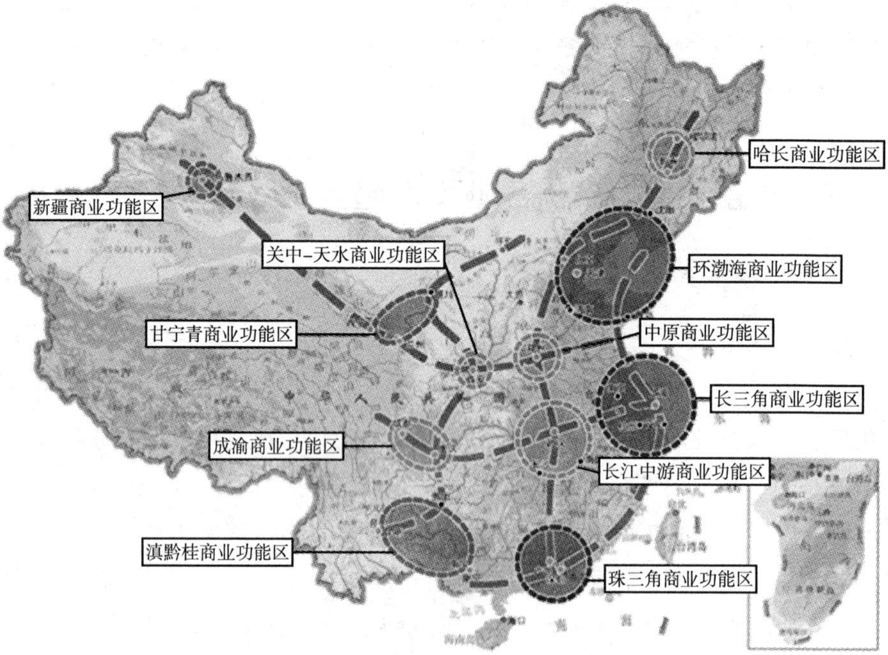

图 2 中国主要商业功能区划分示意

3. 商贸业在推进经济结构调整和城镇化方面将发挥重要作用

十八大报告指出，“推进经济结构战略性调整，要牢牢把握扩大内需这一战略基点，加快建立扩大消费需求长效机制，释放居民消费潜力，扩大国内市场规模；要加大统筹城乡发展力度，增强农村发展活力，逐步缩小城乡差距，促进城乡共同繁荣。实施扩大内需、促进消费战略的根本路径在于不断推进城镇化，主要着力点在于流通产业”。随着扩大内需和推进城镇化成为国家的长期战略，商贸流通业的发展将进入一个新的时期，在城镇化和经济结构调整中将扮演重要角色，并处在优先发展的位置。

4. 商贸企业将开创大型化、集约化、国际化发展的新阶段

东部地区商贸企业经过了一段外延式的扩张之后，进入了一个徘徊期，规模和效益都遇到了发展的瓶颈，如何突出重围，开创大型化、集约化、国际化发展的新阶段，是下一个阶段东部地区商贸流通业亟待解决的战略问题。中国的大型商贸企业大都集中在东部地区，同时东部地区的市场容量巨大，因此，东部地区最有可能率先出现世界级的大型商贸企业。

5. 由单一省市走向区域合作

东部地区的区域经济一体化进程走在全国的前列，城市圈互动发展和同城化趋势更加明显，东部地区商贸流通业的区域协作也将呈现不断加强的态势，即由单一省市走向区域合作。比如，上海国际航运中心建设将带动长三角地区进一步实现“大流通、大贸易、大市场”，环渤海区域积极落实“京津城市流通领域框架协议”，共同打造以京津为核心的区域流通一体化体系。

（二）产业发展态势

1. 邮政仓储运输业

由于东部地区的土地成本高、土地供应紧张，尤其是北京、上海等一线城市尤为明显，一些战略性仓储物流中心正围绕在这些城市的周边形成，而这种趋势将随着物流市场的成熟而加速凸显。如位于北京和天津间高速公路线上的廊坊，为众多服务北京的公司或寻求建立中国北部配送中心的公司提供了发展空间，位于上海和苏州之间的昆山正逐渐发展成为重要仓储物流中心，吸引了包括嘉民、普洛斯、维龙、平谦、宝湾和益商等开发商进驻。

物流业将向着高效化、智能化和绿色化方向迈进。通过提高管理水平，优化物流模式提高物流效率，通过有效利用资源和保护环境实现绿色环保物流，通过推进物流技术创新和应用打造智能物流模式。

2. 批发零售业

首先，在国家扩大内需、收入倍增以及城镇化等战略的推动下，东部地区的批发零售业发展潜力巨大；其次，东部地区的零售业正由百货店、连锁店、超市向电子商务等新型销售渠道延伸，零售业正面临着前所未有的结构性变革；再次，外资零售业的快速扩张将迫使本土零售企业加快整合的步伐；最后，东部地区的零售企业将加快向二、三线城市以及农村市场扩张，同时，东部地区的流通企业“走出去”也会成为趋势。

3. 住宿餐饮业

东部地区住宿餐饮业的发展将趋于品牌化、连锁化，业态创新、管理创新、产品创新将不断出现，并将推动住宿餐饮业走出国门进入海外市场。随着行业的发展，品牌力成为住宿餐饮企业逐鹿市场的关键，连锁加盟模式将会成为更多企业所应用的经营模式；同时，餐饮业态也将朝着多元化的方向发展，休闲餐饮、旅游餐饮、娱乐餐饮、网络订购餐饮等不同业态将更加常见，包括食品产地、施肥施药、采摘时间、检验化验、经销商等在内的多种信息的食品安全追溯系统的建设将大面积推广。

四　促进东部地区商贸流通业发展的战略措施

（一）区域发展政策建议

1. 深化商贸流通管理体制改革，优化政策环境

首先，东部地区要彻底打破行业垄断和地区封锁，配合国家推进电信、铁路、民航、公用事业等垄断行业管理体制改革，进一步放宽市场准入，扩大对内对外开放，建立公平、规范、透明的市场准入标准，鼓励社会资本投入，大力发展民营经济；其次，要推动政府职能由生产投资型向社会服务型转变，实行政企分开，严格界定政府行为边界，大力推进服务业标准化，规范行业秩序，加快行政审批制度改革，清理和精简现有的行政审批事项，加快审批进度、减少审批环节；最后，要进一步完善现代服务业优惠政策，针对区域重点行业及重点项目，在财税、土地、工商登记等多方面出台专项支持政策。

2. 培育大型商贸企业，打造国际知名品牌

首先，要鼓励引导优势企业整合产业链、完善服务链，开展跨行业、跨地区兼并重组，实现集团化、连锁化、多元化、品牌化经营；其次，要推动优势流通企业通过上市、发行债券、股权置换等方式多渠道筹措发展资金，形成多元投资机制，完善法人治理结构，增强发展内生动力；再次，要支持区域内的大型商贸企业走出去，积极开展跨区、跨国经营，建立与国际市场接轨的贸易和物流体系；最后，政府要与企业一道，积极推进自主品牌的建设和推广工作，在东部地区率先打造中国的国际知名商贸企业。

3. 实施城乡协调发展战略，全面推进区域商贸流通经济发展

首先，要加强区域中心城市与农村地区的双向流通，充分发挥城市商业特别是中心城市商业的辐射作用，与新农村、新型城镇化建设有机结合，使城乡消费市场更趋开放活跃，实现城乡联动、和谐发展的新局面；其次，要积极培育农村流通主体，大力发展农村流通合作组织、中介组织，支持和引导大型商贸流通企业积极拓展农村业务，全方位支持中小农村商贸流通企业发展；最后，要加快农村商贸流通体系建设，大力发展农村现代流通方式，建立农资销售网络、农产品购销网络、农民生活服务网络以及农村商务信息服务网络，大力发展农村连锁经营、物流配送、电子商务等现代流通方式。

4. 实施“流通先导”战略，发挥商贸流通业在“调结构”中的基础性作用

随着东部地区经济的快速发展和市场制度的不断完善，商贸流通业的地位也不断上升，其作为国民经济基础产业和引导产业的作用也在逐步加强。商贸流通产业作为生产与消费的衔接环节，与分工和专业化一起，制约着产业机构的演进程度；同时，商贸流通业也是实现消费需求的唯一途径，直接影响着消费结构的升级和消费方式的转变，对于促进地区经济结构调整意义重大。有鉴于此，要加强实施“流通先导”战略，发挥商贸流通业在经济结构调整中的基础性作用，在管理体制、法律法规、组织结构、流通方式、人才培养、科技投入等方面全面推进东部地区商贸流通产业的发展。

（二）产业发展政策建议

1. 邮政仓储运输业

邮政业要以增强主体实力为主线，大力优化产品结构、网络结构和产业组织结构，完善邮政普遍服务体系，统筹城市和农村地区邮政普遍服务协调发展，大力发展快递业务，强化快递服务产品创新，全面提升快递服务能力和服务水平；仓储业要根据市场的多样化需求，合理规划、有序建设现代仓库，要大力支持仓储地产、私人仓库、金融仓储等仓储业经营方式创新，努力提升仓储业服务的专业化水平，做到融入市场，贴近客户，要加强库存控制与增值服务，坚持仓储的精益化管理；交通运输业要强化腹地意识，进一步完善交通网络，培养壮大流通主体，将东部地区的港路优势转化为交通优势，同时要大力发展绿色低碳交通，健全标准体系，逐步形成符合地区交通业实际的节能降耗统计、监测和考核办法。

2. 批发零售业

首先，东部地区批发零售业要加快行业整合，通过企业的兼并重组与连锁经营，提高行业集中度；其次，大型连锁超市要加大自有品牌产品的销售比例，逐步建立自己的物流配送与营销网络体系；再次，要提高批发零售业的技术水平，加快电子商务产业的发展，加强商贸流通信息平台和网络建设，加强公共信息资源的开发和利用，促进产业升级；最后，要加强批发零售业的规范化、标准化建设。

3. 住宿餐饮业

首先，要完善行业发展规划体系，规范行业管理秩序，对住宿餐饮企业的进入、退出、质量管理、价格体系、卫生体系、环保体系、企业等级评定体系、顾客投诉等事项进行规范化运作；其次，要培育和发展集团化连锁，大力推行品牌化经营，通过市场调节整合资源，加强创新，发展壮大住宿餐饮业的市场主体；再次，随着东部地区人工成本等生产要素价格的大幅上升，住宿餐饮行业的发展模式要从粗放型转向集约型，要从外延式发展转向内涵式发展，要大力提升服务质量和企业品位，促进产业的转型升级；最后，要提高员工素质和管理水平，加大电子信息技术在企业流程再造和管理水平提升中的积极作用。

参考文献

荆林波、王雪峰：《我国流通产业发展现状、存在的问题及对策》，《中国流通经济》2012年第2期。

任保平：《统筹城乡商贸流通：态势、机制与模式选择》，《社会科学辑刊》2010年第4期。

时宝国、张育林：《合理构筑我国商贸流通业空间格局研究》，《甘肃社会科学》2011年第5期。

宋则、常东亮、丁宁：《流通业影响力与制造业结构调整》，《中国工业经济》2010年第8期。

宋则：《关于市场成本与流通成本结构变化的研究——商品流通成本绝对上升和相对上升的新趋势》，《价格理论与实践》2012年第7期。

夏春玉、丁涛：《从微笑曲线看流通与结构调整》，《中国流通经济》2012年第1期。

祝合良：《我国商贸流通业自主品牌培育发展思路》，《中国流通经济》2011年第8期。

中部地区商贸流通业发展现状、问题与战略措施

黄　浩*

摘　要： 近些年来中部地区商贸流通业发展形势较好，对经济社会的贡献不断提升，但也存在规模偏小、现代化水平不高、从业人员素质偏低、经营效益下滑等问题。做大做强中部商贸流通业仍需多方着力，多措并举：调整中部地区流通发展布局，要围绕构建中部大开放、大市场、大流通、大贸易的总格局；统筹城乡商贸服务业，促进城乡消费大发展，培育大型骨干商贸企业，扶持微小型商贸企业成长，坚持大中小商贸企业并存发展的格局。

关键词： 中部地区　商贸流通业　优化流通布局

一　中部地区商贸流通业发展现状

（一）总体发展情况

商贸流通业在中部地区的国民经济中占有重要的地位，2011 年商贸流通业增加值占第三产业的比重为 40.9%，占地区生产总值的比重为 13.9%。商贸流通业对促进就业效果显著，就业人数占第三产业的比重在 50% 以上，占全社会就业的比重在 15% 以上。商贸流通业的多种所有制结构的竞争局面，

* 黄浩，经济学博士，中国社会科学院财经战略研究院助理研究员。

必将促进该行业的持续健康发展。

1. 商贸流通业在地区国民经济中占有重要的地位

中部地区的商贸流通业占第三产业的比重在2009～2011年均为40%以上，超过全国水平5个百分点左右，但是占地区生产总值的比重略低于全国水平。在中部地区各省份中，河南和湖南2011年的商贸流通业增加值达到3000亿元以上，其次为湖北，增加值为2828.9亿元，江西最少，仅为1609.7亿元，只有河南的近一半。商贸流通业占地区国民经济的比重在2009～2011年均较为稳定，山西商贸流通业增加值占第三产业和地区生产总值的比重最大，明显高于其他省份，2011年分别达到47.1%和16.6%，江西、河南和湖南的商贸流通业在地区国民经济中的比重有较小幅度的下降（见表1）。

表1　中部地区各省份商贸流通业增加值及其所占比重

单位：亿元，%

地　区	增加值			占第三产业比重			占地区生产总值比重		
	2009年	2010年	2011年	2009年	2010年	2011年	2009年	2010年	2011年
全　国	52829.7	62783.1	74549.9	35.7	36.3	36.4	15.5	15.6	15.8
中　部	10358.0（19.6%）	12327.8（19.6%）	14559.6（19.5%）	40.8	41.4	40.9	14.7	16.9	13.9
山　西	1284.8	1581.2	1864.3	44.5	46.3	47.1	17.5	17.2	16.6
安　徽	1358.2	1608.5	1893.1	37.1	38.4	38.0	13.5	13.0	12.4
江　西	1116.4	1313.8	1609.7	42.3	42.1	41.1	14.6	13.9	13.8
河　南	2407.9	2772.0	3345.6	42.2	42.0	41.9	12.4	12.0	12.4
湖　北	1959.7	2430.4	2828.9	38.2	40.1	39.0	15.1	15.2	14.4
湖　南	2231.0	2621.9	3018.0	41.3	41.2	40.0	17.1	16.3	15.3

注：①据国家统计局可统计的项目，商贸流通业的增加值包括交通运输仓储和邮政业、批发和零售业、住宿和餐饮业三个行业；

②中部地区括号内数字为中部地区商贸流通业增加值占全国商贸流通业增加值的比重；

资料来源：各年份《中国统计年鉴》和《中国第三产业统计年鉴》，比重数据由作者整理。

2. 商贸流通业吸收就业效果显著

河南是商贸流通业吸引就业人数最多的省份，2009～2011年三年间，每年增加就业达到60万人，2011年就业总数超过900万人。湖南的商贸流通业的就业数较稳定，均在700万人左右，山西的就业人员最少，2011年仅为330.1万人，将近河南的1/3，但是商贸流通业的从业人员数占第三产业从业人员数的比重均在50%以上，且比重逐年上升，而差异较大，其中江西比重最大，均在65%以上，2011年更达到70.5%，比湖南高出20.3个百分点。占全社会从业人员的比重也是逐年上升，比重最大的仍为江西，2011年占全社会从业人员的1/4，其次为安徽，在20%左右。河南所占比重最小，2009~2011年分别为13.6%、14.2%和15.0%，低于江西近10个百分点（见表2）。

表2　中部地区各省份商贸流通业从业人员数及其所占比重

单位：万人，%

地　区	从业人员数			占第三产业从业人员比重			占全社会从业人员比重		
	2009年	2010年	2011年	2009年	2010年	2011年	2009年	2010年	2011年
山　西	290.4	309.6	330.1	51.3	51.2	53.1	17.8	18.4	19.0
安　徽	772.6	786.5	829.7	54.2	54.2	55.9	19.4	19.4	20.1
江　西	556.7	594.5	633.3	66.1	68.4	70.5	22.8	23.8	25.0
河　南	808.8	860.8	929.8	53.6	54.6	55.5	13.6	14.2	15.0
湖　北	90.8	88.7	100.8	28.7	27.7	30.1	13.3	12.4	12.4
湖　南	699.0	716.9	699.1	51.9	52.0	50.2	17.8	18.0	17.5

注：湖北从业人员数为城镇单位就业人员数，仅与其他省份数据参考。

资料来源：各省份各年统计年鉴，比重数据由作者整理。

3. 商贸流通业多种所有制结构已经形成

商贸流通领域已是市场化程度最高、竞争最激烈的领域。非公有制流通企业中社会商品零售总额增长较快，中部地区2006~2011年国有企业的商品销售额比重保持在27%左右，有限责任公司的比重上升8.1个百分点，2011年占比达29.5%，私营企业的比重提高5.6个百分点达到20.4%，港澳台商投资企业和外商投资企业均有一定程度的提高。但是相比全国水平，中部地区的批发零售业非公有制企业的比重仍有一定差距，特别是在吸引包括港澳台资企业在内的外商投资企业（见表3）。

表 3　中部地区按注册类型分限额以上批发零售业商品销售额比重

单位：%

地　区	国有企业		有限责任公司		股份有限公司		私营企业		港、澳、台商投资企业		外商投资企业	
	2006年	2011年	2006年	2011年	2006年	2011年	2006年	2011年	2006年	2011年	2006年	2011年
全　国	22.6	17.3	26.8	30.3	18.0	12.4	20.7	24.3	1.7	3.8	6.5	9.1
中　部	27.4	27.7	21.4	29.5	28.0	15.5	14.8	20.4	0.9	1.2	1.2	1.9
山　西	32.9	35.5	20.5	33.5	14.0	8.4	19.4	19.3	0.0	0.2	0.5	0.1
安　徽	20.1	11.6	26.4	31.0	31.9	26.9	12.9	23.4	1.0	0.8	0.0	3.8
江　西	32.5	29.7	21.7	35.4	25.5	15.2	14.7	15.2	1.4	0.6	2.4	1.9
河　南	27.3		20.6		24.3		17.8		0.8		0.7	
湖　北	24.5	37.2	18.7	26.0	40.4	10.4	10.1	16.7	1.3	2.2	1.7	2.2
湖　南	33.3	18.3	22.0	25.5	23.3	21.0	15.8	27.4	0.4	1.4	3.0	1.5

注：中部地区 2011 年各比重中均不包含河南的数据。

资料来源：各年份《中国统计年鉴》和各省份统计年鉴，比重数据由作者整理。

（二）产业发展情况

1. 交通运输仓储和邮政业

交通运输、仓储和邮政业在商贸流通业中以 20% 左右的从业人员产出了 30% 左右的增加值，占全国该行业的增加值比重为 20%。随着国家基础设施建设的放缓，固定资产投资增速下降，已有基础设施建设成效显著，客货运量比重持续提升。

（1）在商贸流通业中地位下降。

中部地区的交通运输仓储和邮政业增加值从 2009 年的 3557.3 亿元增加到 2011 年的 4633.3 亿元，占全国的比重稳定在 21% 以上，与全国发展趋势一致，在商贸流通业中所占的比重有所下降，从 34.3% 下降到 31.8%，减少 2.5 个百分点。

中部各省份中，河南的交通运输仓储和邮政业的增加值较大，其次为湖南和湖北；山西的增加值占商贸流通业的比重最大，超过 40%，其余省份均在 30% 左右，但是仍高于全国水平；河南增加值最大，但是在商贸流通业中的比重最小；交通运输仓储和邮政业的增加速度从 2009 年到 2010 年有较大幅度的增加，但是在 2011 年又趋于稳定（见表 4）。

表 4　中部地区交通运输仓储和邮政业增加值一览

单位：亿元，%

地　区	增加值			占商贸流通业比重			增加值增速		
	2009 年	2010 年	2011 年	2009 年	2010 年	2011 年	2009 年	2010 年	2011 年
全　国	16727.11	18968.5	21931.9	31.7	30.2	29.4	4.2	8.9	9.4
中　部	3557.3（21.3%）	4086.5（21.5%）	4633.3（21.1%）	34.3	33.1	31.8	—	—	
山　西	523.4	654.1	756.3	40.7	41.4	40.6	3.3	7.1	
安　徽	467.9	527.0	589.8	34.5	32.8	31.2	5.4	11.0	10.0
江　西	394.9	446.2	507.4	35.4	34.0	31.5	1.1	12.5	6.3
河　南	823.6	873.3	961.5	34.2	31.5	28.7	2.7	5.3	7.7
湖　北	642.7	753.6	869.5	32.8	31.0	30.7	3.7	10.6	—
湖　南	704.8	832.3	948.8	31.6	31.7	31.4	6.8	13.3	12.6

注：中部地区括号内数字为中部地区交通运输仓储和邮政业增加值占全国相应数据的比重。

资料来源：各年份《中国统计年鉴》和《中国第三产业统计年鉴》和各省份统计年鉴，比重数据由作者整理。

（2）就业吸引力下降。

中部地区各省份的交通运输仓储和邮政业的就业吸引能力下降，占商贸流通业从业人员的比重下降，且均在 30% 以下，江西更是小于 15%。河南、安徽和湖南的从业人员总数较大，2011 年分别达到 217.8 万人、171.7 万人和 170.1 万人，但是占商贸流通业的比重不大，为 20% ~25%，山西从业人员数不到 100 万人，但是占商贸流通业的比重是中部六省份中最大的，接近 30% 的水平（见表 5）。

表 5　中部地区交通运输仓储和邮政业从业人员一览

单位：万人，%

地　区	从业人员			占商贸流通业比重		
	2009 年	2010 年	2011 年	2009 年	2010 年	2011 年
山　西	86.9	88.6	91.6	29.9	28.6	27.7
安　徽	166.2	168.8	171.7	21.5	21.5	20.7
江　西	74.0	84.9	82.6	13.3	14.3	13.0
河　南	207.7	213.1	217.8	25.7	24.8	23.4
湖　北	37.6	31.7	31.7	41.4	35.7	31.5
湖　南	163.1	165.4	170.1	23.3	23.1	24.3

注：湖北从业人员数为城镇单位就业人员数，仅与其他省份数据参考。

资料来源：各省份各年统计年鉴，比重数据由作者整理。

（3）客货运量比重提升。

中部地区客运量从2009年的62.7亿人增加到2011年的78.1亿人，增速为24.6%，高出全国增速6个百分点，占全国的比重增加1个百分点。2011年旅客周转量为7775.0亿人公里，其间增速与全国保持一致，占全国比重为25.1%。货运量和货物周转量2011年分别为103.1亿吨和30193.6亿吨公里，其间增速分别为33.9%和35.5%，分别高出全国增速3个百分点和5个百分点，占全国比重分别提高0.6%和0.8%。

河南和安徽的客货运量在中部地区占有较大比重，湖南客运量表现较好，其余省份与河南和安徽有较大差距（见表6）。

表6　中部地区客运量和货运量情况一览

地　区	客运量（亿人）		旅客周转量（亿人公里）		货运量（亿吨）		货物周转量（亿吨公里）	
	2009年	2011年	2009年	2011年	2009年	2011年	2009年	2011年
全　国	297.7	352.6	24834.9	30984.0	282.5	369.7	122133.3	159323.6
中　部	62.7（21.1%）	78.1（22.1%）	6232.4（25.1%）	7775.0（25.1%）	77.0（27.3%）	103.1（27.9%）	22280（18.2%）	30193.6（19.0%）
山　西	3.6	3.9	352.1	415.8	11.0	13.4	2390.4	3062.5
安　徽	14.1	18.6	1302.6	1627.2	19.7	26.8	6321.7	8446.4
江　西	7.0	7.9	790.1	941.4	8.6	11.2	2334.2	2985.1
河　南	14.4	19.3	1615.1	1989.1	17.0	24.1	6154.0	8530.8
湖　北	9.4	11.2	938.9	1236.2	7.9	10.7	2566.4	3798.8
湖　南	14.1	17.1	1233.4	1565.4	12.9	16.9	2513.3	3370.0

注：中部地区括号内数字为中部地区数据占全国相应数据的比重。

资料来源：各年份《中国统计年鉴》。

（4）邮政业务总量与全国差距扩大。

中部地区邮政业务总量从2006年的159.6亿元增加到2010年的316.6亿元，增速为98.4%，同期全国增速为171.8%，中部地区邮政业务总量占全国比重从21.8%下降到15.9%。2006～2008年是中部地区邮政业务发展严重落后全国的时期，全国增速91.9%是中部地区34.9%的2.6倍，2008～2010年中部地区增速快于全国增速5.4个百分点。2011年中部地区邮政业务总量占全国比重仅为14.7%，与全国水平差距增大。

中部地区各省份中，江西、山西和湖南在2006～2010年邮政业务总量增速小于中部地区平均水平，安徽和湖北增速略接近于中部地区增速，河南是中部地区增速唯一与全国增速较接近的省份，与全国水平不同的是，2008～2010年的增速明显高于2006～2008年的增速（见表7）。

表7　中部地区邮政业务情况一览

单位：亿元，%

地区	邮政业务总量				增速		
	2006年	2008年	2010年	2011年	2006～2008年	2008～2010年	2006～2010年
全国	730.5	1401.8	1985.3	1607.7	91.9	41.6	171.8
中部	159.6 (21.8%)	215.3 (15.4%)	316.6 (15.9%)	236.4 (14.7%)	34.9	47.0	98.3
山西	22.9	32.0	39.2	26.3	39.6	22.6	71.1
安徽	23.2	32.4	45.9	36.8	39.9	41.6	98.2
江西	22.0	27.5	36.9	28.2	25.2	33.9	67.7
河南	36.5	49.3	89.8	62.8	35.1	82.0	145.9
湖北	28.4	38.7	55.7	42.9	36.3	43.9	96.1
湖南	26.6	35.3	49.0	39.5	32.8	38.8	84.2

注：①中部地区括号内数字为中部地区数据占全国相应数据的比重；
②2011年邮政业务总量按2001年不变价格计算，其余年份为当年价；
③增速按当年价计算。
资料来源：各年份《中国统计年鉴》。

2. 批发和零售业

中部地区批发和零售业在商贸流通业中具有重要地位，增加值占到该产业的50%以上，但是仅占全国批发和零售业增加值的17%，快速发展的行业吸引了大量的从业人员，固定资产投资增速加快，社会消费品零售总额持续增长。具体来看，批发业的发展慢于全国，零售业增长势头强劲，连锁零售业和亿元以上商品市场发展迅速。

（1）连锁零售业增长快于全国，在零售业中比重下降。

中部地区连锁零售业在总店数和门店总数方面增速慢于全国水平，特别是连锁零售业的总店出现了负增长，从2009年的532个减少为2011年的507个，占全国比重从22.9%减少为21.0%，同期门店总数增加了1.5%，到2011年为30253个，占全国比重为15.5%，低于2009年1.2个百分点。而零售营业面积和商品销售额方面的增速好于全国水平，年末零售营业面积从

2009 年的 1948.8 万平方米增加到 2011 年的 2501.2 万平方米，年均增速 13.3%，高于全国水平 5.7 个百分点，占全国比重从 16.5% 提高到 18.3%，同期商品销售额从 3224.5 亿元增加到 5297.6 亿元，年均增速 28.2%，高于全国水平 3.6 个百分点，占全国比重从 14.5% 增加到 15.4%。

中部地区各省份中，只有山西和江西的连锁零售业总店数分别增加了 3 个，其余省份均有不同程度的减少；河南和湖北的连锁零售业总店数最多，2011 年分别占到中部地区的 27.8% 和 20.9%。门店总数中，河南和湖北有不同程度的下降，安徽是中部地区门店总数最多的省份，占到中部地区的 29.1%，湖南门店总数增速最快，从 2009 年的 3719 个增加到 2011 年的 5548 个，年均增速 22.1%。年末零售营业面积和商品销售额各省均有较大程度增加，湖北和河南的零售营业面积最大，均超过 550 万平方米，安徽和湖北的商品销售额最大，是仅有的两个超千亿元的省份，山西零售营业面积仅有 122.4 万平方米，商品销售额为 328.2 亿元，分别仅占中部地区的 4.9% 和 6.2%。中部地区连锁零售业的商品销售额在零售业中的比重有一定程度的下降，从 2009 年的 48.1% 下降到 2011 年的 42.9%，下降了 5.2 个百分点。各省份除江西外，所占比重也出现不同程度的下降（见表 8）。

表 8　中部地区连锁零售业基本情况

地区	总店数（个）			门店总数（个）			年末零售营业面积（万平方米）			商品销售额（亿元）		
	2009 年	2011 年	增速（%）	2009 年	2011 年	增速（%）	2009 年	2011 年	增速（%）	2009 年	2011 年	增速（%）
全　国	2327	2411	1.8	175677	195779	5.6	11809.2	13670.7	7.6	22240.0	34510.7	24.6
中　部	532（22.9%）	507（21.0%）	-2.4	29340（16.7%）	30253（15.5%）	1.5	1948.8（16.5%）	2501.2（18.3%）	13.3	3224.5（14.5%）	5297.6（15.4%）	28.2
山　西	40	43	3.7	2031	2376	8.2	116.0	122.4	2.7	209.3	328.2	25.2
安　徽	67	64	-2.3	7622	8811	7.5	318.8	455.2	19.5	804.3	1341.9	29.2
江　西	66	69	2.2	2270	2996	14.9	170.6	292.2	30.9	390.3	901.2	51.9
河　南	160	141	-6.1	8249	5719	-16.7	483.5	569.8	8.6	474.9	720.6	23.2
湖　北	108	106	-0.9	5449	4803	-6.1	485.4	575.7	8.9	762.0	1189.8	25.0
湖　南	91	84	-3.9	3719	5548	22.1	374.5	486.0	13.9	583.7	816.1	18.2

注：①中部地区括号内数字为中部地区批发和零售业法人企业和商品销售额占全国相应数据的比重；②销售额年均增速未剔除价格因素；

资料来源：各年份《中国统计年鉴》，比重数据由作者整理。

（2）亿元以上商品市场发展迅速。

中部地区亿元以上商品交易市场的发展好于全国水平，但是相比市场容量仍较小，各项数据占全国比重均低于20%。市场数量从2009年的802个增加到2011年的937个，年均增速为8.1%，高于全国年均增速4个百分点，占全国市场数量的比重从17.1%提高到18.5%，摊位数从50.1万个增加到57.9万个，年均增速7.6%，超出全国年均增速2.1个百分点，占全国摊位数比重提高0.7个百分点，营业面积从3356.7万平方米增加到4103.8万平方米，年均增速10.6%，超过全国年均增速4.3个百分点，占全国营业面积的比重提高1.2个百分点，成交额从6831.4亿元增加至9984.0亿元，年均增速20.9%，超出全国年均增速1.9个百分点，占全国成交额比重提高0.4个百分点。

湖南是中部地区亿元以上商品市场发展最好的省份，市场数量为313个，占中部地区比重为33.4%，摊位数占中部地区比重为31.4%，营业面积和成交额占比分别为23.6%和24.9%。河南的亿元以上商品交易市场发展势头良好，各项指标的增速在中部地区均位于前列，摊位数、营业面积和成交额增速均明显高于其他省份（见表9）。

表9　中部地区亿元以上商品交易市场基本情况

地　区	市场数量（个）			摊位数（万个）			营业面积（万平方米）			成交额（亿元）		
	2009年	2011年	增速（%）	2009年	2011年	增速（%）	2009年	2011年	增速（%）	2009年	2011年	增速（%）
全　国	4687	5075	4.1	299.5	333.5	5.5	23230.3	26234.5	6.3	57963.8	82017.3	19.0
中　部	802（17.1%）	937（18.5%）	8.1	50.1（16.7%）	57.9（17.4%）	7.6	3356.7（14.4%）	4103.8（15.6%）	10.6	6831.4（11.8%）	9984.0（12.2%）	20.9
山　西	42	40	-2.4	2.9	3.0	1.8	239.7	253.9	2.9	346.6	497.9	19.9
安　徽	133	135	0.7	8.0	9.4	8.5	714.5	909.1	12.8	1399.1	2190.9	25.1
江　西	88	95	3.9	6.0	6.5	4.3	331.4	359.4	4.1	1047.6	1317.2	12.1
河　南	140	178	12.8	9.7	12.7	14.4	749.8	1052.8	18.5	1158.0	2030.3	32.4
湖　北	136	176	13.8	7.3	8.1	5.6	513.9	561.5	4.5	1173.4	1459.1	11.5
湖　南	263	313	9.1	16.2	18.2	6.1	807.4	967.1	9.4	1706.7	2488.6	20.8

注：①中部地区括号内数字为中部地区市场数量、摊位数、营业面积和成交额占全国相应数据的比重；

②成交额年均增速未剔除价格因素。

资料来源：各年份《中国统计年鉴》，比重数据由作者整理。

3. 住宿和餐饮业

住宿和餐饮业在商贸流通业中的地位保持稳定，仅占不到20%的增加值，但是在全国来看比重却持续上升。从业人员增长缓慢，固定资产投资减少，均慢于全国水平。经营指标发展优于全国水平，连锁餐饮业发展迅速。

（1）住宿和餐饮业经营指标发展势头优于全国。

中部地区限额以上住宿和餐饮业的各项指标发展均优于全国，住宿业法人企业数从2009年的2978个增加到2011年的3404个，年均增速6.9%，高出全国0.2个百分点，占全国住宿业法人企业数从20.5%增加到20.6%；住宿业营业额从334.2亿元增加到516.5亿元，年均增速24.3%，高出全国4.2个百分点，占全国住宿业营业额从14.8%增加到15.8%；餐饮业法人企业个数从3905个增加到4289个，年均增速4.8%，高出全国0.5个百分点，占全国比重从18.9%提高到19.1%；餐饮业营业额从356.2亿元增加到533.6亿元，年均增速22.4%，高出全国水平3.3个百分点，占全国比重从13.3%提高到14%。

河南是中部地区住宿业和餐饮业法人企业数最多的省份，2011年分别为953个和1410个，占中部地区企业数分别为28.0%和32.9%，但是其营业额并不具有明显优势，住宿业营业额为122.3亿元，少于湖南省的127.5亿元，餐饮业营业额132.3亿元，仅多出湖北省1.3亿元。住宿业营业额仅湖南和河南超出百亿元，餐饮业营业额也仅有河南和湖北超出百亿元（见表10）。

表10　中部地区限额以上住宿业和餐饮业基本情况

地区	住宿业法人企业(个)			住宿业营业额(亿元)			餐饮业法人企业(个)			餐饮业营业额(亿元)		
	2009年	2011年	增速(%)	2009年	2011年	增速(%)	2009年	2011年	增速(%)	2009年	2011年	增速(%)
全国	14498	16506	6.7	2260.7	3261.9	20.1	20694	22496	4.3	2686.4	3809.0	19.1
中部	2978 (20.5%)	3404 (20.6%)	6.9	334.2 (14.8%)	516.5 (15.8%)	24.3	3905 (18.9%)	4289 (19.1%)	4.8	356.2 (13.3%)	533.6 (14%)	22.4
山西	327	400	10.6	41.5	64.3	24.5	311	498	26.5	44.9	81.0	34.3
安徽	373	459	10.9	43.7	67.2	24.0	499	729	20.9	41.2	72.2	32.4
江西	288	372	13.7	29.1	48.8	29.5	266	251	-2.9	24.7	32.0	13.8
河南	900	953	2.9	85.8	122.3	19.4	1622	1410	-6.8	98.7	132.3	15.8
湖北	476	567	9.1	47.8	86.4	34.4	657	930	19.0	81.4	131.0	26.9
湖南	614	653	3.1	86.3	127.5	21.5	550	471	-7.5	65.3	85.1	14.2

注：①中部地区括号内数字为中部地区住宿和餐饮业法人企业和营业额占全国相应数据的比重；②营业额年均增速未剔除价格因素。

资料来源：各年份《中国统计年鉴》，比重数据由作者整理。

（2）连锁餐饮企业发展迅速，在餐饮业中比重稳定。

中部地区连锁餐饮企业总店数从2009年的75个增加到2011年的86个，年均增长7.1%，高出全国年均增速6.9个百分点，占全国总店数的比重较大，从17.6%增加到20.1%，但是门店数和营业额在全国的比重则相对较小，门店总数从892个增加到1164个，年均增速14.2%，高出全国5.3个百分点，占全国门店数比重从6.5%增加到7.1%；营业额从66.5亿元增加到95.0亿元，年均增速19.6%，高出全国6.7个百分点，占全国营业额比重从7.6%增加到8.5%。连锁餐饮企业营业额占餐饮业营业额的比重从18.8%下降到17.8%，减少1个百分点。

中部地区各省份中，湖北和河南的连锁餐饮业总店数最多，分别为31个和21个，湖南为11个，其余省份都在10个以下；门店数最多的湖北省，为360个，远远高于其他省份；安徽的总店数个数仅为8个，但是门店数却达到256个，仅次于湖北；湖南和河南门店数也都接近200个；营业额中，湖北为41.5亿元，将近中部地区的50%，湖南、河南和安徽也都超过10亿元的营业额；湖北连锁餐饮的营业额在餐饮业营业额中的比重超过30%，江西达到25%，河南仅有7.9%。

表11　中部地区连锁餐饮企业情况

地区	总店数(个)			门店数(个)			营业额(亿元)			营业额占比(%)	
	2009年	2011年	增速(%)	2009年	2011年	增速(%)	2009年	2011年	增速(%)	2009年	2011年
全　国	426	428	0.2	13739	16285	8.9	879.3	1120.4	12.9	32.7	29.4
中　部	75 (17.6%)	86 (20.1%)	7.1	892 (6.5%)	1164 (7.1%)	14.2	66.5 (7.6%)	95.0 (8.5%)	19.6	18.8	17.8
山　西	6	6	0.0	79	95	9.7	7.6	9.1	9.8	16.8	11.2
安　徽	7	8	6.9	144	256	33.3	6.7	10.2	23.4	16.2	14.1
江　西	9	9	0.0	68	78	7.1	5.0	8.0	26.8	20.2	25.0
河　南	16	21	14.6	164	180	4.8	7.6	10.4	17.0	7.7	7.9
湖　北	27	31	7.2	284	360	12.6	30.4	41.5	16.9	37.3	31.7
湖　南	10	11	4.9	153	195	12.9	9.3	15.9	30.4	14.3	18.7

注：①中部地区括号内数字为中部地区连锁餐饮业各项指标占全国相应数据的比重；
②营业额年均增速未剔除价格因素；
③营业额占比指连锁餐饮企业营业额占餐饮业营业额比重。
资料来源：各年份《中国统计年鉴》，比重数据由作者整理。

二 中部地区商贸流通业发展面临的问题

（一）商贸流通业在地区经济中的地位有待提升

中部地区商贸流通业增加值占全国商贸流通业增加值不到20%，在国民经济中所占的比例仍然较小，对国民经济结构调整、发展方式转变等方面的作用没有得到充分发挥。其中，批发和零售业增加值占比最小，仅为17.2%，其次为交通运输仓储和邮政业，增加值占比为21.1%，住宿和餐饮业增加值占比最大，也只有26.6%。

但是，这三个产业部门在商贸流通业中的地位与其占全国同产业部门的比重则刚好相反，批发和零售业是商贸流通业中最主要的产业部门，在中部地区其增加值占到50%左右，2011年为51.4%，全国为58.3%，东部地区更是高达62.0%。中部地区交通运输仓储和邮政业增加值与住宿和餐饮业增加值占商贸流通业的比重均略高于这两个产业部门在全国的比重，分别高出东部地区4.5个百分点和6个百分点。

中部地区商贸流通业增加值占第三产业增加值的比重达到40.9%，高出全国36.4%的水平4.5个百分点，略超出东部地区1.3个百分点。但是，中部地区商贸流通业增加值占地区生产总值的比重在14%左右，分别低于全国15.8%的水平将近2个百分点和东部地区17.8%的水平将近4个百分点。中部地区商贸流通业在第三产业中占比较大，是因为中部地区第三产业中的其他行业部门的增加值较小，而在所有产业部门中，中部地区商贸流通业对地区经济的贡献仍略显不足，对地区经济的带动作用仍有待提升（见表12）。

（二）中部地区劳动生产率较低，且各省份差异较大

中部地区商贸流通业中各产业部门的劳动生产率均明显低于东部地区，仅为东部地区的一半左右。其中，中部地区交通运输仓储和邮政业人均劳动生产率为52964.6元/人，是东部地区109495.3元/人的48.4%；最高的是安徽为79727.0元/人，仅高出东部地区的海南，最低的是河南为44146.3元/人，是安徽的55.4%。中部地区批发和零售业人均劳动生产率为28349.0元/人，是东部地区81046.9元/人的35.0%；最高的是湖南为49154.0元/人，低于东

表 12　中部地区商贸流通业及各组成产业增加值情况

项　目		全　国		东　部		中　部	
		2009 年	2011 年	2009 年	2011 年	2009 年	2011 年
商贸流通业	增加值(亿元)	52829.7	74549.9	33083.7	48263.1	10358.0	14559.5
	占第三产业比重(%)	35.7	36.4	38.1	39.6	40.8	40.9
	占地区生产总值比重(%)	15.5	15.8	16.8	17.8	14.7	13.9
	占全国比重(%)	—	—	62.6	64.7	19.6	19.5
交通运输仓储和邮政业	增加值(亿元)	16727.1	21931.9	9643.6	13192.8	3557.3	4633.4
	占商贸流通业比重(%)	31.7	29.4	29.1	27.3	34.3	31.8
	占全国比重(%)	—	—	57.7	60.2	21.3	21.1
批发和零售业	增加值(亿元)	28984.5	43445.2	19628.6	29905.8	5103.1	7490.6
	占商贸流通业比重(%)	54.9	58.3	59.3	62.0	49.3	51.4
	占全国比重(%)	—	—	67.7	68.8	17.6	17.2
住宿和餐饮业	增加值(亿元)	7118.2	9172.8	3811.5	5164.5	1697.6	2435.6
	占商贸流通业比重(%)	13.5	12.3	11.5	10.7	16.4	16.7
	占全国比重(%)	—	—	53.5	56.3	23.8	26.6

资料来源：各年份《中国统计年鉴》和《中国第三产业统计年鉴》，比重数据由作者整理。

部地区所有省份，最低的是山西为 18401.4 元/人，是湖南的 37.4%。中部地区住宿和餐饮业人均劳动生产率为 25760.3 元/人，是东部地区 44075.6 元/人的 58.4%；最高的是河南为 45207.4 元/人，排名高于东部地区的山东、浙江和海南，最低的是山西为 17862.6 元/人，是河南的 39.5%（见表 13）。

表 13　东中部地区商贸流通业各产业部门人均劳动生产率（2011 年）

单位：元/人

交通运输仓储和邮政业			批发和零售业			住宿和餐饮业		
排名	省份	人均劳动生产率	排名	省份	人均劳动生产率	排名	省份	人均劳动生产率
1	天津	227129.0	1	上海	167400.1	1	上海	59144.6
2	上海	149348.1	2	天津	134178.7	2	广东	55901.9
3	广东	128729.4	东　部		81046.9	3	天津	55752.4
4	河北	111249.9	3	山东	81291.4	4	河南	45207.4
东　部		109495.3	4	浙江	71965.4	5	山东	45093.6
5	山东	91560.4	5	广东	71730.1	东　部		44075.6
6	浙江	82894.9	6	河北	54546.9	6	浙江	41543.9
7	安徽	79727.0	7	海南	51678.8	7	海南	37562.2

续表

交通运输、仓储和邮政业			批发和零售业			住宿和餐饮业		
排名	省份	人均劳动生产率	排名	省份	人均劳动生产率	排名	省份	人均劳动生产率
8	海南	72825.2	8	湖南	49154.0	中部		25760.3
9	江西	61433.4	9	安徽	29775.8	8	河北	22308.5
10	湖南	55793.2	10	河南	29622.3	9	湖南	21324.4
中部		52964.6	中部		28349.0	10	江西	21008.1
11	山西	45504.8	11	江西	19713.5	11	安徽	19450.3
12	河南	44146.3	12	山西	18401.4	12	山西	17862.6

注：东、中部地区其他省份因为数据缺失未列出。

资料来源：各省份统计年鉴2012。

三　中部地区商贸流通业发展趋势

中国经济发展不平衡，应该结构性区分不同区域的商贸流通业发展阶段，在快速城镇化支持、产业转移及大幅财政支持下，中部地区的商贸流通业形势显著好于东部沿海地区，未来市场仍具备较大发展空间。当地居民收入提升及消费人口基数的扩大，产生了对商业流通业更强的需求，对商贸流通业供给消化能力也较东部沿海地区要强。虽然一些中部省会中心城市在过去几年间一直成为投资的热土，甚至出现了商业供给的阶段性饱和。但由于我国商品流通业上游的区域分割体制在一定时间内仍强势且难以逾越，中部商业龙头在其核心城市受到冲击时，可以通过省内渠道下沉来进行缓解，从而充分利用全省的潜在消费能力协助企业进入新的发展阶段。

（一）城市群促进

中国人口基数庞大，单独发展沿海大城市显然会导致城市资源和功能的过度使用和效率低下。中国过去5年在推进城镇化的同时坚持优化沿海城市功能和发展中西部核心城市及城市群，促进区域协调发展，以城市群为核心的空间发展格局基本形成。2010年底出台的《全国主体功能区规划》将主要属于中西部地区的18片区域列为国家层面重点开发区域，“十二五”期间，这些重点开发区域正在成为新的区域经济增长点，将在集聚人口和产业方面发挥重要作用。

中部地区的重点开发区域为太原城市群（山西省）、江淮地区（安徽省）、中原经济区（河南省）、长江中游地区（湖北省的武汉城市圈、湖南省的长株潭城市群和江西省昌九城市带），每个省份均有各自的重点发展区域，是中部地区的经济增长点。

东部沿海地区城市群占其所在区域地区生产总值的比重均在80%以上，京津冀城市群更是高达90%，中部4个城市群中仅有江淮地区、中原经济区和长江中游地区武汉城市圈的比重在50%以上，这也与各城市群占其所在区域面积的比重相关。城市群人口规模与经济规模也有较大相关性。中部地区中仅有长株潭城市群人均GDP接近5万元，超过东部地区的京津冀城市群。地均GDP中，中原经济区和长株潭城市群超过2000元/平方公里，与京津冀城市群相当，但与长三角和珠三角相比仍有较大差距（见表14）。

中部地区城市群商贸流通业发展在总量和人均指标上均远远落后于东部地区，未充分发挥城市群经济效益。

中部地区各城市群社会消费品零售总额、客运量、货运量和邮电业务总量远远小于东部地区的同类指标，其分别占所在区域的比重同比也远小于东部地区的水平。但人均指标的社会消费品零售总额和邮电业务总量占其所在区域的比重反而接近或超过东部地区的同类指标。长株潭城市群及其所在的长江中游地区该两项指标最大，而总量指标却相比在城市群中排名较低，说明该区域存在较大的区域经济差异，城市群地区与其所在区域的消费能力存在较大不平衡。

（二）城镇化推动

中国正处于大规模农村劳动力向城镇转移和城镇间劳动力流动并存的发展阶段。2005年以来的中西部区域引领的城镇化步伐也是城市间资源分配的客观结果，随着中部经济的快速发展，其与东部沿海城市之间的资源禀赋差异在日益减小，对居住人群吸引力不断提升。中部快速的城镇化进程为当地社会消费提供充分人群基数，从而也增加了对商贸流通业的需求。未来10年，国家重点培育的城市群和城镇化地区将是城镇新增人口的重要吸纳地，预计将吸纳一半左右的城镇新增人口。

表 14 中部和东部城市群及其所在区域商贸流通业发展比较（2010 年）

项目		京津冀城市群	长三角城市群	珠三角城市群	太原城市群	江淮地区	中原经济区	长江中游地区			
								总计	武汉城市群	长株潭城市群	昌九工业带
社会消费品零售总额（亿元）	城市群	14457.8	23956.5	12976.7	1495.7	2961.9	4547.6	7946.9	4349.9	2548.0	1049.0
	所在区域	15953.6	29840.4	17920.9	3223.7	4151.5	7831.6	15029.3	6354.1	5722.5	2952.7
	比重	0.91	0.80	0.72	0.46	0.71	0.58	0.53	0.68	0.45	0.36
人均社会消费品零售总额（元）	城市群	17233.9	22248.9	23104.7	10491.3	8291.5	10935.6	14804.5	14383.1	18666.3	10720.0
	所在区域	15260.7	19105.8	17164.1	9019.6	6969.5	8326.6	8969.4	11101.2	8709.9	6617.1
	比重	1.13	1.16	1.35	1.16	1.19	1.31	1.65	1.30	2.14	1.62
客运量（亿人）	城市群	23.2	34.9	39.3	1.5	11.0	7.9	12.4	5.1	5.2	2.1
	所在区域	25.6	49.6	46.8	4.1	16.0	16.5	33.7	9.6	16.3	7.8
	比重	0.91	0.70	0.84	0.35	0.69	0.48	0.37	0.53	0.32	0.27
货运量（亿吨）	城市群	17.5	33.6	15.0	4.5	15.5	10.0	12.1	5.9	4.4	1.8
	所在区域	21.5	44.5	20.0	12.5	23.1	20.2	36.7	9.8	16.8	10.2
	比重	0.81	0.76	0.75	0.36	0.67	0.49	0.33	0.60	0.26	0.18
邮电业务总量（亿元）	城市群	2597.0	2269.9	3949.5	340.6	201.3	840.5	600.4	414.5	127.6	58.2
	所在区域	2895.3	2686.3	4832.9	713.1	300.3	1506.9	1083.9	542.6	357.3	184.1
	比重	0.90	0.84	0.82	0.48	0.67	0.56	0.55	0.76	0.36	0.32
人均邮电业务总量（元）	城市群	3095.7	2108.1	7031.9	2389.1	563.5	2021.1	1118.4	1370.7	934.7	595.1
	所在区域	2769.5	1719.9	4628.9	1995.2	504.2	1602.1	646.9	947.9	543.8	412.5
	比重	1.12	1.23	1.52	1.20	1.12	1.26	1.73	1.45	1.72	1.44

注：①中原经济区客运量和货运量总量未包括济源市；

②长江中游地区和武汉城市圈客运量和货运量总量未包括仙桃市、潜江市和天门市。

资料来源：各省份统计年鉴 2012。

中部地区城市群的城镇化率处在50%以上的水平，处于城镇化快速发展时期，与东部地区的长三角城市群69.8%和珠三角城市群82.7%的城镇化率相差较大，低于东部城市群20~30个百分点，在其所在区域的城镇化率也存在同样关系。各区域城镇化水平仅有太原城市群达到50.0%，武汉城市群为49.7%，低于东部地区10~20个百分点。随着东部地区城镇化发展渐近结束，中部将是未来城镇化发展的主要地区。

城镇化率与地区经济、居民收入和商贸流通业各指标均存在较大的相关性，提高城镇化率能有效促进地区经济发展，提高居民收入，推动商贸流通业繁荣健康发展。

城镇化率与省份经济中的指标存在较大的相关性，与全部省份的人均GDP、农村居民人均纯收入、城镇居民人均可支配收入、人均社会消费品零售总额和人均邮电业务总量的相关性均较大，且与东部地区省份的相关性大于中部地区省份，说明城镇化水平较高的地区，其经济发展水平较为协调，随着中部地区城镇发展，未来对经济发展的推动力量将是巨大的。

（三）收入倍增计划拉动

2012年11月中国共产党第十八次代表大会报告中提出收入倍增计划，具体是指“2020年实现国内生产总值和城乡居民人均收入比2010年翻一番”。收入倍增计划中收入倍增者指的是中低收入者的收入翻一番。实现收入倍增的途径主要有三个：一是转变经济增长方式，二是实现高质量的就业，三是抓好收入分配。

中部地区农村和城镇居民收入仍然与东部地区有较大差距，但已经达到经验数据表明的对服务业需求快速增加的阶段。

随着居民收入的快速递增，对服务业的需求也随之增多，以城市群来衡量的城镇居民可支配收入与商贸流通业之间的相关性均较大，而东部城市的相关性高于中部城市，说明较高收入群体与商贸流通业之间的正向相关性较大。随着收入倍增计划的提出，中部地区居民收入快速增加，必将拉动中部地区商贸流通业发展。

（四）产业转移升级刺激

2008年金融危机之后，国际国内产业分工深刻调整，我国东部沿海地区产业向中西部转移加快。2010 年 9 月国务院出台了《关于中西部地区承接产业转移的指导意见》，引导和支持中西部发挥自身资源优势，加快承接产业转移。

产业转移，投资先行。2005 年以来，我国中西部地区固定资产投资增速持续高于全国均值 15 ~ 20 个百分点。要素成本大幅提升成为东部劳动密集型产业向内陆中西部地区转移的主要动力。在产业转移背景下，中西部地方政府加大承接力度，财政支出倾向于加强上下游产业链配套物业，及当地劳动力要素回报率改善上。持续的投入带来了配套环境的改善和东部人才的回流，提升了当地消费意识和水平。

随着国家交通网络的完善和城市化进程的加速，全国被整合为同一个市场，为企业规模化生产与商品规模化流通奠定了基础。商贸流通业作为一个满足终端需求并承担为制造端销货职能的渠道，其发展必然要与上下游的发展特点相匹配。随着中部地区产业转移承接的逐步实施，必将刺激中部地区商贸流通业的发展。

“微笑曲线”的产业规律决定了流通产业地位的提升，指出了在产业链中上游研究开发和原料零件以及下游流通渠道、售后服务等利润相对较大，而中间的组装加工生产制造环节利润较小，企业如果要获得更多的附加值，就必须向两端延伸——要么向上游的“研究与开发”延伸，要么向下游“流通渠道端的销售、传播、网络及品牌”延伸。微笑曲线理论在微观上对于企业用于行业分析制定发展战略、在宏观上对于国家制定产业政策和流通产业政策具有重要的指导作用。

四　促进中部地区商贸流通业发展的战略措施

（一）合理进行商贸布局，整合中部流通资源

调整中部地区流通发展布局，要围绕构建中部大开放、大市场、大流通、大贸易的总格局。通过发展要使中部地区流通业的各组成部分增长速度，达到全国平均增长水平，从增速上填平与全国发展水平的落差，其中某些领域，如城乡一体化劳动力市场建设，物流基础设施建设，粮食及鲜活农副产品市场建设，以煤炭为主体的能源交易市场建设，有色、黑色金属交易市场建设，现代

装备制造交易市场建设，应成为中部乃至全国流通经济的新亮点。

在流通发展的区域布局上，着力于合理分布市场主体功能区，即依据地理交通优势、产业特征、现有基础和发展潜力，合理确定中部区域大中城市的市场功能定位，形成重点突出，层次分明，结构协调的整体区域布局。要提升区域中心城市的市场吸引力、辐射力、带动力，形成特色突出，布局合理、功能强劲的物流枢纽。要针对城市发展的定位，对次区域中心城市可突出流通业的一个或几个方面进行布局，形成次物流枢纽城市。

在中部崛起的大形势下，没有中部流通资源的有效整合，就没有中部大流通、大市场、大贸易格局的形成。整合流通资源，从政府层面来说，主要从改变工作职能入手，打破地区封锁、市场垄断、废除乱收费、乱罚款、乱摊派、改变职能交叉，建立共同协商、互通有无、互利互惠、长期合作的施政机制。从企业层面上说，要在市场、信息、设施共享的基础上，开展多边、双边合作，鼓励企业间生产要素的流通互融，实行跨省的商务活动和资本运作，联合构筑流通企业，联合开展国际国内贸易，联合进行科技攻关。

（二）统筹配置城乡资源，促进城乡消费发展

随着城市化进程加快，城乡统筹政策、城乡互动发展，将促进城乡消费的进一步活跃，把市场拓展的重点从城市转向农村，合理规划和布局，建设一批腹地广泛、交易量大、交易手段先进的农产品专业批发市场。把新兴的电子商务、连锁经营、大型仓储超市等业态向城市副中心延伸。在城市，要合理布局商业中心，形成能够带动消费升级和创造都市商业氛围的消费中心；要大力发展社区商业，重点发展贴近和方便居民生活的便利店、折扣店和中小型综合超市，满足居民多样化、个性化消费需求。在农村，要以建设社会主义新农村为契机，以小城镇建设为依托，鼓励各类投资主体投资农村商业设施建设；要加大“万村千乡”建设力度，采取直营连锁和特许经营等方式改造提升农村集贸市场和供销店，逐步形成以县城为重点、乡镇为骨干、村为基础的农村消费品零售网络。

（三）支持市场主体发展，大中小企业齐头并进

一是要积极培育龙头企业，鼓励企业做大做强。鼓励大型商贸流通企业以参股、控股、承包、兼并、收购、特许经营、托管等方式，快速实现规模扩

张，培育出一批拥有自主品牌和知识产权，主业突出、核心竞争能力强的大型商贸流通企业。支持中部流通企业扩大利用外资，促进流通企业与跨国商业流通企业合资合作，按照市场经济规律和世贸组织规则，通过自身的品牌、资金、技术、市场占有等优势，支持大型流通企业“走出去”，开展对外投资，跨国并购，发展跨国经营，积极参与国际市场竞争。

二是要积极扶持中小企业，发挥市场主力军作用。着重发展特许加盟和自由连锁，采用联合采购等办法，进一步提高中小商贸流通企业的组织化程度。鼓励中小流通企业参与批发主导型或零售主导型自由连锁，实现联合采购，平稳价格，疏通产、供、销关系，加强协作共赢。加大对中小商贸流通企业的信贷支持，帮助其解决融资难等问题，营造有利于中小商贸流通企业发展的外部环境。

参考文献

陈梦筱：《中部地区商贸流通体系建设研究》，《经济问题探索》2009 年第 8 期。

柳思维：《推进中部地区城市商贸流通现代化进程的必要性分析》，《财经理论与实践》2003 年第 1 期。

钱晓英、张厚珂：《中部地区流通业发展现状与实证研究》，《企业家天地下半月刊（理论版）》2006 年第 12 期。

宫银峰：《论中部商贸流通体系与市场体系建设》，《中国市场》2009 年第 2 期。

姜增伟：《发展现代流通，促进中部崛起》，《企业导报》2006 年第 10 期。

宋则：《构建现代商贸流通体系相关问题研究——基于通货膨胀治理的视角》，《广东商学院学报》2011 年第 2 期。

西部地区商贸流通业发展现状、问题与战略措施

赵京桥*

摘　要： 西部地区经济在国家发展战略的支持下，在东部发达地区的帮扶下，实现了快速发展，国内生产总值超过了11.4万亿元，增速约为12%，远超过全国国内生产总值的增长速度；居民生活水平有较大提升。经济的快速发展和人民生活水平的提高拉动了西部商贸流通业的发展，西部地区商贸流通业发展水平的提高，也拉动了西部地区内需增长，促进了西部农业和工业的发展，加快了西部地区的对外开放。但西部地区商贸流通业整体发展水平依然落后，与东部地区有很大差距。西部地区商贸流通业要实现跨越发展，亟待明晰的战略思路和科学合理的政策引导。

关键词： 西部地区　商贸流通业　发展差异

一　西部地区商贸流通业总体发展状况

（一）产业增加值持续快速扩大

西部地区商贸流通业在西部大开发战略的推动下，实现了快速增长，产业规模快速扩大，产业增加值从“十五”期末的5494.73亿元，迅速增长到2011年的14682.93亿元，占全国商贸流通业的增加值比重逐步上升，达到了

---

* 赵京桥，中国社会科学院研究生院博士生，中国社会科学院财经战略研究院助理研究员。

约19.7%，其中交通运输仓储邮政业实现增加值4886.54亿元，批发零售业实现增加值7333.10亿元，住宿餐饮业实现增加值2463.29亿元。

商贸流通业对西部地区经济发展贡献较为突出，产业增加值占西部地区生产总值的比重达到了14.65%，在地区经济中占有重要地位，但相对于全国水平来看，西部地区商贸流通业占地区生产总值比重低于全国水平，并从2005年开始，总体呈现下滑趋势，而从全国发展趋势来看，商贸流通业占国内生产总值的比重呈上升趋势。这种与全国走势相反的变化趋势，很大程度上是因为西部地区经济仍然较为落后，正处于加速工业化进程中，工业发展是经济发展的主要动力，工业增加值增速持续高于全国平均水平和西部地区服务业增长速度。

从西部地区第三产业内部结构来看，商贸流通业是西部最主要的服务业类型，占第三产业增加值的40.3%。随着信息服务、金融服务等现代服务业的快速发展，西部地区商贸流通业占第三产业比重呈现下降趋势，但依然高于全国水平近4个百分点。

（二）社会消费品零售总额高速增长

商贸流通业的发展推动了西部地区消费的快速增长。从社会消费品零售总额来看，到2012年底，西部地区社会消费品零售总额达到了近3.69万亿元，受到宏观经济整体增速放缓的影响，2012年增速比2011年放缓约2个百分点，为16.04%，但依然保持了高速增长的势头，近10多年来，西部地区社会消费品零售总额增速持续高于全国增长水平，在全国社会消费品零售总额中的比重仍较低，但呈现逐年上升趋势，已经达到了17.8%，对全国社会商品零售总额的增长贡献率达到了近22%，西部地区在我国扩大内需特别是消费需求方面发挥了重要作用。

（三）对外贸易发展成果显著

西部对外贸易发展是西部对外开放水平提高，商贸流通业发展的重要标志之一。近年来，西部地区对外贸易随着东部地区产业转移政策的推进，实现了快速增长，尽管受到金融危机影响出现负增长，但从2010年开始迅速反弹，到2011年，西部地区对外贸易总额达到了1854亿美元，比2010年增长了45.3%，其中出口总额达到了856亿美元，增长44.4%，进口总额达998亿美元，增长46.1%，增速比全国对外贸易增速高出20多个百分点。

（四）商业设施和物流基础设施进一步完善

西部大开发极大地推动了西部地区商业设施和物流基础设施的建设，近几年来，商贸流通业固定资产投资掀起热潮，2011 年固定资产投资总额达到了 9902.7 亿元，是 2006 年的近 3 倍。2006～2011 年西部商贸流通业累计固定资产投资总额达 3.75 万亿元，其中 80% 的固定资产投资为交通运输仓储邮政业投资，基础设施水平得到显著提高。到 2011 年底，西部地区共拥有铁路运营里程 3.63 万公里，内河航道 3.6 万公里，公路里程 162.3 万公里，高速公路 2.53 万公里，分别比“十一五”初期增加了 7245 公里、1029 公里、36.2 万公里和 1.36 万公里，其中，高速公路是增长最快的，相当于 2006 年的两倍多。从固定资产投资增速来看，2011 年增速大幅放缓，主要是由于交通运输仓储邮政业的固定资产投资放缓，仅为 2.9%，但商业设施投资依然保持很高的热度，批发零售业和住宿餐饮业的固定资产投资依然保持了高速发展趋势，增速分别达到了 47.5% 和 32.6%。

（五）解决就业的重要产业

西部地区商贸流通业多为传统服务业，信息技术的投入和应用水平较低，多属于劳动密集型产业，在其快速发展中，为西部地区创造了大量就业机会，尤其是商贸流通私营企业和个体户。2011 年，西部地区商贸流通业就业人数 2428 万人，比 2010 年增加了 17.4%，相当于全国商贸流通业就业人数的 23%，加上乡村部分就业，西部商贸流通业总就业人数超过 3000 万人，占西部第三产业就业人数和西部地区就业人数的比重分别达到 50% 和 15%；从西部商贸流通业就业的变动趋势来看，商贸流通业新增就业快于西部地区的就业机会增长速度，为西部地区解决就业作出重要贡献，在西部地区就业中占据着非常重要的位置。

从产业内部的就业情况来看，批发零售业就业人数达到 1816 万人，占商贸流通业就业人数的 74%，新增就业机会 318 万个，占商贸流通业新增就业机会的 88.6%；住宿餐饮业就业人数达到 366 万人，占商贸流通业就业人数的比重约 15%，新增就业 40 万人，保持平稳增长；交通运输仓储邮政业就业人数约为 246 万人，保持稳定，新增就业贡献较少。

二　西部商贸流通业发展面临的问题

尽管西部商贸流通业在规模上呈现快速增长态势，但从整体来看，西部商贸流通业的发展水平依然比较落后，主要体现在以下几方面。

（一）产业相对规模依然较小

西部商贸流通业尽管在近几年保持较快速度增长，增速快于全国平均水平，但占全国商贸流通业的份额还只有19.7%，比“十五”末期的19%仅提高了0.7个百分点，其主要原因在于西部地区批发零售业发展与东部地区有很大差距，其增加值仅占全国批发零售业增加值的16.9%。

（二）产业发展不平衡

一是产业内部结构不平衡，相对于全国的商贸流通业内部结构，西部地区批发零售业增加值比重低于全国8.3个百分点，这与西部地区批发零售业的发展基础薄弱有关，同时也与西部地区工业发展阶段和消费结构息息相关。从发展趋势来看，西部地区批发零售业的产业投资保持持续快速增长，而随着西部地区工业化和城镇化发展，居民消费结构从温饱型向小康型转变，批发零售业在产业中的比重将会不断提升。

二是地区内部发展不平衡。从增加值来看，内蒙古、四川两省份超过了2000亿元，而排名最后的青海和西藏还不到200亿元，内蒙古商贸流通业增加值是西藏的近35倍；从社会消费品零售总额来看，四川省以9087.9亿元位列第一，是第二位内蒙古的两倍，是西藏的35倍；从商品交易市场的发展来看，重庆市以129亿元的商品交易市场，和2987.3亿元的市场交易额位列第一，而西藏2011年并没有统计到亿元以上的商品交易市场。从规模数据看出，四川、内蒙古、重庆、陕西、广西五个省份处于西部地区商贸流通业发展的第一梯队，而宁夏、青海和西藏处于第三梯队。

三是西部城乡之间发展不平衡。西部地区拥有广大的农村地区，商贸流通业近几年的发展更多集中于城市区域，农村的商贸流通业服务体系和基础设施都远远落后于城市。

（三）产业发展质量仍需提高

西部商贸流通业的快速发展多属于粗放型增长，注重规模与速度，而在发展质量上还需要进一步提高。

一是组织化、规模化程度依然较低。西部商贸流通业整体组织化、规模化程度低，大型商贸流通企业不多，具有全国影响力的商贸流通企业更少。

二是产业现代化程度低。西部商贸流通业整体仍属于传统的、劳动密集型服务业，现代管理方法、现代商业模式和业态以及信息技术的应用都与东部发达地区有较大的差距，产业效率还需要进一步提高。

三　西部地区商贸流通业发展趋势

（一）统筹规划，有序发展

2011 年 6 月正式发布的《全国主体功能区规划》（以下简称《规划》）对中国的国土空间开发，区域功能定位和未来城乡发展、产业布局、生态保护作出了战略性规划。规划以不同区域的资源环境承载能力、现有开发强度和未来发展潜力，人口分布，经济条件，国土利用和城镇化格局为基准，从开发方式、开发内容两个方面对国土空间发展进行了划分归类。在重点开发区域中，共有十个地区属于西部地区，其中有八个区域把商贸、物流中心建设列为区域发展目标（见表 1）。在未来实施规划的过程中，西部地区需要统筹规划，有序发展，根据自身的禀赋优势来发展商贸流通业，防止区域之间资源的恶性竞争，降低区域间的壁垒，实现共同发展，逐步缩小区域间的差距。

表 1　《全国主体功能区规划》中西部重点开发区域

呼包鄂榆地区	内蒙古自治区呼和浩特、包头、鄂尔多斯和陕西省榆林的部分地区	全国重要的能源、煤化工基地、农畜产品加工基地和稀土新材料产业基地，北方地区重要的冶金和装备制造业基地
北部湾地区	广西壮族自治区北部湾经济区以及广东省西南部和海南省西北部等环北部湾的部分地区	我国面向东盟国家对外开放的重要门户，中国－东盟自由贸易区的前沿地带和桥头堡，区域性的物流基地、商贸基地、加工制造基地和信息交流中心

续表

成渝地区	重庆经济区和成都经济区	全国统筹城乡发展的示范区，全国重要的高新技术产业、先进制造业和现代服务业基地，科技教育、商贸物流、金融中心和综合交通枢纽，西南地区科技创新基地，西部地区重要的人口和经济密集区
黔中地区	贵州省中部以贵阳为中心的部分地区	全国重要的能源原材料基地、以航天航空为重点的装备制造基地、烟草工业基地、绿色食品基地和旅游目的地，区域性商贸物流中心
滇中地区	云南省中部以昆明为中心的部分地区	我国连接东南亚、南亚国家的陆路交通枢纽，面向东南亚、南亚对外开放的重要门户，全国重要的烟草、旅游、文化、能源和商贸物流基地，以化工、冶金、生物为重点的区域性资源精深加工基地
藏中南地区	西藏自治区中南部以拉萨为中心的部分地区	全国重要的农林畜产品生产加工、藏药产业、旅游、文化和矿产资源基地，水电后备基地
关中－天水地区	陕西省中部以西安为中心的部分地区和甘肃省天水的部分地区	西部地区重要的经济中心，全国重要的先进制造业和高新技术产业基地，科技教育、商贸中心和综合交通枢纽，西北地区重要的科技创新基地，全国重要的历史文化基地
兰州－西宁地区	甘肃省以兰州为中心的部分地区和青海省以西宁为中心的部分地区	全国重要的循环经济示范区，新能源和水电、盐化工、石化、有色金属和特色农产品加工产业基地，西北交通枢纽和商贸物流中心，区域性的新材料和生物医药产业基地
宁夏沿黄经济区	宁夏回族自治区以银川为中心的黄河沿岸部分地区	全国重要的能源化工、新材料基地，清真食品及穆斯林用品和特色农产品加工基地，区域性商贸物流中心
天山北坡地区	新疆天山以北、准噶尔盆地南缘的带状区域以及伊犁河谷的部分地区（含新疆生产建设兵团部分师市和团场）	我国面向中亚、西亚地区对外开放的陆路交通枢纽和重要门户，全国重要的能源基地，我国进口资源的国际大通道，西北地区重要的国际商贸中心、物流中心和对外合作加工基地，石油天然气化工、煤电、煤化工、机电工业及纺织工业基地

（二）增速提质，创新业态

西部地区商贸流通业相比东部发达地区具有较大差距，因此保持进一步缩小与东部的增速差距是西部地区商贸流通业的发展目标，但在快速增长的同时要注重发展的质量和创新商业业态：一要做好区域内商贸流通业的布局规划；二要鼓励区域外优秀商贸流通业进入西部地区，以增加区域竞争，提高区域商贸流通服务水平；三要鼓励商贸流通业的信息技术投入，大力发展电子商务，提高产业的运行效率。

四　促进西部地区商贸流通业发展的战略措施

（一）顶层设计，协调发展

在国家总体规划布局指导下，西部地区各省市商贸流通业发展要根据自身产业发展特点和居民消费特征，制定相应的发展战略和产业规划，实现协调发展，避免大规模重复建设和恶性竞争。同时要积极打破行政壁垒，扩大西部地区商贸流通业的交流合作，实现西部地区商贸流通业的开放发展、商贸流通资源的互补互利和商贸流通基础设施的互联互通。

（二）开放发展

西部地区商贸流通业的进一步发展要建立在更加开放的产业发展环境之上，吸引国际和东中部地区先进的商贸流通业进入西部发展，鼓励市场竞争，提高西部地区商贸流通业水平。特别是在东西部地区产业转移中，不仅要吸引东部地区制造业转移到西部地区，同时要重视为制造业配套的生产性服务业的区域转移，如物流服务、贸易服务等。

（三）重视信息技术的产业应用

西部地区商贸流通业要实现快速而高质量的发展，必须要加大科技投入，尤其是信息技术在商贸流通业中的应用，提高商贸流通业的产业效率。一方面，鼓励区域内商贸流通企业加大信息技术投入，提高内部信息化水平，从而提高企业管理效率；另一方面，吸引先进电子商务企业进入西部地区，同时鼓励区域内商贸流通企业开展电子商务活动，降低交易成本，提高流通效率。

（四）继续加强商贸流通基础设施建设

西部地区商贸流通基础设施建设已经取得了长足的进步，但相比发达地区依然具有较大的差距，未来要继续加强商贸流通基础设施建设，提高道路质量和等级，完善区域间的互联互通，加大区域性物流仓储设施建设，提高商业设施质量。

（五）重视商贸流通人才引进和培养

西部地区要重视商贸流通人才的引进，吸引国际化高端商业人才进入西部地区就业。从长远来看，要重视商贸流通人才的培养，加大西部高等教育的商贸流通相关专业投入，鼓励商贸流通业职业教育发展。

参考文献

黄国雄、刘玉奇、王强：《中国商贸流通业60年发展与瞻望》，《财贸经济》2009年第9期。

中国社会科学院财经战略研究院课题组：《我国商贸流通服务业战略研究》，《经济研究参考》2012年第32期。

殷少明：《新疆商贸流通业发展的现状、问题与对策》，《新疆财经》2010年第1期。

时保国、张育林：《合理构筑我国商贸流通业空间格局研究》，《甘肃社会科学》2011年第5期。

任保平、王辛欣：《商贸流通业地区发展差距评价》，《社会科学研究》2011年第2期。

王勇：《西部商贸流通业发展内部差异及其影响因素分析》，重庆工商大学硕士论文，2010。

第五部分
中国区域房地产业发展战略

中国区域房地产业发展现状、问题与战略措施

倪鹏飞　张安全*

摘　要： 2006～2011年，中国房地产业发展迅猛，即便是在全球经济危机和国内经济下行的阴霾下，房地产业的增长势头也依然不减。但是，房地产业高速增长背后也有许多问题，比如：住房价格高位运行，政府过度依赖土地财政，房地产商捂地囤地，住房投机需求过剩，保障性住房建设和管理力度不够等。从长期发展态势来看，中国房地产市场日趋成熟，房地产业也逐渐进入调整期。各个地区之间经济社会发展不平衡而房地产业的发展水平和发展阶段在不同地区之间也存在较大的差异，但随着未来人口结构的变化和城市化进程结束，房地产市场供需平衡，房地产业增速回落、并面临转型升级等问题，即房地产商需由生产型企业转向服务型企业，提升房地产市场的管理和服务功能，加快房地产市场的二级市场发展。

关键词： 房地产　区域协调　土地财政　城镇化

一　中国房地产业发展现状

（一）总体状况

长期以来，我国经济区域发展极不平衡，房地产业尤其如此。从投资增速

---

* 倪鹏飞，经济学博士，中国社会科学院财经战略研究院院长助理、研究员。张安全，西南财经大学博士研究生。

来看，2006～2011年，东部地区的房地产投资增长率迅速提高，由2006年的16.82%提高到2011年的26.73%，西部地区的房地产投资增长率增速提升更快，由2006年的25.99%上升到2011年的31.70%，中部地区和东北地区房地产的投资增长率基本稳定，均维持在30%左右，而且中部地区和东北地区的房地产投资增长率一直高于东部地区和西部地区。从投资量来看，东部地区的房地产投资总额要远远高于中部地区、西部地区和东北地区，东部地区房地产投资额占到全国房地产投资额的55%以上，而中部地区、西部地区和东北地区仅分别占20%、15%和10%左右（见表1）。另外，从住宅投资来看，2009年及以前，中部地区的住宅投资增长幅度要高于东部地区和东北地区，这说明住宅投资有向中西部地区转移的趋势，但是2010年和2011年东部地区和东北地区的住宅投资率要高于中西部地区，就省区而言，北京、广西和海南的住宅投资增长率均高达60%以上，如表2所示。

表1 2006～2011年房地产投资区域比较

单位：亿元，%

年份	东部地区			中部地区			西部地区			东北地区		
	投资额	增速	比重	投资额	增速	比重	投资额	增速	比重	投资额	增速	比重
2006	11635.84	16.82	59.91	3219.82	34.49	16.58	2793.59	25.99	14.38	1773.67	32.60	9.13
2007	14690.10	26.25	58.09	4402.75	36.74	17.41	3825.96	36.96	15.13	2370.03	33.62	9.37
2008	17353.97	18.13	55.62	6036.72	37.11	19.35	4670.84	22.08	14.97	3141.7	32.56	10.07
2009	19275.81	11.07	53.19	7435.86	23.18	20.52	5568.98	19.23	15.37	3961.15	26.08	10.93
2010	25740.20	33.54	53.34	9872.2	32.76	20.46	7417.2	33.19	15.37	5229.9	32.03	10.84
2011	11635.84	26.73	28.51	12496.77	26.59	30.62	9768.18	31.70	23.94	6910.52	32.13	16.93

表2 2006～2011年住宅投资区域比较

单位：亿元，%

年份	东部地区			中部地区			西部地区			东北地区		
	投资额	增速	比重	投资额	增速	比重	投资额	增速	比重	投资额	增速	比重
2006	7981.49	16.94	41.09	2381.77	43.61	12.26	1947.12	53.45	10.02	1328.03	42.10	6.84
2007	10154.69	27.23	40.15	3311.06	39.02	13.09	2696.13	38.47	10.66	1843.54	38.82	7.29
2008	12073	18.89	38.69	4599.5	38.91	14.74	3352.8	24.36	10.75	2415.9	31.05	7.74
2009	13077.5	8.32	36.08	5513.8	19.88	15.21	4041	20.53	11.15	2981.7	23.42	8.23
2010	17627.91	34.80	36.53	7240.49	31.32	15.00	5287.19	30.84	10.96	3870.62	29.81	8.02
2011	22898.64	29.90	56.11	9059.14	25.12	22.20	7082.53	33.96	17.35	5279.2	36.39	12.94

（二）房地产业供给及影响因素的情况

1. 土地购置增速较快、土地开发增速下降

2006～2011年，全国土地购置面积总体上呈增长趋势，2011年达到4.4亿平方米左右。但是，土地开发速度逐年降低，房地产开发企业完成开发土地面积由2006年的2.71亿平方米降低到2010年的2.13亿平方米，总下降幅度为21.66%，年均下降幅度为5.92%（见表3）。

表3　2006～2011年全国土地购置、开发情况

单位：万平方米，%

年　份	土地购置		土地开发	
	面　积	增长率	面　积	增长率
2006	36573.6	-4.39	27128.4	19.63
2007	40245.8	10.04	27566.2	1.61
2008	39353.4	-2.22	28709.8	4.15
2009	31909.5	-18.92	23037.4	-19.76
2010	39953.1	25.21	21253.7	-7.74
2011	44327.4	10.95	—	—

资料来源：中经统计网。

2. 新开工面积增长较快、竣工面积增长缓慢

2006～2011年，我国房屋新开工面积增长较快，特别是2010年，商品房新开工面积为16.36亿平方米，相对于2009年的11.64亿平方米增长了40.56%。但是每年竣工面积相对增长较慢，2006年商品房竣工面积为5.58亿平方米，到了2011年竣工面积也才9.26亿平方米，除了2011年，每年增幅均低于10%。房地产市场竣工面积增长较慢，从而使得房地产市场供给偏紧，这成为"十一五"时期刺激房价上涨的一个重要原因（见表4）。

表 4　2006～2011 年全国商品房新开工、竣工面积

单位：万平方米，%

年　份	商品房新开工		商品房竣工	
	面　积	增长率	面　积	增长率
2006	79252.83	16.44	55830.9	4.52
2007	95401.53	20.38	60606.7	8.55
2008	102553.37	7.50	66544.8	9.80
2009	116422.05	13.52	72677.4	9.22
2010	163646.87	40.56	78743.9	8.35
2011	191236.87	16.86	92619.9	17.62

3. 各区域发展不平衡比较

2006～2011 年，新开工面积增速、竣工面积增速均出现了较大波动。总体而言，东、中、西部和东北地区的土地购置面积和开发面积呈雁行状态，东部地区的土地购置面积和开发面积最大，东北地区的土地购置面积和开发面积最小。整个房地产市场主要还是在向东部沿海城市和国内一线城市倾斜（见表 5）。

东部地区各年商品房的新开工面积和竣工面积均占到全国商品房新开工面积和竣工面积的 50% 左右。但是从开工面积增速和竣工面积增速来看，东部地区是最慢的，而中部地区、西部地区和东北地区较快。这说明，东部地区的房地产市场的发展即将步入稳步发展期，而其他地区的房地产市场正处于快速发展时期（见表 6）。

（三）房地产业需求及影响因素

1. 总体状况

2006～2011 年，房地产市场总体需求旺盛。商品房年销售额由 2006 年的 20825.96 亿元快速上升到 2011 年的 58588.86 亿元。住宅年销售额由 2006 年的 17287.81 亿元上升到 2011 年的 48198.32 亿元，总增幅为 78.80%，年均增幅为 22.76%。其中，商品房销售面积由 2006 年的 6.19 亿平方米上升到 2011 年的 10.94 亿平方米，总增幅为 76.81%，年均增幅为 12.07%（见表 7）。

表 5　2006～2011 年土地购置、开发情况区域比较

单位：亿平方米，%

年份	东部地区				中部地区				西部地区				东北地区			
	购地	增幅	开发	增幅	购地	增幅	开发	增幅	购地	增幅	开发	增幅	购地	增幅	开发	增幅
2006	1.65	-6.89	1.34	17.64	0.89	-12.9	0.73	32.61	0.75	14.91	0.39	11.06	0.36	-2.87	0.25	11.32
2007	1.8	8.61	1.31	-2.67	1.01	12.87	0.7	-4.58	0.72	-4.6	0.49	25.1	0.51	39.88	0.27	6.2
2008	1.76	-1.91	1.37	4.56	1.09	8.36	0.78	11.47	0.62	-13.38	0.47	-3.54	0.46	-8.59	0.26	-3
2009	1.36	-22.91	0.91	-33.29	0.9	-17.19	0.68	-12.23	0.56	-8.8	0.47	0.65	0.36	-21.34	0.24	-7.66
2010	1.68	23.86	0.89	-2	1.15	26.97	0.64	-6.49	0.65	14.89	0.31	-33.62	0.52	41.88	0.28	18
2011	1.86	10.78	—	—	1.11	-2.98	—	—	0.77	19.26	—	—	0.68	31.98	—	—

表 6　2006～2011 年商品房新开工、竣工情况区域比较

单位：亿平方米，%

年份	东部地区				中部地区				西部地区				东北地区			
	开工	增幅	竣工	增幅	开工	增幅	竣工	增幅	开工	增幅	竣工	增幅	开工	增幅	竣工	增幅
2006	3.90	9.00	2.99	-1.08	1.81	27.01	1.09	12.60	1.38	18.68	0.98	7.31	0.84	30.45	0.52	19.44
2007	4.48	14.73	3.11	4.07	2.24	23.82	1.35	24.19	1.69	22.86	1.00	1.30	1.13	35.19	0.60	15.24
2008	4.72	5.34	3.44	10.65	2.53	12.74	1.45	7.16	1.82	7.58	1.09	9.00	1.19	5.52	0.68	12.67
2009	5.01	6.23	3.54	2.89	3.09	22.18	1.64	12.79	2.09	14.78	1.36	24.60	1.46	22.11	0.74	8.99
2010	7.29	45.55	3.80	7.42	3.95	28.10	1.87	14.06	3.00	43.55	1.29	-4.75	2.12	45.53	0.92	24.15
2011	8.62	18.12	4.28	12.60	4.60	16.41	2.31	23.56	3.44	14.57	1.53	18.82	2.47	16.59	1.14	24.62

表7　2006~2011年商品房销售面积及增长情况

单位：亿平方米，%

年份	商品房销售		住宅销售		办公楼销售		商业用房销售	
	面积	增幅	面积	增幅	面积	增幅	面积	增幅
2006	6.19	11.48	5.54	11.77	0.12	12.3	0.43	6.28
2007	7.74	25.05	7.01	26.55	0.15	19.02	0.46	7.07
2008	6.6	-14.72	5.93	-15.48	0.12	-21.03	0.42	-9.44
2009	9.48	43.63	8.62	45.39	0.15	33.48	0.53	26.68
2010	10.48	10.56	9.34	8.34	0.19	22.37	0.7	31.28
2011	10.94	4.39	9.65	3.38	0.2	6.08	0.79	12.49

影响房地产业需求的因素主要包括人口规模、居民收入和城市化水平等因素。“十一五”期间我国城市化率每年以增加0.9个百分点的速度推进，随着我国的城市化水平不断提高，越来越多的青年劳动力转移到城市。2006~2010年城市居民中20~45岁的人口占了较大比重，因此房地产市场的需求较为旺盛。同时，我国居民的经济增速较快、居民收入显著提高。国内生产总值由2006年的216314.43亿元增长到2011年的472881.56亿元，总增幅为118.61%，年均增幅为16.93%；城市居民人均可支配收入则由2006年的11759.5元增长到2011年的21809.78元，总增幅为85.47%，年均增幅为13.15%，居民对商品住房的支付能力明显增强。

2. 区域比较

房地产市场需求存在明显的区域差异。从销售面积和销售额的总量来看，东部地区的商品房销售面积占到全国销售面积的48%左右，中部地区、西部地区和东北地区分别占到全国销售面积的22%、20%和10%左右；东部地区的商品房销售额占到全国销售额的62%左右，中部地区和西部地区均占到全国销售额的15%左右，东北地区占到全国销售额的8%左右。从销售面积和销售额的变化趋势来看，东部地区的销售面积和销售额占全国销售面积和销售额的比重在下降。2006年东部地区的销售面积和销售额分别占到全国的51.14%和67.64%，2011年则分别下降到46.81%和62.02%，而中西部地区的销售面积和销售额在全国销售面积和销售额中的比重则有所上升（见表8）。

表8　2006～2011年商品房销售区域比较

年份	东部地区				中部地区			
	面积（亿平方米）	增速（%）	金额（亿元）	增速（%）	面积（亿平方米）	增速（%）	金额（亿元）	增速（%）
2006	3.16	5.67	14087.70	13.87	1.28	20.52	2651.13	31.63
2007	3.76	18.91	19623.11	39.29	1.75	36.69	4217.75	59.09
2008	3.04	-19.27	15228.19	-22.40	1.57	-10.1	3960.20	-6.11
2009	4.58	50.89	28757.22	88.84	2.05	30.59	6085.94	53.68
2010	4.70	2.62	31291.20	8.81	2.43	18.53	8390.00	37.86
2011	4.58	-2.69	31584.33	0.94	2.72	11.88	10903.49	29.96

年份	西部地区				东北地区			
	面积（亿平方米）	增速（%）	金额（亿元）	增速（%）	面积（亿平方米）	增速（%）	金额（亿元）	增速（%）
2006	1.20	16.21	2641.61	28.54	0.55	17.81	1445.52	27.34
2007	1.54	28.88	3991.41	51.10	0.68	25.03	2056.86	42.29
2008	1.27	-17.5	3524.06	-11.71	0.72	4.82	2355.72	14.53
2009	1.91	49.86	6122.54	73.74	0.93	30.37	3389.47	43.88
2010	2.15	12.81	8095.80	32.23	1.19	27.48	4944.00	45.86
2011	2.30	6.85	10108.75	24.86	1.34	12.63	5992.28	21.20

房地产市场需求差异主要源于各地区之间的人口规模、居民收入和城市化水平等因素存在较大差异。首先，东部地区人口规模较大，大约占了全国人口的52%，中部地区、西部地区和东北地区分别占了23%、18%和7%；其次，东部地区城市化水平较高；最后，东部地区的经济水平和居民收入也要相对高于其他地区，所以东部地区的商品房需求占到全国需求的较大比重。

二　中国房地产业发展面临的问题

（一）房价高位运行、增长过快

“十一五”期间，尽管受到金融危机的冲击，我国房价起伏波动，且一度出现负增长，但是商品房销售均价整体还是保持着快速上涨的态势，由2006年的3367元/平方米上涨到2011年的5357元/平方米，总增幅为59.1%，年均增长达到9.73%。其中，住宅商品房销售价格由2006年的3119

元/平方米上涨到 2011 年的 4993 元/平方米，总增幅为 60.08%，年均增长率为 9.87%（见表 9）。

表 9　2006～2011 年商品房平均销售价格

单位：元/平方米，%

年份	商品房销售价格	增速	住宅商品房销售价格	增速
2006	3367	6.28	3119	6.20
2007	3864	14.76	3645	16.86
2008	3800	-1.66	3576	-1.89
2009	4681	23.18	4459	24.69
2010	5032	7.50	4725	5.97
2011	5357	6.46	4993	5.67

（二）土地财政导致地价攀升、“囤地”和“捂地”现象严重

“十一五”期间，全国土地购置面积总体上呈增长趋势，但是土地开发速度逐年降低；房屋新开工面积增长快，但是每年竣工面积相对增长较慢。2011 年国家土地督察沈阳局在东北地区开展房地产用地专项整治工作，共发现 83 宗闲置土地，面积 8592.81 亩。房地产市场存在“囤地”和“捂地”现象。其主要原因之一就是地方政府的“土地财政”。

“十一五”期间，全国土地出让成交额由 2006 年的 0.7 万亿元增加到 2010 年的 2.7 万亿元，累计成交总额超过 7 万亿元，其增长率远超过同期地方财政收入的增长率，全国城镇土地出让成交总额占地方财政收入的比重也从 2006 年的 38.9% 增长到 2010 年的 65.9%。以上数据说明，土地出让越来越成为地方财政收入的主要来源，地方政府的财政收入过度依赖“土地财政”，进而使得土地价格占商品房销售价格的比重不断上涨。

地价上涨的快速，使得一些房地产开发商能够从“囤地”、“捂地”中获得巨额收益，结果导致商品房的建设滞后、供给偏紧，商品房供不应求则房价上涨，房价上涨通过土地要素市场拉动地价上涨，地价上涨特别是“地王”频频出现又强化了人们房价上涨的预期，如此往复，形成一个恶性循环。

（三）消费性需求不足、投机性需求旺盛

一方面，我国房价持续高位运行，但是相对于高房价，我国居民家庭收入

却相对较低，消费性购房需求动能积聚不足。另一方面，不断有巨额资本涌入房地产市场，存在强烈的投机性和投资性购房需求。在“十一五”期间，我国的住房需求是由住房消费为主导转向住房投资为主导，房价快速提高，泡沫不断积累。

（四）保障性住房建设和管理力度不够

“十一五”期间，虽然作为保障性住房主力军的经济适用房的投资额和新开工面积有所增长，但是其占住宅投资和新开工住宅面积的比例却是呈下滑趋势的。保障性住房供给面临着供应量少、覆盖面小、供求矛盾大的问题。同时，还存在着保障性住房的监管不力问题。一是地方政府和房地产商出于私人利益的考虑，保障性住房的用地往往难以得到保证，而且保障性住房选址偏僻，配套设施不完备；二是保障性住房的交易缺乏公正合理和透明的程序，由于对购房者的资格审查不严格，本该属于中低收入购房者享有的相当部分保障性住房失去了保障性功能；三是保障性住房市场腐败问题严重，保障性住房被一些权贵阶层所占有并将其转手倒卖或出租获利的现象屡见不鲜。

（五）各地区房地产市场发展不平衡

东部地区的房地产投资、开发和销售均占到全国的较大比重，而中西部地区的房地产市场略显稀薄。同时，各地区之间住房价格存在差异。“十一五”期间我国房价总体上是高速增长，形成了与经济发展水平极不相称的畸高房价收入比。其中东部地区的高房价问题最为严重，特别是北京、上海等部分城市的房价甚至高于国际发达城市。

相对于东部地区，我国中西部地区和东北地区的城市居民收入水平较低，使得房地产市场的需求存在区域性的不平衡。另一方面，目前东部地区的城市化水平平均达到50%以上，其中北京、天津、上海的城市化水平均在80%以上，其余省市的城市化水平在60%左右；中部地区和东北地区的城市化水平在40%～55%；西部地区的城市化水平最低，除了重庆以外，其余省市的城市化水平都在50%以下，其中贵州、云南、甘肃、西藏等省的城市化水平在40%以下，因而中西部地区和东北地区的潜在市场需求还较大。

三　中国房地产业发展趋势

（一）总体状况

1. 基本判断

首先，房地产行业的发展与宏观经济环境息息相关。由于美国次贷危机和欧元区主权债务危机的影响，我国外需趋弱，未来经济形势面临着较大的不确定性，加之我国房地产行业的成本不断上升，我国房地产企业的赢利能力将有所下降，这势必会导致整个房地产行业的投资和就业产生影响。因此，“十二五”期间房地产市场将会逐渐进入一个平稳发展的阶段。

其次，房地产市场商品房销售结构将发生变化。“十二五”期间，一方面，国家“保民生”的宏观政策将使得保障性住房建设的投资加大；另一方面，在房地产销售市场稳步发展的同时，房地产租赁市场将加快发展。

再次，“十二五”期间，中国房地产在快速发展的同时，积累的问题也更加严重，一些一、二线城市泡沫继续放大的同时，另一些三、四线城市房地产将出现供给过剩，泡沫将破灭，存在着上涨和崩盘并存的风险。

2. 区域比较

随着区域间人口流动基本达到均衡，东部地区土地开发程度较高，东部地区的房地产市场将日趋成熟。对于东部地区而言，房地产开发业将不再是其房地产业的主要内容，存量房交易和租赁将是东部地区房地产市场的主要交易方式。因此，东部地区房地产市场的发展可能要首先考虑转型升级问题，房地产的估计、中介、物业管理、租赁、抵押、金融配套等房地产服务业将是其今后房地产业的主要内容。而发展相对滞后的中西部地区和东北地区，房地产企业还存在一个短时期的发展机会，滞后也会逐渐面临转型升级问题。

（二）房地产业供给的情况

1. 新增房地产供给持续增长

从短期来看，房地产市场的供给还会增加，因为房地产市场上还存在相当部分的投机性需求，进而哄抬了房价，使得房地产商在“高房价”的幻觉下产生错误的市场预期而增加投资。2010 年开始，房地产市场上土地购买面积和住宅新开工面积增长较快，在未来几年将形成有效的市场供给。但是，“十二五”期间房地产供给增幅将会稳步增加，其中，保障房和普通商品房将继续快速增加。

2. 二手房供给将增大

预期市场供需的基本平衡，房地产市场的投机资本获利能力将消失，大量用于投机的房地产将逐步得到释放，形成相当数量的二手房供给。并且，国家相继出台的一系列鼓励二手房销售的政策，如放开非成套住房出售限制、放开外地人员购买存量房限制以及房改房上市免收土地出让金、降低有关税费等政策措施，都将有效提高民众进行存量房买卖的积极性，使得存量房供给和交易量将逐步增加。

3. 区域比较

虽然整体上住房供给增速放缓，但是由于区域之间房地产市场发展阶段不一样，所以各地区的住房供给将有所差别。对于较为成熟的一、二线城市的房地产市场，供求基本平衡，新增住房供给减少，市场供给由存量房取代新增房。但是对于还有待发展的二、三线城市的房地产市场，新增住房供给还将继续维持高速增长。

（三）房地产业需求的情况

1. 城市化进程还将继续产生住房需求

我国城市化水平虽然达到了50%以上，但是与其他发达国家相比，我国的城市化水平还有进一步提高的空间。随着我国城市化水平的继续提高，“十二五”期间预计每年大约有1000万人口进入城市生活和工作，按照2011年人均住房面积32.65平方米计算，每年将产生3.3亿平方米的潜在住房需求。

2. 改善性新增住房需求增加，但总体新增住房需求稳步增加

当人们满足了基本住房需求以后，便会进一步改善居住条件。2005年城市居民的人均居住面积仅为26.1平方米，到了2010年人均居住面积便增加到31.6平方米，年均增幅为4%。但是，改善性住房需求是与居民的收入水平和储蓄水平相联系的。对于相当部分的住房持有者，其改善型需求是一步到位的，而对于一些收入较低的家庭其改善型需求有待收入和储蓄的进一步增加，很难在短期形成需求。另外，从第六次人口普查的数据可知，20~25岁的人口占了较大比例，“十二五”期间全国婚配年龄段人口高峰将来临，因此可以预计城市新增家庭数量将会在快速增加后呈稳步增加。

3. 区域比较

从城市化水平来看，当前一、二线城市的城市化水平已经很高，城市化速度已明显放缓，因此刺激一、二线城市需求增长的重要驱动力已经削弱。但三、四线城市的城市化水平还较低，还会经历一段快速的城市化过程，因而三、四线城市的房地产市场将重演一、二线城市的历史。

四　促进中国房地产业健康发展的战略措施

（一）致力于促进房地产健康发展

1. 制定“保民生”的中长期战略规划

长期以来，国家对房地产市场缺乏明确的中远期发展战略规划，所采取的房地产调控政策主要是事后调节，缺乏系统性和前瞻性，具有很强的短期行为。为了使房地产业在“十二五”期间进入一个平稳健康的发展期，那么我们很有必要对未来房地产业发展制定一个中远期的战略规划，合理量化未来房地产市场的投入产出需求以及房地产协调发展的比例结构。通过规划先行，我们才能有针对性地制定阶段性任务，在面对市场内外部环境变化时也才能保证短期调控政策始终围绕长期战略规划而有条不紊展开。这样，可以避免房地产市场的较大波动，最终实现房地产市场的平稳健康发展。

2. 完善房地产市场制度与政策

“十二五”期间我国的房地产依然面临着潜在投机需求和房价上涨的压力，一方面支持改善型需求，另一方面，要抑制投资和投机，为此，需要将开征房地产税作为突破口，全面深化改革，健全房地产市场制度。

3. 提升房地产市场的管理和服务功能

对于房地产市场供求双方的监管还需要进一步加强，规范房地产商的开发进度管理，遏制房地产市场开发商的囤地、囤房、捂盘和发布假消息等现象，并打击房地产市场的投机行为。因此，为了实现房地产市场的有序运行，政府还应该提升房地产数据统计和信息发布等社会服务功能，实施新建商品房的预售都必须进行预销售合同的网上备案登记制度。这样，所有消费者都能在网络上查询相对应的在售楼盘的销售情况，市场变得更加公开透明，对规范销售行为，正确引导投资和消费有着积极作用。

4. 实施科学有效的区域政策

由于房地产业在区域间发展的不平衡，各地区应采取的对策也有所差异。对于中西部地区和东北地区，房地产开发业还存在很大的开发空间，因而主要是做好中远期的发展战略规划；同时，改进土地招拍挂制度和改革土地财政。东部地区的房地产交易将主要是存量交易，所以应该加强政府管理和服务职能，规范和促进商品房的流通；另外，要尽快整合交易环节税费和开征房产持有环节税收。

（二）努力改善房地产业供给

1. 做好市场供给结构规划

“十一五”期间少数城市的房地产市场结构不合理的问题较严重，导致了住房市场的房价上涨过快或秩序混乱。随着开发面积的不断增加，土地资源也越来越稀缺。因此，在“十二五”期间要合理规划好房地产结构问题，除了廉租房、经济适用房、限价房等业已成形的品种外，公共租赁住房和各类棚户区改造之后的安置房也要跟进。

2. 建立保障性住房长效管理机制

保障性住房建设是民生工程，要在总量、分配机制和后续管理上加强监管力度，实现商品化住房和保障性住房“两条腿”一起走路，主要从以下几方面入手：第一，在用地和资金来源上保证保障性住房的开发建设；第二，在使用上保证保障性住房的用途专一，避免保障性住房商品化；第三，统一保障性住房的分配原则，切实实现社会保障功能；第四，建立健全保障性住房监督管理制度。

3. 规范房地产开发进度，遏制囤地捂地行为

房地产的开发进度直接关系着房地产供给，但是开发商往往囤地或囤房待价而沽，一方面浪费了社会资源，另一方面是在故意哄抬房价，这不利于房地产业的健康平稳发展。因此，应该出台房地产业的开发进度标准，来规范房地产商的土地购买和开发行为。

4. 实施差异化的区域房地产供给政策

我国住房供给存在显著的地区差异。我国东部地区由于开发较快，土地资源已经面临紧缺，土地供应成为影响住房供给的最敏感因素。因此，为了改善房地产供给，东部地区在供给方面，要加大土地供应，打击囤地炒地行为，保障企业正常用于住宅开发的信贷需求。中西部地区的开发相对较慢，土地资源丰富，住房供给对房价最为敏感，而对土地供给缺乏弹性，其重要原因是中西部地区房地产企业住房开发能力比较弱，充斥房地产市场的大多数是中小房地产开发公司。因此，应该增强中西部地区房地产企业的开发技术能力，引导大中型房地产企业投资西部地区房地产市场，防止区域市场形成垄断。

（三）满足房地产业合理需求

1. 多层次、多元化满足居民房地产合理需求

住房市场最终是要满足人的居住需求，因此要满足房地产业需求，就需要掌握好人口总量和结构变化情况，并根据人口总量和结构变化情况来确定未来房地产需求变化趋势，然后在此基础之上再有的放矢地确定住房供应计划。住房应该以满足居民自住为主要目标，必须弱化其投资功能，因此为了满足房地产需求，我们应该继续调控房价，不能让房价成天价。另外，保障性住房供给严重不足、住房体系不完善是造成商品房价格连续攀升的一个重要因素。因此要尽快增加保障房、普通住房供给，要增加保障房和中小套型普通商品房的比重。随着我国人口老龄化和城市化水平的提高，我国对新增住房的需求将逐渐减小，因此，“十二五”期间应该加快房地产市场的二级市场发展，全面推行存量房交易服务平台，稳定和规范租赁市场，加强住房租赁市场制度建设，稳定住房租金，鼓励各种符合条件的闲置房源进入房屋租赁市场。

2. 均衡房地产的区域需求

要着眼长远，统筹区域协调发展，推进东、中、西和东北地区基本公共服务均等化，引导人口均衡分布，避免过度向东部地区集中。我国中西部地区，可开发的土地资源丰富，但是中西部地区经济发展水平较低，城镇化进程滞后，城市住房需求压力较小。因此，加快中西部地区的发展和强化其人才集聚能力可以有效地引导东部地区的一些产业和人口向中西部地区转移，进而减轻东部地区的住房需求压力，使得房地产市场在区域间均衡发展，并有效满足人民住房需求。

参考文献

《中华人民共和国国民经济和社会发展第十二个五年计划纲要》，人民出版社，2011。

倪鹏飞主编《中国住房发展报告（2012～2013）》，社会科学文献出版社，2012。

倪鹏飞：《房地产基础制度和长效机制建设刻不容缓》，人民网，2013年4月3日。

倪鹏飞、邹琳华：《坚持调控不放松加速推进房地产制度改革》，《经济参考报》2013年5月2日。

唐在富：《土地财政与房地产调控》，言实出版社，2010。

东北地区房地产业发展现状、问题与战略措施

姜雪梅*

摘　要：东北地区房地产投资对GDP的带动作用明显增强，房地产投资额呈现逐年增长的态势。但由于东北地区人口增长缓慢、城镇化水平整体较高，刚性需求主要来源于家庭规模的小型化所带来的分户需求；加之东北地区城镇居民人均可支配收入的大幅增长，以及人均住宅面积小于全国平均水平的现实情况，改善性需求仍有进一步上升的空间。东北地区较为有限的住宅需求以及过高的房价收入比，使得住房价格的上涨趋势有所放缓，而商业营业用房市场潜力较大，销售面积和价格将稳步提升。为了使房地产业适应新时代的需求，必须鼓励房地产企业开发多元化的产品，提高创新能力和抗风险能力；针对东北地区的人口结构特点，大力扶持发展养老地产和房地产租赁业务，并进一步完善房地产预售制度。

关键词：东北地区　房地产业　房价收入比　养老地产

一　东北地区房地产业发展现状

（一）房地产投资

1. 房地产投资对GDP的贡献明显

2010年我国经济规模超过日本，成为世界第二大经济体，但是经济增长

---

* 姜雪梅，经济学博士，中国社会科学院财经战略研究院助理研究员。

高度依赖于投资需求而不是消费需求。如图1所示，东北三省的经济增长方式也依然属于投资带动性。东北三省的全社会固定资产投资逐年大幅增长，其中房地产投资比重较大，对GDP的贡献非常明显。辽宁省的房地产投资占固定资产投资的比例近六年都超过20%，到2011年高达25.32%。相比之下，吉林省和黑龙江省受2008年国际金融危机影响较大，2009年其比例有所下降，但到2011年都大幅回升。

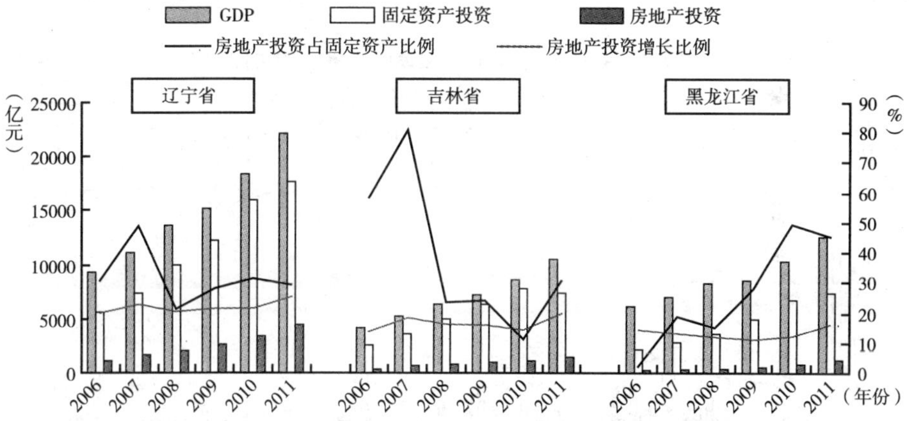

图1 东北地区生产总值、固定资产投资和房地产投资

资料来源：《中国统计年鉴》。

2. 房地产投资额逐年增长，房地产业保持良好的发展势头

如图1所示，近六年东北三省的房地产投资额逐年增长。尤其黑龙江省的房地产业发挥后发优势，除了2008年房地产投资额增幅小幅下跌之外，一直保持良好的发展势头。辽宁省的年房地产投资额也保持28%以上（除2008年之外）的增幅。相比之下，吉林省的房地产投资额增长波动较大，2007年增幅高达81.62%，2010年下降到10.87%。

3. 从房地产开发投资结构看，住宅开发投资的比重最大

如图2所示，在按用途分的房地产开发投资中，住宅投资遥遥领先，其次是商业营业用房和其他（厂房等）。尤其近六年吉林省的住宅开发投资占本年完成投资的比重均超过77%，2008年高达82.69%。2007年之后，辽宁省住宅开发投资比例有所下降，但到2011年再次回升达到76%。尽管黑龙江的住宅开发投资比例2008年较低，为69.70%。但其他年份都超过70%，住宅开发仍然是房地产开发投资的重头戏。

4. 东北三省的商业营业用房开发投资额也逐年提高

如图2所示，辽宁省的商业营业用房投资最大，2010年其比例达到最高点。相反，黑龙江省的商业营业用房投资比重逐年下降，相应地其他（厂房等）投资比重上升。以2008年为拐点，吉林省的商业营业用房投资比重呈现V形，正好对应于住宅开发投资比重的倒V形。三省的各项投资比重呈现差异，这与各省的经济结构有密切关系，但是这三省的第三产业的发展机会较大。

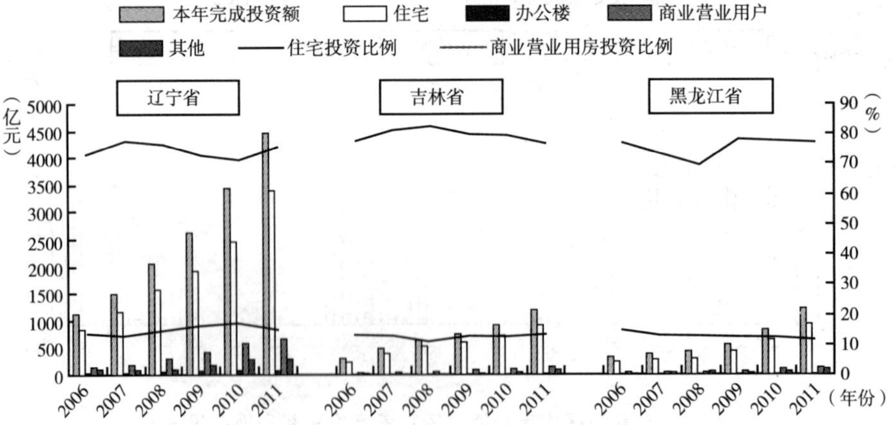

图2 房地产开发投资结构

资料来源：《中国统计年鉴》。

一般商品住宅的投资比例最高，吉林省的别墅、高档公寓投资比重相对较高，黑龙江省经济适用房建设投资比重最大。如图3所示，近六年在东北三省的住宅投资中一般商品住宅投资占住宅投资比例最高，尤其辽宁省的比例最高。在东北三省中，吉林省的别墅、高档公寓投资占住宅投资比重最高，2010年其比例达到12.40%，六年年均比例达到10.66%。这远远高于经济适用房投资比例，但吉林省的经济适用房投资情况较好。黑龙江省的经济适用房投资比例大于别墅、高档公寓投资比例。辽宁省的经济适用房投资比例逐年下降，到2010年达到2.03%。

（二）房地产产品结构

在房地产产品中，住宅开工面积最大，住宅的销售预期最乐观。如图4所

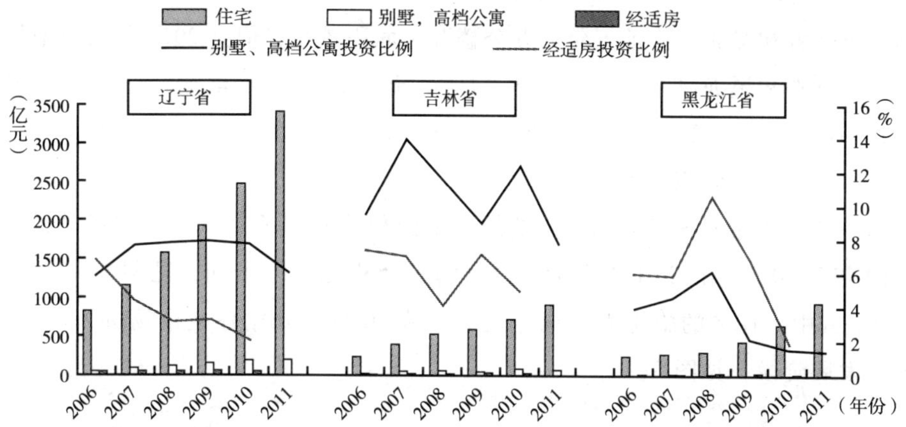

图 3　住宅投资结构

资料来源：《中国统计年鉴》。

示，在各种房地产产品中每年的住宅开工面积最大。尤其 2011 年和 2012 年的住宅销售预期非常乐观，因此前一年的住宅开工面积较大。

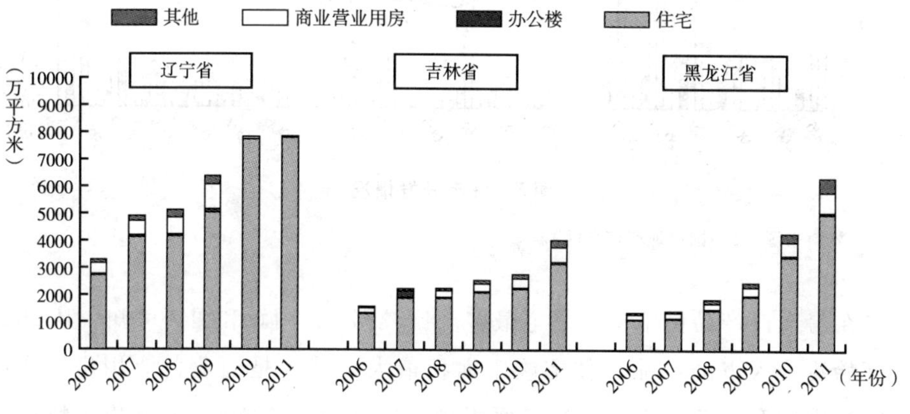

图 4　房地产产品开工面积

资料来源：《中国统计年鉴》。

吉林省和黑龙江省的商业营业用房开工面积每年平稳增长，见图 4。这反映了两省的商业营业用房的市场平稳发展，市场预期较好。2006～2009 年辽宁省商业营业用房的市场前景乐观，商业营业用房开工面积较大，但是到 2010 年之后其开工面积大幅减少。

辽宁省的办公楼开工面积相对较大，2010 年达到峰值，见图 4。相比之下，吉林省和黑龙江省前五年的办公楼开工面积较小，但到 2011 年大幅增加。

吉林省和黑龙江省的其他（厂房等）开工面积逐年增加，见图 4。2010 年、2011 年和 2012 年的整体房地产市场利好，下一年的市场前景非常乐观，所有产品的开工面积都大幅增长。

房地产产品的施工面积与前期的开工面积有密切关系。由于市场前景好，2010 年和 2011 年的开工面积大，同样施工面积也大幅增加，见图 5、图 6 和图 7。其中，住宅的施工面积比重最大，从 2010 年开始住宅市场进入新一轮跨步发展阶段，见图 5。

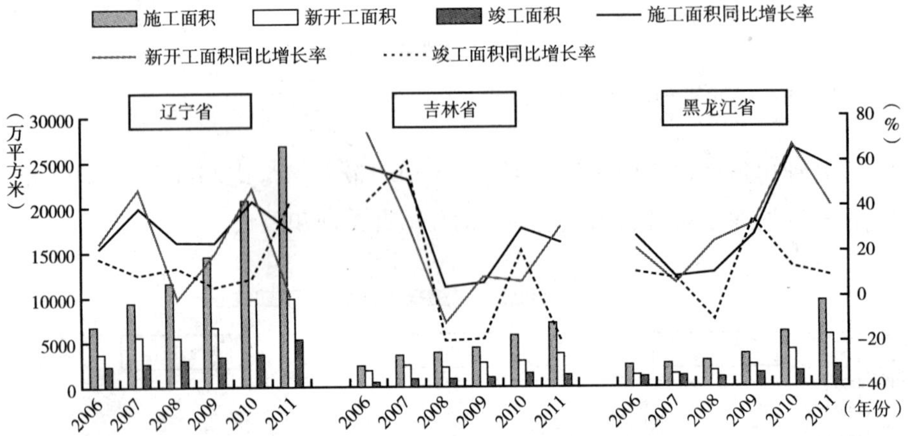

图 5　住宅开发情况

资料来源：《中国房地产信息网》。

在房地产产品供给中，住宅最多。比较图 5、图 6 和图 7 可知，从 2006 年开始竣工入市的产品中住宅竣工面积最大，其次是商业营业用房。2011 年的住宅和商业营业用房的竣工面积最大，这表明 2010 年的销售行情非常好。

从开工面积、施工面积和竣工面积可以判断，2010 年和 2011 年房地产市场非常火热，住宅、商业用房、办公楼市场非常兴旺。

在住宅开发建设方面，辽宁省的规模大于吉林省和黑龙江省。但是，在住宅产品的有效供给方面，黑龙江省效率高于其他两个省份。我们可以通过比较当年竣工面积和前一两年的开工面积判断产品的有效供给。例如，如图 5 所

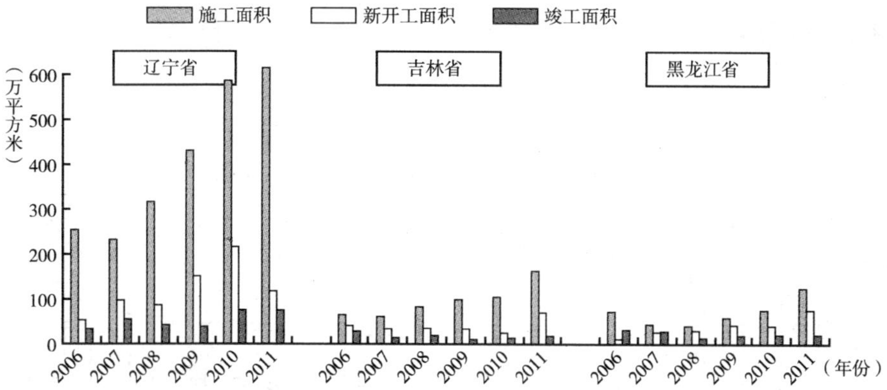

图 6　办公楼开发情况

资料来源：《中国房地产信息网》。

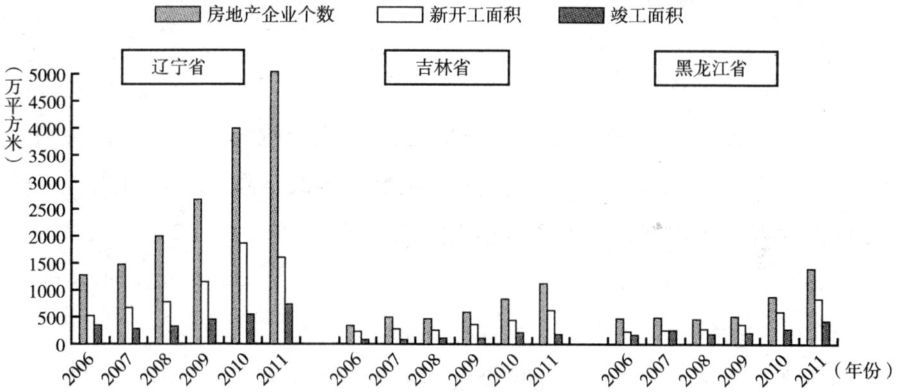

图 7　商业营业用房开发情况

资料来源：《中国房地产信息网》。

示，黑龙江省的 2010 年竣工面积与 2008 年开工面积大体相等。

同样，在办公楼和商业营业用房的开发建设方面，辽宁省的规模大于吉林省和黑龙江省。

（三）开发主体

从上述分析可知，辽宁省的整体房地产市场环境相对好一点，形成较大规模和气候。因此，在东北三省中辽宁省的房地产企业个数和从业人员最多（见图8）。

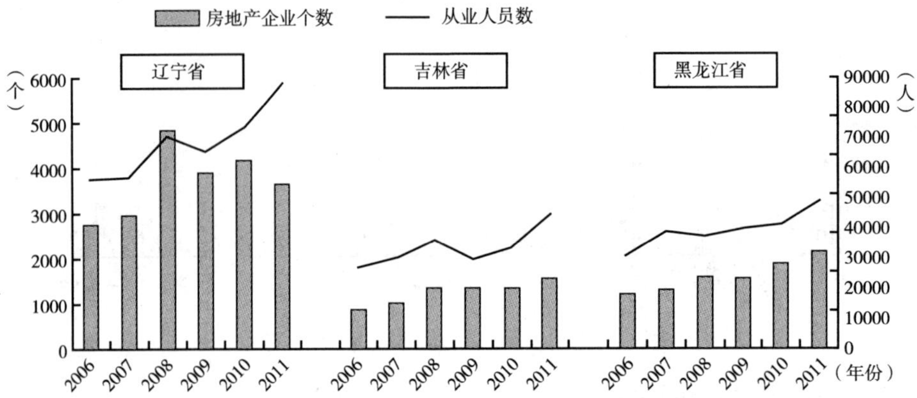

图8　房地产企业个数和从业人员

资料来源：《中国统计年鉴》。

近六年，辽宁省的房地产企业面临了两次洗牌，2008年企业数量达到顶峰。但是，2009年受到金融危机影响房地产企业个数和从业人员有所下降，2010年企业数量有所增加，到2011年企业数量再次下降。尽管如此，由于近两年的房地产市场利好，房地产从业人员大幅增加。

同样，2009年吉林省的房地产从业人员有所减少，但到2010年在房地产企业数量减少的情况下从业人员反而增加。

相比之下，黑龙江省的房地产企业数和从业人员数平稳增长，保持了较好的发展态势。

房地产企业的主营业务收入主要为商品房屋销售，其比例高达97%以上（见图9）。房屋出租收入和其他收入所占比例非常小，各低于1%和2%。

房地产企业的营业利润与销售业绩密切相关，一般销售收入越多营业利润越高。但是，在房地产市场处于波折期时，根据市场变化和销售策略可能出现薄利多销的情况。如图9所示，在销售收入增加的情况下，2009年辽宁省和吉林省的房地产企业面临营业利润下降的局面，2010年吉林省的房地产企业再次面临营业利润的减少。

黑龙江省的房地产企业营业利润率较高且企业风险相对低，吉林省的房地

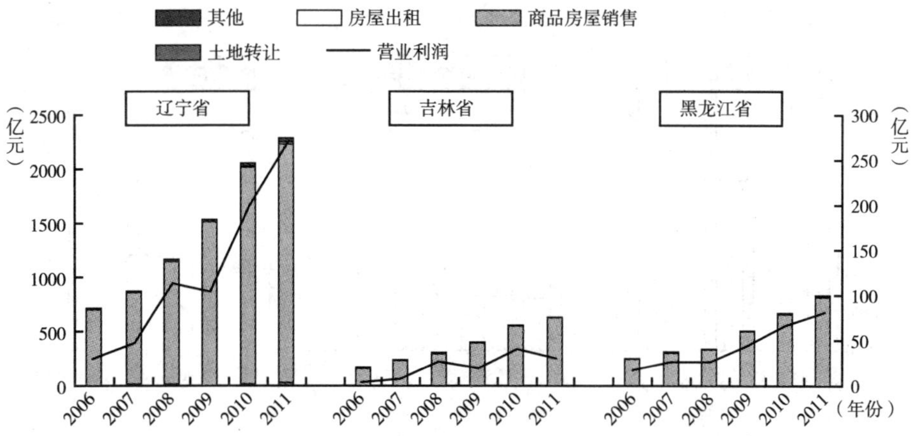

图 9　房地产企业主营业务收入和营业利润

资料来源：《中国统计年鉴》。

产企业营业利润率相对低并且企业风险相对高（见图 9）。辽宁省的房地产企业之间的竞争相对激烈（见图 8），但是通过企业的洗牌提高了营业利润率，2010 年提高到 9.65%，2011 年提高至 11.77%。

（四）需求主体

东北三省的人口增长缓慢，城镇化水平较高。如图 10 所示，近六年年末总人口和城镇人口数的变化较小，尤其是吉林省，其城镇化水平一直处于 53% 左右。辽宁省的城镇人口增加相对较多，城镇化率从 58.99% 提高到 64.05%。六年间，黑龙江省的城镇化水平提高 3%。由此可见，辽宁省和黑龙江省的房地产市场需求大于吉林省。

2~3 人户家庭居多，家庭规模缩小。如图 11 所示，二人户家庭比例和三人户家庭比例大，并且家庭规模逐年缩小，2011 年东北三省平均户家庭规模都小于 3。辽宁省和吉林省的一人户比例逐年增加，空巢家庭问题日益显现。传统家庭的分裂和家庭核心化导致住宅需求的上升和住宅产品的细分。

家庭的核心化和家庭户数的增加，带动了房地产市场的刚性需求。尽管东北三省的人口小幅增长，但是家庭的核心化增加了家庭户数，带动了房地产市场需求。

城市居民收入大幅提高，居民生活水平得到改善。如图 12 所示，近六年

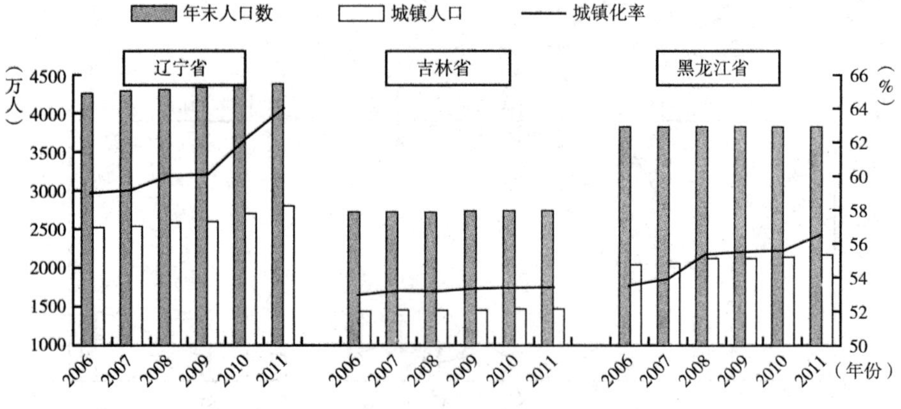

图10　总人口和城镇人口

资料来源：《中国统计年鉴》。

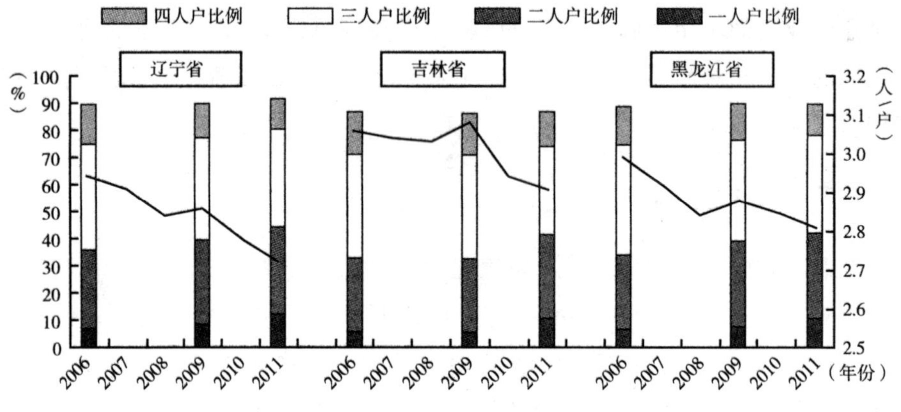

图11　家庭规模及其比例

资料来源：《中国统计年鉴》。

内东北三省的城镇居民人均可支配收入大幅增长，辽宁省收入翻了1.97倍，吉林省翻了1.82倍，黑龙江省翻了1.71倍。

城镇居民人均住宅建筑面积低于全国平均水平。如图12所示，2007年的辽宁省、吉林省和黑龙江省的城镇居民人均住宅建筑面积分别为23.03平方米、23.04平方米和22.63平方米，都小于全国平均水平27.06平方米。由此可知，居民的居住环境得到了改善，但改善空间仍然较大。

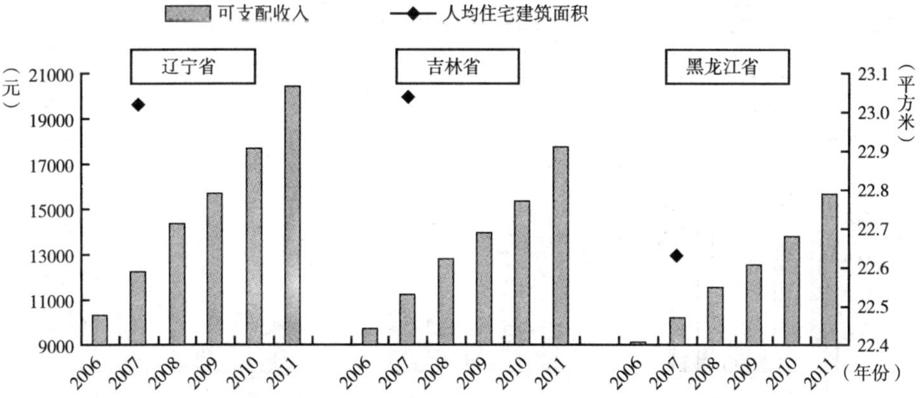

图 12　城镇居民人均可支配收入

资料来源：《中国统计年鉴》。

（五）房地产市场供求关系

住宅市场兴旺，预售比重较大。如图 13 所示，住宅销售面积逐年增加，尤其 2010 年和 2011 年的住宅销售面积非常大。除了 2008 年黑龙江省的销售面积有所下降之外，其他年份的销售情况也良好。在东北三省中，辽宁省的住宅市场最大，2006～2009 年吉林省的市场规模大于黑龙江省，但是到 2010 年和 2011 年黑龙江省的住宅市场规模赶超了吉林省。同时，随着住宅市场的兴旺，住宅的预售比重也逐年增加。如图 13 所示，到 2011 年现房销售比重下降到 30% 以下，尤其吉林省的现房销售比重接近 20%（住宅预售面积比重达到 78.5%）。由此可见，消费者对住宅的升值预期比较乐观。

经济适用房的销售面积比例逐年下降。如图 13 所示，辽宁省的经济适用房销售面积比重从 2006 年的 5.56% 下降到 2011 年的 1.12%，黑龙江省的其比重从 2006 年的 10.15% 下降到 2011 年的 2.17%，2011 年吉林省的比重仅为 0.48%。由此，住宅的过度商品化和住房保障的矛盾也日益显现。

相比辽宁省的住宅价格上涨而言，吉林省的住宅价格冲刺略显不合理。如图 14 所示，住宅销售均价涨幅波动较大。辽宁省的住宅销售均价增长率低于人均可支配收入增长率和地区生产总值增长率，从 2009 年开始吉林省和黑龙江省住宅销售均价增长率均超过了人均可支配收入增长率和地区生产总值增长

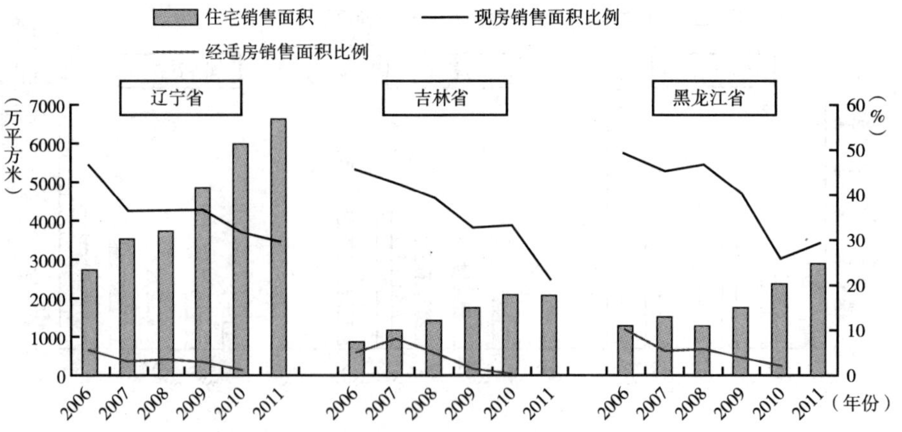

图 13　住宅销售面积及销售比例

资料来源：《中国房地产信息网》。

率。尤其 2010 年和 2011 年的吉林省住宅销售均价增长率远远超过了 GDP 增长率和人均可支配收入增长率。

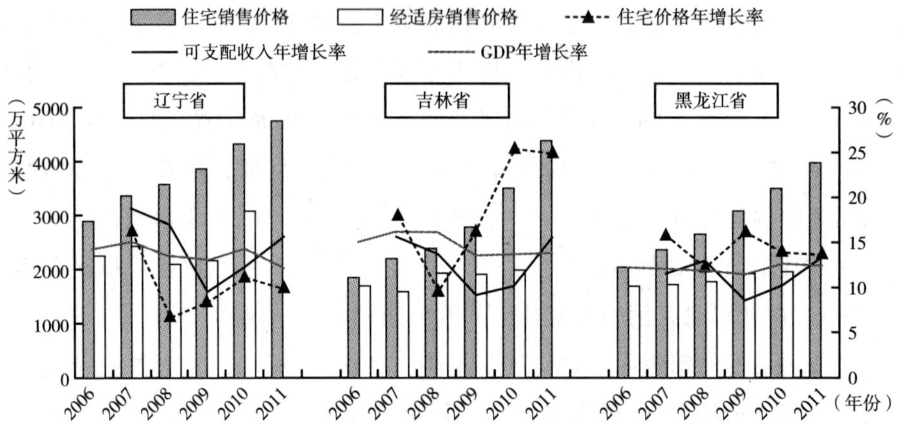

图 14　住宅销售价格及年增长率

资料来源：《中国房地产信息网》。

辽宁省的房价收入比趋近合理范围，吉林省和黑龙江省的房价收入比脱离合理范围。尽管各省的房价均上涨（见图 14）并且人均可支配收入也增长（见图 12），但是根据其增长率的不同房价收入比发生不同的变化。如图 15 所示，辽宁省的房价收入比逐年下降，从 2006 年的 8.3 下降到 2011 年的 6.9。与此相反，吉林省的房价收入比从 2006 年的 5.7 上升到 2011 年的 7.4。

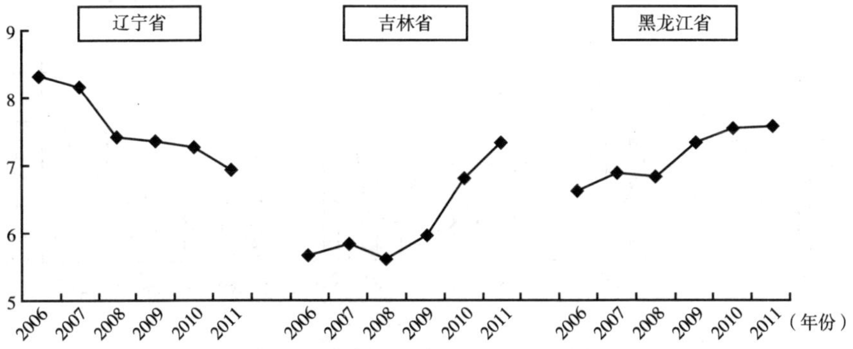

图 15　房价收入比

办公楼市场波动较大。如图 16 所示，近六年办公楼年销售面积有增有减。2010 年辽宁省的办公楼市场较好，销售面积也大，其中现房销售比重仅占 30% 左右，预售比重接近 70%。2011 年吉林省的办公楼市场创历史新高，预售面积比重超过 90% 以上（见图 16），并且其价格同比增长 154%（见图 17）。

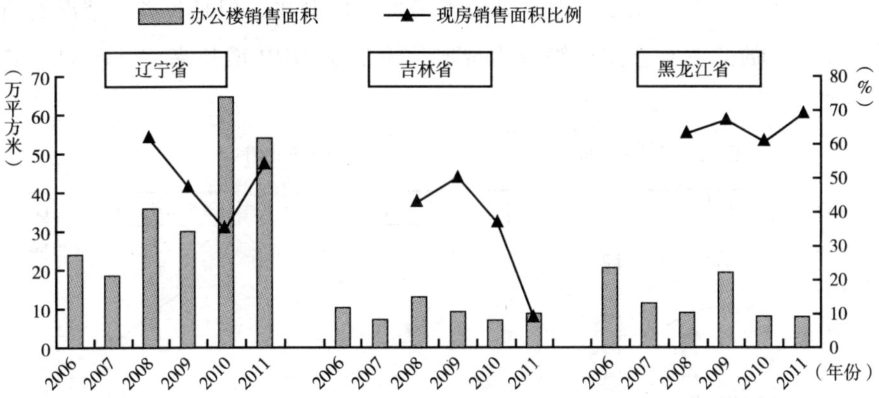

图 16　办公楼销售面积及销售比例

资料来源：《中国房地产信息网》。

办公楼销售均价变化围绕 GDP 的增率曲线上下浮动，如图 17 所示。销售行情较好时，其销售价格增长率超过 GDP 增长率，不然低于 GDP 增长率。忽

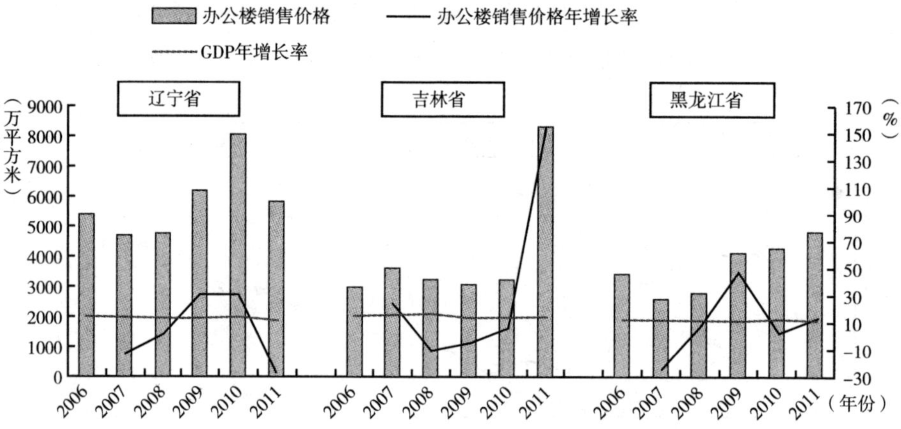

图 17　办公楼销售价格及年增长率

资料来源：《中国房地产信息网》。

上忽下的办公楼销售均价在某种意义上暗示其对市场的敏感程度。同时，也意味着办公楼市场风险较大。

商业营业用房市场平稳发展。如图 18 所示，商业营业用房销售面积基本上逐年平稳增加，并且现房销售面积比重逐年下降，市场预期较好。虽然商业营业用房销售均价变化也类似于办公楼销售均价变化，但是各省的情况有所不同。辽宁省的商业营业用房销售均价增长率低于 GDP 增长率，这不同于其他两个省。

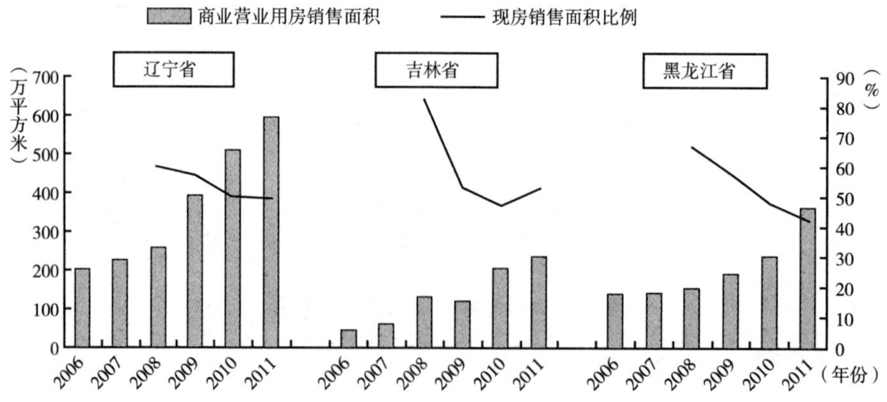

图 18　商业营业用房销售面积及销售比例

资料来源：《中国房地产信息网》。

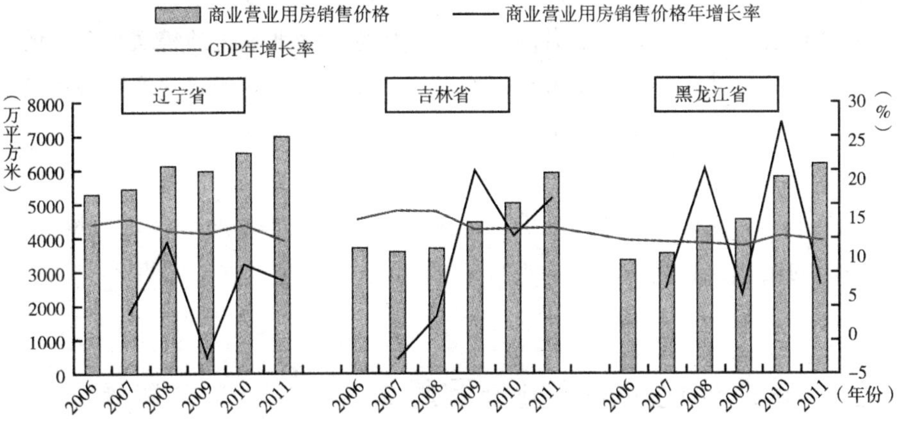

图 19　商业营业用房销售价格及年增长率

资料来源：《中国房地产信息网》。

二　东北地区房地产业发展面临的问题

尽管东北三省的房地产业起步较晚，但在短期内实现了较快的成长和规模化扩张。这不仅带来了房地产行业的繁荣，还对经济发展和居住环境的改善发挥了积极的作用。然而，东北的房地产业发展还存在着一些问题，需要加以重视和解决。

一是产品供应结构不尽合理。在房地产产品中住宅供给比例过高，但经济适用房等保障房比例较小。

二是房地产企业经营模式单一，抗风险能力低。房地产企业的主营业收入大部分来自产品销售，出租收入等其他收入比例非常小。因此，当房地产市场规模缩小时很多企业将面临倒闭风险。

三是人口的减少将导致房地产市场规模的缩小。东北三省不仅人口规模小，而且城镇化的原动力不足。老工业基地的衰弱反映了其经济结构的脆弱性，加之经济结构转型缓慢，就业机会减少，因此吸纳不了更多的人力资源。总人口的减少必然导致房地产市场需求的减少。

四是房价上涨过快，房价收入比高。近两年房价上涨过快，吉林省和黑龙江省的房价收入比不断攀升。尽管辽宁省的房价收入比有所下降，但东北三省的房价收入比都超过了目前国际上通行的合理范围 3～6。

五是预售比重过高，消费者的风险大。房地产企业通过预售实现资金的回笼和再投资，房地产产品的金融杠杆率过高。目前，我国的房地产预售制度不仅存在较多的漏洞，还监管缺失。因此，一旦房地产企业面临倒闭风险，把包袱直接转嫁给消费者的可能性较大。

六是不少房地产企业将面临洗牌。随着市场规模的缩小，技术力量薄弱、竞争力弱的企业将被淘汰。

三 东北地区房地产业发展趋势

总而言之，房地产市场发展与当地的经济结构有密切的关系。房地产产品结构就反映了当地的经济特色。但是，与其他处于城市化加速期的国内诸多城市一样，住宅产业是房地产市场中的重头戏。从 2009 年开始，住宅销售均价和商业营业用房的销售均价增长幅度较大。在“十二五”期间，东北三省的房地产业仍然保持平稳发展态势。

从房地产产品结构看，住宅比重仍然最大，其次为商业营业用房。

住宅市场发展平稳，住宅价格将稳中有升。2013 年住宅销售面积小幅增长，但到 2014 年和 2015 年住宅销售面积将同比下降。原因在于较有限的住宅需求，东北三省的人口增长缓慢。尤其在近六年吉林省和黑龙江省的人口几乎没有增长并且城镇化进程也缓慢，房价收入比也不断地上升。因此，到 2015 年吉林省的住宅价格有可能开始下降。

商业营业用房市场潜力较大。随着第三产业的发展，商业营业用房的需求将增加，因此其销售面积和价格将稳步增长。

办公楼市场将面临较大的波动。2013 年和 2014 年辽宁省办公楼市场相对低迷，到 2015 年市场有可能回升，价格也有可能开始上涨。相反，2013 年和 2014 年吉林省和黑龙江省的办公楼市场行情较好，价格也保持上涨趋势，但是到 2015 年将进入市场低谷期，其价格可能开始回落。

四 促进东北地区房地产业健康发展的战略措施

随着社会的发展，将产生新的需求和机会。为使房地产业安全过渡并适应新时代的需求，我们采取以下措施促进社会的稳定发展。

第一，鼓励房地产企业开发多元化的产品，提高创新能力和抗风险能力。

第二，细分房地产市场，扶持发展养老地产和房地产租赁业务。2011 年辽宁省和吉林省一人户家庭比例超过了 10%，孤寡老人的比例明显增加。加之独生子女政策的负面效应和劳动力人口的下降，我国将面临养老危机。因此，必须发展集中养老的养老地产。借此机会，应发展养老地产和提供个性化家政服务的房地产租赁业务。

第三，完善预售制度，严格监管预售资金的发放。我们应尽快完善预售制度，根据工程进度发放预售资金，降低消费者和银行的风险。

第四，引导部分房地产企业的转型。为应对蛋糕变小时的风险，引导部分房地产企业转型，减少从事住宅开发的企业数量，防止大量企业的倒闭。比如，给予政策扶持，使其从事养老地产。

第五，发展房地产金融衍生品，加强房地产企业的资金链，增加消费者的投资渠道。

参考文献

倪鹏飞主编《中国住房发展报告（2012~2013）》，社会科学文献出版社，2012。

倪鹏飞、邹琳华：《坚持调控不放松加速推进房地产制度改革》，《经济参考报》2013 年 5 月 2 日。

陈亚文：《东北地区房地产业的发展状况与建议》，《经营与管理》2010 年第 1 期。

姜雪梅：《公租房将成为今后住房保障新主力》，http：//house. ifeng. com/news/detail_ 2010_ 12/08/3401378_ 0. shtml。

东部地区房地产业发展现状、问题与战略措施

邹琳华　陈玉秀[*]

摘　要： 从房地产业发展历程看，东部地区房价水平全国最高，涨速很快波动性大；市场规模迅速扩大，占全国份额有所下降；开发投资快速增长，增速低于全国均值；开工面积波动较大，部分年份呈现负增长；房价、地价联动性强，土地市场忽冷忽热。东部地区房地产业存在的主要问题包括：住房供求矛盾长期存在，房价呈长期上涨趋势；住房改革相对滞后，住房制度尚不完善；房价偏高上涨过快，房地产投机较为严重；市场监管尚不到位，市场秩序较为混乱；产业结构层次较低，产品品质有待提升。为促进东部地区房地产业健康发展，必须加强对房地产投资投机行为的管控、降低住房交易税费、放松住房开发管制、完善房地产信用信息系统、完善住房保障制度、因地制宜推进房产税改革。

关键词： 东部地区　房地产业　房地产税改革　房价上涨

一　东部地区房地产业发展现状

东部地区是我国改革开放的前沿与窗口，同时也是我国房地产业发展最早的区域。作为我国经济发展水平最高、人口密度最大、外来人口最多的区域，

---

* 邹琳华，经济学博士，中国社会科学院财经战略研究院助理研究员；陈玉秀，云南财经大学会计学院硕士研究生，讲师。

东部地区房地产业发展具有以下特点：一是房价水平全国最高，2012 年均价达到 7217 元；二是市场规模迅速扩大，2012 年商品房销售额达到 38412.8 亿元，占全国的 59.6%；三是开发投资快速增长，2012 年房地产开发投资额 40541.4 亿元，占全国的 56.5%；四是新开工面积波动较大，2012 年新开工面积 83232.1 万平方米，占全国的 47%，同比下降 12%；五是土地市场冷热交替，2011 年土地购置面积 15868.7 万平方米，比上年下降 24.8%。①

（一）房价水平全国最高，涨速很快波动性大

东部地区作为我国收入最高、人口最密集的区域，房价水平也是在各区域中最高的。2004～2012 年，每年住房均价都要比全国平均水平高出一截。2012 年，东部地区平均房价为 7217 元，而同期全国平均房价仅为 5791 元。在东部各省区中，又以北京房价最高，上海次之，浙江第三。2012 年它们的住房均价分别为 17022 元、14061 元及 10642 元。除以上省市外，均价在 8000 元以上的还有福建（8646 元）、天津（8217 元）、广东（8112 元）。2012 年东部地区属河北省房价最低，均价为 4478 元；其次是山东，均价为 4763 元；再次是辽宁，均价为 4942 元。房价的高低次序大体上与各省市经济发展水平名次相符。其中比较特殊的是福建与海南。福建作为中国著名的侨乡，海外华人及其家属的购房需求较为旺盛，推高了当地房价。海南作为未来的国际旅游岛，也吸引了较多的异地投资者。

房价上涨很快，但并非直线上涨，而是呈波动性上涨态势。总体来说，由于人多地少、经济增速快、人口流入量大，东部地区房价呈长期上涨趋势。房价的波动性主要来源于三个方面：一是宏观调控政策的冲击，如 2008 年底扩张性的调控政策使 2009 年房价出现暴涨，2010 年、2011 年的严厉调控政策暂时抑制了房价快速上涨的趋势等；二是宏观经济形势的冲击，如 2008 年全球金融危机使房价掉头下行；三是开发企业和购房者对房价的非理性预期，造成住房供求松紧形势的周期性变化。以上各种作用力的共同叠加造成了当前东部地区房价的波动性上涨态势。东部地区房价涨速大体上与全国涨速相当，2006 年、2008 年、2010 年、2011 年是其中涨速相对较缓的年份，但 2012 年又有

① 根据国家统计局房地产区域统计口径，我国东部在地域上包括北京、天津、河北、辽宁、上海、江苏、浙江、福建、山东、广东、海南共 8 省 3 市，本章的区域划分口径与此一致。

加速上涨的态势。在东部地区各省市中，北京、上海房价涨速最快。北京从 2007 年开始，与其他省市房价的差距大幅度拉开，上海则从 2009 年开始飙涨，而这两个城市房价的波动性也最大。

（二）市场规模迅速扩大，占全国份额有所下降

随着近十年我国房地产业的迅猛发展，东部地区房地产市场规模迅速扩大。2012 年，东部地区商品房销售面积已经达到 53223.8 万平方米，是 2004 年 22588.5 万平方米的 2.4 倍。商品房销售额达到 38412.8 亿元，是 2004 年 7783.7 亿元的 4.9 倍。商品房销售额与销售面积增速之差反映了房价的上涨。另外，东部地区在房地产市场规模迅速扩大的同时，占全国的份额却在相对下降。2004 年，东部地区商品房销售面积为全国的 59.1%，接近 2/3。而到 2012 年，这一比例已经下降至 47.8%，不足一半。2004 年，东部地区商品房销售额位居为全国的 75%。而到 2012 年，这一比例已经下降至 59.6%，比销售面积下降速度更快。

东部地区商品房市场规模的迅速扩大反映了东部地区人口的增长、经济水平的发展与人民生活水平的提高。东部地区商品房市场份额占全国份额的相对下降反映了在产业转移大背景下，中西部地区经济的快速发展。由于劳动力、土地资源的相对丰富，房价绝对水平较低，未来中西部地区仍将是资金流入速度较快的地区，房地产市场的增速仍将超过东部地区，房地产市场区域发展的不平衡性正在减弱。

分省区看，江苏、辽宁、山东、广东的商品房销售量较大，而海南的销售量最小。2004 ~ 2012 年，销售面积增长最快的是海南（增长 6.4 倍），其次是河北（增长 4.9 倍），再次是辽宁（增长 4 倍）。增长最慢的是上海，销售面积下降 42%，其次是北京，下降 21%。2012 年销售额位居前三位的分别是广东（6407.8 亿元）、江苏（6067 亿元）和辽宁（4362.8 亿元），销售额最低的是海南（735.6 亿元）。2004 ~ 2012 年，销售额增长最快的是海南（增长 23.4 倍）、河北（增长 15.6 倍）、辽宁（增长 9.3 倍）。增长最慢的是上海（增长 0.4 倍）、北京（增长 1.6 倍）。

（三）开发投资快速增长，增速低于全国均值

东部地区是中国房地产业的重镇，2012 年，东部地区房地产投资额占到

全国房地产开发投资额的56.5%。在全国房地产热的大环境下，东部地区房地产开发投资增长很快，但是增速仍低于全国平均水平。2004～2012年，东部地区房地产开发投资的最高增速达到32.7%（2010年），最低增速也达到12.3%（2009年）。2004年，东部地区房地产开发投资额为9149.1亿元。到2012年，开发投资额已经增长到40541.4亿元，增长了3.4倍。而同一时期，全国房地产开发投资额增长了4.5倍。

分省市看，2012年房地产开发投资额排前三位的分别是江苏（6206.1亿元）、辽宁（5455.8亿元）、广东（5352.8亿元）。最低的分别是海南（886.6亿元）、天津（1260亿元）、上海（2381.4亿元）。2004～2012年，房地产开发投资增速最快的分别是海南（增长14.8倍）、河北（增长8.8倍）、辽宁（增长6.8倍）；最慢的是上海（增长1倍）、北京（增长1.1倍）。

（四）开工面积波动较大，部分年份出现了负增长

代表开发企业对未来市场的预期及未来供给量的新开工面积呈较大波动性。东部地区新开工面积近年总体增速要低于全国平均水平。2012年，东部地区新开工面积83232.1万平方米，占全国总量的47%。2004～2012年东部地区新开工面积出现两个负增长年份，分别是2008年（-0.8%）与2012年（-12%）。2012年出现较大负增长的主要原因是由于限购、限贷等严厉宏观调控措施及前期市场供应较大等原因，2011年商品房库存大量增加。2012年商品房市场处于去库存阶段，只有库存量下降到一定水平，开发企业才会考虑进一步增加开工量。

分省市看，2012年新开工面积最高的依次是江苏（13908.4万平方米）、山东（13902.7万平方米）和辽宁（13828.9万平方米）。最低的依次是海南（1661.3万平方米）、上海（2724.1万平方米）、天津（2565.2万平方米）。2012年，除了海南、辽宁外，各省市新开工面积都出现了负增长，其中河北新开工面积下降31.7%居首，上海下降26.9%次之，北京下降24.1%居第三。

（五）房价地价联动性强，土地市场忽冷忽热

土地是房地产业最重要的生产要素。自“招拍挂”以来，地价呈越拍越高的趋势。特别是在房地产市场火热时，热门地块的抢夺几乎白热化，地王频现。但另一方面，当房地产市场销售不畅时，土地市场也立刻同步进入冰冻

期，土地流拍成为常态。只有少数开发企业借地价低廉之机跑马圈地，以求逆周期扩张。2012 年，东部地区房地产开发土地购置面积 15868.7 万平方米，比上年下降 24.8%。2004～2012 年，有 5 年土地购置面积出现负增长，分别是 2005 年（－13.2%）、2006 年（－7.1%）、2008 年（－12.7%）、2009 年（－24.8%）。其中 2005 年、2006 年、2012 年受宏观调控的冲击较大，2008 年、2009 年则主要是受全球金融危机的影响。而在房地产市场火热的 2010 年，土地购置面积增长 36.3%。土地购置面积的波动造成住房供给的波动进而房价的大幅度波动。

分省市看，2012 年，东部地区土地购置面积最高的是辽宁（3199.5 万平方米）、江苏（3071 万平方米）、山东（2610 万平方米）。最低的是上海（300.6 万平方米）、北京（306 万平方米）、海南（333.6 万平方米）。土地购置面积增速最高的是江苏（14%），最低的是天津（－60.4%）、上海（－52.8%）。土地购置费最高的是江苏（776.9 亿元）、浙江（650.3 亿元）、广东（591.9 亿元），最低的是海南（45.7 亿元）、天津（56.4 亿元）。土地购置费增速最高的是广东（13.7%）、江苏（12.1%），最低的是天津（－63.7%）、北京（－46.8%），2011 年楼市的低迷是造成天津、北京等地开发企业购地意愿降至冰点的主要原因。

二　东部地区房地产业发展面临的问题

（一）住房供求矛盾长期存在，房价呈长期上涨趋势

应当看到，与东部地区的收入、经济发展水平及城市化水平相比，东部地区的房地产业和住房供给仍远滞后于区域发展水平，房地产总体上供给落后于需求的状况将会持续很长一段时间。并且由于土地的稀缺性及环境保护的需要，房地产供给约束存在一定的刚性。换句话说，房地产价格在今后很长时间内仍呈上涨趋势。这也给房地产市场稳定和房地产调控提出了挑战。

（二）住房改革相对滞后，住房制度尚不完善

1998 年住房改革启动以来，东部区域房地产业获得了迅速发展。但是近十年来，住房制度改革没有继续深入进行下去，重调控、轻改革的思路没有发

生根本性变化。这导致住房制度长期滞后于房地产业和区域经济发展，房地产市场的深层次矛盾没有得到很好的解决。比如住房市场仍是一个典型的双重垄断市场结构，政府垄断一级市场土地出让，开发企业从政府手中购地建房再卖给消费者，政府成为“最大的开发商”。在政府和开发商共同垄断新建住房市场的条件下，商品住房供给结构性短缺、品质偏低成为必然，无法满足多样化和快速发展的市场需求，同时也使得房价变动具有刚性，易涨难跌。其次，城乡土地市场分割，农村人口进城出现“城里的房子买不起，农村的房子卖不掉”的窘境。此外租房者在教育、医疗、社会保障等方面不能享受与买房者同等的权益等。

（三）房价偏高上涨过快，房地产投机较为严重

东部区域作为中国改革开放的前沿，经济最发达、收入与城市化水平最高，房价上涨最快，住房供求矛盾最突出。作为房价上涨快的区域，东部区域自然也是房地产投资投机的首选和重点区域。严重的房地产投机进一步加剧了住房供求矛盾、推高了房价。高房价、高投机也给区域经济带来一些不良影响。东部地区虽然是经济水平发展较高的区域，但高房价提高了生产和生活成本，部分抵消了生产效率优势，造成一些城市资本人才外流，出现产业空心化现象。

（四）市场监管尚不到位，市场秩序较为混乱

虽然东部地区是中国房地产业发展较早、房地产市场相对成熟的区域，但政府管理水平仍然跟不上市场的快速发展，市场监管缺位现象突出，市场秩序较为混乱。在商品房市场上，房屋质量问题层出不穷，各种交易纠纷频发，开发商违规销售屡禁不止，虚假宣传炒作造势几成常态。在租赁市场上，中介垄断房源、侵吞押金、单方变更协议、违规隔断等侵犯业主及租客利益现象屡见不鲜。

（五）产业结构层次较低，产品品质有待提升

经过近十年的快速发展，东部地区房地产业规模迅速扩大，并很快上升为区域经济的支柱产业之一。尽管东部区域是中国房地产业发展最早的区域，但总体上仍然处于粗放式的发展阶段，资金和土地规模仍是衡量企业实力和竞争力的最重要指标，房地产企业热衷于跑马圈地扩大规模，而对于产品研发和品

质提升并不放在重要位置。房地产产品风格偏于单一，品质相对较低。绿色、节能、环保、智能化的新理念尚未在房地产产品中普及。未来随着绿色环保观念的深入人心、绿色革命的兴起与政府对房地产环保强制要求的提高，将从供给与需求两个方面对房地产产品的绿色化提出更高的要求。此外，信息技术和物联网的普及以及智能城市的建设，也将促使房地产产品向智能化、网络化发展。

三　东部地区房地产业发展趋势

（一）房地产投资增速放缓

随着东部地区经济增长方式转变、产业升级，以及受土地供给、环境保护等的制约，以前那种大圈地、大开发的房地产发展模式将逐步淡出，房地产投资增速总体呈放缓趋势。存量住房交易占总成交量的比例将逐步放大。

（二）房价呈脉冲性上涨态势

随着中国的崛起，东部区域居民收入将率先达到发达国家水平，中产阶层不断发展壮大，同时东部区域也是中国城市化水平最高和人口流动的主要目标区域，这些都决定了东部区域对住房等耐用消费品需求的增长将呈快速增长态势。一方面，东部区域受可开发利用土地资源的硬约束将越来越明显。因而，从长期看，由于供求矛盾突出，东部区域房价将呈上涨的趋势。另一方面，受宏观调控及房地产市场自然周期的影响，房价并不会呈直线上涨的走势，过程中会出现反复和波动。

四　促进东部地区房地产业健康发展的战略措施

（一）加强对房地产投资投机行为的管控

为了避免房地产市场的泡沫化，促进房地产市场与区域经济的协调发展，东部区域需要特别加大对房地产投资投机的管控：一是强化住房限购政策，加强购房资格的审核，在重点城市实现住房限购的长期化、制度化；二是坚持和创新差别化信贷政策，精准抑制住房投资投机，避免因房地产价格大起大落触发金融风险；三是加强对开发企业囤地行为的监督、查处。

（二）降低住房交易税费，增进存量住房配置效率

东部地区作为住房市场发展最成熟的区域，存量市场将逐步取代增量市场的主导地位。这需要不断降低交易成本，提高存量住房利用效率。一是简化合并住房交易手续，推进一站式住房交易服务；二是对住房交易中存在的税费进行清理，减免住房交易过程中的营业税、契税、个人所得税和各种交易手续费，取消各种不合理收费和搭车收费；三是对于居民购买首套住房自住给予更大力度的税费优惠支持，如免除营业税（实际上大多由买方支付）、契税等；四是降低住房中介服务业准入门槛和各种政策壁垒，增进中介行业的竞争性，减少中介服务成本。

（三）放松住房开发管制，增强开发市场竞争

通过降低门槛、促进商品住房开发市场竞争，有效提高住房供给数量、降低住房供给成本。一是简化住房开发建设的审批、规划和上市销售手续，清理住房开发建设过程中的各种不合理税费；二是允许单位、个人在符合规划的条件下自建住房和上市出售，并积极培育代建、合作建房等多种形式的住房供给模式；三是探索与代建、合作建房、自建住房相适应的住房融资模式，给予代建、合作建房、自建住房必要的金融支持；四是逐步放开住宅用地的容积率管制，允许开发单位根据市场需要自定开发强度。

（四）加大房地产市场监管力度，适时出台住房“三包”制度

通过加大政府对市场监管力度，重罚虚假宣传、欺诈等违法违规行为；建立市场准入制度，对于有不良行为的企业和个人必要时给予市场禁入处罚；规范完善住房预售行为，将购房者的风险降至最低；适时出台住房“三包”制度，不断提高住房产品的质量与售后服务水平。

（五）完善房地产信用信息系统，推进房产信息公开化

建立政府公益性房地产信用信息系统，并完善信用信息公开共享机制；根据谁投资、谁受益的原则，鼓励民间机构投资建立营利性房地产信用信息系

统；在不动产统一登记制度的基础上，推进房产产权信息的公开化与网络公开查询，以更好地落实物权法规定，保障不动产交易安全，有效保护不动产权利人的合法财产权。

（六）鼓励产品创新，促进产业升级

未来房地产产品的智能化、绿色化、网络化趋势对房地产产品提出了新的要求。东部地区房地产市场作为中国房地产市场发展的最前沿，应鼓励房地产企业深入研究未来市场对房地产产品属性的要求，不断加强产品创新，提高房地产产品品质，补贴绿色智能新材料、新工艺的使用企业，强制淘汰高能耗落后工艺技术，更大限度地满足现代生产生活的需要。

（七）加快农村土地制度改革，建立城乡统一的住房市场

作为城市化水平最高的区域，东部地区应创新住房产权制度，积极探索集体建设用地直接入市途径，在城乡统一规划的基础上，允许集体建设用地直接开发建设住宅，并在履行一定法定程序后，实现上市自由买卖，与国有土地上开发的商品住宅享受同等权利义务。逐步建立城乡统一的住房市场，缓解农村进城家庭“农村的房子卖不掉，城里的房子买不起”的尴尬现状，转变农村土地入市过程中的不平等利益分配格局，增加商品住房供给，促进人口和资本的城乡双向流动。

（八）完善住房保障制度，提高保障房质量

建立以现金补贴为主、公租房为辅、廉租房等其他形式为补充的住房保障制度，避免因保障房建设不当带来的贫民窟、社区住房价值下降等现象；完善保障房准入审核制度，以最低的成本和最简便的手续将符合条件的保障对象筛选出来；建立保障房的管理与退出机制，让保障房资金资源能够得到最有效率的利用；引入竞争机制，加强品质监管，提高保障房的整体质量。

（九）配合土地、财政、户籍制度改革，因地制宜推进房产税改革

在推进土地使有权全面流转、降低地方财力对土地出售的依赖、打破城乡和区域户籍分割的基础上，因地制宜、积极稳妥地推进房产税改革，鼓励有条件的地方率先开展房产税征收试点。通过科学设计的、一揽子改革方案全面厘

清住房市场上政府与市场的界限，一方面进一步提高政府公共服务质量，另一方面充分发挥市场机制的调节供求作用。

（十）完善住房租赁市场，保护租赁者合法权益

一是进一步打破户籍歧视，在履行同等义务的基础上，保障租房者与自有住房者在教育、医疗、社会保障等公共事务或服务上享有同等的权利；二是立法保护租赁者的各项合法权益，改变租赁者在租房市场中的弱势地位；三是发展租房中介和信息服务市场，进一步降低中介行业进入门槛；四是对租房者给予必要财税政策支持，如允许以租金支出抵扣个人所得税等。

参考文献

倪鹏飞主编《中国住房发展报告（2012～2013）》，社会科学文献出版社，2012。

倪鹏飞、邹琳华：《坚持调控不放松加速推进房地产制度改革》，《经济参考报》2013年5月2日。

高波、陈键、邹琳华：《区域房价差异、劳动力流动与产业升级》，《经济研究》2012年第1期。

杨健、李兰华：《增速下滑：东部地区为何重于中西部》，《中国经贸导刊》2013年第1期。

中部地区房地产业发展现状、问题与战略措施

李　超*

摘　要： 中部地区房地产业呈现投资快速增长、就业吸纳能力逐步增强等特点。从供给因素来看，土地购置面积和购置费用增长较快，商品房开发和供给面积稳中有升；从需求因素来看，城市人口规模、土地约束和可支配收入状况与住房需求呈现正相关关系，而人口抚养比等人口结构因素相对于全国平均水平而言更加突出。中部地区还面临着房价上涨幅度过快、土地囤积现象有所抬头、保障房建设困难重重、房地产投资结构不合理、房地产业的对外开放度有待提升等问题。总体来看，中部地区房地产行业在未来三年内仍会保持平稳增长态势，中部地区的改善性需求在未来几年内有进一步释放的空间。针对中部地区房地产业存在的突出问题，必须进一步加快推进住房综合配套改革的步伐，逐步完善住房保障体系和融资体系建设。

关键词： 中部地区　房地产业　房价涨幅　住房综合配套改革

一　中部地区房地产业的发展现状

（一）房地产业及影响因素考察

1. 房地产投资持续快速增长

由于东部沿海地区土地资源偏紧、价格较高和房地产市场竞争激烈，使

* 李超，经济学博士，中国社会科学院财经战略研究院助理研究员。

得一些房地产开发商将开发重点向中西部转移，房地产开发的地区结构自2002年开始发生显著变化。东部地区房地产开发投资所占比重逐年下降，中西部地区房地产开发比重开始逐步上升。2006～2011年，中部6省中有5省的房地产开发投资额已高于全国平均速度增长。其中，河南省的年均增速高达35%，增速最低的江西省仅为20%，区域内部的总体差异较大（见表1）。

表1　2006～2011年全国及中部6省房地产开发投资状况

单位：亿元，%

年份	全国	山西省	安徽省	江西省	河南省	湖北省	湖南省
2006	19422.92	208.62	637.45	345.96	581.95	564.76	556.06
2007	25288.84	258.93	892.07	435.46	837.11	723.73	754.58
2008	31203.19	326.79	1362.67	547.66	1206.71	892.67	955.92
2009	36241.81	477.27	1669.83	634.52	1553.76	1200.44	1084.58
2010	48259.4	592.20	2251.80	706.80	2114.10	1618.20	1469.10
2011	61796.89	790.20	2611.54	867.03	2626.54	2066.48	1943.82
年均增速	26	31	33	20	35	30	29

资料来源：中经网数据库。

从住宅投资的结构来看，2006～2011年，住宅房地产开发投资的占比最高，而经济适用房和办公楼房地产开发投资的相对比例较低。在6种投资构成中，经济适用房的投资额度占比处于较低水平，并且在过去5年时间内增幅相对较低（见表2）。

表2　2006～2011年中部地区房地产开发投资额构成

单位：亿元

年份	住宅	别墅高档公寓	经济适用房	办公楼	商业营业用房	其他房屋
2006	2126.09	137.09	112.37	72.39	371.24	325.08
2007	2927.17	192.36	169.55	86.62	443.36	444.71
2008	4020.30	172.90	185.19	118.95	537.36	615.88
2009	4940.00	169.65	224.79	165.84	746.10	768.56
2010	6457.69	210.44	197.09	196.15	940.35	1158.07
2011	7989.60	267.17	—	331.39	1267.43	1317.19

资料来源：中经网数据库。

2. 房地产业就业吸纳能力增强

2006～2011年，中部地区房地产业的繁荣带动了就业的相对增长。房地产企业平均从业人员数由2006年的334555人增加到2011年的509132人，增幅为52%。其中，内资房地产企业平均从业人员数增幅为56%，外商投资房地产企业平均从业人员数增幅为15%。但与此同时，国有房地产企业、集体房地产企业、港澳台商投资房地产企业就业人员数出现了不同程度的下降（见表3）。

表3　2006～2011年中部地区房地产行业就业情况

单位：人，%

年份	房地产企业平均从业人员数	内资房地产企业	国有房地产企业	集体房地产企业	港澳台商投资房地产企业	外商投资房地产企业
2006	334555	312620	32328	7926	13809	8126
2007	350458	325961	32352	6020	14188	10309
2008	460959	435904	35207	4889	15178	9877
2009	427237	401171	31528	4905	16630	9436
2010	433050	410075	28639	5019	14893	8082
2011	509132	486732	29134	4341	13058	9342
总增幅	52	56	－10	－45	－5	15

资料来源：中经网数据库。

（二）房地产业供给及影响因素考察

1. 土地购置面积和购置费用增长较快

2006～2010年，中部地区房地产开发企业购置的土地面积以年均5.13%的速度增长，总体上与全国平均增速相当。但从土地购置费用来看，中部地区房地产开发企业的年均增幅维持在32.81%左右，远远高于购置土地面积的年均增幅（见表4）。可见，单位面积的土地购置成本也在逐年增加。

2. 商品房开发和供给面积稳中有升

2006～2011年，中部地区商品房新开工面积、竣工面积、销售面积、施工面积的年均增长率分别维持在20%、17%、17%、24%的水平。其中，新开工面积的年均增速要高于竣工面积，施工面积的年均增速要高于销售面积（见表5）。通过这组数据的对比表明，中部地区商品房的新增供给量相对充裕，对于有效抑制房价的过快上涨具有积极意义。

表 4　2006～2011 年中部地区房地产企业土地开发和购置情况

年份	房地产开发企业本年购置土地面积		房地产开发企业本年土地购置费用	
	数量(万平方米)	增长(%)	数量(亿元)	增速(%)
2006	7616.2	—	461.9	—
2007	8256.5	8.41	644.3	39.49
2008	9146.2	10.78	870.7	35.14
2009	7930.9	-13.29	912.8	4.84
2010	9485	19.60	1480.4	62.18
2011	9501.1	0.17	1812.4	22.43
年均增长	376.98	5.13	270.1	32.81

资料来源：中经网数据库。

表 5　2006～2011 年中部地区商品房开发和销售情况

单位：万平方米，%

年份	商品房新开工面积	商品房竣工面积	商品房销售面积	商品房施工面积
2006	15536.57	9568.7	11345.88	33651.2
2007	19097.8	11705.6	15373.89	43044.9
2008	21425.3	12526	13297.25	54392.2
2009	26471.93	14047.4	17912.89	65753.5
2010	33260.62	16365	21236	81235
2011	37781.36	20539.9	23670.32	98162.4
年均增速	20	17	17	24

资料来源：中经网数据库。

从供给结构来看，商品房销售面积由 2006 年的 1.13 亿平方米上升到 2011 年的 2.37 亿平方米，年均增幅为 17%。其中，住宅销售面积的年均增速为 17%，别墅高档公寓销售面积年均增速为 1%，办公楼销售面积年均增速为 35%，商业营业用房销售面积年均增速为 16%，其他房屋销售面积的年均增速为 38%（见表 6）。除了别墅高档公寓的年均增速较低外，其他类型的商品房销售均保持了年均两位数的较高增长。

（三）房地产业需求及影响因素考察

房地产业的需求状况可以用商品住宅销售额来表示。而影响房地产业需求的因素主要包括两大部分，即住房的刚性需求和改善性需求。具体而言，主要涉及人口结构、城市人口规模、居民收入、土地约束、对现有住房的满意度等

表6　2006～2011年中部地区商品房的需求结构

单位：万平方米，%

年份	商品房销售面积	住宅销售面积	别墅高档公寓销售面积	办公楼销售面积	商业营业用房销售面积	其他房屋销售面积
2006	11345.88	10334.83	457.61	99.31	839.65	72.07
2007	15373.89	14109.95	579.57	168.42	980	115.49
2008	13297.25	12218.93	315.12	126.23	816.74	135.31
2009	17912.89	16574.67	424.14	170.73	978.86	188.61
2010	21236	19447.58	377.85	231.31	1303.54	252.98
2011	23670.32	21289.03	385.58	365.73	1664.64	350.9
年均增速	17	17	1	35	16	38

资料来源：中经网数据库。

指标。下面我们分别纳入影响住房需求的相关因素对中部地区的房地产业需求进行综合考察。在自变量中，“土地约束”可用城市非建筑面积的百分比来衡量，计算公式为：“1－（城市建设用地面积/行政区域土地面积）”。对于单个城市而言，如果可供开发的土地资源越紧缺，那么住房需求状况可能受到一定程度的遏制。“现有住房满意度”指标来源于2010年中国社会科学院开展的针对全国地级以上城市住房满意度的调查问卷，用于本文分析的数据为各城市居民对住房满意度状况的评价均值。“城市人口规模”变量为各城市市辖区的年末总人口。“人口抚养比”的估计方法为：“（市辖区年末总人口－市辖区年末单位从业人员数）/市辖区年末单位从业人员数”。“少年抚养比”用“各市中小学在校生人数/市辖区年末单位从业人员数”来表示。

从GWR的回归结果可以看出，中部地区城市的可支配收入、土地约束、城市人口规模三个变量回归系数的均值分别为0.271646、0.302394和0.009842，表明这些因素与住房需求均呈现正相关关系。而人口抚养比和现有住房满意度的回归系数均值分别为－0.17096和－0.29806，其回归系数的符号与全国286个城市样本一致，但回归系数的绝对值要远高于全国水平。值得一提的是，中部地区少年抚养比的显著性程度并不高，这与徐建炜等（2012）的研究结论是一致的。可见在考虑空间效应的情况下，中部地区城市的人口抚养比（特别是老年抚养比）越高，城市的住房需求反而越低；对现有住房的满意度越高，城市的改善性需求也越低。从系数的绝对值比较来看，人口抚养比的回归系数均值要低于现有住房满意度的回归系数，表明在现实情况下，中部地区的改善性需求要略高于人口结构的刚性需求，这与全国的状况刚好相反（见表 7、图 1）。

表 7　全国及中部地区房地产业需求及影响因素的空间效应考察（基于 GWR 模型）

变量		常数项	可支配收入	土地约束	人口抚养比	现有住房满意度	城市人口规模
全国286 城市	均值	-3.6E-08	1.72E-07	3.12E-07	-2.8E-07	-1.1E-07	2.43E-07
	标准差	0.998244	0.9982441	0.998244	0.998244	1.0000	0.996485
	变异系数 *CV*	-3.6E-08	1.723E-07	3.13E-07	-2.8E-07	-1.1E-07	2.44E-07
中部地区81 城市	均值	0.001296	0.271646	0.302394	-0.17096	-0.29806	0.009842
	标准差	0.423747	0.715859	0.31716	0.386724	0.714794	0.728407
	变异系数 *CV*	0.003057	0.379469	0.953441	-0.44206	-0.41699	0.013511

注：根据 GWR 模型估计结果整理。

资料来源：《中国城市统计年鉴 2010》、《中国城市统计年鉴 2011》以及中国社会科学院 2010 年进行的问卷调查。

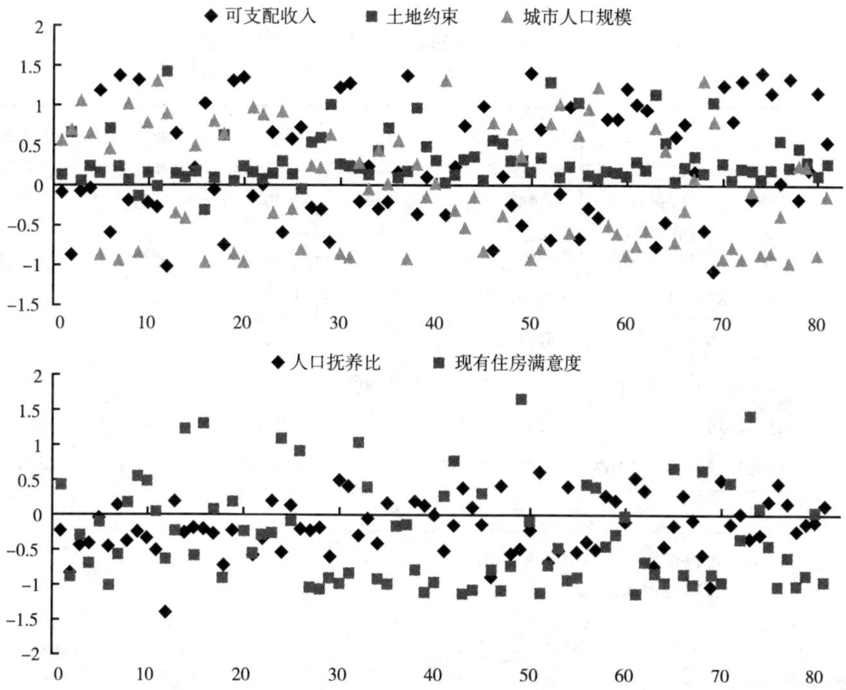

图 1　中部地区 81 城市的房地产业五大因素与需求关系散点（基于 GWR 模型）

二 中部地区房地产业发展面临的问题

（一）房价上涨幅度过快

中部地区商品房价格要普遍低于全国平均水平，但是价格的上涨速度更快。2006~2011 年，中部地区的商品房销售价格年均增长 14% 左右，高于全国平均增幅 9.73%。从各类型的商品房来看，办公楼商品房及别墅高档公寓商品房的销售价格涨幅最高，分别达到 20% 和 16%，经济适用房和商业营业用房的上涨幅度相对较低，分别达到 12%（见表 8）。中部地区的房价高速上涨，带来了要素价格相对上升的风险，城乡居民的生活成本和创业成本相对增加。因此，要格外警惕高房价给中部地区经济社会发展带来的各种负面影响。

表 8　2006~2011 年中部地区商品房销售价格比较

单位：元/平方米，%

年份	商品房本年销售价格	住宅商品房本年销售价格	别墅高档公寓商品房本年销售价格	经济适用房商品房本年销售价格	办公楼商品房本年销售价格	商业营业用房商品房本年销售价格	其他商品房本年销售价格
2006	2085.667	1911.667	3309.667	1177.333	3462.5	4248.333	1939.333
2007	2420.833	2273.5	4195.667	1377	3884.5	4436	1801.5
2008	2513.667	2372	4459.333	1492.5	4542	4337.5	2359.333
2009	2941.333	2791.667	4495.333	1689.167	4506.167	5401.667	2480.167
2010	3461.167	3262	5313.333	1822.667	6250.833	5998.333	3019.667
2011	4022.333	3702.167	6672.333	—	8158.667	7381.5	3423.167
年均增长	14	14	16	12	20	12	13

注：商品房销售价格为中部六省的平均值。

资料来源：中经网数据库。

（二）土地囤积现象有所抬头

2006~2011 年，中部地区的房地产开发企业完成开发土地面积总体上呈现下降之势，而待开发土地面积却在2008年和2011年出现显著上升现象，这与全国的总体情况类似。地方政府的“土地财政”使得地价的上涨幅度大大提高，导致一些房地产开发商能够从土地囤积中牟取巨额利润，进一步加大了中部房地产市场的泡沫风险（见表9）。

表9　2006～2011年中部地区房地产企业土地开发和购置情况

单位：万平方米，%

年份	房地产开发企业本年完成开发土地面积		房地产开发企业本年待开发的土地面积	
	面积	增速	面积	增速
2006	6662.6	—	8809.3	—
2007	5962.5	-10.51	8808.3	-0.01
2008	6500.8	9.03	10499.3	19.20
2009	6204.5	-4.56	7244.6	-31.00
2010	5356.4	-13.67	6630.7	-8.47
2011	—	—	8500.1	28.19
年均增长	-326.55	-4.93	-61.84	1.58

资料来源：中经网数据库。

（三）保障性住房建设困难重重

2006～2010年，中部地区的保障性住房投资和建设力度不断加大，但与房地产开发投资和建设的规模和增速相比，要明显偏低。从2006～2010年的可获得数据来看，中部地区经济适用房的销售面积出现了年均2%的负增长。与此同时，经济适用房的新开工面积、竣工套数增幅都在10%以下。保障房的供给不足导致了经济适用房的销售价格出现了年均12%的高增长。此外，中部地区还普遍存在保障性住房产品类型偏少、资金筹措困难、交通等外部配套设施建设相对滞后等问题。从最近爆出的“郑州房妹”事件来看，保障性住房的建设和运营更面临着寻租腐败、监管不力等诸多问题。以郑州市为例，2004年经济适用房建设规模达到132.25万平方米，但实际建设面积仅为106万平方米，其余26万多平方米的经济适用房建设面积，都被违规挪用（见表10）。

表10 2006~2010年中部地区经济适用房建设状况

年份	经济适用房房地产开发本年完成投资额(万元)	经济适用房本年新开工面积(万平方米)	经济适用房竣工套数(套)	经济适用房本年销售面积(万平方米)	经济适用房商品房本年销售价格(元/平方米)
2006	1123652	949.54	60412	675.87	1177.33
2007	1695487	1085.69	81817	870.34	1377
2008	1851876	1278.66	86316	797.55	1492.5
2009	2247858	1099.55	70248	671.47	1689.17
2010	1970900	1122.26	75178	590.73	1822.67
年均增长(%)	17	5	7	-2	12

注：商品房销售价格为中部六省的平均值。

资料来源：中经网数据库。

（四）房地产投资结构不合理

中部地区的房地产投资结构存在不合理现象。其中，2011年，自筹资金和其他资金来源比例过高，两者比例相加达到总额的87%以上，而国内贷款的比例不到12%，利用外资和吸纳外商直接投资的比例都不足1%，这种融资结构不利于房地产业的长期健康发展。从横向比较来看，中部房地产开发投资资金来源中，国内贷款占比远低于全国平均水平15.2%，甚至低于西部地区12.9%的水平（见表11）。而自筹资金来源的比例却远高于全国平均水平。

表11 2006~2011年中部地区房地产开发投资资金来源比例

单位：%

年份	房地产开发投资资金来源中国内贷款比例	房地产开发投资资金来源中利用外资比例	房地产开发投资资金来源中外商直接投资比例	房地产开发投资资金来源中自筹资金比例	房地产开发投资资金来源中的其他资金来源比例
2006	15.40	1.32	0.94	41.26	42.02
2007	13.77	1.21	0.98	38.03	46.99
2008	14.28	1.01	0.81	48.43	36.28
2009	15.15	0.50	0.44	40.68	43.67
2010	13.50	0.99	0.92	41.42	44.08
2011	11.91	0.88	0.83	45.00	42.22

资料来源：中经网数据库。

投资结构的不合理导致了融资渠道的不畅。不少企业借助于民间借贷来进行融资，由此引发了诸多风险。2006～2011 年，中部地区部分省份房地产企业的资产负债率[①]出现了快速上升的现象。2006 年，中部六省的资产负债率均低于全国平均水平（74.1%），而 2011 年，大多数省份都达到或接近全国平均水平，山西省房地产企业的资产负债率甚至达到了 85.3% 的高位。因此，中部地区仍需面对潜在的房地产泡沫风险。

表 12　2006～2011 年中部地区房地产企业的资产负债率

单位：%

年份	全国	山西省	安徽省	江西省	河南省	湖北省	湖南省
2006	74.1	73.8	69.3	67.3	70.3	69.8	68.7
2007	74.4	75.2	73	68.4	69.9	69.6	73.1
2008	72.3	76.8	71.2	67	66.3	67.7	71.5
2009	73.5	80.5	74.5	67.5	67.9	68.5	71.2
2010	74.5	82.6	75.1	69.4	72.2	68.1	72.4
2011	75.4	85.3	76.3	68.1	74.6	72.1	74

资料来源：中经网数据库。

（五）对外开放程度有待提升

如前所述，2006～2011 年房地产开发投资资金来源中，利用外资比例和外商直接投资比例分别只占投资总额的 0.88% 和 0.83%。同时，从房地产企业数量来看，港澳台商投资房地产企业单位数和外商投资房地产企业单位数只占到很小一部分比例。金融危机过后，房地产业的外资企业数量甚至出现逐年下降之势。因此，从总体上看，房地产业的对外开放程度仍有待提升。

① 资产负债率 = 负债总额/资产总额 ×100%。公式中的负债总额不仅包括长期负债，而且也包括短期负债。通常而言，公司的资产负债率应控制在 50% 左右为宜。

表13　2006~2011年中部地区房地产企业（单位）数量

单位：个

年份	房地产企业单位数	内资房地产企业单位数	国有房地产企业单位数	集体房地产企业单位数	港澳台商投资房地产企业单位数	外商投资房地产企业单位数
2006	2182	2059	132	44	66	57
2007	2391	2263	146	32	67	61
2008	3277	3139	140	32	79	59
2009	3097	2966	125	28	74	57
2010	3281	3149	130	23	78	54
2011	3209	3094	119	20	68	47

资料来源：中经网数据库。

三　中部地区房地产业发展趋势

（一）房地产业供给展望

1. 保障房投资将有效缓解供需紧张局面

2011年以来，国家财政对保障性安居工程的支持力度不断加大，特别是加大了向中西部地区倾斜的力度。2012年，财政部、住建部下达中央补助城市棚户区改造专项资金212亿元。其中，中部地区106.1亿元，占比为50.1%；西部地区64.9亿元，占比为30.6%。此外，2012年中央补助廉租住房保障专项资金105亿元总额里，中部地区为57.4亿元，占54.7%；西部地区42.2亿元，占40.2%。[①] 2012年6月5日，财政部发布消息称，为加快推进保障性安居工程建设，中央财政对2011年城镇保障性安居工程任务完成较好的地区给予奖励，并下达了2011年城镇保障性安居工程奖励资金15亿元。其中，东部地区4亿元，中部地区6.1亿元，西部地区4.9亿元。这些资金须统筹用于廉租住房、公共租赁住房、各类棚户区改造等城镇保障性安居工程建设支出。可见，中央对中西部地区的保障性住房投资力度在逐步加大，而中部地区的支持力度高居各区域之首。以安徽省为例，2012年全省计划建设18.7万套公共租赁住房，中央财政向其下达公共租赁住房专项资金高达63.2亿元。

① 李鹏：《保障房成投资重点　中央财政加注公租房》，《中国房地产报》2012年5月28日。

究其原因，因为这些省份的省本级和市县本级财政的配套能力相对较弱。中央财政的大力支持将有效缓解中部地区保障房建设资金不足的问题。

2. 商品房供给量和供给结构将会发生深刻变化

2006～2011年，中部地区房地产企业的土地购置面积和购置费用增幅较大，商品房新开工面积、竣工面积、施工面积的年均增长率分别维持在20%、17%、24%的水平，预期在未来三年之内能够形成有效供给，进而有效缓解中部地区房地产市场的供需矛盾。并且，国家相继出台的一系列鼓励二手房销售的政策也将会对中部地区产生积极影响。与此同时，随着国家“中部崛起”战略的纵深推进，新型城市化、高铁大发展和承接产业转移将会齐力助推中部地区的高速发展。可以预见，未来几年将是中部地区工业化和城市化的黄金时期，同时也会带来房地产等相关行业的繁荣发展和商品房供给结构的变化。如，用于承接产业转移的工业园区建设将会增加办公楼商品房、商业营业用房、城市综合体等商业地产的供给量，高铁大发展可以为区域房地产市场带来联动效应等。

（二）房地产业需求展望

1. 刚性需求预测

按照莫迪利安尼的生命周期消费理论，人在一生的不同阶段其消费需求和支出会呈现不同特点。而从整个社会来看，其人口结构状况即不同年龄段人群的比例势必会影响全社会的消费需求状况。因此，从每一时期的人口结构变化来观测房地产市场走向一直被视为住房需求面评估的基本办法。从表14可以看出，自1995年以来，全国及中部地区人口结构的总体走势为：①14岁及以下人口比例由于计划生育政策等综合因素的影响，呈现长期下降的趋势。②受到新中国成立初期人口生育高峰的影响、人民生活水平的提高和医疗卫生事业的进步，65岁以上的老龄人口的比例则呈现长期上升的趋势，按照国际通行标准，中国在1997年、中部地区在1998年即已步入老龄化社会[①]。中部地区的老龄化程度虽然起步较晚，但是速度要大于全国平均水平。至2011年，中部地区65岁以上的老龄人口的比例已经达到9.3484%，高于全国平均水平9.1286%。③由于人口红利的作用，全国及中部地区15～64岁的潜在劳动年

① 国际上通常看法是，当一个国家或地区60岁以上老年人口占人口总数的10%，或65岁以上老年人口占人口总数的7%，即意味着这个国家或地区步入老龄化社会。

龄人口比例呈现长期增加的趋势，但中部地区在这一年龄段的比例要低于全国平均水平（见表 15）。也就是说，中部地区的老年人口抚养比要高于全国平均水平。根据国际经验和前文的分析结论，老年人口抚养比的增加将会一定程度上导致住房刚性需求的下降。

受计划生育政策和人口周期的影响，全国及中部地区潜在劳动年龄人口占比在 2010 年已经位于新中国成立以来的顶峰水平，2011 年均出现了下降趋势，并且在今后一段相当长的时期内将会步入一个长期下降的阶段，而老龄人口占比在未来 20 年将会快速上升。这种人口结构将会导致 14 岁以前和 65 岁以后的依赖型人口增多，15～64 岁的潜在劳动年龄人口减少，这在一定程度上将会减少中部地区住房的刚性需求。

表 14　1995 年以来全国和中部地区人口结构比例变化

单位：%

年份	全国			中部地区		
	14 岁及以下人口比例	65 岁以上人口比例	15～64 岁人口比例	14 岁及以下人口比例	65 岁以上人口比例	15～64 岁人口比例
1995	26.7343	6.6963	66.5694	28.5167	6.5614	64.9219
1996	25.8641	6.9363	67.1996	27.2275	6.7275	66.0449
1997	24.9762	7.0386	67.9852	26.2125	6.5913	67.1962
1998	24.3072	7.4312	68.2616	25.7483	7.2071	67.0447
1999	23.9401	7.6328	68.4271	25.3691	7.2147	67.4162
2001	22.5157	7.8347	69.6496	23.9520	7.4332	68.6148
2002	21.2858	8.1629	70.5513	23.1988	7.9488	68.8525
2003	20.3367	8.5082	71.1551	21.7286	8.0040	70.2674
2004	19.3019	8.5632	72.1348	20.5302	8.2184	71.2514
2005	19.5518	9.0726	71.3755	21.1748	9.0252	69.8000
2006	18.4695	9.1975	72.3329	20.1872	9.1137	70.6991
2007	17.8741	9.3555	72.7705	19.2575	9.0925	71.6500
2008	17.3173	9.5385	73.1442	18.6819	9.2607	72.0575
2009	16.8686	9.7168	73.4146	18.2408	9.5464	72.2128
2010	16.6050	8.8698	74.5253	18.4560	8.8692	72.6748
2011	16.4677	9.1286	74.4037	18.3587	9.3484	72.2929

资料来源：中经网数据库。

2. 改善性需求预测

从改善性需求来看，由于经济发展和人民生活水平的提高，家庭支出中用于增加居住面积、改善居住条件的需求也会随之提高。2004 年建设部曾提出我国在 2020 年将实现城镇人均住宅建筑面积达到 35 平方米的小康目标。对比来看，2010 年我国城市人均住房面积仅有 29.2 平方米，与“人均 35 平方米”的小康水平还有较大差距，半数以上现有居民人均住房面积在 30 平方米以下，超过 20% 的城市居民家庭租房。而中部地区的城镇人均可支配收入和现有住房条件总体上还要略低于全国平均水平（见表 15），但上升势头十分明显。因此，从这一层面上看，中部地区的改善性需求还有进一步释放的空间。

表 15　2006 ~ 2011 年全国和中部地区城镇家庭人均可支配收入

单位：元，%

年份	全国	山西省	安徽省	江西省	河南省	湖北省	湖南省
2006	11759.5	10027.7	9771.05	9551.12	9810.26	9802.65	10504.67
2007	13785.8	11564.95	11473.58	11451.69	11477.05	11485.8	12293.54
2008	15780.8	13119.05	12990.35	12866.44	13231.11	13152.86	13821.16
2009	17174.7	13996.55	14085.74	14021.54	14371.56	14367.48	15084.31
2010	19109.44	15647.66	15788.17	15481.12	15930.26	16058.37	16565.7
2011	21809.78	18123.87	18606.13	17494.87	18194.8	18373.87	18844.05
年均增长	13.19	12.62	13.80	12.93	13.19	13.42	12.43

资料来源：中经网数据库。

影响改善性需求的另一重要因素是城市化。当前，我国仍处于快速的城市化进程当中，并且城镇化也被视为新一届政府扩大内需、拉动经济增长的一项重要举措。城镇化对改善性需求的影响主要体现在两个方面，其一是大量的农村人口选择进城居住，其二是部分中小城市的人口选择在大城市居住，这样就涉及一个住房的空间重置问题，迁移人口的理性行为是出售或闲置迁出地原有住宅，重新购买或租住迁入地住宅。通过中部六省与全国城市化水平的比较发现，中部六省在“十一五”初期的城市化水平要明显低于全国平均水平，而在 2011 年，中部六省的城市化水平与全国的差距正在逐步缩小，湖北省的城市化水平甚至达到了 51.83%，超过了全国平均水平 51.27%（见表 16）。我们可以预见在“十二五”期间，中部地区的城市化水平还将有一个较大的提升。因此，中部地区应该提早应对快速城市化带来的改善性住房需求的增加。

表16　2006～2011年全国和中部六省城市化水平比较

单位：%

年份	全国	山西省	安徽省	江西省	河南省	湖北省	湖南省
2006	44.3429	43.01	37.1	38.68	32.47	43.8	38.71
2007	45.889	44.03	38.7	39.8	34.34	44.3	40.45
2008	46.9891	45.11	40.5	41.36	36.03	45.2	42.15
2009	48.342	45.99	42.1	43.18	37.7	46	43.2
2010	49.95	—	—	—	—	—	—
2011	51.27	49.68	44.8	45.7	40.57	51.83	45.1

资料来源：中经网数据库。

四　促进中部地区房地产业健康发展的战略措施

近几年来，中部地区城镇居民的住房消费水平总体上得到了稳步的提高，但目前房地产市场出现的一系列问题也已经成为广大民众普遍关注的最重要的政策领域之一。就目前的情况来看，完全将住房市场失控的责任归咎于政府的提法也有失偏颇。这其中既有经济周期的因素，也有诸如人口结构、计划生育、老龄化等长期的社会因素带来的影响。针对中部地区房地产业存在的突出问题，提出如下几点政策建议。

（一）继续加大住房保障投入，建立住房保障体系

住房政策是社会政策的重要组成部分，保障性住房建设正在发挥惠民生、扩内需、调结构、稳房价、促发展的重要作用。对于住房供需矛盾凸显和财政资金紧张的中部地区而言，保障房的意义显得尤为重要。因此，要积极开辟保障性住房的多元化融资渠道，继续增加政府的保障房财政投入，通过制定优惠政策、制订政府长期投资的财务计划，以及设计针对商业金融机构的赢利模式，构建“短借长还”的融资机制；加快完善保障房质量管理制度，除继续加大质量安全监督检查力度、规范建设程序、推行质量安全永久责任制度外，各地区也应将保障性住房质量安全纳入对市县人民政府约谈和问责的范围；加快完善保障房的配租和配售制度，完善保障房分配的准入制度；建立公示、申请、审核、轮候、交易、年检、退出制度，实行保障房源、分配过程、分配结

果“三公开”，在住房分配上，实行行政主管部门检查、社会公众举报、新闻媒体曝光，接受全社会的监督，对违规挪用保障房资金、变更保障房用途的行为进行坚决打击和严肃查处。

（二）加大房地产市场的信息公开力度，坚决打击投机行为

房地产调控的一个主要难点就在于如何区分刚性需求、改善性需求以及投资投机需求，而一个公开、有效、透明的统计信息体系对于住房市场的分析和政策的制定尤为重要。然而，就目前而言，中部地区还比较缺乏有关住房的有效数据和公开透明的市场信息，尤其是微观的调查数据。在住房信息系统的建设过程中，也存在来自既得利益者的强大阻力。因此，有必要加快推进住房信息系统的建设进度，建立和完善各有关调控部门的独立和联合新闻发布制度，通过新闻发言人定期和应急的新闻发布，及时回应人民群众关心关注的热点难点问题，全面客观地向社会公布各类监测信息；同时对住房市场的各种传言和误导进行及时而有力的澄清和纠正，不给市场炒作留空间和时间。对于开发商的“囤地”或“囤房”行为，中部地区应该出台房地产业的开发进度标准，规范房地产商的土地购买和开发行为。

（三）积极推进房地产税试点扩容

自2012年5月开始，中部地区的湖南湘潭和湖北鄂州曾悄然进行个人住房房产税扩大试点准备，并曾一度纳入武汉城市圈和长株潭城市群“两型社会”的试点改革内容。但与此同时，针对房产税改革的质疑之声不绝于耳，如法理问题、重复征税问题、征税目标问题等，均未有共识性答案。因此，中央和中部地区有关部门必须在总结房地产征收试点经验的基础上，迎难而上，进一步扩大房产税开征试点城市，将房产税试点与个别房地产调控政策调整结合起来，鼓励有条件的地方率先进行对中上收入阶层持有超过普通商品房标准部分的物业开征房产税征收试点，根据用途、价值、面积、套型、使用年限等，确定征收合理的额度和税率。同时尽快作出全国范围内征收房地产税的时间表，加快征管制度改革的步伐。

（四）建立多元化的住房融资体系

目前中部地区的住房融资渠道相对单一，国内贷款的比例不到12%，利

用外资和吸纳外商直接投资的比例都不足 1%，这种融资结构不利于房地产业的长期健康发展。为此，中部各省应广开融资渠道、创新融资体系，尽快建立起由政府主导的市场化投融资和建设机制，搭建成熟的住房建设融资平台，形成政府（或委托开发公司）、集体组织（或委托开发公司）、开发公司、住房合作社和业主自己开发相互竞争的多元开发格局。其中，公租房与廉租房由政府或委托开发公司主导开发；经适房由开发公司或住房合作社开发；商品房主要由合作社或开发公司开发；同时要通过财政、税收、工资、金融、物价、房产管理和土地使用制度等方面的配套改革，在理顺目前围绕住房所发生的各种资金渠道的基础上建立住房基金，建立以基金为主导的房地产开发与投资并重的模式；在经济基础较好、对外开放程度较高的地区，可以适当引导民间资本和外资投入房地产行业，逐步形成多元化、多层次的住房资金良性循环运行机制。

参考文献

刘学良、吴璟、邓永恒：《人口冲击，婚姻和住房市场》，CFRN 工作论文，2012 年 9 月 20 日，http：//www. cfrn. com. cn/getPaper. do？id = 3553。

倪鹏飞：《中国住房报告（2012～2013）》，社会科学文献出版社，2012。

覃成林、李超：《要素禀赋结构、技术选择与中国城市现代产业发展》，《产业经济研究》2012 年第 3 期。

徐建炜、徐奇渊、何帆：《房价上涨背后的人口结构因素：国际经验与中国证据》，《世界经济》2012 年第 1 期。

Andrews, D. and A. C. Sánchez (2011), "Drivers of homeownership rates in selected OECD countries", OECD Economics Department Working Papers, No. 849.

附表1 中部地区各地级市房地产业需求及影响因素的空间效应考察
（基于指数权重形式的GWR模型回归估计结果）

城市	常数项	可支配收入	土地约束	人口抚养比	现有住房满意度	城市人口规模	所属省份
安庆市	-0.34868	-0.0838	0.1354	-0.22773	0.43947	0.57023	安徽
安阳市	0.85356	-0.86516	0.64694	-0.82916	-0.86804	0.71473	河南
蚌埠市	0.3154	-0.07139	0.04331	-0.43237	-0.29115	1.05573	安徽
亳州市	0.48316	-0.03851	0.23264	-0.40869	-0.68547	0.65764	安徽
长沙市	-0.23861	1.18444	0.14556	-0.04893	-0.09603	-0.86806	湖南
长治市	0.58876	-0.58049	0.6984	-0.44158	-0.99682	0.46188	山西
常德市	-0.15042	1.37499	0.22362	0.14055	-0.5456	-0.93798	湖南
巢湖市	-0.02773	-0.19005	0.06174	-0.37356	0.17585	1.02304	安徽
郴州市	-0.37214	1.32082	-0.14658	-0.24097	0.55141	-0.83673	湖南
池州市	-0.30533	-0.21356	0.13644	-0.32277	0.48984	0.78494	安徽
滁州市	0.19727	-0.26883	-0.0147	-0.50479	0.0489	1.31387	安徽
大同市	0.55737	-1.01429	1.41993	-1.38527	-0.62436	0.90036	山西
鄂州市	-0.25827	0.65015	0.1394	0.1916	-0.23483	-0.33914	湖北
抚州市	-0.81288	0.11347	0.08927	-0.2561	1.24815	-0.40306	江西
阜阳市	0.24433	0.20673	0.15626	-0.17829	-0.57196	0.50149	安徽
赣州市	-0.77131	1.02607	-0.31952	-0.19634	1.31256	-0.96968	江西
合肥市	-0.06517	-0.04709	0.07705	-0.26413	0.08089	0.80702	安徽
鹤壁市	0.79806	-0.75586	0.6157	-0.71841	-0.90066	0.64592	河南
衡阳市	-0.26463	1.30421	0.0494	-0.22338	0.18884	-0.85786	湖南
怀化市	-0.04478	1.35165	0.2228	-0.2432	-0.23352	-0.95754	湖南
淮北市	0.53303	-0.13489	0.15522	-0.56444	-0.54238	0.97017	安徽
淮南市	0.22132	0.00843	0.06654	-0.33185	-0.28537	0.89358	安徽
黄冈市	-0.25129	0.65731	0.14013	0.19737	-0.25427	-0.33805	湖北
黄山市	-0.60629	-0.58155	0.28866	-0.53575	1.09599	0.9323	安徽
黄石市	-0.30094	0.56784	0.13404	0.14295	-0.09751	-0.29206	湖北
吉安市	-0.61121	0.71146	-0.05283	-0.2065	0.92447	-0.80032	江西
焦作市	0.51969	-0.26985	0.53413	-0.22671	-1.03989	0.24658	河南
晋城市	0.47139	-0.2902	0.58327	-0.18495	-1.04923	0.22542	山西
晋中市	0.43841	-0.71271	1.00031	-0.60122	-0.9034	0.6462	山西
荆门市	-0.1012	1.22011	0.24878	0.49517	-0.98381	-0.84964	湖北
荆州市	-0.13954	1.28312	0.23089	0.40666	-0.83387	-0.88795	湖北
景德镇市	-0.70236	-0.20353	0.20601	-0.30439	1.03246	0.28105	江西
九江市	-0.46261	0.22796	0.13755	-0.0492	0.40399	-0.04862	江西

续附表

城市	常数项	可支配收入	土地约束	人口抚养比	现有住房满意度	城市人口规模	所属省份
开封市	0.61848	-0.28459	0.42582	-0.4182	-0.91628	0.44753	河南
临汾市	0.08462	-0.20042	0.70099	0.1762	-0.98444	0.01801	山西
六安市	-0.02539	0.15721	0.09286	-0.13434	-0.1617	0.5595	安徽
娄底市	-0.17952	1.36596	0.16442	-0.14012	-0.14823	-0.90596	湖南
吕梁市	-0.24687	-0.35927	0.965	0.18773	-0.78042	0.26578	山西
洛阳市	0.29768	0.10322	0.47498	0.13345	-1.10941	-0.13261	河南
漯河市	0.32325	0.32094	0.3029	0.00115	-0.96419	0.03105	河南
马鞍山市	0.0474	-0.37344	0.03	-0.51753	0.27407	1.31875	安徽
南昌市	-0.61221	0.21734	0.12589	-0.14764	0.77642	-0.3152	江西
南阳市	0.11222	0.74617	0.31823	0.39082	-1.13384	-0.52541	河南
平顶山市	0.29818	0.36659	0.34746	0.11118	-1.06736	-0.14159	河南
萍乡市	-0.36202	0.99191	0.06096	-0.14278	0.31626	-0.82233	江西
濮阳市	0.87772	-0.80598	0.55613	-0.90005	-0.78496	0.79568	河南
三门峡市	0.07091	0.11428	0.51332	0.41803	-1.07331	-0.37776	河南
商丘市	0.61451	-0.23254	0.30483	-0.55719	-0.72723	0.71698	河南
上饶市	-1.02058	-0.49446	0.30357	-0.48743	1.65024	0.37347	江西
邵阳市	-0.15394	1.41228	0.15829	-0.23028	-0.08887	-0.90463	湖南
十堰市	-0.02403	0.70956	0.34252	0.61429	-1.11566	-0.78452	湖北
朔州市	0.13196	-0.67522	1.28919	-0.68089	-0.72384	0.78376	山西
宿州市	0.4691	-0.09589	0.10532	-0.5192	-0.47016	1.01563	安徽
随州市	-0.03712	0.99028	0.22607	0.40721	-0.93327	-0.5898	湖北
太原市	0.33541	-0.6548	1.03291	-0.52856	-0.88533	0.6321	山西
铜陵市	-0.20835	-0.27882	0.1159	-0.38658	0.43586	0.9642	安徽
芜湖市	-0.07395	-0.3961	0.079	-0.49804	0.40064	1.23357	安徽
武汉市	-0.20535	0.83302	0.15754	0.27599	-0.45006	-0.50524	湖北
咸宁市	-0.25942	0.82925	0.1508	0.2059	-0.27344	-0.59579	湖北
湘潭市	-0.24693	1.21446	0.12657	-0.1085	-0.0104	-0.87111	湖南
襄樊市	-0.01549	1.0259	0.28638	0.52114	-1.11601	-0.75231	湖北
孝感市	-0.14117	0.9471	0.18072	0.34921	-0.66951	-0.56981	湖北
忻州市	0.38204	-0.75238	1.13557	-0.72267	-0.83692	0.73194	山西
新乡市	0.65833	-0.44992	0.52312	-0.45446	-0.96361	0.45091	河南
新余市	-0.52092	0.61758	0.04664	-0.15847	0.67028	-0.70356	江西
信阳市	0.03003	0.76979	0.21235	0.27583	-0.85072	-0.31507	河南
许昌市	0.40453	0.15559	0.35528	-0.07235	-1.00105	0.09148	河南
宣城市	-0.18605	-0.55503	0.14243	-0.57685	0.6281	1.31425	安徽

续附表

城市	常数项	可支配收入	土地约束	人口抚养比	现有住房满意度	城市人口规模	所属省份
阳泉市	0.76735	-1.06245	1.0295	-1.03199	-0.85122	0.80405	山西
宜昌市	-0.11988	1.2511	0.26196	0.49936	-0.96209	-0.91634	湖北
宜春市	-0.42509	0.81048	0.05729	-0.13667	0.45193	-0.77026	江西
益阳市	-0.18289	1.31146	0.19105	0.02931	-0.33718	-0.90911	湖南
鹰潭市	-0.92023	-0.16527	0.17637	-0.3352	1.43316	-0.06979	江西
永州市	-0.18816	1.41038	0.07691	-0.29413	0.10836	-0.85751	湖南
岳阳市	-0.20045	1.15597	0.18328	0.19267	-0.44088	-0.84221	湖南
运城市	0.01913	0.04039	0.54708	0.44681	-1.03649	-0.3658	山西
张家界市	-0.10522	1.33733	0.22591	0.16783	-0.59979	-0.96104	湖南
郑州市	0.53308	-0.16505	0.44982	-0.24074	-1.00732	0.25527	河南
周口市	0.37252	0.1978	0.27873	-0.13468	-0.8649	0.24101	河南
株洲市	-0.26526	1.16958	0.11642	-0.10857	0.03815	-0.86074	湖南
驻马店市	0.19662	0.54505	0.25983	0.1389	-0.94118	-0.12772	河南

西部地区房地产业发展现状、问题与战略措施

刘彦平*

摘　要： 自实施西部大开发战略以来，西部地区经济发展实现了高于全国平均水平的快速增长，城镇化快速推进，房地产业也取得了长足的进展。但西部各省区房地产市场也面临着地区发展不平衡、投资来源紧张、房价上涨过快、保障性住房供给不足、行业竞争力有待提升等问题。西部地区正迎来新型城镇化、工业化特别是产业转移等叠加机遇，对房地产业发展利好，总体上供给和需求将保持平稳增长态势，但不能排除局部地区出现市场波动乃至房地产泡沫破裂的可能性。为促进西部地区房地产健康发展，应加强规划引导和市场监管，加大房地产金融改革和创新力度，改进住房保障体系，提升房地产企业的竞争力。

关键词： 西部地区　房地产业　发展不平衡　住房保障体系

一　西部房地产业发展的现状

（一）房地产业及影响因素考察

1. 房地产投资持续旺盛

2006～2011 年，西部 GDP 的增长速度高于全国平均水平 3 个百分点，年

* 刘彦平，经济学博士，中国社会科学院财经战略研究院副研究员。

均增长率达20%。同期固定资产投资和房地产投资增速更超过GDP的增长率，显示了西部大开发的投入力度。相对而言，西部地区的经济基础较为薄弱，城市化率相对较低。房地产投资总量占比也不及我国中部与东部地区。然而，西部地区的房地产投资增长却有可观的表现。从2006年的3488.59亿元上升到2011年的12876.81亿元，年均增长30%。得益于西部大开发战略的持续推进以及西部地区突出能源、资源的经济结构特色和相应周期，即使在2008年金融危机期间，西部房地产开发投资增速也并未受到明显的影响，房地产投资占固定资产投资的比重仅2008年和2009年有些微回落，分别为16.8%和14.5%，但从2010年起，这一比重又开始恢复增长（见表1）。

表1　2006～2011年西部房地产投资、GDP与固定资产投资

单位：亿元，%

年份	全国GDP	西部GDP	固定资产投资	房地产投资	房地产投资占GDP的比例	房地产投资占固定资产投资的比重
2006	216314.43	40345.73	21996.9	3488.59	8.6	15.9
2007	265810.31	49182.48	28250.8	4863.13	9.9	17.2
2008	314045.43	60447.77	35948.8	6042.48	10	16.8
2009	340902.81	66973.48	49686.4	7198.12	10.7	14.5
2010	401512.80	81408.49	61892.3	9743.40	12	15.7
2011	473104	100234.96	72104	12876.81	12.8	17.9
年均增长	17.0	20.0	26.8	30.0	8.3	8.3

资料来源：根据中经网数据整理。

具体来看，2006～2011年，西部12个省、市、自治区中房地产投资增长率有10个快于全国同期的年均增长率。其中，内蒙古、贵州、青海、宁夏、新疆、广西、云南、甘肃8个省区表现最为突出，年均增长率都在30%以上，房地产投资空前活跃（见表2）。

2. 住宅及办公成投资重心

从西部地区的房地产投资结构来看，2006～2011年，住宅房地产开发投资的占比最高，投资增速也比较快，年均增长率达到30.37%。别墅高档公寓、办公楼房地产开发投资的相对比例较低，但增长也比较快。特别是办公楼投资在六大类房地产投资结构中的年平均增长率高达34.5%，表明过去5年西部地区的经济与商务活动快速升温，同时也间接显示出投资吸引力的走强。经济适用房占比较低，同时在过去5年期间增速也最慢，年均增长率仅为5.29%。这说明西部地区在经济快速发展的同时，在住房保障建设方面尚需加大力度（见表3）。

表2 2006～2011年全国及西部12省份房地产开发投资状况

单位：亿元，%

年份	全国	内蒙古	广西	重庆	四川	贵州	云南	西藏	陕西	甘肃	青海	宁夏	新疆
2006	19422.92	325.02	369.98	629.67	914.5	186.79	332.15	8.9	394.86	97.72	31.18	76.94	120.88
2007	25288.82	500.87	536.28	849.9	1326.83	249.67	422.86	11.68	535.32	134.07	34.21	93.11	168.32
2008	31203.19	744.3	627.34	991	1451.7	311.26	557.69	13.74	762.23	185.81	51.19	117.59	228.63
2009	36241.81	815.46	813.68	1238.91	1588.37	371.25	737.46	15.75	941.63	204.14	72.85	162.74	235.88
2010	48259.4	1120	1206.2	1620.3	2194.6	556.7	900.4	9.00	1159.5	266.4	108.2	254.4	347.7
2011	61796.89	1591.16	1517.47	2015.09	2819.17	873.48	1280.13	5.13	1410.9	366.97	144.69	336.23	516.39
年均增长	26.0	37.3	32.6	26.2	25.3	36.1	31.0	-10.4	29.0	30.3	35.9	34.3	33.7

资料来源：根据中经网数据整理。

表3 2006～2011年西部地区房地产开发投资额构成

单位：亿元，%

年份	住宅	别墅高档公寓	经济适用房	办公楼	商业营业用房	其他房屋
2006	2451.22	210.13	183.66	88.03	427.61	521.73
2007	3433.60	245.48	206.46	102.52	472.83	854.19
2008	4344.80	299.36	258.28	130.72	568.07	998.91
2009	5192.00	323.19	269.51	176.34	735.46	1094.52
2010	6948.88	383.17	225.73	249.27	995.24	1549.93
2011	9231.07	483.33	—	387.52	1560.75	1697.47
年均增长	30.37	18.13	5.29	34.50	29.56	26.61

资料来源：根据中经网数据整理。

3. 行业规模不断扩大

近年来，西部房地产规模呈快速扩张之势。部分省市区如内蒙古、云南、广西等房地产业规模扩张迅猛，但西部地区房地产业的整体发展规模与东部和中部地区尚有差距。以房地产企业平均从业人数为例，2006～2011 年西部 12 省份的总数分别为 388019 人、432997 人、528394 人、488745 人、544620 人和 480709 人，年均增幅为 4.4%，低于全国 7.1% 的年均增幅。其间，除 2009 年人数略降以外，总体保持较快增长势头。其中，内蒙古的年均增速最快，达 18.6%，广西、四川、云南、陕西、宁夏等年均增速也远超全国水平。新疆、重庆、贵州、西藏、甘肃、青海等地的行业规模增长却不是很理想。然而总体来看，伴随西部地区房地产业的规模扩张，房地产业发挥着越来越大的就业吸纳功能（见表 4）。

表 4　2006～2011 年西部地区房地产行业就业情况

单位：人，%

年份	全国	内蒙古	广西	重庆	四川	贵州	云南	西藏	陕西	甘肃	青海	宁夏	新疆
2006	1600930	31649	40513	70498	90412	31748	33357	2400	31196	21424	6612	8729	19481
2007	1719666	40460	45614	81710	98514	34607	40592	3039	34734	19151	6309	8678	19589
2008	2100400	65588	55779	85998	110205	38894	47258	3557	49631	32911	8469	8932	21172
2009	1949300	58262	53146	80979	105570	35390	42288	2809	44326	27394	6605	10366	21610
2010	2091100	55216	56785	91757	143711	36721	46013	4908	45448	24242	4422	10883	24514
2011	2257000	74340	65848	90260	—	40448	73765	1192	57567	26422	8594	14844	27429
年均增长	7.1	18.6	10.2	5.1	12.3	5.0	17.2	-13.1	13.0	4.3	5.4	11.2	7.1

（二）房地产业供给及影响因素考察

1. 土地购置恢复增长、土地开发大幅下降

2006～2011 年，西部地区的土地购置面积年均达到 9703 亿平方米左右，总体上呈增长趋势，但 2008 年和 2009 年出现较大的负增长。与全国情形类似，在 2006 年和 2007 年的激增后，西部的土地开发速度开始逐年走低，房地产开发企业完成开发土地面积由 2006 年的 5148.95 万平方米降低到 2010 年的 4510.2 万平方米，2010 年降幅高达 21% 左右（见表 5）。

表 5　2006～2011 年西部地区土地购置、开发情况

单位：万平方米，%

年份	土地购置		土地开发	
	面积	增长率	面积	增长率
2006	9896.09	13.16	5148.95	13.81
2007	10835.4	9.49	6611.5	28.42
2008	9409.61	-13.16	6557.87	0.82
2009	8044.89	-14.50	5710.78	-12.91
2010	9681.33	20.35	4510.2	-21.01
2011	10353.25	6.94	—	—

资料来源：根据中经网数据整理。

2. 新开工面积高速增长、竣工面积增长平缓

2006～2011 年西部房地产新开工面积急速增长，2010 年商品房新开工面积为 4.1 亿平方米，相对于 2009 年的 2.8 亿平方米激增 44.91%，高于全国平均水平近 4 个百分点。房地产竣工面积的增长则相对平缓，除 2010 年出现负增长外，其余年份均保持相对平缓的增长态势。2011 年商品房竣工面积为 1.66 亿平方米，年增长 18.07%（见表 6）。

表 6　2006～2011 年西部地区商品房新开工、竣工面积

单位：万平方米，%

年份	商品房新开工		商品房竣工	
	面积	增长率	面积	增长率
2006	18101.88	—	10021.6	—
2007	22406.68	23.78	10961.2	9.38
2008	24288.72	8.40	12030.2	9.75
2009	28297.36	16.50	14652.9	21.80
2010	41008.98	44.91	14025.6	-4.28
2011	46585.8	13..94	16560.6	18.07

资料来源：根据中经网数据整理。

2006～2011 年，西部地区房地产的新开工和竣工面积普遍实现增长，但表现并不均衡。以商品房新开工情况为例，西北各省区的新开工面积增长较快，年均增幅都在 20% 以上，高于全国年均增幅。间接表明西北地区城市化

和经济增长的巨大潜力开始释放。西南地区诸省区的新开工增长参差不齐，西藏、四川、贵州和广西的新开工面积平均增幅低于全国水平，但云南和重庆的增幅较大。特别是云南省，五年平均增长高达31.35%，为西部的最大增速（见表7）。

表7　2006～2011年西部地区商品房新开工情况比较

单位：万平方米，%

年份	全国	内蒙古	广西	重庆	四川	贵州	云南
2006	79252.83	2556.02	1776.74	2709.28	4847.03	1289.05	1255.01
2007	95401.53	3305.29	2184.89	3555.87	5228.86	1574.63	2018.53
2008	102553.37	3831.26	2258.39	3508.62	4962.01	1593.51	2167.11
2009	116422.05	4387.6	3020.02	3813.68	5235.88	1755.24	2820.84
2010	163646.87	6270.34	4750.57	6312.64	7731.66	2871.15	3702.76
2011	191236.87	8236.26	3991.65	6824.36	8435.82	2885.07	4907.07
年均增长	19.26	26.37	17.57	20.29	11.72	17.48	31.35
年份	西藏	陕西	甘肃	青海	宁夏	新疆	
2006	60.37	1105.31	560.33	209.89	697.26	1035.59	
2007	56.42	1446.78	695.72	273.99	718.59	1347.11	
2008	60.12	2051.24	986.09	299.12	867.39	1703.86	
2009	37.35	2796.27	1046.92	505.13	1160.26	1718.17	
2010	16.92	3270.32	1395.98	700.67	1808.73	2177.24	
2011	4.53	4027.44	1777.56	532.33	1989.2	2974.51	
年均增长	-40.43	29.51	25.97	20.46	23.33	23.49	

资料来源：根据中经网数据整理。

（三）房地产业需求及影响因素考察

1. 房地产市场需求高涨，商品房销售持续增长

2006～2011年，西部房地产市场需求高涨。商品房年销售面积连年增长，销售额也持续增加。其中，商品房销售面积由2006年的1.49亿平方米上升到

2011 年的 2.95 亿平方米，年均增幅为 14.61%。办公楼销售面积增长最快，年均增幅达 14.62%。

表 8　2006～2011 年西部地区商品房销售面积及增长情况

单位：万平方米，%

年份	商品房销售	住宅销售	办公楼销售	商业用房销售
2006	14915.39	13522.54	164.98	1077.74
2007	19548.37	17987.67	244.95	1115.83
2008	16910.36	15532.55	199.75	972.21
2009	24066.68	22339.41	222.19	1196.28
2010	27400.00	24983.95	317.13	1528.37
2011	29498.37	26346.73	326.45	1975.7
年均增长	14.61	14.27	14.62	12.89

资料来源：根据中经网数据整理。

具体来看，西部地区的房地产市场需求存在较大差异。西北区域的商品房销售面积年均增长速度普遍快于全国平均水平，显示出房地产市场的活跃程度，其中以山西、内蒙古、宁夏和甘肃最为突出。西南地区仅贵州、云南高于全国增长速度（见表 9）。

2. 房地产市场稳定性增强

长期以来，城市化发展缓慢、经济基础薄弱困扰着西部地区经济社会发展。然而 2006～2011 年以来，西部地区的城市化率尽管总体上低于全国水平，但已呈现稳定的增长趋势。其中，内蒙古和重庆的城镇人口比重分别达到 56.62% 和 55.02%，高于全国水平；宁夏、青海、陕西接近全国水平（见表 10）。

与此同时，随着国内生产总值的高速发展，城乡居民收入也实现较快增长，商品住房的支付能力提升。虽然在居民人均收入的绝对数上仍普遍低于全国水平，但增长趋势显著。多省区的收入增长超过全国水平，如内蒙古、云南、陕西、宁夏、重庆、广西、四川等。总的来说，西部地区的房地产市场呈现持续、稳定增长的良好势头（见表 11）。

表 9　2006～2011 年西部地区商品房销售面积及增长情况比较

单位：万平方米，%

年份	全国	内蒙古	广西	重庆	四川	贵州	云南	西藏	陕西	甘肃	青海	宁夏	新疆
2006	4337.79	147.49	100.28	152.63	293.01	53.2	138.48	14.82	35.89	23.53	6.21	38.24	73.96
2007	4644.61	199.76	113.73	169.63	264.45	58.68	139.94	1.18	40	25.46	5.26	46.17	51.57
2008	4206.06	223.2	88.68	126.53	177.78	46.62	116.97	4.35	50.91	28.54	5.54	51.87	51.22
2009	5328.03	242.72	83.75	157.15	256.33	75.04	132.09	1.84	65.37	30.82	6.63	78.73	65.81
2010	6994.84	353.3	108.21	194.25	294.25	80.91	182.56	0.52	63.36	53.44	13.21	89.94	94.42
2011	7868.65	384.39	122.66	266.32	400.93	124.83	252.33	0.95	108.36	62.29	14.81	114.71	123.12
年均增长	12.65	21.12	4.11	11.78	6.47	18.60	12.75	-42.27	24.73	21.50	18.99	24.57	10.73

资料来源：根据中经网数据整理。

表 10　2006～2011 年西部地区城镇人口比重比较

单位：%

年份	全国	内蒙古	广西	重庆	四川	贵州	云南	西藏	陕西	甘肃	青海	宁夏	新疆
2006	44.3429	48.64	34.64	46.7	34.3	27.46	30.5	28.21	39.12	31.09	39.26	43	37.94
2007	45.889	50.15	36.24	48.34	35.6	28.24	31.6	28.3	40.62	31.59	40.07	44.02	39.15
2008	46.9891	51.71	38.16	49.99	37.4	29.11	33	22.61	42.1	32.15	40.86	44.98	39.64
2009	48.342	53.4	39.2	51.59	38.7	29.89	34	23.8	43.5	32.65	41.9	46.1	39.85
2010	49.95	—	—	—	—	—	—	—	—	—	—	—	—
2011	51.27	56.62	41.8	55.02	41.83	34.96	36.8	22.71	47.3	37.15	46.22	49.82	43.54

资料来源：根据中经网数据整理。

表 11　2006 ~ 2011 年西部地区城镇家庭人均可支配收入比较

单位：元，%

年份	全国	内蒙古	广西	重庆	四川	贵州	云南
2006	11759.5	10357.9	9898.7	11569.7	9350.1	9116.6	10069.8
2007	13785.8	12377.8	12200.4	12590.7	11098.2	10678.4	11496.1
2008	15780.8	14432.6	14146.0	14367.6	12633.4	11758.8	13250.2
2009	17174.7	15849.2	15451.5	15748.7	13839.4	12862.5	14423.9
2010	19109.4	17698.2	17063.9	17532.4	15461.5	14142.7	16064.5
2011	21809.8	20407.6	18854.1	20249.7	17899.1	16495.0	18575.6
年均增长	13.14	14.53	13.75	11.85	13.87	12.59	13.03
年份	西藏	陕西	甘肃	青海	宁夏	新疆	
2006	8941.08	9267.7	8920.6	9000.4	9177.2	8871.3	
2007	11130.9	10763.3	10012.3	10276.0	10859.3	10313.4	
2008	12481.5	12857.9	10969.4	11640.4	12931.5	11432.1	
2009	13544.4	14128.8	11929.8	12691.9	14024.7	12257.5	
2010	14980.5	15695.2	13188.6	13855	15344.5	13643.8	
2011	16195.6	18245.2	14988.7	15603.3	17578.9	15513.6	
年均增长	12.62	14.51	10.94	11.63	13.88	11.83	

资料来源：根据中经网数据整理。

二　西部地区房地产业发展面临的问题

（一）地区间发展不平衡

西部地区的经济社会发展水平参差不齐，各省区房地产市场的发展差异也较大。总体来看，西南地区的房地产投资、开发和销售均占较大比重，而西北地区的房地产市场则略相对薄弱。然而从发展速度上来看，由于西北诸省区起点相对较低，在房地产开发投资、开工竣工面积、销售面积、就业等方面，增长快于西南地区，不少指标甚至超过全国平均增速。

（二）房价上涨普遍过快

西部地区商品房价格普遍低于全国水平，但价格上涨速度更快。2006～2011年，除云南省外，西部地区的商品房价格上涨速度全部高于全国商品房价格的上涨速度。其中年均价格增长最高的为贵州、四川、内蒙古、重庆和陕西。高速增长的房价，使得西部地区的房价收入比加剧、城乡居民实际住房支付能力的降低、生活成本和创业成本增加，因此要格外警惕高房价给西部地区社会经济发展带来各种负面的影响（见表12）。

（三）保障性住房供给不足

2006～2011年，西部地区的保障性住房投资和建设力度不断加大，但与商品住宅投资和建设规模和增速相比，却显然不成比例。从2006～2010年的可获得数据来看，西部12个省区市的经济适用房新开工面积的年均增长率，有8个呈较大幅度的负增长趋势，显示了保障性住房供给能力的严重不足。此外，西部地区还普遍存在保障性住房产品类型偏少、供应量不足、覆盖面狭窄、供求矛盾失调等问题。从保障性住房的管理运营角度看，更面临监管乏力、品质参差、寻租腐败等问题，往往成为舆论批评的焦点（见表13）。

（四）行业规模和企业竞争力有待提升

2006～2011年，西部地区的房地产行业规模总体上看在不断成长，但进展缓慢。房地产企业的资产规模偏小，资产负债率水平大体与全国平均水平持平。以房地产企业单位数量为例，云南、内蒙古、广西、陕西和新疆的年均增长率超过全国平均水平外，其余7个省区市的房地产企业数量增长较为缓慢。此外，西部房地产业的企业竞争力普遍较弱，与东部地区有较大差距。西部房地产企业以内资企业为主，2011年外资房地产企业和港澳台商房地产企业数量分别为237家和356家，占全国同类企业比例仅为12.9%和10%，行业发展相对封闭，不利于企业经营管理水平的提升。在2012年7月发布的当年《财富中国上市500强企业》中，上榜房地产企业共有32家，西部地区仅有重庆的金科地产集团一家企业上榜，排名355位。西部房地产企业在规模化经营、规范化经营和品牌化经营方面，尚有较大的提升空间（见表14）。

表 12　2006～2011 年西部地区商品房销售价格比较

单位：元/平方米，%

年份	全国	内蒙古	广西	重庆	四川	贵州	云南	西藏	陕西	甘肃	青海	宁夏	新疆
2006	3367	1811	2195	2269	2271	1780	2380	1976	2461	1780	1921	2063	1858
2007	3864	2247	2539	2723	2840	2137	2455	2704	2622	2191	2311	2136	2081
2008	3800	2483	2826	2785	3157	2339	2680	3202	2952	1958	2460	2435	2240
2009	4681	2972	3260	3442	3509	2874	2931	2452	3223	2483	2517	3090	2604
2010	5032	3521	3562	4281	4138	3357	3158	2896	3759	3042	3005	3304	3087
2011	5357	3783	3772	4734	4918	3889	3635	3475	4949	3318	3248	3732	3549
年均增长	9.73	15.87	11.44	15.85	16.71	16.92	8.84	11.95	15	13.26	11.08	12.59	13.82

资料来源：根据中经网数据整理。

表 13　2006～2010 年西部地区经济适用房新开工面积比较

单位：万平方米，%

年份	全国	内蒙古	广西	重庆	四川	贵州	云南	西藏	陕西	甘肃	青海	宁夏	新疆
2006	4379.03	222.13	56.4	187.77	133.18	67.64	90.41	42.53	146.04	90.97	6.98	53.23	305.87
2007	4810.26	240.12	30.18	314.47	61.04	93.76	82.7	28.58	115.41	134.03	13.46	34.7	132.82
2008	5621.86	419.77	73.38	316.1	138.66	102.34	121.64	19.28	131.93	146.81	21.87	101.13	160.69
2009	5354.65	254.74	61.71	384.66	43.88	103.38	57.22	6	103.61	140	1	86.7	141.85
2010	4909.54	162.24	187.35	241.56	17.74	145.65	63.33	0.17	108.91	67.19	13.59	27.91	70.55
年均增长	2.9	-7.6	35	6.5	-39.6	21.1	-8.5	-74.9	-7	-7.3	18.1	-14.9	-30.7

资料来源：根据中经网数据整理。

表 14　2006～2011 年西部地区房地产企业（单位）数量比较

单位：个，%

年份	全国	内蒙古	广西	重庆	四川	贵州	云南	西藏	陕西	甘肃	青海	宁夏	新疆
2006	58710	1173	1750	1936	3057	1432	1072	47	918	895	288	314	824
2007	62518	1415	1949	2039	2816	1575	1228	35	946	1045	299	338	909
2008	87562	2243	3115	2280	3946	1998	2208	53	1366	1058	370	341	1130
2009	80407	1893	3015	2359	3769	1840	2121	53	1194	1110	383	321	1159
2010	85218	2119	3212	2391	3915	1876	2344	61	1274	1185	395	360	1233
2011	88419	2322	3154	2453	4314	1946	2675	49	1430	1284	400	436	1421
年均增长	8.5	14.6	12.5	4.8	7.1	6.3	20.1	0.8	9.3	7.5	6.8	6.8	11.5

资料来源：根据中经网数据整理。

（五）房地产投资资金来源紧张

西部房地产投资资金来源普遍紧张，自筹资金成主要来源。国内贷款难度大，利用外资和吸纳外商直接投资的数额小、比例低，这对西部地区的房地产业发展，构成不小的压力。2006～2011 年，西部房地产开发投资资金来源中，国内贷款占比远低于全国平均水平。而自筹资金来源的比例却远高于全国平均比例。不少企业借助民间信贷来缓减资金紧张问题，由此引发了诸多经济纠纷和社会乱象。有报道称，鄂尔多斯的房地产开发投资，有八成资金来此民间①，引致追债潮和企业倒闭潮，极大地影响了当地的正常的生产生活秩序。加大房地产业金融支持力度和金融创新水平，对西部地区的房地产业发展具有现实而迫切的意义（见表 15）。

表 15　2006～2011 年全国与西部地区房地产开发投资资金来源

单位：万元，%

年份	全国					西部地区				
	房地产投资来源小计	资金来源中国内贷款	占比	资金来源中自筹	占比	房地产投资来源小计	资金来源中国内贷款	占比	资金来源中自筹	占比
2006	271355500	53569800	19.7	85970900	31.7	42994921	6789904	15.8	17254813	40.1
2007	374779600	70156400	18.7	117725300	31.4	64173120	10197836	15.9	24394729	38.0
2008	396193602	76056925	19.2	153120988	38.6	69428946	11074885	16.0	30582967	44.0
2009	577990400	113645100	19.7	179491200	31.0	101605121	15923334	15.7	37095276	36.5
2010	729440400	125637000	17.2	266372100	36.5	139771900	20602500	14.7	51957400	37.1
2011	856887300	130568000	15.2	350045700	40.8	176816400	22845600	12.9	74349100	42.0

资料来源：根据中经网数据整理。

① 《每日经济新闻》2011 年 10 月 14 日。

三　西部房地产业发展趋势

（一）总体趋势

宏观环境的不确定性，使得房地产市场的未来走向始终是见仁见智，扑朔迷离。未来三年内，西部地区将迎来新型城镇化、工业化特别是产业转移等叠加机遇，对房地产业的发展利好。但由于西部地区居民收入水平低、人口集聚效应低，加之过去大量的土地供应和房地产开发未能与产业发展融合配套，使得培育壮大本地产业基础、消化房地产泡沫成为西部地区房地产业发展的重要任务。总体来看，受国内外宏观经济形势和政策的影响，西部房地产总体上不会出现大起大落的情形，仍会保持平稳增长态势。然而不能排除局部地区出现市场波动乃至房地产泡沫破裂的可能性。但此类可能现象的影响范围不会大，周期也不会很长。

（二）房地产业供给展望

首先，未来三年西部房地产市场的供给仍将继续增加。2010 年和 2011 年，西部房地产市场上土地购买面积和住宅新开工面积均有大幅增长，预期能够形成未来几年的有效供给，进而增益市场的供需平衡。此外，在过去的几年里，西部房地产形成较大的存量累积，其中也包括投机性购房，可望在未来三年内进入市场，加大二手房的供给，形成存量房和新增房平分秋色的市场局面。

其次，房地产投资有望实现更大增长。特别是西部地区的新型城镇化和基础设施建设将发挥更大带动力。伴随西部大开发国家战略的纵深推进、新型城镇化建设的进一步展开以及承接东部产业转移，未来三年将是西部城市化和工业化的黄金时期。西部地区基础设施如铁路、航空及公路等的建设力度将进一步加大，同时产业空间和城市空间也将快速扩张。由此会营造房地产升值的良好机遇和预期，带动房地产开发投资和开发项目的增长。

再次，房地产市场的产品结构将发生变化。一方面，城镇化加速，使得西部地区在城市功能配套建设方面会加大力度，诸如办公楼、城市综合体等商务地产在西部将有较大的发展空间。另一方面，中央政府对保障性住房建设的推进提出了更高、更明确的要求，中央和地方的相关投入也会进一步加大。未来三年内，西部地区的保障性住房供给将大大改善。

（三）房地产业需求展望

首先，经济发展带动需求增长。随着我国经济正从外需驱动逐步转为内需驱动为主，西部地区地大物博，成本相对较低的优势会凸显，投资吸引力将进一步增强，东部产业转移步伐也会进一步加快。西部地区的关中－天水经济区、成渝经济区、广西北部湾经济区、新疆天山北坡经济区等新兴引擎区域和多数区域性中心城市面临着更好的发展机遇，将出现较大幅度的房地产消费需求增长。

其次，城市化进程加快创造需求增长。西部地区的城市化水平低于全国平均水平，有很大的发展潜力和提升空间。按近年来西部地区的城市化率推算，“十二五”期间预计每年大约有260万人口进入城市居住和工作。按照2011年人均住房面积32.65平方米计算，理论上每年将产生0.85亿平方米的潜在住房需求。然而西部地区的居民收入水平和储蓄水平相对较低，增长过程缓慢，因此未来三年内有效的住房消费需求增长不会很快。然而西部地区居民多样化的购房需求，仍将是推动房地产投资快速增长的重要因素。

再次，消费需求增长将呈现明显的差异。从区域来看，西南地区的城市化水平略低于西北地区，城市化潜力更大。加之西南地区的产业基础支撑正在形成或成长，预期在未来三年内的房地产消费需求增长速度将快于西北地区。从城市规模来看，三、四线城市将是新型城市化的重要载体，未来三年内住房需求增速会超过一、二线城市。而一、二线城市的房地产配套服务业将会有较快增长，如评估、中介、物业管理、租赁、抵押、金融等。

四　促进西部地区房地产业健康发展的战略措施

保持房地产市场健康稳定发展，对于促进经济平稳较快发展、保障和改善民生、维护社会和谐稳定意义重大。应更好地促进西部地区房地产业持续、稳定、健康发展，进一步发挥其在国民经济增长和社会发展中的作用。

（一）加强房地产市场监管，提高管理水平

首先，应积极规划引导，加强房地产市场监管调控。西部地区应积极落实国家房地产宏观调控政策，加强房地产业的政府监管。不断健全市场制度，加大执法力度，维护房地产市场的稳定和有序。其中，积极调整、优化房地产投资结构应是一个战略性重点。根据市场需求、城市定位、空间规划和产业规划等，引导房地产投资的健康发展。同时，引导和扶持房地产企业成长，重点扶持和培育大中型开发企业的发展，形成规模化和集约化发展效应，促进西部房地产业“稳中求进”，不断提升行业竞争力。

其次，政府和金融部门应加大房地产金融创新的改革力度，积极拓展房地产企业的合法融资渠道。要推动资本市场培育，鼓励开发企业通过上市、房地产信托、股权合作、项目债券化等渠道筹集开发资金。同时，加强房地产金融风险管理，特别是要合理引导和监管较为普遍的民间借贷融资。

再次，提升西部房地产企业经营管理水平。引导和鼓励房地产企业消化库存，盘活资金，改进管理，诚信经营，创新经营。通过市场导向的理念和管理强化，不断优化产品开发结构，提升产品品质，努力构造多层次的供给体系，以结构调整促进商品房开发的理性回归。

（二）改善房地产业有效供给

首先，要着力完善住房保障体系。西部地区经济发展相对滞后，居民收入不高，低收入群体的住房难问题比较突出，应进一步完善住房保障体系。通过各项优惠政策，更好地落实保障性住房建设所需土地和资金。同时加快项目建设审批进度，引导房地产开发企业积极参与保障性住房建设。一方面要根据本地实际，组合推进廉租房、经济适用房、限价房和公共租赁房等保障性住房的建设。另一方面，还要加强保障房建设与供应的透明度和效率，确保住房保障建设成为真正的“保民生”工程。

其次，进一步调整产品结构、增加住房有效供给。西部各地区应科学引导住房供应规模和比例，特别是要积极引导企业开发建设中小户型住房、经济适用房，来优化住房供应结构，满足中低收入人群的需求，减缓市场矛盾。相关建设计划应及时向社会公布，稳定房地产投资者和消费者的预期。同时，加强土地供应管理和控制，使土地供应量的增长和经济发展和新型城镇化进程

相融相适。把握西部地区的工业化和城镇化新机遇，积极推进商业地产和产业地产的发展；发挥西部地区的文化多样性、独特性优势，创新发展旅游地产；坚持西部地区的生态保持和建设的战略原则，下决心遏制高耗能、高污染产业，并鼓励房地产企业进行绿色开发，大力发展房地产业的低碳经济模式。

（三）满足房地产业合理需求

首先，要努力提高城乡居民收入水平，提升住房消费能力。加大招商引资力度，提振本地产业，努力扩大就业面和就业机会。建立和完善各种社会保障机制特别是住房保障机制，把保障中低收入家庭住房消费补贴列入政府公共预算。同时，优化住房公积金的管理，提高住房公积金的使用效率。

其次，要打造西部魅力，重塑西部形象。通过科学规划和政策引导，积极开展地区形象营销。通过加强本地的投资吸引力、旅游吸引力和人居吸引力，培育和发展本地产业和城市建设，并有效扩展房地产消费需求。

再次，要设法稳定市场预期，合理引导住房消费。西部地区应进一步建立和完善房地产市场分析监测报告制度和信息发布制度，尽快建立房地产市场与土地市场、金融市场等联动分析机制，准确把握房地产市场变化和走势，提高房地产调控的预见性、针对性和有效性。及时发布相关信息，通过媒体互动和舆论引导，稳定市场预期和理性消费心理，营造稳定有序的房地产市场环境。

参考文献

国家统计局：《2012 年全国房地产开发和销售情况》，http：//www. stats. gov. cn/tjfx/jdfx/t20130118_ 402867172. htm。

倪鹏飞主编《中国住房发展报告（2012～2013）》，社会科学文献出版社，2012。

倪鹏飞：《房地产基础制度和长效机制建设刻不容缓》，人民网，2013 年 4 月 3 日。

倪鹏飞、邹琳华：《坚持调控不放松加速推进房地产制度改革》，《经济参考报》2013 年 5 月 2 日。

第六部分
中国区域旅游业发展战略

中国区域旅游业发展现状、问题与战略措施

戴学锋　孙盼盼*

摘　要： 我国旅游业发展正受益于居民收入水平提高、行业内外政策和法规出台、交通基础设施大幅改善等利好因素的影响，总体上保持了景气度持续上升的发展态势，已经发展成为带动区域经济发展的动力产业，也逐步成为调节区域经济平衡的重要产业。从区域上来看，东中部地区的旅游业发展较快，西北部旅游业正在加快发展，但各区域旅游业发展不平衡的格局依旧，西部旅游业的发展潜力未得到有效释放。要推动我国各地区旅游业大发展，必须采取切实有力的战略措施：东部地区须大力推进国际化发展；东北地区旅游业要竭力塑造共和国“长子”形象；中部地区旅游业则要致力于成为中国旅游的文化重区；西部地区走基于民族文化、生态文明的内涵式发展道路。

关键词： 区域旅游业　国家战略　发展不平衡

一　我国区域旅游业发展现状

（一）新时期我国旅游业发展的总体情况

“十二五”时期伊始，中国旅游业发展便面临着严峻的经济形势考验：

* 戴学锋，中国社会科学院财经战略研究院旅游与休闲研究室主任、研究员；孙盼盼，中国社会科学院研究生院旅游管理专业博士生。

欧美债务危机阴云笼罩，国际经济二次探底风险加剧，国内经济增速也有所放缓，但支撑旅游业发展的积极因素也不少。首先，国内宏观经济保持了较为平稳的发展态势，城乡居民人均收入稳定增长和节假日制度所带来的休闲时间的增多，保证了旅游业发展所必需的和谐环境及客流量。其次，行业内及跨行业的政策和法规的相继出台，形成多方共同推动的旅游业发展格局。2011 年，旅游日获批、国土部 20 项政策支持海南国际旅游岛建设、多省高调重启国民休闲计划将带薪休假落实纳入考核、《中国旅游“十二五”发展规划纲要》和《关于进一步加快发展旅游业促进社会主义文化大发展大繁荣的指导意见》的发布以及《国民旅游休闲纲要（征求意见稿）》的完成，将对我国旅游业的继续繁荣、发展提供强有力的政策支撑。《绿色旅游饭店》标准发布、非物质文化遗产法开始施行、新版《旅行社服务质量赔偿标准》颁布实施以及《中国旅游法》的正在起草将会使得旅游法规体系日趋完善，有助于旅游市场秩序的规范运行。另外，交通基础设施的建设和完善，尤其是高铁建设，拉近了旅游距离，有助于增强旅游者出游动力。

受益于诸多利好因素，新时期的中国旅游业景气度持续向上。数据显示，2011 年全年我国旅游业总收入为 2.24 万亿元，同比增长 18%。旅游市场保持“两高一平”的基本格局，国内旅游保持快速增长态势，全年国内旅游人数 26.4 亿人次，增长 13.2%；国内旅游收入约 1.93 万亿元，同比增长 23.6%。入境旅游受国际经济低迷影响而增长略显乏力，全年入境过夜旅游人数 5758 万人次，增长 3.44%；旅游外汇收入累计达 484.64 亿美元，同比增长 5.78%。出境旅游市场受蓬勃增长的出游需求推动则呈现快速增长趋势，2011 年中国出境旅游人数 7025 万人次，增长 22.42%，出境旅游花费 690 亿美元，同比增长 25%。

从区域来看，2011 年中国大陆东、中、西及东北四大地区的旅游业各项指标均显著提升，并展现了以下一系列特征：东中部地区发展较快，西北部旅游业也正在加快发展，旅游业已经成为带动地区经济发展的动力产业，并逐渐成为调节区域经济平衡的重要产业；但区域旅游业依然呈现以东部为主导的非均衡发展格局，地区间旅游业发展水平极不均衡，西部旅游业的潜力尚未充分释放，成为制约旅游业总体发展水平提高的主要因素。

（二）区域旅游业发展的基本情况

1. 东中部地区发展较快

东部地区是我国传统的旅游业发达地区，各方面发展条件较好，发展速度一直保持较高水平，始终处于区域主导地位。根据旅游经济相对发展率①的计算结果来看，2001～2011年，东部地区旅游经济相对发展率虽然由于高基数的影响，发展速度呈现平缓下行的态势，从2001年的1.84下滑至2005年的1.15，到2011年则下滑至1.01，但除了特殊年份2008年之外，一直高于1。此外，对比区域内10个省市2000～2005年和2006～2011年的旅游经济相对发展率，东部区域的北京、上海、天津、江苏和浙江的人均旅游收入相对发展率始终居于全国前列，人均旅游收入的增长量远大于全国人均旅游收入的增长量，但这些省市以及福建省在2006～2011年时段中出现相对发展率减小的现象。因此，东部地区的旅游业发展速度总体水平依然较高，但增长有所放缓。

2011年东部地区旅游业各项总量指标表现良好，且占比显著高于其他三个地区，主导地位得到进一步强化。2011年数据显示，东部地区实现旅游总收入29283.18亿元，同比增长20.4%。其中，国内旅游收入为21619.62亿元，同比增长0.22%；旅游外汇收入为440.34亿美元，同比增长10.91%。从接待游客数量来看，2011年东部地区接待国内游客数量为22.8亿人次，同比增长4.78%，接待入境游客7279.48万人次，同比增长8.32%。从区域内10个省市的旅游业发展情况来看，2011年东部地区所有的省市的旅游总收入均实现了正增长。除了上海、江苏和浙江受“后世博效应”影响而增速放缓之外，其他省市的旅游总收入同比增速均较2010年有不同程度的提高。其中，天津、河北、浙江、山东、广东和海南的同比增速均在20%之上，河北省更是高达33.52%；北京、上海、江苏和福建省的同比增速相对较低，上海增速低至7.27%。

中部地区在我国旅游业发展中的地位较为特殊，起着承东启西、连接南北

① 旅游经济相对发展率，反映相对增长量的指标，表示各区域在某一时间段内人均旅游收入的变化与该时期内整个区域的人均旅游收入的变化的关系。其计算公式为：$Nich=(Y_{2i}-Y_{1i})/(Y_2-Y_1)$。其中，$Y_{2i}$和$Y_{1i}$分别表示第$i$个区域在时间2和时间1的人均旅游收入，$Y_2$和$Y_1$分别代表整个区域在时间2和时间1的人均旅游收入。采用旅游相对发展率比采用一般的增长率更能客观而准确地测度区域旅游经济发展速度。

的作用。正是由于这种特殊的地位和作用，近几年中部地区借鉴东西部的旅游业发展经验，加强与东西部的旅游合作，不断提高自身水平，旅游经济相对发展率呈现平缓上行的趋势，从 2001 年的 0.52 上升至 2005 年的 0.72，进而上升至 2011 年的 0.95。从区域内 6 省市 2000～2005 年和 2006～2011 年的旅游经济相对发展率来看，6 省市在 2000～2005 年时段中的相对发展率均较低，均低于 1，其中安徽和湖北均低于 0.5，分别为 0.32 和 0.43；在2006～2011 年时段中相对发展率则不同程度地实现提高，安徽和湖北的提升幅度最大，均上升至 1，山西、河南、湖南和江西分别从 0.82、0.58、0.63 和 0.54 上升至 0.99、0.73、0.7 和 0.62。

2011 年中部地区旅游业各项指标表现较好，国内旅游市场表现尤佳，同比增速高于其他三个地区。2011 年，中部地区实现旅游总收入 10915.08 亿元，同比增长 32.57%。其中，国内旅游收入为 10589.77 亿元，同比增长 32.74%；旅游外汇收入为 46.64 亿美元，同比增长 10.91%。接待游客量方面，国内游客数量为 13.59 亿人次，同比增长 29.43%，入境游客 1165.76 万人次，同比增长 21.29%。从区域内 6 个省市的旅游业发展情况来看，2011 年中部地区所有的省市的旅游总收入均实现了高增长，同比增速均在 20% 之上。其中，安徽省同比增速高达 65.81%，湖北和江西的同比增速分别为 36.45% 和 35.15%，山西、河南和湖南的同比增速相对较低，分别为 23.92%、22.1% 和 24.98%。

2. 西北部旅游业正在加快发展

自国家实施西部大开发战略以来，西部地区抓住战略机遇，将旅游业定位为总体开发战略中的主导产业，切实重视旅游业的发展。近几年更是受交通基础设施不断完善的利好影响，旅游资源得到进一步开发，旅游吸引力大大增强。加上低基数效应的影响，西部地区旅游业发展速度加快提升，相对发展率稳定增长，从 2001 年的 0.5 上升至 2005 年的 0.8，又上升至 2011 年的 0.96。从区域内 12 个省市区 2000～2005 年和 2006～2011 年的旅游经济相对发展率来看，绝大多数的省市区在两个时段中的相对发展率均较低，但较之前一时段，在后一时段中则实现了不同程度的提升，甚至有些省市超过或接近 1，内蒙古、重庆、贵州、西藏和陕西分别从此前的 0.92、0.83、0.67、0.59 和 0.72 提高至 0.97、1.26、1.23、0.93 和 0.95。但是值得注意的是，甘肃、青海、宁夏和新疆的相对发展率依然较低，均低于 0.5，对于西部旅游经济综合水平的提高仍是一大挑战。

2011 年，西部地区国内旅游市场和国际旅游市场均表现良好，受此拉动，全区全年实现旅游总收入 10987.46 亿元，同比增长 32.51%。其中，国内旅游收入为 10533.67 亿元，同比增长 32.91%；旅游外汇收入为 69.58 亿美元，同比增长 29.04%。接待游客量方面，国内游客数量为 14.37 亿人次，同比增长 28.3%，入境游客 2073.05 万人次，同比增长 51.42%。2011 年，区域内 12 个省、直辖市和自治区的旅游业发展表现均较好，除了广西、宁夏和新疆的同比增速有所放缓之外，其余的省市区均有所提升。从同比增速来看，新疆维吾尔自治区的旅游业同比增速依然最高，高达 50.29%；其次是甘肃省，同比增长 40.68%；广西、重庆、贵州、西藏、陕西和青海的同比增速介于 30% ~ 40%，分别为 34.09%、38.22%、34.7%、33%、34.57% 和 30%；内蒙古、四川、云南和宁夏则分别同比增长 21.41%、29.9%、29.66% 和 24.23%。

东北地区被誉为中华人民共和国的“长子”，新中国成立以来，凭借国家有力的政策扶持，迅速成长为中国传统的老工业基地。但是，伴随中国国民经济的总体提升以及东部地区的崛起，东北在全国的地位风光不再。特别是国家重视生态环境保护，提倡可持续的发展方式以来，全国致力于节能减排、产业结构转型升级，东北地区面临着前所未有的发展困境。2004 年，国家对东北地区重新定位，并提出“振兴东北老工业基地”的指导战略。凭此契机，东北地区重新审视自身优劣势，并加大了对一系列有助于产业结构优化升级的服务业的支持力度，旅游业便是其中之一。2004 年以来，东北地区依托国家“振兴东北老工业基地”的发展战略，充分整合资源，加大联合生产和促销力度，旅游业进入了快速发展阶段。至 2008 年，东北旅游总收入增长速度连续五年超过全国平均水平。2006 年以来，其旅游经济相对发展率均超过 1，2011 年为 1.19，高于同年东部地区的水平。2000 ~ 2005 年和 2006 ~ 2011 年两个时段，东北地区三个省的相对发展率均实现了提升，辽宁、吉林和黑龙江分别从 1.53、0.83 和 0.49 上升至 2.11、0.94 和 0.77。

2011 年，东北三省实现旅游总收入 5356.44 亿元，同比增长 24.48%。其中，国内旅游收入为 5095.48 亿元，同比增长 29.69%；旅游外汇收入为 40.16 亿美元，同比增长 22.96%。接待游客量方面，国内游客数量为 6.02 亿人次，同比增长 23.61%，入境游客 716.14 万人次，同比增长 18.91%。2011 年，区域内三省的旅游业发展表现较稳定，除了黑龙江同比增速显著放缓之外，辽宁省和吉林省均有所提升。从同比增速来看，三省的旅游业同比增速基本相当，辽宁、吉林和黑龙江分别较 2010 年同比增长 24.1%、26.81% 和 23.53%。

（三）旅游业已成为带动区域经济发展的动力产业

相对于传统支柱产业，旅游业的发展规模和速度还有一定的差距，但是相对于这些传统产业来说，旅游业具有推进区域经济发展的综合效应。这是因为旅游业具有基础拉动性强、关联带动性大的作用。其产业链可以延伸到国民经济各产业中的众多行业和部门，进而有效带动区域经济发展。据相关研究的推算，旅游业的收入每增加 1 美元，GNP 就会因此增加 3.12 美元，其中第三产业增加约 1.52 美元。

国家旅游局在"十五"规划中就明确将旅游产业称为"动力产业"。"十一五"期间，我国旅游业发展速度进一步提升，取得了显著的成绩：旅游市场需求旺盛、供给能力增强、产业规模继续扩大。同时，旅游业发展成为名副其实的刺激消费、拉动内需，促进区域经济发展的动力产业。2009 年国务院明确提出"把旅游业培育成为国民经济的战略性支柱产业和人民群众更加满意的现代服务业"。

新时期，旅游业对区域经济的带动作用更加突出。首先，促进经济增长。2011 年中国旅游业增加值占 GDP 的比重高达 4.77%，有效拉动了社会投资和住宿、民航、铁路和餐饮等相关产业的发展。其次，有效刺激消费，拉动内需。2011 年，中国国内旅游人次为 26.41 亿人次，旅游消费达到 19305.4 亿元，占居民消费总支出的 10.5%。再次，吸纳就业量更大。有关资料数据显示，旅游业的间接就业者是直接就业者的 5 倍，可见旅游业为社会提供了大量的工作机会。目前，全国旅游直接从业人员超过 1350 万人，与旅游相关的就业人数约 8000 万人。此外，为顺应新时期产业结构升级、经济增长方式转型的发展要求，国家和地方积极推动旅游产业与第一、二、三产业的融合，发展乡村旅游、工业旅游、商务旅游、医疗旅游、体育旅游、文化旅游等多种旅游形式，这也将有助于形成新的经济增长点，进而推动区域经济发展。

（四）旅游业已经逐步成为调节区域经济平衡的重要产业

长期以来，我国地区间经济发展不平衡、不协调、不可持续的问题一直很突出，制约着社会经济的全面提升。因此，"十二五"期间，区域经济平衡发展依然是我国的重要目标。而作为区域经济发展的动力产业，旅游业在我国区域发展战略中占有举足轻重的地位，逐渐成为调节区域经济平衡的重要产业。发展旅游业，不仅可以通过国内旅游和入境旅游两大市场增加旅游目的地的经济收入，而且国内旅游市场可以使得旅游消费在各个地区之间进行流动和重新分配，因此有效地调节了地区购买力。特别是落后的中西部地区旅游经济收入为区域经济的贡献力度总体上呈现上升的趋势，这对于缩小与发达地区的经济水平差距具有积极的作用。

二　中国区域旅游业发展面临的问题

（一）各区域旅游业发展极不平衡

受旅游资源禀赋、地理区位、交通条件、基础设施、区域社会经济综合水平等因素的影响，中国旅游业发展存在着区域极不平衡问题。新时期，中国各区域旅游业发展的这一状况并未得到有效改善。从旅游收入上来看，2011 年东部地区收入占比最大，且远高于其他三个地区，在旅游总收入、国内旅游收入和旅游外汇收入中占比分别为 51.79%、45.19% 和 73.79%；其次是西部，占比分别为 19.43%、22.02% 和 11.66%；中部第三，分别占比 19.3%、22.14% 和 7.82%；东北地区占比最小，占比分别为 9.47%、10.65% 和 6.73%，如图 1 所示。

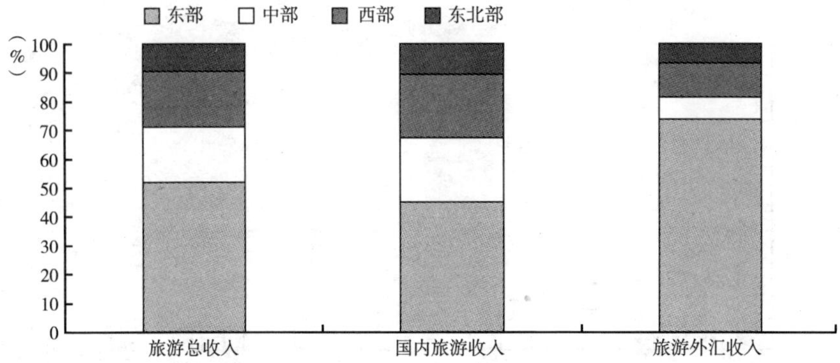

图 1　2011 年四大区域旅游业总量指标占比情况

资料来源：《中国统计年鉴 2012》、《中国旅游统计年鉴 2012》及 31 个省区市 2011 年国民统计公报。

从旅游流的集中分布来看，2011 年国内旅游流和入境旅游流也主要集中在东部经济发达地区。数据显示，2011 年东部地区的国内游客接待量和入境游客接待量中占比分别为 40.15% 和 64.8%；西部占比分别为 25.31% 和 18.45%；中部占比为 23.93% 和 10.38%；东北地区占比分别为 10.6% 和 6.37%。进一步考察各区域内的热点旅游目的地，按照国内旅游接待量排名，发现前 15 名中，东部地区的热点旅游目的地的数量多达近一半，山东、江苏和浙江在区域国内旅游市场规模中占有较为领先的位置；中部、西部和东北地区分别入围 4 个、2 个和 2 个。按照国际游客接待量进行排名，发现前 15 名中，东部地区入围数量为 7 个，中部入围 5 个，西部和东北地区分别入围 1 个和 2 个。可见，东部发达地区依然在中国区域国内旅游和国际旅游市场中占有较为核心的位置，短期内中国区域旅游业不平衡发展的局面得不到改变（见图 2）。

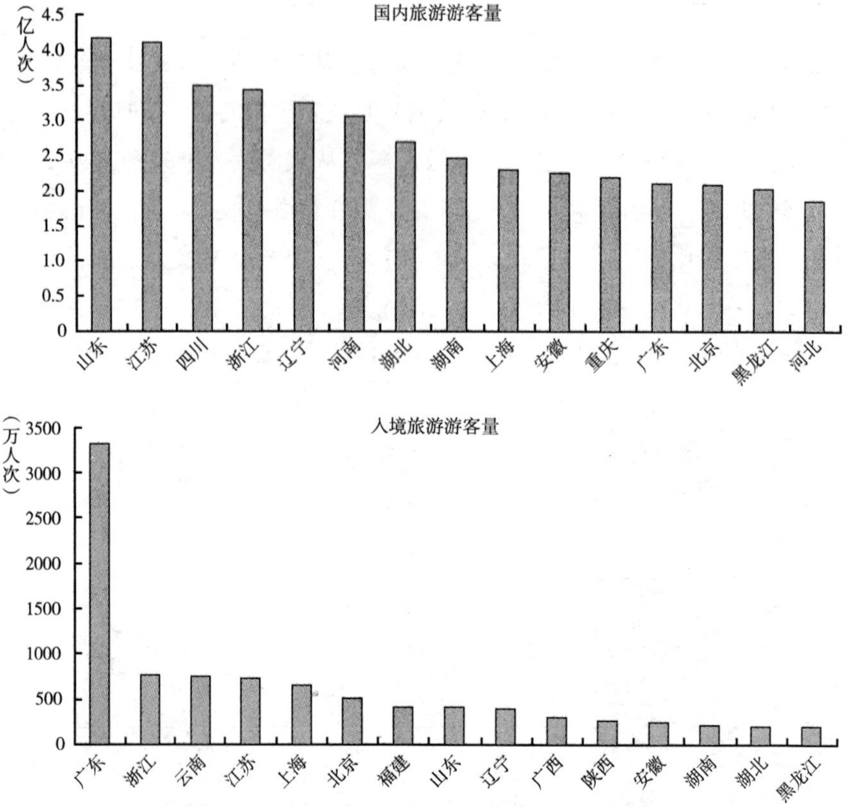

图 2　2011 年前 15 个热点旅游目的地国内游客和入境游客接待量排名

资料来源：《中国统计年鉴 2012》、《中国旅游统计年鉴 2012》及 31 个省区市 2011 年国民统计公报。

（二）西北部旅游业的潜力有待充分释放

从近几年发展现状来看，西北部旅游业已经获得了长足的进步，旅游总量逐年增加，同比增速也保持较高的水平，但其总量与东部发达地区仍然存在着较大的差距，而且高水平的增速难逃“低基数效应”之嫌，旅游业的发展潜力大却未得到充分释放。如上文对西部地区12省区市旅游经济相对发展率的考察，区域内大部分地区的相对发展率低于1，即人均旅游收入增量小于全国人均旅游收入的增量，尤其是甘肃、青海、宁夏和新疆的相对发展率均低于0.5，对西部旅游业的综合水平的提高起着掣肘作用。此外，区域内多数省区市的旅游总收入和旅游接待量仍然处于低水平的梯队内。2011年旅游总收入、国内游客接待量和入境游客接待量后10名中，西北部占据的数量分别为8个、7个和7个。

西北部旅游业潜力尚未充分释放，主要是因为旅游基础设施、旅游接待水平、旅游发展理念以及外部的政策支持和引导等方面与东部发达地区存在着较大的差距。以旅游接待水平为例，北京、上海、广东、天津、山东、江苏、浙江、福建、辽宁等沿海发达地区的旅游饭店的总量和档次都已经达到了相当高的水平，湖南、河北、湖北、吉林、海南、四川、云南、新疆等地旅游饭店发展进步很快，但西部多数地区的旅游饭店还处于刚刚起步阶段；西部地区旅游院校发展缓慢、实力不强，人才短缺，已经成为制约当地旅游接待水平提高的一个重要因素。

三　中国四大区域旅游业发展的国家战略

（一）国家区域战略基点

“十二五”时期，区域协调发展是国家区域战略基点，国家要求不同地区要充分发挥各自的比较优势，促进生产要素合理流动，深化区域合作，推进区域良性互动发展，逐步缩小区域发展差距。作为诸多区域发展中重要的支柱产业之一，旅游业的发展未来也必须建立在国家区域战略基点上，服务于国家区域协调发展战略，努力使自身成为未来区域协调发展的重要手段。

（二）国家区域战略方向

围绕国家推进区域协调互动发展的战略基点，“十二五”时期，国家确立了以下区域战略方向（见表1）。

表1　国家“十二五”区域战略方向及具体措施

战略方向	具体措施
推进新一轮西部大开发	坚持把深入实施西部大开发战略放在区域发展总体战略优先位置，给予特殊政策支持。通过加强基础设施建设、加强生态环境保护、充分发挥资源优势和大力发展科技教育等途径，增强西部的自我发展能力，为国家培育新的经济增长极。未来重点发展区域为呼包鄂榆、广西北部湾、成渝、黔中、滇中、藏中南、关中－天水、兰州－西宁、宁夏沿黄、天山北坡等经济区
全面振兴东北地区等老工业基地	通过优势产业升级、大力发展服务业、深化企业改革、转变农业发展方式、推进生态保护和资源枯竭地区的转型发展等手段，进而统筹推进全国老工业基地调整改造。未来将重点推进辽宁沿海经济带和沈阳经济区、长吉图经济区、哈大齐和牡绥地区等区域发展
大力促进中部地区崛起	利用其承东启西的区位优势，加强与周边地区的对接和联系，承接东部地区和国际产业转移，进一步发展和完善现代产业体系，增强自身实力，努力成为未来国家新经济增长极之一。未来将加快构建沿陇海、沿京广、沿京九和沿长江中游经济带，重点推进太原城市群、皖江城市带、鄱阳湖生态经济区、中原经济区、武汉城市圈、环长株潭城市群等区域发展
积极支持东部地区率先发展	东部地区在全国经济发展中起着重要的引领和支撑作用，在未来发展中仍要强调三个着力点：提高科技创新能力、培育产业竞争新优势、增强可持续发展能力。未来将推进京津冀、长江三角洲、珠江三角洲地区区域经济一体化发展，打造首都经济圈，重点推进河北沿海地区、江苏沿海地区、浙江舟山群岛新区、海峡西岸经济区、山东半岛蓝色经济区等区域发展，建设海南国际旅游岛
加大对革命老区、民族地区、边疆地区和贫困地区的扶持力度	国家将加强基础设施建设，强化生态保护和修复，提高公共服务水平，切实改善老少边穷地区生产生活条件。继续实施扶持革命老区、民族地区发展的政策措施，深入推进兴边富民行动，在集中连片特殊困难地区，实施扶贫开发攻坚工程，实行地区互助政策，开展多种形式对口支援

资料来源：《中华人民共和国国民经济和社会发展第十二个五年规划纲要》。

（三）国家旅游业的区域发展战略

“十二五”期间，国家旅游业的区域发展战略总思路为“旅游业要配合国家区域发展总体战略，以高速交通体系为主轴，以都市群为依托，以培育旅游集聚区为重要任务。本着‘东部地区国际化、中部区域城市化、西部地区产业化’的原则，构建特色鲜明，优势互补，充满活力的区域旅游新格局，实现区域旅游全面协调发展”。根据总体发展思路，国家旅游业“十二五”规划明确了下阶段的重点工作任务（见表2）。

表 2 国家旅游业“十二五”时期区域战略重点任务及具体措施

重点任务	具体措施
重点构建旅游目的地体系	依托主要城市(群)、大型旅游区、度假地以及有条件和特色的城镇,发挥旅游交通、旅游资源、接待设施集中度高的优势,按照国家优秀旅游目的地标准,打造一批旅游城市、环城市旅游度假带、旅游县域和旅游乡镇,形成功能完善、特色鲜明、类型各异、布局合理的旅游目的地体系
深入实施区域发展分类指导	促进四大区域协调发展。东部地区要通过提高产业水平,提升产业素质,促进产业转型升级,巩固客源地与目的地的双重功能,实现旅游国际化目标。中部地区要通过完善产业体系,构建旅游目的地体系,缓解供需矛盾,实现旅游城市化目标。西部地区扩大产业规模,完善产业功能,提升基础设施档次,形成我国旅游业发展新的增长点,实现旅游产业化目标。东北地区打造旅游品牌,构建旅游聚集群,促进旅游产业与工业发展的融合,实现旅游产业引领区域转型升级
抓好区域旅游合作	秉着整体规划,优势互补,信息互通,资源互享,市场共有,效益共赢的原则,在资源、资金、信息、交通、人才、产品和市场等生产要素上展开区域旅游合作,寻找最优组合,达到“共赢”目的。重点打造环渤海、长三角、泛珠三角、丝绸之路、青藏铁路沿线、东北老工业基地、京杭大运河沿线、武陵山区等无障碍区域合作示范区
推动“两岸四地”旅游共同发展	发挥旅游在“两岸四地”合作中的重要作用。发挥旅游对台港澳工作的独特作用,推进两岸关系和平发展和祖国统一大业,为香港、澳门的长期繁荣稳定服务。探索成立“两岸四地”旅游协作发展委员会,建立长效工作机制。探索在海西、珠三角等地区建设“两岸四地”无障碍旅游区,先行试点。争取将“两岸四地”重大基础设施建设和旅游设施建设项目列入国家规划。探索建立品质旅游合作、旅游行业协会合作等“两岸四地”旅游合作的新机制
大力培育一批旅游功能区	根据不同区域的发展特点和发展水平,配合国家主体功能区建设和区域发展战略实施,以沿海、沿长江、沿新欧亚大陆桥为主轴,以都市群为依托,统筹区域旅游发展,促进沿海沿边地区跨国界旅游发展和合作,重点发展沿海沿边地区、国家战略地区以及重要旅游资源聚集区等,形成一批国内外知名的旅游功能区,最终通过这些功能区的示范带动作用,促进全国旅游业的全面发展

资料来源:《中国旅游业“十二五”发展规划纲要》。

四 促进中国区域旅游业发展的战略措施

(一) 东部地区大力推进国际化发展

东部地区旅游业目前已经进入了较为成熟的发展阶段,旅游收入总量指标遥遥领先于其他三个地区,产业结构较完善,生产力布局较合理,产业功能释放显著,在我国旅游业中始终占据优势主导地位,对中国旅游业的总体发展起着有力的推动作用。鉴于此，未来中国旅游业要保持稳定的发展增速，必须要继续鼓励东部地区进一步完善配套设施，优化资源配置和生产力布局，加强服务和产品创新，注重区域内旅游示范区建设，增强区域合作，不断开拓国际市场，提高行业管理水平，持续深度挖掘增长潜力，从而全面推进国际化发展目标，成为带动旅游业全面发展的龙头。

（二）塑造东北旅游区共和国“长子”形象

东北地区旅游资源丰富，森林、湿地、冰雪、工业和农业资源均在全国独具特色。加之生态环境优越、区位优势明显，民族民俗多样，文化特色鲜明，东北地区旅游业发展优势得天独厚。近年来，东北旅游业凭借有力的联合生产和促销，使得区域内冰雪、边境和森林的旅游品牌知名度大幅提升，这对旅游业的快速发展具有一定的贡献力。但是，从客观来看，这种贡献力较小，不足以支撑东北地区未来旅游经济的长期增长。要实现旅游业的长期持续稳定发展，东北地区必须紧紧围绕国家“振兴东北老工业基地”的指导战略，切实认识到工业资源对于自身旅游业在全国得以脱颖而出的重要性。因此，东北地区未来发展旅游业的总体思路，应该是继续塑造共和国“长子”的形象，围绕现有的工业资源，大力推进工业和工业遗产旅游业的发展，使其成为带动区域旅游业整体发展的原动力，进而发展成为带动区域经济转型和发展的核心产业。

（三）构建中部旅游区成为中国旅游的文化重区

中部地区的旅游资源分布集中、品种多样、特色鲜明、共性和个性皆具，既包含以河南和山西为代表的中原历史文化区，也包括以湖北和湖南为代表的名山峡谷区，还有以安徽和江西为代表的综合旅游区。加之承东启西、连接南北的区位优势以及便利的交通条件，旅游业发展条件优越。但从中部地区的综合发展现状来看，区域内依然以传统产业发展为主，农业发展问题突出，工业水平不高，第三产业发展不足，产业结构和经济增长结构迫切需要调整和振兴。此外，城镇化水平低，地区发展不平衡，制度性约束因素较多，生态保护和环境治理尚不理想，旅游业发展也面临着巨大挑战。综合来看，中部地区的旅游业要充分利用现有旅游资源，尤其是中原历史文化资源，以促进中华文化复兴为己任，对之进行深度挖掘和提升，将自身打造成中国旅游的文化重区，形成持久的文化旅游吸引力。在此基础上，围绕国家“促进中部崛起”的发展战略，坚持资源节约型和环境友好型的可持续发展道路，倡导富民乐民的利益导向，推动旅游业与其他产业进行融合发展，同时加强与东西南北部的区域协同合作与优势互补，进而将旅游业打造成为中部地区经济腾飞的抓手，成为中部地区崛起的重要支点。

（四）西部地区走基于民族文化、生态文明的内涵式发展道路

自国家实行西部大开发战略以来，西部地区在基础设施建设、生态环境保护和建设、科技和教育以及对外开放程度等方面均有了显著改善，为旅游业的发展减少了瓶颈和障碍。此外，借助神奇、神秘和神圣的自然风光以及多样的民族文化优势，西部旅游业逐渐走上快速发展的道路，后发优势突出，对社会经济综合水平提高具有显著作用。但是，原汁原味的民族文化特色如何在旅游业的长期发展中得以保存和延续，脆弱的生态环境如何在旅游业的不断开发和发展中得到保护，这是西部旅游业的发展过程中最值得关注的问题。因为多样的民族文化和健康的生态环境是新时期西部旅游业的核心优势，无论哪一方面遭受破坏，西部旅游业发展的基础都将被削弱。因此，西部地区不应该简单地复制东中部和东北地区的发展模式，应该走基于民族文化和生态文明的内涵式发展道路，打造出能够凸显西部特色的旅游产品，努力保持西部生物的原生态、景观的原有状态以及民族文化的原创性。此外，西部旅游业发展还要坚持旅游业的产业功能，认识到旅游业对城市、农村和牧区经济影响，致力于将旅游业发展成为带动区域和谐发展和带领人民致富的动力产业。

参考文献

《中华人民共和国国民经济和社会发展第十二个五年规划纲要》，人民出版社，2011。

《国务院关于加快发展旅游业意见》，国发〔2009〕41 号文件。

国家旅游局：《中国旅游业“十二五”发展规划纲要》，中国旅游出版社，2011。

张广瑞、刘德谦、宋瑞主编《旅游绿皮书》历年，社会科学文献出版社。

魏小安、韩建民著《旅游强国之路》，中国旅游出版社，2003。

戴学锋：《基于国际比较的中国出境旅游超前发展初探》，《旅游学刊》2012 年第 9 期。

瞿华、夏杰长：《我国旅游业发展与经济增长关系的实证研究：基于 1985 ~ 2009 年数据》，《财贸经济》2011 年第 8 期。

夏杰长、瞿华：《我国农村居民国内旅游消费和收入水平的关系研究——基于 1994 ~ 2010 年数据的协整检验和格兰杰因果检验》，《北京第二外国语学院学报》2013 年第 1 期。

东北地区旅游业发展现状、问题与战略措施

金 准　廖 斌[*]

摘　要： 东北地区正在实施新一轮的东北振兴战略，旅游业大发展是实现振兴东北的重要途径。东北地区旅游业取得了长足发展，同时存在着宏观经济和社会功能发挥不足、区域缺乏协调、发展粗放、新业态缺乏和国际化不足等问题。促进东北地区旅游业大发展，必须树立新的战略：构建工业及工业遗产旅游产业体系，全面构建共和国"长子"形象；强化冰雪旅游合作，做强冬季旅游重镇；引领东北亚旅游业发展，深化我国的国际战略；旅游业要向休闲经济全面转型，提升价值链；合理确定投资规模，构建可持续发展预警体系。

关键词： 东北地区　旅游业　老工业基地　区域协调

一　我国东北地区旅游业发展现状

（一）高速增长的旅游业

进入21世纪，特别是2003年东北地区老工业基地振兴战略实施以来，东北地区依托自身丰富的旅游资源，旅游业进入高速增长阶段，东北地区旅游增

* 金准，经济学博士，中国社会科学院财经战略研究院助理研究员；廖斌，中国社会科学院研究生院产业经济学博士研究生。

长速度高于全国发展水平。2011 年东北地区实现旅游总收入 5253.9 亿元，其中旅游外汇收入 45.2 亿美元，国内旅游人数 6.3 亿人次，其中入境旅游人数 842.3 万人次。[①]

1. 国内旅游人次

在国内旅游人次方面，2010 年东北地区接待国内游客 5.0 亿人次，其规模相对于其他区域来说较低。2010 年东部地区接待国内旅游者 21.7 亿人次，中部和西部地区分别为 10.6 亿人次和 11.3 亿人次。[②]

但从增长速度来看，东北地区国内旅游实现了最快的增长速度。2010 年东北地区国内旅游接待人次的增长率达到了 24.5%，远远高于全国平均水平（10.6%）和其他地区发展水平（西部地区为 23.2%，中部地区为 22.6%，东部地区为 21.5%），其中，2010 年辽宁、黑龙江、吉林接待国内游客 28278 万人次、15702 万人次和 6409 万人次，同比增长率分别为 16.9%、44.8%、18.0%。[③]

2. 国内旅游收入

在国内旅游收入方面，2010 年东北地区国内旅游收入为 4077 亿元，在绝对规模上低于其他区域。2010 年东部地区国内旅游收入 21525 亿元，中部和西部地区分别为 7977 亿元和 7931 亿元。[④]

但从增长速度来看，东北地区国内旅游收入增长率较高。2010 年东北地区国内旅游收入增长率位居第二位，达 24.7%，仅低于西部地区（29.5%），但高于东部和中部地区，并高于同期全国平均水平，2010 年全国国内旅游收入同比增长 23.5%。其中，2010 年辽宁、黑龙江、吉林国内旅游收入分别为 2533 亿元、832 亿元、712 亿元，同比增长率分别为 20.7%、37.2%、28.2%。[⑤]

3. 入境旅游者人次

在接待入境旅游者方面，东北地区接待入境旅游者人数也保持了极高的增长速度。2011 年东北地区接待入境旅游者人数增长率为 17.64%，高于中部地

① 依据辽宁、吉林、黑龙江三省市旅游局公布数据加总所得。

② 《中国区域旅游发展年度报告 2011～2012》。

③ 《中国旅游统计年鉴（2011）》。

④ 《中国区域旅游发展年度报告 2011～2012》。

⑤ 《中国区域旅游发展年度报告 2011～2012》。

区 12.16%，但低于中部和西部地区，且远远高于全国平均水平，2011 年全国接待入境旅游者人数同比增长率为 1.2%。其中 2011 年辽宁、黑龙江、吉林接待入境游客分别为 405.33 万人次、206.52 万人次、99.32 万人次，同比增长率分别为 12.05%、19.77% 和 21.11%。[①]

从历史纵向数据比较来看，东北地区入境游客人数增长显著。2000 年辽宁、黑龙江、吉林接待入境游客分别为 61.22 万人次、55.16 万人次、22.27 万人次，至 2005 年辽宁、黑龙江、吉林接待入境游客分别为 130.19 万人次、82.15 万人次、37.32 万人次。[②]

4. 旅游外汇收入

在旅游外汇收入方面，东北地区同样保持了较快的增长速度。2011 年东北地区增长率相对较高，达 22.26%，高于东部地区，但低于中部和西部地区。其中，2011 年辽宁、黑龙江、吉林旅游外汇收入分别为 27.1 亿美元、9.2 亿美元、3.9 亿美元，同比增长率分别为 20.09%、20.34% 和 26.35%，且远远高于全国平均水平，2011 年全国入境旅游外汇收入同比增长率为 5.8%。[③]

从纵向比较来看，东北地区各省入境旅游外汇收入增长迅速。2000 年辽宁、黑龙江、吉林旅游外汇收入分别为 3.8 亿美元、1.89 亿美元、0.58 亿美元，至 2005 年辽宁、黑龙江、吉林旅游外汇收入分别为 7.3 亿美元、3.4 亿美元、1.1 亿美元。[④]

5. 国内旅游收入占 GDP 比重

旅游在东北地区的重要性日益显著。从国内旅游收入占 GDP 比重方面来看，旅游业在东北地区经济中的比重相对较高。2010 年东北地区国内旅游收入占 GDP 比重达到 10.9%，高于东部地区、中部地区和西部地区，2010 年国内旅游收入占 GDP 比重东部地区为 9.3%，中部地区为 9.3%，西部地区为 9.7%，东北地区为 10.9%。其中 2010 年辽宁、黑龙江和吉林国内旅游收入占 GDP 比重分别为 14%、8% 和 8%。[⑤]

---

① 《中国第三产业统计年鉴 2012》。

② 《中国旅游统计年鉴（2001～2006）》。

③ 《中国第三产业统计年鉴 2012》。

④ 《中国旅游统计年鉴（2001～2006）》。

⑤ 《中国区域旅游发展年度报告 2011～2012》。

6. 旅游投资增长迅速

随着东北各地区旅游业的发展，以及旅游市场的不断扩大，旅游资源不断开发冰雪旅游、边境旅游、生态旅游、红色旅游、工业旅游、农业旅游等专项旅游。与此相伴的是，东北地区旅游投资迅速增长，巨量的投资开始向东北地区倾斜，旅游投资项目不断增加。2011 年仅辽宁省签约投资额 10 亿元以上的项目就有 74 个，总投资 2600 亿元。黑龙江省 2012 年共开工旅游项目 280 个，总投资 150.61 亿元[①]。而在吉林省内，由万达集团、泛海集团、一方集团、亿利资源集团等企业投资的吉林长白山国际旅游度假区项目，总投资达 230 亿元，成为中国投资最大的单体旅游项目。

（二）旅游业与宏观经济关系日益密切

近年来，东北地区各地日益将旅游业放置在经济发展中的核心位置，将旅游业作为区域经济的战略性支柱产业来培育，旅游业与东北地区宏观发展大局和发展战略建立了越来越密切的联系，旅游业日益融入东北地区经济社会发展之中，成为推动东北地区振兴的重要力量，成为推动现代服务业发展和产业结构调整的重要力量，在开创东北振兴新局面中发挥着越来越重要的作用。

一方面，旅游业逐渐成为东北地区资源枯竭型城市转型的重要接续产业，以阜新等为代表的资源枯竭型城市充分利用工业遗产发展现代旅游业来带动城市转型。另一方面，旅游业的民生产业功能越来越突出，旅游业的发展为东北地区创造了大量的就业岗位，特别是为那些下岗职工、农民、妇女、老人等社会弱势群体提供了就业岗位，增加了居民收入，成为了带动居民脱贫致富的民生产业。不仅如此，旅游业因其自身的综合性和带动性，逐渐成为了东北地区现代服务业发展的先导产业，带动了大批服务业等相关产业地发展，其与现代服务业的发展越来越密切。更为重要的还在于，旅游业更成为了东北地区参与东北亚合作的突破口和抓手，近年来在旅游业方面，东北地区与东北亚地区的合作不断深化和推进，将东北亚区域旅游合作推向了更高的层次，使得东北地区成为了新的开放前沿。

---

① 见两省旅游局官方网站。

二 东北地区旅游业发展面临的问题

尽管东北地区旅游业近年来取得了高速的增长，但是整体上看，东北地区旅游业发展水平亟待提高，特别是与旅游经济发达区域相比，东北旅游总体规模较小，产业带动效益没有充分发挥，存在着一些限制其进一步发展的结构性问题，具体表现在以下几个方面。

（一）旅游经济的综合功能未能充分发挥

旅游业是一个综合带动性极强的产业，对地区经济、社会发展战略的实施具有综合带动和引领作用。近年来，东北地区旅游业取得了高速的增长，但旅游业与东北地区社会经济发展的嵌入性仍然不强，旅游业对于东北地区发展战略的综合带动作用没有得到充分发挥。

东北地区旅游业的发展更多地表现在旅游人数和旅游收入的简单指标的增长，旅游业与东北振兴、资源枯竭型城市转型等重大命题缺乏实质性的呼应，或者是在东北振兴等战略实施中旅游业未能得到应有的重视，这样的发展模式难以发挥旅游业的战略性综合带动作用。同时，东北地区旅游业的发展也没有很好地融入东北社会经济发展，旅游业与城市、与社区、与居民生活、与东北地区其他经济产业等联系不够紧密，旅游业没有起到其应有的作用。特别是在某些地方，随着大规模资本的进入，旅游业的发展没有与居民的基本利益结合在一起，居民与旅游业发展缺乏有效的互动，使其无法共享旅游业发展成果，旅游业的民生促进效益受到限制。

对于东北旅游业来说，旅游业完全可以成为东北振兴发展战略中产业结构调整的先导产业，成为现代服务业的主导产业，成为促进资源枯竭型城市转型的重点产业。因此，如何将旅游业融入东北地区宏观发展战略之中，在东北振兴发展战略中将旅游业的发展纳入其中，如何充分发挥旅游业在促进消费、扩大内需、转变经济增长方式、调整产业结构、增加就业、改善环境等方面的关联带动功能，推动老工业基地发展、资源枯竭型城市转型、民生改进等重大问题成为旅游业发展需要解决的重要问题。

（二）区域旅游业发展不协调不平衡

东北地区早在2000年便提出了旅游合作的设想，特别是近年来，在东北振兴战略的推动下，各级政府部门实行了诸多举措来推动东北区域旅游一体化。但整体上看，东北区域旅游合作实质性的进展缓慢，仍然存在着诸多限制性因素，区域旅游合作仍不密切，与长三角等区域旅游合作成熟地区相比，仍有较大的差距。

东北区域之间旅游的互动和流动不足，旅游业在整个区域内部的流动仍有许多的障碍和壁垒，各省旅游发展的保护主义、政策差别和区域限制依然存在，一些旅游资源存在地区分割开发的问题，没有形成一个完整的网络旅游空间。再者，由于区域内各个利益主体之间和旅游资源的相似性问题，各个区域在旅游产品开发等方面存在着简单的同构性竞争。因此，如何整合旅游资源，突出特色，共同打造东北旅游成为旅游区域协调的关键所在。

与此同时，东北区域旅游合作也表现出“政热企冷”的特征，区域旅游的合作更多停留在政府的概念性层面和规划层面，停留在宣传阶段，而在旅游微观层面，东北地区各旅游企业之间没有充分的对接和互动合作。

为此，如何化解东北旅游业区域不协调问题，如何实质性推动东北旅游区域合作成为下一步东北旅游业发展需要思考的重要问题。

（三）旅游业粗放发展的格局仍未扭转

东北地区旅游人数近年来增长迅速，旅游市场规模不断扩大，但市场效益没有很好的转化为经济效益和产业效益，东北地区旅游业产业效益依然不高，这其中的关键问题在于东北地区旅游业粗放式发展模式。

一定程度上，东北旅游业依然停留在传统的旅游资源开发和观光上面，旅游资源和开发过于集中和单一，缺乏更深层次的开发、利用和精细化运作。这种相对粗放式的浅层次的开发，使得东北地区旅游产品特色不足，旅游功能单一，难以满足现代多元化、个性化、深度化的市场需求，旅游产业链也难以做深做长；旅游产业体系发育不全，尽管东北地区旅游人数和市场持续增长，但粗放式的开发和经营模式使得整个东北地区旅游业的产业效益依然难以获得实质性的拓展，其中一个重要的表现在于东北地区旅游人均花费一直不高。

在国内旅游人均花费方面，2010 年东北地区国内旅游人均花费仅为 809 元/人次，低于东部地区（994 元/人次），其中 2010 年辽宁、黑龙江、吉林国内旅游人均花费分别为 896 元/人次、530 元/人次、1112 元/人次，同比增长率分别为 3.3%、-5.3%、7.1%，特别是黑龙江省国内旅游人均花费为全国各省份最低。[①]

而在国内旅游人均花费增长率方面，2010 年东北地区国内旅游人均消费增长率仅为 0.2%，低于全国其他地区水平，其中东部地区为 1.6%，中部地区为 2.2%，西部地区为 5.5%。[②]

而在入境游客人均花费方面，2011 年东北地区接待入境游客人均天花费为 190.39 美元/人天，低于东部地区（202.98 美元/人天）。其中辽宁、黑龙江、吉林三省入境游客人均天花费分别为 204.49 美元/人天、188.79 美元/人天、177.90 美元/人天。[③]

而从时间纵向发展来看，东北地区入境游客人均花费增长幅度缓慢。2000 年辽宁、黑龙江、吉林三省入境游客人均天花费分别为 188.60 美元/人天、168.01 美元/人天、172.56 美元/人天，至 2005 年辽宁、黑龙江、吉林三省入境游客人均天花费分别为 178.92 美元/人天、182.79 美元/人天、160.68 美元/人天。[④]

为此，未来如何转变旅游开发和资源利用的粗放模式，如何将旅游业做深、做透、做精、做长，提升旅游产业效益，成为东北旅游业升级发展的重点所在。

（四）新业态全面布局与深度开发刚刚起步

随着旅游业的发展，如今的中国旅游市场正步入一个多元化的新业态时代。新的时代下，各种新的生活方式和旅游理念不断出现，游客需求多样化、分散化、个性化的新特征，各种资本、产业要素的进入，现代信息技术日益对旅游产业的重构，所有这些都在催生越来越多的旅游新业态，传统旅游业不断自我变革，新的旅游业业态持续涌现，新的旅游产品、旅游服务方式和旅游模

① 根据《中国区域旅游发展年度报告 2011～2012》中的数据整理得到。

② 根据《中国区域旅游发展年度报告 2011～2012》中的数据整理得到。

③《中国第三产业统计年鉴 2012》。

④《中国旅游统计年鉴》（2001 年与 2006 年）。

式层出不穷，这种多元化的新业态日益成为当前旅游业发展的新趋势、新热门、新热点、新特征。

尽管近年来，东北地区的新兴旅游和专项旅游市场不断涌现出来，诸如工业遗产旅游、温泉旅游、冰雪旅游、健康旅游、自驾车旅游等日益发展，但所有这些大都停留在起步阶段，难以适应新的旅游市场发展需求，且在整个东北旅游业中所占比例较小。

为此，面对不断融合和演进的旅游市场，对于东北旅游业来说，如何适应现代旅游业发展的新特征和新趋势，如何适应新的市场发展需求，如何转变旅游发展理念，全面布局旅游新业态，不断开发出新的旅游业态，形成新的市场定位，成为其未来能否在新的旅游市场中获得立足之地的关键所在。

（五）国际化程度亟待提升

东北地区旅游业与全国其他地方，特别是东部城市相比，入境旅游发展相对滞后，表现在入境游客人数、旅游外汇收入、入境游客人均逗留时间、人均花费等方面都还存在很大差距，在全国入境旅游业中处于较低位置，而这些背后都反映出东北旅游业国际化不足的问题。

目前，东北地区旅游业国际化不足的问题主要表现在旅游发展理念的国际化、旅游产品的国际化、旅游基础设施和服务水平的国际化等方面。一方面，在旅游发展理念上，东北地区大多囿于传统的旅游发展观念，在旅游资源的利用、开发、经营、管理、营销、城市环境营造等方面缺乏国际化的大视野和大理念。另一方面，东北地区旅游产品大多层次较低，缺乏一批高端、精品、有特色、知名度高、竞争力强的国际旅游产品和国际化旅游线路，缺乏一批国际性的旅游活动，难以适应国外游客的市场需求，无法获得更多的国际旅游收益。

与此同时，东北地区在国际化的旅游环境方面也存在诸多不足，缺乏适于国际游客的旅游服务体系，各地旅游基础设施、服务设施以及语言环境、旅游服务水平、居民素质等方面国际化程度不高，就国际惯例和国际标准而言存在诸多的制约因素，难以吸引国际游客。

为此，东北旅游业未来的发展中，如何提高区域旅游的国际化程度，打造国际化的旅游产品体系和旅游线路，营造国际化的旅游环境，提升旅游服务的国际化水平，成为将东北地区打造为国际旅游目的地的重要内容。

三　东北地区旅游业发展趋势

（一）区域协调发展的潜力

区域旅游一体化的发展日益成为现代旅游业发展的驱动力和基本特征，如何推动区域旅游的合作发展也成了各地旅游业发展的重要议题。东北地区作为中国区域旅游中的重要板块，目前尽管由于诸多的限制因素和障碍，区域旅游协调方面存在着诸多的问题，制约了东北地区旅游业发展，但是这些都无法遮盖东北地区旅游业自身区域一体化发展的趋势，东北区域旅游业有着极强的协调发展潜力。

东北地区山水相连，文化相近，有着同源的文化脉络，而这种文化的传承和历史的发展，也使得东北地区，相比于其他任何区域，在旅游区域合作方面具备了更为坚实的历史和文脉基础，甚至在根源上，东北地区本为一体。不仅如此，东北地区旅游资源丰富，借助于自身区位和交通的优势，旅游资源具备整合、互补、串联的优势条件。

东北地区区位优势十分明显，广阔的平原和便捷的交通网络，大大拉近了城市之间的距离，为区域旅游的协调和整合提供了便捷。特别是2012年哈大高铁的开通，更是为东北地区区域旅游的协调发展架构了一个新的黄金走廊。在旅游区域发展空间方面，目前辽宁沿海经济带、长吉图区域、哈大齐工业走廊等重要区域合作区域和经济发展带日渐成熟，这些为东北地区区域旅游合作空间提供了重要的架构。

（二）业态深度开发的潜力

在现代旅游市场中，各种不同的生活方式、生活理念、信息技术都催生了无数的旅游业态，各种新的业态越来越多地嫁接在传统的和非传统的旅游资源上，带来了旅游观念、资本、用地、要素、策划、市场、工序、服务的全面创新，进而获得了更广阔的旅游发展动力。

东北地区有着十分丰富多元的资源、城市、产业和生活体系，既有大森林、大草原、大湿地、大冰雪、大海滨、大农业、大边境等特色旅游资源，也有着中国老工业基地所承载的无数的工业资源、工业文明，有着各具特色和历史的城市体系，还有着满族和朝鲜族等少数民族风情资源，而所有这些丰富的旅游资源、多元的产业体系、无数的城市，以及各种不同的生活方式，都为东北地区旅游新业态的深度开发和演变提供了丰富的基础。

东北地区这种丰富、多元的旅游资源类型、产业形态、城市形态、社区生活等都为旅游新业态的深度开发提供了基础，旅游可以嫁接到这些资源之上，进而创造出许许多多新的旅游产品、旅游服务方式和旅游模式。既可以有在产业融合的过程中诞生出的新业态，如工业旅游、旅游演艺业、旅游装备制造、旅游地产等；也有基于新的旅游资源的工业遗产旅游、邮轮旅游、红色旅游、健康旅游、会奖旅游、探险旅游等新业态；还有因旅游方式变革而出现的自驾车游、房车游、邮轮游等新业态；同时涌现出因资本的强势而带来的旅游综合体这样的新旅游模式；再有基于新的生活理念和生活方式的旅游俱乐部这一新业态；更有基于移动通信和互联网技术的旅游商业形态电子商务这样的旅游商业模式。

（三）产业高级化升级的潜力

旅游产业的不断优化升级既是旅游业发展的结果，更是现代旅游业发展的重要动力之一。囿于诸多因素的制约，目前东北地区旅游要素发育尚不全，旅游产业体系不完善，仍然停留在吃、住、行、游、购、娱等传统的观光产业体系中，其旅游产业链相对较短，处于发展的初级阶段。这既反映出东北地区旅游产业发展的不足和问题，也从另一个角度反映出东北地区旅游产业具有极大的升级空间和发展潜力，其旅游产业的高级化将有力地推动东北旅游业进入一个新的更高水平。

现代旅游活动不再囿于传统的旅游六要素，越来越是一项多元的活动。现代旅游产业更是一项综合性的生长性产业，其与多个产业之间有着交叉渗透的关系。旅游产业的高级化正是围绕旅游活动的复杂化，不断延伸产业链，做深、做透、做长旅游产业，提升旅游产业素质，实现更多的产业效益，进而推动旅游产业进入一个新的发展阶段。

未来要依托东北地区现有的经济产业、城市生活等各类社会资源，深化旅游业与其他产业之间的融合、交叉和渗透，特别是旅游业与城市商业、现代制造业、文化创意产业、会展、都市农业、房地产业、其他服务业、教育培训、现代物流、高科技、传媒等融合延伸，创造出新的旅游产业类型，延长旅游产业价值链，做长、做深、做透旅游产业链，推动旅游产业向多元化、融合型、综合型转变，推动旅游产业从吃、住、行、游、购、娱的传统产业转向由旅游核心主导产业、旅游辅助产业和旅游关联产业构成的综合型的“大旅游产业”体系。

（四）与国民经济深度融合的潜力

旅游业是国民经济战略性支柱产业，越来越成为地区社会经济发展的重要力量。旅游业的发展能够引领、带动国民经济的发展，经济社会的诸多资源也越来越成为了现代旅游业发展的重要依托。尽管目前东北地区旅游业的发展没有很好地融入社会经济发展中，旅游业与城市、与社区、与居民生活、与东北地区其他经济产业等联系不够紧密，但是东北地区经济社会的诸多资源和条件能够为旅游业的发展提供无尽的土壤和发展可能。

进入新的时期，东北地区迎来了新一轮东北振兴的战略发展机遇期，资源枯竭型城市进入新的转型发展阶段，各个老工业基地迎来新的全面振兴期，所有这些都为旅游业与国民经济的深入融合提供了无限的可能。

东北老工业基地留下了无数的工业文明和工业遗产，那些资源枯竭型城市留下了诸多宝贵的工业资源，新的现代工业也正在生长，而依托这些产业资源，东北旅游业将获得新的发展资源。东北老工业基地也创造了许多各具特色的城市，形成了丰富多元的城市生活方式和社区资源，这些也都能为现代旅游业的发展提供新的元素和形态。

因此，将旅游业融入东北地区的经济产业和社会生活中，充分利用这些极具特色的产业资源，使得旅游借力城市，借力社区生活，借力产业资源，借力东北振兴，丰富东北旅游业发展形态，推动东北地区旅游业的大发展。

（五）进一步提升民生水平的潜力

进入新时期，东北振兴将更加注重民生的保障和改善，不断增加居民收入，完善基本公共服务，让广大人民分享改革发展成果。东北地区民生水平的提升，人们生活水平的进一步提高，将创造一个更大的旅游休闲市场，为东北旅游业的发展提供更大的发展潜力。

不仅如此，民生改善的一个重要内容在于保障国民的旅游休闲权利。目前，旅游日益成为人们的基本生活方式乃至基本的权利，旅游休闲度假不再是少数人的特权，而成为普通大众人人可以享有的权利，特别是随着《国民旅游休闲纲要（2013～2020年）》的出台有力推动了国民旅游休闲发展，保障了国民旅游休闲权利。

四　促进东北地区旅游业发展的战略措施

（一）构建工业及工业遗产旅游产业体系，全面构建共和国“长子”形象

东北地区是共和国的“长子”，是新中国的工业摇篮，在新中国“一五”计划156个重点建设项目中有58个项目在东北，占全部投资总额的37%，机械工业、冶金工业、石化工业、化学和化工行业、电力工业、造船工业、车辆制造业、电子工业、地质矿产、军事工业都为新中国的经济建设作出了突出贡献，生产出一大批“共和国第一”产品，诞生了多个“新中国第一”的生产基地，拥有中国第一座近代最大金矿（夹皮沟金矿）、中国最古老的啤酒厂和面包房（哈尔滨）、中国的钢都（鞍山）、中国的煤都（抚顺）、中国第一个大型汽车制造厂（长春）、中国的林都（伊春）、中国的飞机制造基地（沈阳）、中国的船舶制造基地（大连）、中国最大的油田（大庆）、东北的动力之乡（哈尔滨）、东北的重型机械之乡（齐齐哈尔）等。

东北地区昔日的工业辉煌，奠定了新中国的工业基础，今天的东北则面临很多问题，新型工业化的问题、资源枯竭型城市转型的问题、下岗工人的问题，牵涉重大。工业基础，对于今天的东北发展，是基础、是包袱，也是一种新型的资源，东北旅游业要发展，不能忽视共和国“长子”这一张牌。

除了这些有形的工业遗产之外，作为共和国“长子”的东北还留下了许多无形的工业遗产和现代工业精神，如“鞍钢宪法”——干部参加劳动，工人参加管理；改革不合理的规章制度；工程技术人员、管理者和工人在生产实践和技术革新中相结合，即“两参一改三结合”，就对世界工业管理理念作出了贡献。

“十二五”时期，东北应该依托老工业基地的工业体系及其遗留下来的丰富的工业遗产资源，着重布局能体现共和国青春期时代精神，体现“钢铁时代”、“一五时代”面貌的旅游项目和产品。与此同时，这些资源应充分和旅游业、文化创意产业相结合，利用工业遗产的巨大体量，充分利用老工人这一

人力资源，融入设计和时尚，创建独一无二的旅游产品，构建工业及工业遗产旅游产业体系，重塑东北共和国“长子”的新形象。

近年来，阜新和抚顺工业遗产旅游已经走在了前面，这两个城市分别依托阜新海州露天矿和抚顺西露天矿，以工业遗产旅游来带动城市和产业转型，以工业遗产旅游开发推动城市转型，盘活城市。东北其他地区完全可以参考阜新和抚顺两个城市发展经验，依据自身的资源和城市条件，发展工业遗产旅游。

在空间发展格局方面，以阜新和抚顺为样本，构筑“一带四横三纵多圈层”的工业遗产旅游格局，驱动共和国“长子”工业遗产旅游大发展。

一方面，东北各级政府之间打破壁垒，加强工业遗产旅游合作，共同构建东北工业及工业遗产旅游产业体系，串联起一条条“中国工业遗产旅游线”，打造多轴线、多极化、多层次和圈层式的东北工业遗产旅游的网络格局，形成“一带四横三纵”发展格局。“一带”为北起齐齐哈尔、哈尔滨，中经长春、吉林，南至沈阳、大连，隆起一条“中部工业遗产旅游带”。“四横三纵”中“四横”包括齐齐哈尔－哈尔滨－牡丹江－绥芬河、白城－长春－吉林－延吉（珲春）、通辽－沈阳－本溪－丹东、赤峰－朝阳－锦州，“三纵”包括以赤峰－通辽－齐齐哈尔、大连－沈阳－长春－哈尔滨－绥化、大连－丹东－白山－敦化－牡丹江－佳木斯。

另一方面，打造多圈层的工业遗产旅游格局。不同工业城市形成不同的工业遗产旅游圈。如以阜新、抚顺、鸡西、鹤岗、霍林郭勒为代表的煤炭工业遗产旅游圈，以大庆、盘锦、松原为代表的石油工业遗产旅游圈，以鞍山、本溪为代表的钢铁工业遗产旅游圈。

（二）强化冰雪旅游合作，做强冬季旅游重镇

基于地理区位的因素，冰雪旅游一直都是东北地区旅游业发展的重要内容所在。“十二五”时期，东北地区旅游业发展应进一步加强冰雪旅游开发，强化各地冰雪旅游合作，做强东北冬季旅游重镇，将东北地区建设成国际一流的冰雪旅游目的地。

一方面，东北各地需结合自身区域和特色，错位开发冰雪旅游产品，打造冰雪名城、冰雪名镇、冰雪名区等多层次的发展格局。另一方面，东北各地区强化区域冰雪旅游的合作，消除合作障碍，共同树立东北冰雪旅游的新形象，提升东北地区冬季旅游的整体竞争力。

“十二五”时期，东北地区冰雪旅游主要包括以下几个地区。

哈尔滨：重点发展冰灯、冰雕、雪雕等冰雪文化旅游精品，进一步丰富“哈尔滨国际冰雪节”的内涵，打造以亚布力滑雪度假区为主的滑雪旅游度假景区体系，不断扩大在国际上的影响力和号召力。

长春－吉林市：完善北大湖的基础设施与服务设施建设，提高净月潭瓦萨国际滑雪节的国际知名度，依托莲花山竞技滑雪场，开发面向专业人士和高端游客的冰雪运动产品。

长白山：扩大野雪滑雪体验与观光的影响力，打造成“亚洲的阿尔卑斯山”。

阿尔山－柴河：利用草原、林海、雪山、天池和温泉共存的优势，构建集滑雪度假、温泉养生和专项训练为一体的综合旅游目的地。

（三）引领东北亚旅游业发展，深化我国国际战略

东北亚地区日益成为世界经济发展的核心地区，其在整个区域和国家对外开放中的地位日益重要。东北地区位于东北亚的中心枢纽位置，“十二五”时期东北旅游业发展应当努力成为东北亚区域旅游合作的主导，引领东北亚旅游业发展，推动东北亚区域旅游一体化，使得东北地区成为我国对外开放的新窗口和前沿阵地，深化我国国际战略。

旅游业涉及人与文化的交流与互动，其文化和经济交流的黏合剂作用，使得旅游业成为带动区域合作的重要突破口，具有引领区域旅游合作的先导作用。东北地区参与东北亚区域合作，首先是发挥旅游业的作用，借助旅游业的发展，引领东北亚区域旅游合作，提升东北地区在东北亚的影响力。

东北地区旅游业的发展，需要立足旅游，面向东北亚，主动参与东北亚旅游合作，深化与东北亚各国之间的旅游合作，在东北亚旅游合作中发挥龙头作用，推动多方面的旅游合作。具体来说，要利用现有的区域合作平台，如东亚国际旅游博览会等，提升东北地区的影响力；推动一些先行先开发地区，如长吉图开发开放先导区，打造一些区域旅游合作的先导区；发展与俄罗斯、朝鲜、蒙古国三国通过陆路的进出境旅游，开辟与俄罗斯、韩国、日本通过海路的跨国旅游；进一步加强辽宁与日本各省市的合作，吉林与韩国、朝鲜之间的旅游合作，黑龙江与俄罗斯、蒙古国之间的旅游合作；推动东北亚区域旅游交流会、座谈会和高峰论坛定期在东北地区召开，推动东北亚地区跨国旅游线路和产品的培育，推动在签证政策、通关手续、交通条件、服务设施等方面的旅

游便利，共同打造一个无障碍的东北亚旅游市场，既利用这一国际资源和国际市场，更力争使东北地区成为东北亚的区域旅游中心，提升东北地区在东北亚地区的影响力和话语权，助推我国对外开放战略的实施。

（四）旅游业向休闲旅游全面转型，激活发展潜力

收入的增长和假日制度改革、《国民旅游休闲纲要（2013～2020年）》的贯彻落实、交通体系的日益快捷和完善，中国国民休闲时代的到来，将进一步提升中国国民的旅游休闲理念和生活方式，推动现代旅游业向休闲旅游业全面转型，国民也日益从过去偏于观光的选择转向更为多样、更为全面的休闲旅游，这将为东北地区旅游业的发展带来新的挑战，也将为东北旅游业发展带来新的动力，并将激活东北地区旅游业发展潜力。

休闲理念的普及、《国民旅游休闲纲要（2013～2020年）》的落实，将进一步保障国民的基本休闲和生活的权利，这将为东北地区创造一个更大旅游休闲市场。对于东北旅游业发展来说，“十二五”时期，不仅要关注外来游客，同样需要关注本地居民的休闲需求，旅游业发展的重心需要从旅游转向旅游与休闲并重，为本地居民提供丰富的休闲产品。此外，随着旅游业向休闲旅游业的转型，更多的是旅游市场需求的转变。因此“十二五”时期，东北旅游业需要适应现代休闲旅游的发展趋势和要求，更加注重旅游产品的休闲性、体验性、参与性和综合性的服务体验，而不仅仅是停留在传统的观光旅游产品上，需要全面地革新旅游产品上，创造出更多的细分的旅游休闲业态。

（五）防范大投资影响，构建可持续发展预警体系

近年来，随着国家提出要把“旅游业建设成为国民经济战略性支柱产业”，东北各级政府将大力发展旅游业作为经济发展的重要手段，在东北各地，一批批巨量的投资进入旅游行业中，旅游投资呈现超高速的增长，大型旅游项目层出不穷，任何一个旅游项目动辄数十亿元、上百亿元。2011年仅辽宁省签约投资额10亿元以上的项目就有74个，总投资2600亿元。黑龙江省2012年共开工旅游项目280个，总投资150.61亿元。[①] 而在吉林省内，仅吉林长白山国际旅游度假区项目，总投资就达230亿元，成为中国投资最大的单

① 数据来源于两省旅游局官方网站。

体旅游项目，堪称世界顶级的旅游投资项目。

旅游业的发展依赖投资，旅游投资的高速增长无可置疑地能够推动旅游产业的发展。但是如果是全行业的旅游投资疯狂增长，就不可避免地引起旅游投资过热，甚至出现旅游投资泡沫的风险。

参考文献

国家旅游局：《中国旅游业“十二五”发展规划纲要》，中国旅游出版社，2011。

张广瑞、刘德谦、宋瑞主编《中国旅游发展报告》历年，社会科学文献出版社。

戴学锋：《基于国际比较的中国出境旅游超前发展初探》，《旅游学刊》2012 年第 9 期。

金准：《旅游业需要重新发明》，《人民日报》（海外版）2012 年 9 月 6 日。

东部地区旅游业发展现状、问题与战略措施

宋 瑞　赵 鑫*

摘　要： 凭借雄厚的经济基础、紧密的区域合作、持续的制度创新、旺盛的旅游需求、一批富有活力的企业集团，东部地区在全国旅游发展中居于前列。与此同时，东部地区旅游发展也存在内部发展不平衡的问题，区域合作潜力有待挖掘，旅游发展面临资源约束。展望未来，海洋旅游、高铁带动下的区域旅游新格局以及新型城镇化战略都将为东部旅游发展的二次腾飞提供重要契机。为此，东部地区应更好地发挥自身优势，通过实施以国际化发展为核心、以区域合作与区域带动为特色、以制度创新为支撑、以海洋旅游为突破口的发展战略，继续扮演好中国旅游发展先导区、创新区的角色，促进全国区域旅游协调发展。

关键词： 东部地区　旅游　战略

一　东部地区旅游业发展现状

按照我国有关部门对四大区域的划分，东部地区包括北京、天津、河北、上海、江苏、浙江、福建、山东、广东和海南等十个省市。由于东部地区地理位置优越、经济基础较好，加之改革开放以来，国家始终坚持鼓励东部地区率

* 宋瑞，经济学博士，中国社会科学院财经战略研究院旅游与休闲研究室副主任、副研究员；赵鑫，中国社会科学院研究生院经济学硕士。

先发展并带动中西部地区发展的总体战略，因此其社会经济发展和旅游发展都在全国居于领先地位。东部地区旅游业在全国的领先地位体现在如下几个方面。

（一）东部地区的国内旅游收入和旅游外汇收入均占全国八成以上

东部地区国土面积仅占全国国土面积的 9.5%，但其旅游接待人次和旅游收入都在全国占据绝对主体地位。国内旅游方面，2011 年东部十省市的国内旅游接待人次和旅游收入与 2005 年相比，均增加了 1.5 倍之多；该地区所接待的国内游客人次占全国的 84.7%，其中江苏、广东、浙江、山东国内旅游收入均超过了 3000 亿元，江苏省更是突破了 5000 亿元，北京、上海则分别以 2864 亿元和 2786 亿元紧随其后。入境旅游方面，2011 年东部地区入境旅游接待人次占全国的 33.6%，较 2005 年增加了 12 个百分点；旅游外汇收入占全国九成以上（90.9%），较 2005 年增加了 20 个百分点。

（二）东部旅游的三大市场结构充分反映了全国特征

从旅游三大市场（入境、出境、国内）的结构来看，东部地区“两高一低”特征极为明显，也充分反映了三大市场的全国性特征，即国内旅游和出境旅游发展迅猛，入境旅游低速增长。

1. 东部地区的国内旅游市场快速增长，有力推动了全国旅游的稳定发展

近十年来，东部地区旅游发展既受 2008 年北京奥运会、2009 年建国 60 周年、2010 年世博会和广州亚运会、海南建设国际旅游岛等利好因素的带动，也经历了“非典”、国际金融危机、甲型 H1N1 流感等不利因素的考验，总体而言，国内旅游保持相对快速而稳定的增长。2011 年，东部地区十省市接待国内游客人次达 223573 万人次，较 2010 年增长 15.9%，国内旅游收入增幅达 21.1%。东部地区国内旅游接待人次从 2000 年的 56344 万人次增长到 2011 年的 223573 万人次，增长了接近 4 倍，年均增长率达 13.7%。东部地区国内旅游收入从 2000 年的 4760 亿元增长到 2011 年的 26195 亿元，增长了五倍有余，年均增长率达 17.1%。总体来看，东部地区的国内旅游，除 2003 年受“非典”影响出现负增长外，其余年份均实现了平稳较快增长的目标，有力地推动了全国旅游业的稳定发展。

2. 东部地区居民出境旅游迅猛发展，是全国出境旅游的主要客源地

作为经济相对发达的地区，东部十省市长期在中国出境客源产出方面占据主要位置。从一定程度上看，东部地区的人均 GDP 和人均可支配收入接近或正处在相关研究中提出的出境游爆发阶段的阈值区间。有学者认为，考虑到大量隐性收入的存在，东部地区游客的实际收入可能高于已公布的统计数据。根据相关研究的测算，占城镇居民家庭 10% 的最高收入居民的人均可支配收入相当于原有统计数据的 3 倍有余，其他居民的实际收入也高于原有统计。[①] 这也充分解释了实际观察到的东部地区居民出境消费能力高的现实。以北京为例，截至 2012 年底，北京市共有旅行社 1315 家。其中，有特许经营中国公民出境游业务的旅行社 289 家，其组织出境旅游（首站）人数 272.5 万人次，同比增长 47.9%。

3. 东部地区的入境旅游市场增长稳定，保障了全国入境旅游市场的平稳发展

在全国入境旅游增长缓慢的大背景下，东部地区的入境旅游保持了稳定增长的态势。2011 年东部地区接待外国游客 4548 万人次，较 2010 年小幅增长 4.3%，旅游外汇收入 440 亿美元，增加 10.9%。

东部地区入境游接待人次从 2000 年的 1309 万人次增长到 2011 年的 4548 万人次，增长了接近 2.5 倍，年均增长率达到 13%。东部地区入境游外汇收入从 2000 年的 114.2 亿美元增长到 2011 年的 440.3 亿美元，增长了近 3 倍，年均增长率达到 13.9%。东部地区入境游的健康发展不仅实现了全国旅游业的平衡发展，同时对促进我国与美国、俄罗斯、欧盟、东盟、日本、韩国等国家和地区的多边及双边合作起到了促进作用。

（三）需求旺盛、区域合作、制度创新、企业支撑是东部旅游发展的四大核心推动力

东部地区旅游发展能在全国处于如此领先地位，其主要推动力来自如下四个方面。

1. 东部地区居民旅游需求旺盛

东部地区居民收入水平较高，加之消费观念较为现代，因此，旅游消费需求比较旺盛。就四大区域所产生的客源规模来看，东部地区是我国国内旅游的主要客源地，占了前 15 位客源省市的 60% 左右，珠三角的广东、福建两省，长三角的浙江、江苏和上海，环渤海经济区的北京、山东、天津和河北尤为明

---

① 王小鲁：《灰色收入拉大居民收入差距》，《中国改革》2007 年第 7 期。

显。而游客的流向也主要集中在这些地区之间（见表1）。根据《中国区域旅游发展年度报告（2012～2013）》，全国客源地潜在出游率排名前五的省市均来自东部地区，依次是北京、上海、江苏、浙江、广东。

表1　我国大尺度旅游流动矩阵

客源地/目的地	环渤海经济区	长三角经济区	珠三角经济区	中部地区	东北地区	成渝地区	云贵地区
环渤海经济区	4	136	53	73	15	43	25
长三角经济区	105	1	79	72	20	35	30
珠三角经济区	43	76	8	47	7	27	16
中部地区	45	55	24	8	8	20	25
东北地区	14	20	7	9	0	5	4
成渝地区	65	62	47	46	9	1	27

资料来源：《中国区域旅游发展年度报告（2012～2013）》。

2. 区域合作助推东部地区整体旅游发展

20世纪90年代以来，我国旅游业发展中，“大旅游、大市场、大产业”的格局初步形成，各具特色、规模有别、层次不同的区域旅游合作层出不穷。其中东部地区的区域旅游合作起步最早、规模最大、措施最实，已成为我国区域旅游合作的先发地和主导区。其中长三角、环渤海及京津冀、珠三角及粤港澳是我国区域旅游合作的三大重点区域，环北部湾区域旅游合作和海峡西岸旅游合作推进的速度也在加快、力度不断加大。这些区域依托核心城市，通过采取设立旅游合作协调机构、组织跨区域的政府部门联席会议制度、互送客源、联合营销、旅游线路对接、旅游产品创新等各种方式，逐步打造“无障碍旅游区”、“跨区域旅游合作区”。

3. 制度创新在全国旅游发展中发挥示范和引领作用

东部地区旅游的快速发展与其在相关领域所获得的政策支持和所进行的制度创新密不可分。近年来，与东部地区旅游发展直接相关、影响较大的有如下几个。一是海南国际旅游岛的建设。2010年1月国务院发布的《关于推进海南国际旅游岛建设发展的若干意见》提出了将海南国际旅游岛建设成为中国旅游业改革创新的试验区、世界一流的海岛休闲度假旅游目的地、全国生态文明建设示范区等目标。中央给予海南投融资、财税、土地、行业开放等诸多方面的政策支持。例如，支持符合条件的旅游企业发行企业债券，设立旅游产业投资基金；实施更加便利的出入境管理措施，增加入境免签证国家；支持海南引进国内外大型旅游企业，培育旅游骨干企业和知名品牌；积极稳妥推进开放开发西沙旅游，有序发展无居民岛屿旅游；试办国际通行的旅游体育娱乐项目，探索发展竞猜型体育彩票和大型国际赛事即开彩票；实施离岛旅客（包括境外和国内旅客）购物退税等。二是 2011 年 3 月，北京市旅游发展委员会正式挂牌，并从市政府直属机构升格为市政府组成部门。北京市旅游发展委员会的成立不是简单地在政府序列中的位置变化，从根本上看，是对应北京建设国际一流旅游城市公共管理体制的战略之举。成立不到一年的北京市旅游发展委员会正在努力推进“三个转变”，即从发展旅游事业向开拓旅游产业转变，从社会发展配角向战略产业主角转变，从单一部门推动向部门综合联动转变，更好地发挥“产业促进、资源统筹、发展协调、服务监管”等职能。三是 2011 年 4 月由国家旅游局与天津市人民政府共同建设的我国首个旅游产业园区——中国旅游产业园在天津揭牌成立。按照规划，中国旅游产业园将建成新型国际旅游目的地，旅游科技研发、旅游装备制造业研发展示交易、旅游要素交易等现代服务业基地，建成环渤海和东北亚地区的企业第二总部基地和旅游企业总部基地，形成综合性旅游产业园和新城区。中国旅游产业园作为我国首个旅游产业园区，将建设成为中国旅游装备制造业的聚集地、滨海旅游度假的新高地、中国旅游产业融合发展的示范地。四是 2011 年山东省出台《山东省国民休闲发展纲要》并在全省范围内开展了“好客山东休闲汇”活动。《山东省国民休闲发展纲要》是我国第一个经省级政府研究、以纲要形式颁布实施的全民休闲促进性文件。《山东省国民休闲发展纲要》明确了今后五年山东省国民休闲发展的战略定位、总体要求、重点任务、政策措施。此举引领了省级层面推动休闲发展的新风向。

4. 东部地区云集了我国主要的旅游企业集团

根据中国旅游协会与中国旅游研究院联合发布的《2012 中国旅游集团 20 强》，东部地区占 19 家，中部地区仅有 1 家，西部地区 1 家也没有。港中旅、携程、锦江国际、华侨城、首旅、国旅、中青旅、海航、上海春秋、南京金陵、广州岭南、杭州旅游、开元、华天等东部旅游企业构成了中国旅游集团的基本骨干。

再以旅行社为例，截至 2011 年底（按填报 2011 年度第四季度组织接待数据的旅行社数量计算），全国旅行社共有 23690 家，东部地区 10 个省市中有 7 个省市的旅行社数量超过 1000 家，江苏和山东均超过 1800 家。东部地区旅行社收入占全国的比重达到七成以上，从2000年的331.9亿元增长到2011年的877.5亿元，增长了1.65倍，年均增长率达到17.4%。从旅行社主要经济指标排序来看，东部地区10省市旅行社营业收入、毛利润以及缴纳税款有7个省市排进前十位（见表2）。

表2　2011年度全国旅行社主要经济指标排序情况

单位：万元，%

序号	地区	旅游业务营业收入		旅游业务毛利润		实缴税金		旅游业务毛利率	
		名次	金额	名次	金额	名次	金额	名次	金额
1	广东	1	42293700	1	2737582	1	314403	6	6.47
2	北京	2	34824140	2	1635901	2	243426	15	4.70
3	浙江	4	22613140	4	1164801	5	163023	12	5.15
4	上海	3	30980410	3	1453423	3	179990	17	4.69
5	山东	6	12261630	6	757837	7	116303	7	6.18
6	江苏	5	20584140	5	965694	4	176239	16	4.69
7	福建	8	9710346	8	418936	9	72437	20	4.31
8	天津	22	1938189	17	163302	18	30403	2	8.43
9	海南	18	3923362	19	154270	23	14919	22	3.93
10	河北	20	2909124	22	135217	22	19713	18	4.65

资料来源：国家旅游局。

二　东部地区旅游业发展面临的问题

（一）区域内旅游发展依然不平衡

作为整体，东部地区的旅游发展优于其他三大区域，但是东部地区内部的旅游发展不平衡问题依然值得关注。总体而言，江苏、浙江、山东、广东、北京、上海旅游发展基础较好，在所在区域和城市群处于核心增长极，而河北、海南、天津、福建相对来说发展较为滞后，且差距并无缩小之势。具体来看，在国内旅游市场方面，山东、江苏、浙江国内游客接待人次远超过其他省市，海南则垫底，接待人数最多的山东省是海南省的13倍之多；国内旅游收入排名前三的依次是江苏、浙江、山东，河北、海南位于末尾，收入最高的江苏省是海南省的17倍。

在入境游市场方面，天津、河北、海南接待国外游客在百万人次左右，江、浙、沪、粤都已达到700万人次左右，其中接待人次最多的浙江省是海南省的9倍左右；在国际旅游外汇收入方面，广东省处于第一集团，遥遥领先，京、沪、江、浙处于第二集团，福建、山东、天津属于第三集团，海南、河北则属于第四集团。第一集团和第四集团相差30倍左右。

（二）区域旅游合作仍需进一步深化

目前东部地区已经形成“3+2”的区域旅游合作格局，即长三角、环渤海及京津冀、珠三角及粤港澳，环北部湾区域旅游合作和海峡西岸旅游合作，但旅游合作的推进工作仍需进一步加强，合作的层次需要进一步提升，合作的内容需要进一步深化，合作的范围需要进一步扩大。

首先，现阶段东部地区跨区域旅游合作往往是各省市旅游主管部门积极推动的。众所周知，旅游业关联性强、牵涉面广，不同地区间的旅游合作是一项复杂、精细、巨大的工程。目前由各地旅游主管部门所主导的旅游区域合作多是就“旅游”谈“旅游合作”，尚未真正扩展到包括交通、餐饮、住宿、娱乐、购物等在内的多维度合作与协调发展。

其次，目前的旅游合作协议和战略多是纲领性的文件，从宏观层面制定双方的合作方向、合作领域和合作目标，甚少涉及具体微观层面。未来要逐步改变这种“虚”多“实”少的格局，应对合作的具体内容予以深化，并具体到各个区域、各个部门，分别制定各自的目标、责任范围。

最后，从目前区域旅游合作协议的签署和实施运行情况看，东部地区的区域旅游合作仍然处于政府主导和推动的阶段，跨区域的旅游企业和行业协会合作相对较少。

（三）旅游发展将面临资源约束

东部地区人口密度相对较大，经过多年的高速发展，国民经济和社会发展快速增长导致资源约束性进一步增强。东部地区所出现的建设用地紧张、电网投入不足、供水形势紧张、劳动力短缺等一系列现实问题，也对旅游发展形成了一定的资源约束。首先是自然资源约束。由于东部地区旅游业的率先发展带来的旅游投资需求，高人口密度带来的旅游消费需求，使东部地区对自然资源的需求更多，相比其他地区东部地区自然资源更显匮乏。其次是劳动力成本较高。2010年各省最低工资调整后调查统计显示，东部地区劳动力成本上升幅度最大，山东和广东达到20%以上，江苏、上海、浙江也都达到10%以上。最后，生态资源约束。东部地区最先受益于改革开放和全球产业转移，在经济增长的背后也带来了一些负面影响，一些地区污染较为严重，将会对旅游业的可持续发展构成威胁。

三　东部地区旅游发展的机遇

（一）海洋旅游将受到重视

20世纪90年代以来，世界海洋经济GDP年均增长11%，明显高于同期全球经济3%～4%的增速。海洋旅游在海洋经济中具有先导地位，发展潜力巨大。目前在我国海洋经济总产值中，滨海旅游业占25.6%，位居第一，已超过捕捞渔业、船舶油气等产业，成为拉动国民经济发展的有力引擎。

近年来，海洋旅游以其独有的资源和市场优势受到重视，各级政府先后制定了多个规划、出台了多项措施支持海洋旅游的发展（见表3）。

表3　2009～2013年各级政府支持海洋旅游发展政策和规划

2009年	《国务院关于推进海南国际旅游岛建设发展的若干意见》	提出将海南省打造成为世界一流的海岛休闲度假旅游目的地，积极稳妥推进开放开发西沙旅游，有序发展无居民岛屿旅游
2011年	《山东半岛蓝色经济区发展规划》	提出了推动文化、体育与旅游融合发展，建设全国重要的海洋文化和体育产业基地，打造国际知名的滨海旅游目的地的目标
2011年	《中国旅游业发展“十二五”规划纲要》	提出大力发展邮轮游艇、海洋海岛等高端旅游产品，大力培育海南国际旅游岛、北部湾旅游区、江苏沿海地区等沿海旅游经济带
2013年	“中国海洋旅游年”	国家旅游局将2013年确定为“中国海洋旅游年”，提出“美丽中国，海洋之旅”、“体验海洋、游览中国”、“海洋旅游，精彩无限”的主题口号。通过对海洋旅游资源的开发提升旅游国际竞争力，推动我国入境旅游平稳增长，同时，通过海洋旅游主题年，积极营造国内民众参与旅游、体验旅游的良好氛围，更好地满足人民群众对旅游消费的需求，推动全国各地旅游业发展
2013年	《三亚市海洋旅游发展规划》	国内首个关于海洋旅游发展的全面规划。按照“立足三亚，开发南中国海洋旅游”的思路，整体构建“一心服务、两带支撑、三圈联动、五组团集聚、三空间拓展”的空间战略发展格局，将三亚定位为世界级热带海洋旅游目的地；南海旅游的服务基地与中心城市；全国海洋旅游的标杆、我国海洋旅游的创新试验区。三亚将大力发展海岛度假、邮轮旅游、低空旅游、游艇游船旅游、海洋运动旅游、海洋文化旅游等六大旅游产品，引领我国海洋旅游发展

东部地区海洋旅游资源非常丰富，具有先天的资源优势。仅海南省就拥有200万平方公里的海域，占中国海域面积的2/3，拥有1800多公里长的海岸线，约占中国海岸线总长度的1/10，拥有近70个优良海湾，50余个较大岛屿。山东半岛海岸线有3000多公里，海岸地貌、气候、植被、海岛、滩涂等资源种类丰富、品质较高。浙江省海岸线总长达6486公里，海域面积22万平方公里，拥有3061个面积大于500平方米的海岛，舟山则是全国唯一的海岛市。因此，在未来一段时期，海洋旅游将成为东部地区旅游业发展的重要突破口。

（二）高铁助推东部旅游二次腾飞

2008年京津高铁的正式运营拉开了中国高铁时代的序幕，2010年武广高铁的开通运营则成为中国高铁时代到来的里程碑，2010年10月26日沪杭高铁正式通车使全国投入运营的高铁营业里程达到7431公里，居世界第一。2012年京广高铁的通车使得纵贯中国南北的两座城市实现了朝发夕至。2012年国务院发布的《“十二五”综合交通运输体系规划》提出，我国将在2015年贯通“四纵四横”的高铁网络，并建设相关辅助线、延伸线和联络线。根据规划以及现有的建设情况，高铁项目在东部尤其是长三角地区的分布密度很高，约占全国的一半；东部几个重要城市，如北京、上海、广州将成为全国性的高铁枢纽。高铁的网络化运行势必有效地将沿线城市串联起来，使得旅游活动的同城化效应更加明显。而高铁与旅游的融合发展，也将带动旅游新产品的开发，从而助推东部旅游的二次腾飞。

（三）新型城镇化战略进一步促进东部地区旅游转型并提升其国际化水平

新型城镇化是当前和未来一段时期我国社会经济发展的重要战略。由国家发改委牵头，财政部、国土资源部、住建部等十多个部委参与编制的《全国促进城镇化健康发展规划（2011～2020年）》中指出，未来中国新型城镇化建设，将遵从“公平共享”、“集约高效”、“可持续”三个原则，按照“以大城市为依托，以中小城市为重点，逐步形成辐射作用大的城市群，促进大、中、小城市和小城镇协调发展”的要求，推动城镇化发展由速度扩张向质量提升“转型”。具体到东部地区，未来的重点是，在优化城市群的基础上，逐步打造一些更具国际竞争力的大城市、特大城市，并更加注重服务业的发展，尤其是要优化提升京津冀、长三角和珠三角城市群，逐步打造更具国际竞争力的城市群。这些对于促进东部地区旅游发展的转型升级、提升其国际化水平而言，都是重要的机遇。

四　促进东部地区旅游进一步发展的战略措施

（一）以国际化为核心

1. 要大力发展入境旅游

一是要加大入境旅游的政策扶持。①加快推进入境客源市场较为关注的落地签证政策。经国务院批复同意，自2013年1月1日起，北京、上海两地已对45个国家公民实施72小时过境免签政策。建议东部地区其他省市旅游局（委）联合相关部门，积极推进和落实入境游客的落地签证政策，简化签证手续，推动对有条件的客源地实施免签证、口岸签证，对符合条件的散客实行多次往返签证。②积极争取海关、边防和卫生检验检疫等部门对各中心城市举办的各种国际会议、大型展会、会奖旅游、国际赛事、重大演出等项目在入境签证、通关等方面给予简化手续等支持。③研究实行境外旅客购物离境退税的可行性和具体办法，研究制定境外旅客在景区、酒店外币结算的有关措施。

二是以中心城市为依托，提升城市旅游国际竞争力。①形成数个魅力独具、环境一流、集散便捷、服务完善、旅游产业体系健全、旅游产品丰富多样、旅游企业充满活力的世界著名旅游城市，打造多个国际都市观光旅游目的地、国际都市时尚购物目的地、国际都市商务会展目的地、国际都市文化旅游目的地、国际都市休闲度假目的地以及国际旅游集散地。②各城市完善城市旅游基础设施与公共服务体系。增加和完善市区游客集散地与主要旅游景区的旅游公共交通线路和场站设施。依托先进的网络通信技术，提供统一高效的旅游租车调度服务。设立中心站、集散站和辐射网点三级体系构成的旅游集散体系。在城市机场、车站、中心广场、景区景点及旅游要素集聚区等游客集中地带设置旅游信息咨询中心。设置与国际旅游城市标准接轨的完善、规范、多语种的标识系统。③高品质打造城市商业游憩、公园广场休闲游憩、文化娱乐游憩、体育运动休闲等城市游憩系统，大力发展酒吧街、特色旅游街区等，创造轻松、愉悦的城市旅游氛围。

三是重点开发符合国际需求的旅游产品。东部地区应依靠经济优势、市场优势、资本优势、科技优势、人才优势以及基础设施优势，着力发展都市旅游、商务会展、滨海度假、康体养生、海洋旅游等国家化旅游产品，推动东部地区旅游国际化发展。

四是加大入境旅游市场营销力度。①推进欧美、日韩和港澳台等传统入境旅游重点客源市场的营销工作，建议有条件的东部城市在主要客源国城市和地区设立旅游办事机构，以多种方式派驻或聘请驻外专员吸引客源。②大力开拓新兴经济体国家客源市场（金砖国家、灵猫六国）和地缘联系国家客源市场（东亚市场、南亚市场等）。③加强与国际知名旅游城市的联盟关系，有条件的东部城市应积极参与各类国际旅游城市联盟组织。④促进旅游企业与国际航空、国际邮轮等公司的战略合作，对企业邀请海外旅游批发商、参加海外促销和展览、申办国际会议等行为予以奖励。

2. 应积极推进国际旅游合作

东部地区应以中国－东北亚旅游合作区、北部湾地区旅游合作、中越国际旅游合作区、中国－东盟旅游合作区、粤港澳旅游合作区等为重点，开放创新、联动发展，重点突破、多极推动，形成一批中国旅游发展国际化、现代化的示范区和先导区。

3. 要以企业为主体，加快推进东部旅游大企业“走出去”的步伐，推动中国旅游产业国际化布局

一是鼓励有条件的旅游企业积极“走出去”，开设旅行社、旅游饭店和其他旅游经营项目。相关旅游主管部门应积极与商务、财政、外汇管理等部门合作，充分依托相关优惠政策，引导和推动东部旅游企业进行海外投资。在我国海外资产并购中，鼓励向我国公民主要出境旅游目的地国家和地区的旅游行业适度倾斜。对大型旅游集团的海外扩张给予一定的资金补贴。

二是建立旅游企业对外投资咨询服务体系，为希望进入境外市场或已经“走出去”的旅游企业提供当地投资政策、法律、劳动力市场以及文化背景等方面的信息咨询服务指导。

三是加强专业教育、专题培训，鼓励企业吸纳国际人力资源，探索解决旅游企业“走出去”人才短缺和商业模式适应性弱的问题。依据中国游客出境旅游的流量、流向以及消费模式，制定金融、保险、投资等企业“走出去”的重点区域、发展领域与推进速度等，通过兼并收购和申设机构并举方式，推进其全方位、立体化的国际化战略布局。

（二）以区域旅游合作与区域带动为特色

在区域旅游合作方面，东部地区应按照“规划共编、资源共享、品牌共塑、交通共通、产品共联、市场共推、人才公用、机制共建”的原则，进一步完善旅游合作机制，丰富协作内容，深化旅游区域合作。尤其应进一步推动长三角、珠三角、环渤海三大区域旅游合作。具体来看，对长三角地区而言，2010年国务院批准实施的《长江三角洲地区区域规划》确定了长三角地区“亚太地区重要的国际门户、全球重要的现代服务业和先进制造业中心、具有较强国际竞争力的世界级城市群”的功能定位，长三角地区将合力建设第六大世界级城市群。长三角旅游一体化正从过去局部的、零星的和松散型合作开始转向高层次的、全方位的和紧密型合作。现阶段长三角地区应以市场的实际需要为导向，以产品为抓手，有效、有序地整合区域内旅游资源，建立优势互补、服务一流的产品体系，打造以上海市为旅游龙头，以南京、杭州、苏州等城市为支撑的大旅游经济圈，努力建设“互为市场、互为腹地、互送客源”的区域旅游市场合作格局。对环渤海旅游区而言，应根据资源共享、市场共拓、客源对流的要求，以北京市为区域内龙头，加强区域协调与互动，建设“一核（北京）、两环（水陆两条环线）、三中心（天津、大连、烟台）”的发展格局，最终实现以北京为核心区，天津、大连、烟台为次核心区的环渤海旅游区。应利用区域内的滨海资源、历史遗迹、民俗文化等旅游资源，联手大力开发滨海度假旅游产品、温泉度假旅游产品、民俗文化旅游产品、历史文化旅游产品等。对泛珠三角区域旅游合作示范区而言，目前已成为全球知名的商务会展休闲度假区，不仅在国内游市场中占有重要地位，也已成为中国出入境旅游的重要目的地。在泛珠三角区域旅游互动融合的过程中，造就了“一国、两制、三地、四种文化（岭南、西方、都市、历史文化）”相交融的世界性黄金旅游合作区域。未来应以更加开阔的视野、更加开放的姿态、更加周到的服务、更加务实的举措，加强泛珠三角区域旅游合作制度共建、旅游信息共享、合作宣传促销、区域市场联合监管等方面的合作。

在区域带动方面，东部地区要依托主要城市（群）、大型旅游区以及有条件和特色的城镇，发挥旅游交通、旅游资源、接待设施集中度高的优势，打造一批旅游城市、环城市旅游度假带、旅游示范区、旅游无障碍区，发挥带动作用。其中旅游功能区和示范区是两个重点。

就旅游功能区而言，要根据不同区域的发展特点和发展水平，配合国家主体功能区建设和区域发展战略，以沿海、沿长江、沿新欧亚大陆桥为主轴，以都市群为依托，统筹区域旅游发展，促进沿海地区跨省域旅游发展和合作，重点发展沿海地区、国家战略地区以及重要旅游资源聚集区等，形成一批国内外知名的旅游功能区，最终通过这些功能区的示范带动作用，促进东部和全国旅游业的全面发展。

就旅游示范区而言，传统上，东部的长江三角洲、珠江三角洲、环渤海地区是我国最为发达的集中连片的地域，在东部地区乃至全国的经济发展中都占有举足轻重的地位。未来加强与中西部地区的交流与合作，增强对其他地区的辐射和带动作用。此外，还应以海南国际旅游岛、海峡西岸旅游区等为示范区，发挥其示范、带动作用。

（三）以管理体制创新为支撑

东部地区各有关部门应遵循社会主义市场经济规律和旅游产业发展规律，适应旅游产业迅速发展的需要，整合、优化、重组各类旅游资源与旅游要素，推进旅游管理体制从行业管理向产业管理、从监管型管理向服务型管理、从分散管理向统筹管理转型。尤其是考虑到旅游业的综合性特征，应当充分授权，明确旅游部门的综合协调职能，提升旅游部门的地位，从旅游业涉及部门多、关联性强的实际出发，建立健全由旅游、财政、交通、统计、规划、环保、税务、文化、体育、园林、水务、公安、工商等部门相互协调、密切配合、分工合作的管理体制，同时形成政府主（引）导、市场运作、企业主体、社会参与的大旅游发展格局。

（四）以海洋旅游为突破口

东部地区多是沿海省市，海域辽阔，海洋资源丰富，海洋环境优越，海洋生态系统多样，发展海洋旅游具有先发优势。在发展海洋旅游的国家战略背景下，东部地区应抓住机遇，重点发展滨海度假旅游、海洋观光旅游、海岛旅游、邮轮旅游、游艇旅游、海上运动旅游等，实现旅游业的二次腾飞。

一是强化海洋旅游产品特色。开发一些特色海洋旅游项目，如游船旅游、海洋体育旅游、海洋保健旅游、海洋探险旅游等。在设计海洋旅游项目时，要尽量挖掘当地特色，尽量保持当地海洋旅游资源的原始风貌和原汁原味的地域文化，并注重项目的体验化、个性化。

二是实现海洋旅游的四个转变，即从滨海观光转变为滨海度假；从近海休闲向远洋度假转变；从滨海景区、观光旅行社业、酒店业等为主的传统产业格局向以海洋旅游装备制造业、邮轮供应商、滨海度假物业、度假会展为核心的新型产业格局转变；从以政府投资为主体，转变为政府、民企、外企多样化投资为主体。

三是严格保护、合理开发海洋旅游资源。海洋旅游的经济命脉在很大程度上依赖于其拥有的独特的海洋资源。因此应该把海洋资源的保护放在重要的位置。对于海洋旅游资源，应该坚持严格保护、科学管理、合理开发、永续利用的方针，加强对海洋旅游资源开发的宏观管理。积极推动海洋资源开发由一味索取向资源养护转变、由初级利用向循环利用转变、由粗放利用向精深加工转变，实现对海洋的科学开发、适度开发、高效开发。

参考文献

《国务院关于加快发展旅游业的意见》（国发〔2009〕41 号文件）。

中华人民共和国国家旅游局：《中国旅游业“十二五”发展规划纲要》，中国旅游出版社。

张广瑞、刘德谦、宋瑞主编《中国旅游发展报告》历年，社会科学文献出版社。

中国旅游研究院：《中国区域旅游发展年度报告：2010~2011》，中国旅游出版社，2011。

夏斐、霍景东、夏杰长：《大力发展海洋服务业是海洋强国战略的必由之路》，《中国经济时报》2012 年 12 月 4 日。

中部地区旅游业现状、问题与战略措施

马聪玲*

摘　要： 中部地区的资源条件、市场条件和交通条件为旅游业实现跨越式发展奠定了良好的基础。近些年来，中部地区国内旅游增长迅猛，旅游发展的综合效益显著，重点城市圈和城市群的产业集群式发展成为旅游经济新的增长点。中部地区旅游业发展也存在国际化、市场化程度不高、资源环境不断恶化、区内发展不平衡等矛盾和问题。中部地区蕴涵着极大的内需增长潜力，旅游业发展战略重点应该围绕基础设施和公共服务的改善，重点培育城市群、城市圈和经济带，推动区域旅游格局的优化和调整，立足中部地区的人文、民俗、生态等后发优势，实现旅游业的集群式、集约式的可持续发展。

关键词： 中部地区　旅游业　中部崛起　城市群旅游

一　中部地区旅游业发展现状

（一）基本态势：中部崛起战略推动旅游业加速发展

中部地区包括山西、河南、安徽、湖北、湖南、江西六省。中部地区承东启西、连接南北，在我国经济社会发展格局中具有重要的战略地位。该区旅游

* 马聪玲，经济学博士，中国社会科学院财经战略研究院副研究员。

资源丰富密集，综合交通优势明显，消费市场巨大，也是我国旅游业区域发展的重点。

20 世纪 80 年代以来，随着东部地区对外开放、西部大开发战略，东北老工业基地振兴等一系列区域战略的实施，中部地区发展显得滞后。2004 年，政府工作报告中明确提出了促进中部地区崛起。2004 年 12 月中央经济工作会议和 2005 年政府工作报告再次提出抓紧研究制定促进中部地区崛起的规划和措施，2006 年中共中央、国务院印发《关于促进中部地区崛起的若干意见》，2009 年，国务院通过了《促进中部地区崛起规划》，对中部地区作出了"三基地一枢纽"（重要的粮食生产基地、能源原材料基地、装备制造基地、综合交通运输枢纽）的定位，并谋划了中部重点发展的"两横两纵"（长江、陇海，京广、京九）经济带的基本发展格局。

中部崛起战略实施以来，中部地区社会经济快速发展、产业结构不断优化、资源解决型和环境友好型社会建设展开、高速交通体系日益完善、城市群和城市圈快速形成、区内外合作不断加强，为区内旅游业快速增长提供了坚实基础。同时，"十一五"期间，国民旅游消费需求持续增加，旅游产业地位不断提升，国务院明确要求"把旅游业培育成为国民经济战略性支柱产业和人民群众更加满意的现代服务业"。《国务院关于加快发展旅游业的意见》、《国民旅游休闲纲要（2013 ~ 2020 年）》等文件陆续出台，为旅游业提供了强有力的政策支撑。在这些利好因素的推动下，中部地区旅游产业保持了良好的增长势头，区内旅游投资活跃，旅游经济效益显著提升。

2011 年中部地区旅游业各项指标表现较好，国内旅游市场表现尤佳，同比增速高于其他三个地区。2011 年，中部地区实现旅游总收入 10915.08 亿元，同比增长 32.57%。其中，国内旅游收入为 10589.77 亿元，同比增长 32.74%；旅游外汇收入为 46.64 亿美元，同比增长 10.91%。接待游客量方面，国内游客数量为 13.59 亿人次，同比增长 29.43%，入境游客 1165.76 万人次，同比增长 21.29%。从中部六省的旅游业发展情况来看，2011 年中部地区所有的省市的旅游总收入均实现了高增长，同比增速在 20% 之上。其中，安徽省同比增速高达 65.81%，湖北和江西的同比增速分别为 36.45% 和 35.15%，山西、河南和湖南的同比增速相对较低，分别为 23.92%、22.1% 和 24.98%。

中部六省旅游经济相对发展率呈现平缓上行的趋势，从 2001 年的 0.52 上升至2011年的0.95。区内六省2006年以来发展加速，旅游经济相对发展率提升较快，其中，安徽和湖北增幅最大，上升至1，山西、河南、湖南和江西分别从0.82、0.58、0.63和0.54上升至0.99、0.73、0.7和0.62。

（二）基本特征：以高速交通系统为依托，以城市圈为重点，国内旅游综合效益显著

1. 中部地区国内旅游增长迅猛，综合效益显著

中部六省地域开阔、人口密集、城市众多、交通便捷，名山大川、江河湖泊众多，自然资源丰富，消费市场潜力庞大，是我国国内旅游的重点区域。特别是近年来，随着扩大内需政策的刺激，国内旅游消费需求的快速增长，区内道路交通条件的不断改善和重点景区的快速崛起，中部六省国内旅游得到迅猛发展。2011年六省共接待国内游客约计13亿人次，占到全国国内旅游人次的一半。国内旅游突出省份以河南、湖北、安徽为代表，入境旅游则主要以湖南、湖北为主。国内旅游收入占全省旅游总收入的95%以上，2011年，河南旅游总收入达到2802亿元，其中国内旅游收入占到98%以上，山西国内旅游收入占旅游总收入的97%。2011年，湖南省国内旅游收入同比增长25.8%，安徽国内旅游收入同比增长65.8%，山西国内旅游收入同比增长24%，江西国内旅游收入同比增长35.8%，远远高于国际旅游外汇收入增长幅度，成为区内旅游经济的增长极。此外，在经济效应之外，旅游产业的民生功能进一步强化。中部地区在旅游发展中创新的“焦作现象”、“栾川模式”、“西峡经验”、安徽乡村旅游、江西红色旅游等经验，带动地方了社会经济发展，带动了当地农民致富，对城乡的统筹发展具有重要意义。

2. 中部旅游产业集群式发展成为新的增长点

中部地区交通发达，城市密集，目前正在围绕经济较发达、具有较强带动功能的省会城市和中心城市形成城市群，如以郑州为中心的中原城市群、太原城市圈、武汉城市圈、长株潭城市群、环鄱阳湖城市群等。这些城市之间空间距离近、经济联系密切、功能互补，可以在更大范围内实现资源的优化和配置，形成旅游产业的集聚发展。以中原城市群为例，以郑州为中心、洛阳为副中心，包括开封、平顶山、新乡、焦作、许昌、漯河、济源9个省辖城市及其所辖区域，是我国重要的城市群之一。中原城市群覆盖了河南省的黄金旅游线路郑州－开封－洛阳，全国八大古都中，中原城市群就拥有三个。同时还包括

焦作、济源、平顶山等山水、自然、生态旅游新兴城市，拥有世界文化遗产龙门石窟，世界地质公园中岳嵩山、焦作云台山、王屋－戴眉山，拥有皇帝故里、少林寺等，具有发展旅游的突出优势。目前围绕郑州、洛阳、焦作、开封等重点城市，正在形成旅游产业集群集聚区，空间布局和产业配套粗具规模，带动了上下游产业快速发展。

表1　中原城市群主要城市旅游设施和收入状况

地区	星级饭店数（个）	接待入境游客（万人次）	旅游外汇收入（万美元）	国内旅游收入（亿元）
郑州	104	38.4	14760	696.36
开封	22	22.61	6257	215.3
洛阳	59	53	15526	455.36
焦作	28	25.84	9479	154.47
合计	213	139.85	46022	1521.49
占全省比例(%)	42	83	84	62

资料来源：根据2012年《河南省统计年鉴》相关数据整理。

另外，以长株潭城市群为例，该区在2007年获批为全国两型社会建设综合配套改革试验区，是湖南省经济发展的核心地区。区内旅游资源丰富密集、种类齐全、品位高，是湖南旅游的“金三角”地带，近年来，三市采取了资源共享、产品共建、管理共抓、市场共拓、错位发展的发展思路，旅游产业规模不断扩大，该区现有星级饭店170多家，旅行社200多家，随着机场、高铁、高速公路、水路等交通网络的形成，该城市群将会成长为湖南省极具活力的旅游经济增长引擎。

3. 文化品牌和投资成为旅游产业转型升级重要驱动力

中部地区是华夏文明的摇篮，中国近代文明的基地，各类文化和自然遗产众多。在我国已有的43处世界自然遗产和文化遗产中，中部六省拥有12处。不仅拥有湖北武当山古建筑群、山西平遥古城、皖南古村落西递宏村、河南洛阳龙门石窟、大同云冈石窟、河南殷墟、河南登封天地之中古建筑群、江西庐山、山西五台山等世界文化遗产，还拥有世界自然遗产湖南武陵源和江西三清山，世界文化和自然双遗产安徽黄山。此外，中部地区历史上属于人类聚居区，文化历史积淀深厚，民俗、宗教、建筑、雕刻、节庆、少数民族文化等各类文化遗迹众多，晋商文化、徽商文化等商业文化浓厚，古城、古村落遗存丰富，例如平遥古城、皖南古村落、凤凰古城等。近年来，中部地区承接东部外溢资金，旅游投资活跃。2011年，湖南旅游业实施“251”旅游项目建设工程，全省在建500万元以上的旅游项目620个，总投资额达到3706亿元。从2009年起，河南省开始设立旅游业发展专项资金，当年省财政安排1亿元，2010~2012年每年5000万元，支持旅游业发展。“十一五”期间，河南省完成旅游投资超过400亿元。因此，在深度挖掘这些文化资源的基础上，在中部地区大投资、大项目的带动下，中部地区形成了多个文化旅游目的地，如湖南大湘西文化旅游区等，培育了一批文化演艺品牌，例如河南的《禅宗少林·音乐大典》、《大宋·东京梦华》等，促进了文化和旅游的深度融合，带动了旅游产业升级。

二 中部地区旅游业发展面临的问题

（一）中部地区旅游产业市场化和国际化程度相对较低

中部地区虽然具有旅游产业进一步发展的得天独厚的资源条件，但在市场化、国际化程度上远远落后于东部地区。中部各省多为我国粮食主产区，长期以来，产业结构以农业为主。农业占比高，农村人口数量庞大，多个省份农村人口比重超过了全国平均水平。市场化、工业化和城镇化水平较低，服务业发展水平相对滞后。一方面与旅游产业密切相关的生活性服务业发展水平不高，以旅游六要素食、住、行、游、购、娱为例，购物、娱乐等高附加值产业环节不健全，在核心产业环节还缺乏竞争力。另一方面，与旅游产业相关的公共服务也不足，特别是适应目前市场需要的自助游游客需要的公共服务缺乏。同时，中部地区在长久的发展中，主要处于以承接东部产业转移和资本转移的第二梯队，国际化意识不强，缺乏叫得响的国际旅游品牌，缺乏旅游产业的国际化合作。这些都是产业转型升级和进一步发展的制约因素。

（二）资源环境恶化威胁旅游产业可持续发展

中部地区工业粗放式发展和矿产资源的涸泽而渔式开发，面临快速发展与自然环境恶化的矛盾，这是未来中部地区实现可持续发展的严重制约条件。对旅游产业来说，也带来了颇多负面影响。第一，旅游资源环境的持续恶化，致使旅游吸引力下降。中部地区名山大川、河流湖泊众多，但这些旅游资源水体污染严重，鄱阳湖、洞庭湖、太湖、巢湖、东湖等湖泊富营养化严重，淮河、黄河、长江支流等区域水土污染严重，大大降低了旅游目的地的吸引力。第二，生态环境的破坏，进一步威胁着旅游产业发展的安全。生态环境破坏、过度开发建设和开采，可能进一步引发洪涝、塌陷、泥石流等地质灾害，威胁游客安全，制约旅游产业的持续平稳发展。

（三）中部各省旅游产业发展不平衡，区内外合作仍待加强

中部六省在产业规模和产业发展水平上还存在较大差异。河南、湖南、安徽、湖北旅游经济相对发达，而山西、江西等旅游产业发展相对滞后。以河南省和江西省为例，2011 年，河南省 GDP 相当于江西省的 2.3 倍，旅游总收入相当于江西省旅游总收入的 2.6 倍。河南省位居中原，是国内旅游热点地区，特别是近年来，随着焦作等资源枯竭型城市的成功转型，新的旅游热点不断，旅游产业规模迅速扩大。而江西以山水人文、红色旅游为特色，也已经成为全国重要的红色旅游目的地。在国际旅游方面，湖南、湖北领先其他省份，近年来，安徽对入境游客吸引力增强，增幅明显。2011 年，国际旅游外汇收入排名，31 个省（市、自治区）中，中部地区六省中，安徽省 11.79 亿美元（第 12 位），湖南省 10.14 亿美元（第 14 位），湖北 9.4 亿美元（第 16 位），山西 5.67 亿美元（第 20 位），河南 5.49 亿美元（第 21 位），江西 4.15 亿美元（第 24 位）。基于各省的差异性，中部各省之间合作以及跨区域合作亟待加强。中部地区崛起的战略实施晚于西部大开发战略和东北老工业基地振兴战略，在推进机制上仍然存在有待完善的地方。西部大开发领导小组和东北老工业基地振兴领导小组负责相关政策的推进，中部崛起战略的政策支持通常比照西部大开发和东北老工业基地振兴，仍需要进一步完善落实、推进机制，才能促进区内外高效合作。

三　中部地区旅游业发展空间较大

随着中部地区“十二五”规划的逐步实施以及中部崛起战略的推动，旅游产业地位不断提升，在《国民旅游休闲纲要》的出台、带薪休假制度的逐

步落实、高速交通体系不断完善等有利条件的刺激下，中部地区未来旅游发展前景广阔。

（一）高速交通网络推动旅游进一步发展

中国高速交通网络建设已经全面展开，中部地区可达性迅速提升。“十二五”期间，中部地区将进一步凸显铁路、公路、内河水运、航运等综合交通运输优势，区内将形成重要的游客集散中心和集散网络，服务接待能力大幅提高。“十二五”期间，中部地区建设的机场包括山西省吕梁、五台山机场；安徽省九华山、蚌埠、芜湖机场；江西省宜春、赣东机场；河南省信阳、商丘机场；湖北省神农架机场；湖南省衡阳、岳阳、武冈、邵东机场等。2009 年《中原城市群城际轨道交通网规划（2009～2020 年）》已获国家发改委批复，中原城市群将建设城际铁路，构建区内“米”字形交通格局，半小时到达中原城市群任一城市。

（二）中部地区人文、民俗、生态旅游后发优势显现

中部地区是推进新一轮工业化、城镇化的重点区域，蕴涵极大的内需增长潜力，在新时期国家旅游业发展格局中具有重要的地位。随着中部工业化和城镇化的进一步推进，《国民旅游休闲纲要》的出台、带薪休假制度的逐步落实，中部地区蕴涵的大市场优势会进一步显现，旅游产业发展后发优势明显。此外，依托现有产业基础，促进“文旅结合”、“农旅结合”等做法，将会推动旅游产业转型升级和多样化发展，发展创新乡村旅游、红色旅游、自驾车旅游、露营房车旅游等多种旅游新业态、新产品，提升旅游业的整体实力和竞争力。

四　促进中部地区旅游业发展的战略措施

（一）中部地区旅游业发展的战略方向

1. 中部地区发展的总体战略

“十二五”时期，国际经济形势仍然不容乐观，增长迟缓，国内稳增长、调结构、惠民生的主题还将持续。产业结构优化、产业转型升级以及启动国内

需求，成为经济发展的主旋律。中部地区农业产业庞大、服务业比重小，农业人口众多，是下一步城镇化产业结构调整的重点区域。通过城镇化推动土地、资本、劳动力等要素的聚集，通过转变增长方式，实现产业的转型升级，建设两型社会就成为中部面临的关键问题。

从2009年《促进中部地区崛起规划》提出中部地区“三基地一枢纽”的定位以及“两横两纵”经济带的基本发展格局以来，我国《“十二五”规划纲要》进一步明确了这一总体定位，提出“巩固提升全国重要的粮食生产基地、能源原材料基地、现代装备制造及高技术产业基地、综合交通运输枢纽地位……加快构建沿陇海、沿京广、沿京九和沿长江中游经济带，促进人口和产业的集聚，加强与周边城市群的对接和联系。重点推进太原城市群、皖江城市带、鄱阳湖生态经济区、中原经济区、武汉城市圈、环长株潭城市群等区域发展”。

2. 中部地区旅游产业布局及主要功能区建设

“十二五”期间，我国旅游业实行区域分类规划的战略，中部地区旅游产业的突出优势在于“大山、大水、大农村、大都市”，依托旅游基础设施和公共服务体系，构建“沿长江、沿陇海、沿京广和沿京九的旅游合作带”，重点发展“武汉城市圈、中原城市圈、长株潭城市群、皖江城市带、环鄱阳湖城市群、太原城市圈的旅游合作区”。在旅游类型上，中部地区的规划重点在于开发生态探险、民俗文化、宗教朝圣、世界遗产、红色旅游和乡村旅游等。配合国家区域发展布局，培育“鄱阳湖生态经济区”、“长株潭城市群旅游区”、“武汉城市圈旅游区”、“武陵山区旅游区”等旅游功能区。2009年国务院正式通过的《促进中部崛起规划》中，提出了促进中部旅游发展的一系列具体方案，例如支持重点旅游景区发展，建设“精品旅游区”；提升红色旅游重点景区如韶山、井冈山、大别山、太行山的旅游接待服务能力；推动目的地系统建设，完善产业配套体系等（见表2）。

表2　“十二五”期间中部地区旅游功能区及具体措施

鄱阳湖生态经济区	从政府、机构和企业等层面着手，全面推进大区域旅游合作机制。在环境维护的基础上，在促进经济发展的同时，提升以旅游业为核心的现代服务业发展水平，增加社会就业机会。构建“一核五片十八区”旅游发展空间结构与通体格局，打造“四横四纵”区域旅游发展轴线。将鄱阳湖建设成为中国乃至世界范围的生态旅游示范区、中国旅游业转型期的示范性旅游大区，带动周边乃至中国生态旅游业的健康发展

续表

长株潭“3+5”城市群旅游区	依托长株潭“3+5”城市群格局及丰富的旅游资源，建设两个两型旅游综合示范区，一条两型旅游示范带，四个跨区域合作示范区，八个新型县域经济区和三个旅游扶贫项目。将以长、株、潭绿心带为中心，长株潭三市为成长三角，环洞庭湖、衡炎祭祖、大梅山为支撑的三大旅游圈，通过长株潭城市群发达的交通动脉，有机融合在一起，形成贯穿城市群的、纵横交错的旅游网络发展空间格局。到“十二五”时期末将长株潭“3+5”城市群发展成为国内两型旅游示范区、中国中部地区旅游新核心
武汉城市圈旅游区	充分挖掘武汉城市圈优越的自然生态及丰富的历史文化旅游资源，充分发挥武汉在全国重要的交通枢纽地位，构建特色鲜明的武汉城市旅游圈，成为全国重要的区域性旅游目的地和全国旅游业两型社会建设的典型示范区。重点建设一批高质量的温泉、山地、湖泊型休闲度假区和生态旅游、文化旅游专项产品，打造城市圈各具特色的科教文化、温泉度假、红色文化、生态休闲、工业旅游、三国文化、宗教文化和体育健身等八大精品线路旅游产品。依托武汉城市圈“水景、水韵、水魂，尽享山水滋养；楚地、楚风、楚心，备受文化润泽”的特色。打造武汉城市圈“中国最滋润的山水休闲地”的旅游形象
武陵山区旅游区	依托武陵山区丰富的自然旅游资源和土家族、苗族、侗族等少数民族旅游资源。以湖南张家界、凤凰古城、洪江古商城，湖北恩施土家族苗族自治州八大自然奇观、八大特色文化，重庆武陵山民族地区的乌江画廊、小南海，贵州武陵山民族地区的“一山两江三文化”为核心吸引物，按照“打基础、转方式、调结构、抓统筹、求突破、谋发展、促和谐”的总体思路，通过鄂、湘、渝、黔四省市联合打造，在区域内形成一批功能完整的旅游目的地

资料来源：《中国旅游业“十二五”发展规划纲要》。

（二）中部各省旅游产业空间布局及重点

山西省。在“十二五”期间，山西省旅游业发展可以概括为“一核、三级服务体系、六大旅游板块、八条精品线路、八大休闲度假旅游区域、十八大核心景区”的大旅游格局。“一核”是以太原市为主体，辐射周边区域，建设全省的旅游接待服务中心和旅游集散中心。“三级服务体系”是指“构建省、市、县与景区三级旅游服务基地，形成完备的旅游服务体系，为游客提供无间隙、全方位的旅游服务”。“六大旅游板块”包括以大同市、朔州市、忻州市北部为依托的宗教古建旅游板块、晋商文化旅游板块、寻根觅祖旅游板块、太行山水旅游板块、黄河文明旅游板块、红色经典旅游板块等。“八条精品线路”涵盖世界遗产游、古建宗教游、晋商民俗游等。

河南省。“十二五”期间发展的主要思路是“一区两带四板块”。依托郑州、开封、洛阳、安阳四大古都的历史文化优势打造中原历史文化旅游区。重点发展从三门峡到商丘的黄河旅游带、从淅县丹江口水库至安阳市省界的南水北调中线旅游带，打造文化旅游体验、都市观光休闲、山地休闲度假、乡村旅游四大板块。具体措施包括培育古都文化、山水度假、中国功夫、拜祖寻根、中原红色旅游等旅游目的地，培育旅游集聚区、发展旅游度假区、完善集散服务网络等。

安徽省。安徽省旅游业发展在“十二五”期间的总体布局可以归纳为“3411”，即三个旅游中心城市、四大旅游板块、十大旅游主题功能区和十大旅游精品。具体来说，建设黄山市、合肥市和芜湖三个旅游中心城市，打造皖南国际旅游文化示范区、皖江城市带旅游区、合肥经济圈旅游区和皖北旅游区四大旅游板块，形成黄山与徽文化旅游功能区、九华山佛教文化与铜文化旅游功能区、天柱山与黄梅戏文化旅游区、芜湖主题公园与马鞍山诗词文化旅游区等十大旅游功能区。鉴于此，提出了旅游资本集聚工程、旅游目的地升级功能、度假区体系推进工程、旅游公共服务提升工程、服务要素体系完善工程、旅游市场开发工程、遗产保护工程、区域联动与一体化工程八大工程，助推旅游业发展。

湖北省。湖北省旅游产业发展采取了“一城两圈”旅游发展战略和“二四六八十”的空间布局，即加快建设武汉城市旅游圈、积极构建鄂西生态文化旅游圈，形成武汉、宜昌、十堰－襄阳、恩施－利川四大旅游集散中心，重点打造武汉都市旅游板块、一江两山旅游板块、清江民俗生态旅游板块、温泉休闲度假旅游板块、荆楚文化旅游板块、大别山红色旅游板块六大旅游板块。建设武汉华中大型旅游港示范区、宜昌西陵峡－平湖半岛示范区、咸宁国际温泉城示范区等八大旅游产业示范区以及十条精品线路。

湖南省。湖南省在“十二五”期间旅游产业发展的总体战略概括为“一个中心，一个龙头，三大板块，七条黄金旅游带”。以长沙市为中心、以张家界市为龙头，带动以长株潭为依托的大长沙旅游板块，以张家界、常德、湘西等为依托的大湘西旅游板块，以衡阳、郴州、永州三市为依托的大湘南旅游板块，形成湘西生态民俗风情旅游带、湘江旅游经济带、湘南山水人文旅游带、湘粤鄂武广高铁旅游带、湘东红色文化与休闲旅游带、湘中大梅山文化旅游带、湘北环洞庭湖生态文化度假旅游带七条黄金旅游带。

江西省。“十二五”期间，江西省旅游产业战略布局为“一区带两圈”，即全面建设鄱阳湖生态旅游区，积极促进和带动赣中南红色经典旅游圈与赣西绿色精粹旅游圈建设和发展。重点推进旅游市场开拓工程、红色旅游二期建设工程、生态旅游示范工程、乡村旅游富民工程、旅游精品打造工程、公共服务体系建设工程、温泉度假旅游开发工程、旅游骨干企业培育工程、旅游服务质量提升工程、人才队伍强化工程十大工程护航旅游发展。

参考文献

本书编委会：《国务院关于加快发展旅游业的意见》（学习辅导读本），中国旅游出版社，2010。

罗明义：《旅游经济学》，北京师范大学出版社，2009。

《促进中部地区崛起规划 2009～2015》。

《国民旅游休闲纲要 2013～2020》。

《山西省旅游业“十二五”发展规划》。

《河南省旅游业“十二五”发展规划》。

《安徽省旅游业“十二五”发展规划》。

《湖北省旅游业“十二五”发展规划》。

《湖南省旅游业“十二五”发展规划》。

《江西省旅游业“十二五”发展规划》。

西部地区旅游业发展现状、问题与战略措施

陈立平　赵雅萍*

摘　要： 西部大开发以来的十多年间，西部地区的旅游业发展迅猛，对地区经济的带动作用日益增强，并成为西部各省市的竞争优势产业。但与其他地区相比，也存在着总体水平偏低、区域内发展不平衡、基础设施制约等问题。在中等收入陷阱、西部大开发战略深入推进、国家旅游战略协调以及区域协调发展战略升级等背景下，西部旅游业发展应予以重新定位，即将旅游业发展成为扩大内需、富民兴边的重要区域，保障生态安全、建设生态文明的重要区域，以及保障民族团结、边疆稳定的重要区域。在此基础上，作者提出集约发展内涵增长、可持续旅游发展、文化多样性以及区域合作四大战略，以推进西部地区旅游业的健康发展。

关键词： 西部地区　旅游业　区域合作　可持续发展

一　西部地区旅游业发展现状

（一）旅游业发展迅速

2000年初，作为国家区域总体战略的第一步，西部大开发战略开始启动。

* 陈立平，中国社会科学院财经战略研究院助理研究员；赵雅萍，经济学博士，北京市社会科学院应用经济学博士后流动站研究人员。

经过十几年的发展，西部地区[①]国民经济增长速度快，且持续时间长，经济总量和人均水平都实现了跨越式发展，产业结构也日趋合理。

西部地区各省区市也据此制定了相应的旅游业发展规划，旅游业得以迅速发展。在入境市场方面，西部地区在宣传、开发、拓展市场方面采取了一系列联合促销的方式，使得欧洲、北美、日韩和东南亚以及港澳台地区的游客大幅增长。除 2003 年由于“非典”而导致我国入境旅游市场受到严重冲击以外，西部地区的入境旅游人次和国际旅游外汇收入均稳中有升，而旅游外汇收入基本上实现了两位数的增长率（见表 1）。2010 年，西部地区的入境旅游人数达到了 1708 万人次，比 2009 年增长了 26%，旅游外汇收入为 52.65 亿美元，同比增长 21.6%。在国内旅游方面，除 2003 年外，西部地区的国内游客人数保持逐年递增，其增长速度与全国平均水平基本持平。至 2010 年，西部地区的国内旅游人次和国内旅游收入分别为 11.3 亿人次和 7925.4 亿元，同比增长分别为 23.3% 和 29.4%，而旅游总收入为 8281.8 亿元，比 2009 年增长了 29%（见表 1）。

表 1　2000～2010 年西部地区入境旅游人数、旅游外汇收入、旅游总收入一览

年份	入境旅游人数（万人次）	增长幅度（%）	旅游外汇收入（百万美元）	增长幅度（%）	国内旅游人次（万人次）	增长幅度（%）	国内旅游收入（亿元）	增长幅度（%）	旅游总收入（亿元）	增长幅度（%）
2000	668	26.2	1585	16.7	24136	10.0	1035.3	—	1166.5	20.3
2001	711	6.3	1713	8.1	28019	16.1	1258.9	21.6	1400.7	20.1
2002	790	11.1	1955	14.1	31720	13.2	1494.6	18.7	1656.4	18.3
2003	546	-30.9	1227	-37.2	31134	-1.8	1560.1	4.4	1661.7	0.3
2004	830	52.1	2079	69.4	40606	30.4	2113.8	35.5	2285.9	37.6
2005	952	14.6	2582	24.2	47606	17.2	2623.7	24.1	2832.1	23.9
2006	1111	16.7	3083	19.4	57480	20.7	3362.0	28.1	3602.7	27.2
2007	1346	21.1	4003	29.9	67868	18.1	4222.8	25.6	4523.9	25.6
2008	1245	-7.5	3763	-6.0	74372	9.6	4770.1	13.0	5031.5	11.2
2009	1356	8.9	4329	15.0	91577	23.1	6124.0	28.4	6419.7	27.6
2010	1708	26.0	5265	21.6	112893	23.3	7925.4	29.4	8281.8	29.0

资料来源：根据 2001～2011 年《中国旅游统计年鉴》、《新中国 60 年统计资料汇编》等相关数据计算。

① 西部地区指由西部大开发计划定义的 12 个省区市，包括内蒙古、陕西、宁夏、甘肃、新疆、青海、西藏、重庆、四川、贵州、云南、广西。

（二）对地区经济带动作用增强

西部大开发战略实施的十几年间，西部地区国民生产总值逐年递增，旅游收入占 GDP 的比例稳定在 5.3% ~9.53%，占第三产业总收入的比重（“非典”期间除外）保持在16.89% ~25.35%（见表2）。西部地区第一产业和第二产业产值占 GDP 的比重仍然较高，这与西部地区的资源禀赋状况、产业布局和发展的侧重点有关，但旅游业已经发展成为西部地区第三产业的支柱。

表2 2000~2007年西部地区旅游收入与GDP、第三产业产值的关系

单位：亿元，%

年份	对 GDP 的直接作用		对第三产业的直接作用	
	GDP	旅游收入占 GDP 的比重	第三产业产值	旅游收入占第三产业产值的比重
2000	16388.9	6.98	5924.9	19.31
2001	18245	7.46	6960.2	19.56
2002	20052	8.07	7745	20.89
2003	22870	7.58	8641.5	20.05
2004	27585	7.88	9986.4	21.77
2005	33356	8.47	13221	21.36
2006	39301	9.18	15155	23.79
2007	47454.6	9.53	17847.9	25.35

资料来源：根据各相关年份《中国旅游统计年鉴》、《国民经济与社会发展统计公报》等整理。

（三）成为西部地区各省的竞争优势产业

旅游业是西部地区的综合优势产业，从西部12个省份的经济发展规划来看，各省份基本上都不约而同地把旅游业列为优势产业，四川、云南、西藏、陕西更是明确了旅游业的支柱产业地位（见表3）。西部地区独特的自然环境、古老神秘的文化遗址，风格迥异的民族风情，符合世界旅游求新、求异的需求趋势，具有很强的吸引力和国际竞争力。同时由于劳动力资源丰富，价格低廉，因此，与其他产业相比，西部地区的旅游业在国际市场上发展潜力巨大，已粗具产业竞争优势。

表 3　西部地区各省市优势产业与支柱产业

省市	优势产业	支柱产业
四川	旅游、高科技、机械、电子、冶金、化工	电子信息、水电、机械冶金、医药化学、旅游、食品餐饮
重庆	电子信息、生物工程、环境保护、光机电一体化、旅游	机械、化学、冶金
云南	现代医药、花卉、文娱、机电、建材、旅游	烟草、生物资源开发、矿产、旅游
贵州	能源、原材料、机械电子、轻工业、旅游	烟酒、电力、有色金属、化工
广西	农副食品加工、化学原料及化学制品制造、纸制品制造、医药制造、旅游	农业、果蔬种植、冶炼
西藏	农业、畜牧、加工、旅游	开采加工、旅游
新疆	旅游、住宅、有色金属开发、名牌产品	石油化工、棉花纺织
青海	特色农牧、旅游	水电、石油天然气、化工、有色金属
宁夏	绿色食品加工、生物药品和生物工程、能源、新材料、机电、特色旅游	能源、化工、冶金
甘肃	农副产品加工、生物制品、石油天然气、原材料深加工、旅游	石油化工、冶金、机械电子、轻纺食品
陕西	科技、旅游、果品、军工	电子、机械、医药、化工、能源、食品、旅游
内蒙古	农畜产品加工、能源、冶金、化学、装备制造、旅游、高新技术	农畜产品加工、能源、冶金、化学

资料来源：根据西部各省份“十一五”规划整理。

二　西部旅游业发展面临的问题

（一）总体发展水平偏低

我国旅游生产力布局集中于东部沿海地区。东部地区经济、交通较为发达，原有基础较好，是我国旅游创汇和国际旅游接待的主要基地，国内旅游的主要目的地，也是国内游和出境游的主要客源地。东部地区旅游产品结构较为完善，观光、度假、商务旅游同步增长，产业结构较为合理。而西部地区旅游产品以观光型产品为主，旅游产业要素处于全面建设过程中，交通、通信等基础设施的落后状况仍限制着旅游业的发展，因此，尽管西部地区旅游资源丰富，近年来旅游业发展也保持了较高的增长速度，但由于基础薄弱，在产品结构、产品质量、资源开发、市场结构等方面，仍与东部地区存在着较大的差异。

改革开放以来，东部地区经济发展迅猛，西部地区的人才、资金等要素不断向东部聚集，导致东、西部地区之间的经济发展差异状况加剧，而两地区之间在旅游业发展战略和投入方面的差距也不断增大：受“先国际、后国内”旅游发展战略的影响，东部地区因区位、交通和基础条件之便，与国外的经济文化联系日趋紧密，旅游业发展的速度与规模也进一步扩大；而西部地区由于各项投资不足、交通不便、接待设施不完善、旅游开发经营观念落后和外界对西部旅游了解较少等原因，拉大了与东部地区旅游业发展的差距。

就国内旅游收入而言，图1显示了2000～2010年我国三大地带的国内旅游收入状况，可以看出三大地带之间的国内旅游收入差异比较显著，东部地区的旅游收入最高并远远高于其他两个区域，中部地区其次，西部地区最少。

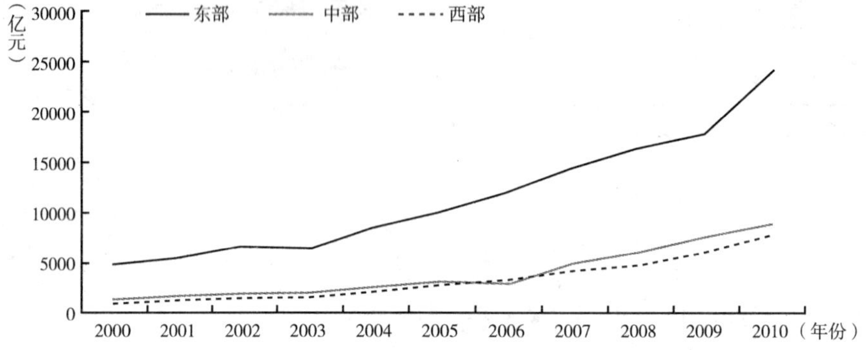

图1　2000～2010年三大区域国内旅游收入

资料来源：根据2001～2011年《中国旅游统计年鉴》、《新中国60年统计资料汇编》等相关数据计算。

就国际入境旅游而言，2000年东、西部地区的国际外汇旅游收入分别为118.06亿美元和12.78亿美元；到2010年，两地区的国际外汇旅游收入分别为419.67亿美元和44.59亿美元。西部地区的国际外汇旅游收入约为东部地区的1/10，而中部地区与西部地区大致持平（见图2）。

截至2011年底，全国星级饭店总量为11676家，星级饭店数量位于前十

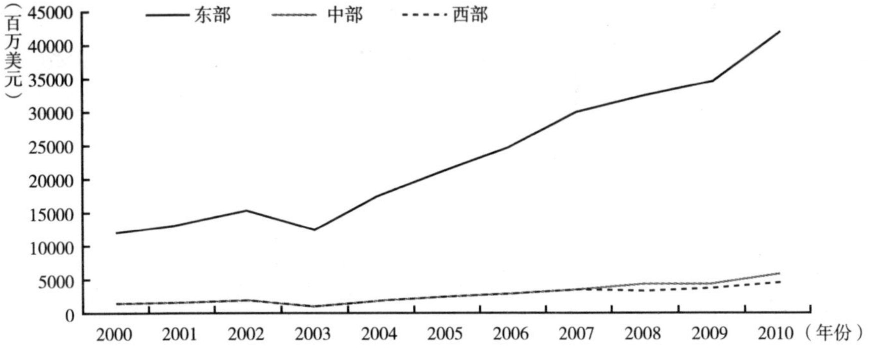

图 2　2000 ~ 2010 年三大区域国际外汇旅游收入

资料来源：根据 2001 ~ 2011 年《中国旅游统计年鉴》、《新中国 60 年统计资料汇编》等相关数据计算。

位的依次为广东、山东、浙江、江苏、北京、云南、湖南、四川、湖北和辽宁，[①] 绝大多数属于东部省份，西部地区只有云南和四川两省上榜，但相比 2007 年只有云南省以第五进入前十名，已有很大提高。

截至 2011 年底，全国旅行社总数为 23690 家，旅行社数量前十位依次为江苏、山东、浙江、广东、河北、辽宁、河南、北京、上海、湖北，上述省市的旅行社总量占全国总量的 56.16%。[②] 从区域发展格局来看，东部地区旅行社数量占据了全国旅行社总量的半壁江山，而值得关注的是，中西部地区旅行社的数量呈现快速增长，西藏自治区、宁夏回族自治区的旅行社数量增幅最大，超过 24%，显示了西部地区旅游发展的巨大潜力。

（二）区域内旅游发展不平衡

除了东西部地区的旅游业发展水平存在较大差异外，西部地区内各省市旅游业也呈现不平衡的发展态势，西南片区在旅游业发展水平、基础设施及开发条件等方面优于西北片区。

以 2011 年国际旅游收入来考察，西南片的云南省列全国第 10 位，广西、

---

① 《2011 年度全国星级饭店统计公报》，国家旅游局官方网站，http：//www.cnta.gov.cn/html/2012 - 6/2012 - 6 - 28 - 8 - 42 - 36760_ 1.html。

② 《2011 年度全国旅行社统计调查情况的公报》，http：//www.cnta.gov.cn/html/2012 - 10/2012 - 10 - 25 - 9 - 0 - 71726.html。

重庆、四川也排在西部地区前列。而在西北片，陕西省旅游业处于一枝独秀的位置，在接待游客人数、旅游外汇收入和国内旅游收入等几十个主要指标中，陕西省都占到整个西北地区的40%左右（见图3）。其中，西安市旅游业发展水平在整个西北片城市中尤为突出。但甘肃、青海、宁夏等省区的基础条件非

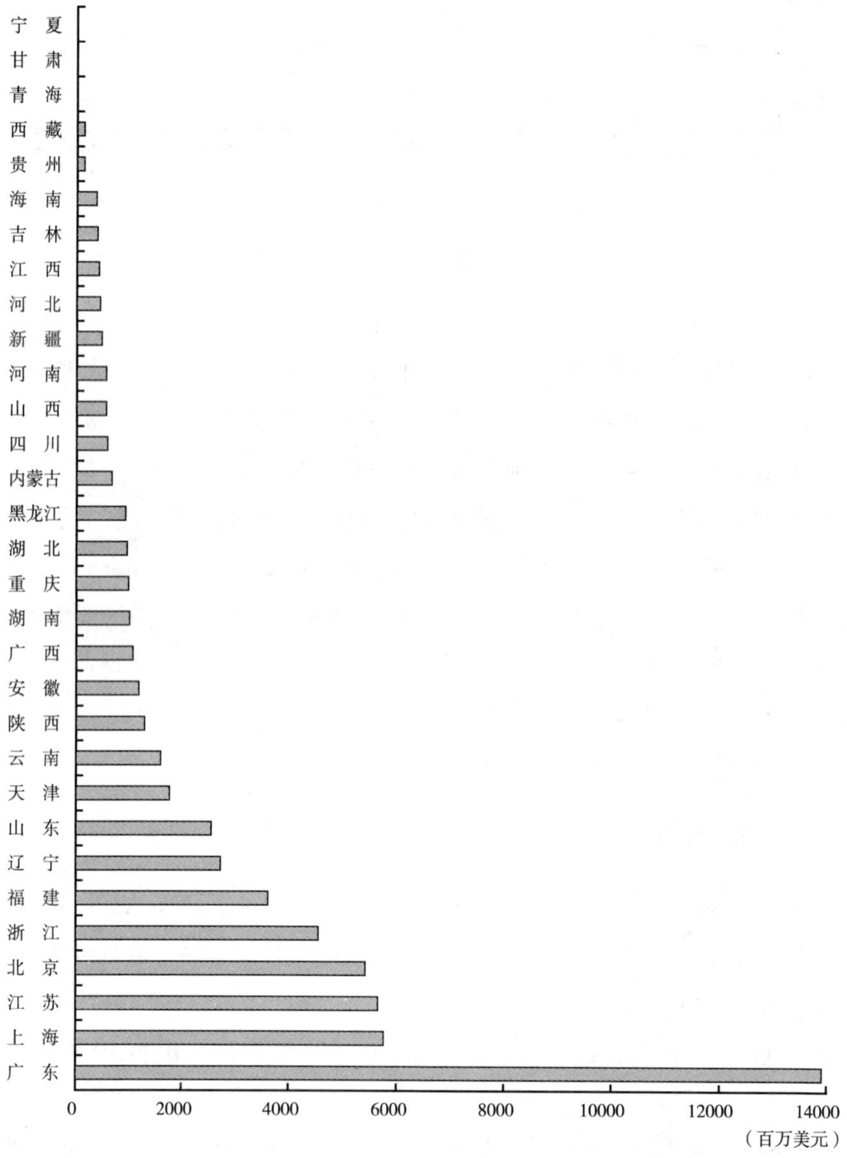

图 3　2011 年各省份国际外汇收入

资料来源：《中国统计年鉴 2012》

常落后，旅游接待设施也非常有限，旅游业发展相对滞后，各项旅游业发展指标列全国末三位。2011 年，云南省旅游外汇收入是宁夏的近 260 倍。

区域内旅游发展不平衡，不利于西部旅游整体竞争力的提高，使西部旅游业发展后劲不足。究其原因，首先是西部地区经济总量发展不平衡，一些地区基础设施和旅游接待能力严重不足等，这些因素严重制约了当地旅游业的发展。其次，西部地区旅游人才培育能力分配也不均衡。西部地区 12 个省市的旅游科研院校共有 635 所，其中仅四川和重庆的旅游科研院校就高达 481 所，占西部地区旅游科研院校总数的 76%，而内蒙古、西藏、青海和宁夏等西部六省区的旅游院校均不到 10 所。① 西部一些地区人才缺口较大、旅游人力资源后备力量不足同样抑制了当地旅游产品的开发和旅游业的发展。再次，西部地区内部各区域之间缺乏沟通和联系，缺乏相互的支持和联合，致使各区域的优势难以得到有效的发挥。那些拥有丰富旅游资源的地区因缺乏资金、技术和人才的支持，旅游业发展缓慢；而要发展旅游业，就必须在“大旅游”思想指导下走联合发展的道路。

（三）生态环境及基础设施制约

生态环境始终是制约西部地区旅游总体发展的重要因素。西部地区是我国许多江河的发源地，江河源头及上游生态环境一旦被破坏，不仅直接关系到西部地区经济社会发展，还会对全国气候和环境产生明显影响。同时，西部地区特别是西北地区多为沼泽、戈壁、山石、沙漠，相当部分处于高寒、缺水地带，水土流失严重、沙漠化加剧。

西部地区的自然生态环境，一方面形成了独特而丰富的旅游资源，另一方面生态环境敏感脆弱，很多地区旅游承载力有限。在这种资源环境下发展旅游业，必须慎之又慎。由于旅游开发不当对环境造成严重破坏的案例，在西部地区比比皆是。

与此同时，西部地区普遍经济基础差，区位条件相对差，交通相对落后，产业构成较为单一，产业结构极不合理。由于区域经济发展不平衡，各省区市间经济实力的不同，对基础设施的投资力度也不同，特别是甘肃、贵州、西藏、青海、宁夏等省区投资规模偏小，而投资的差距越发扩大了区域间基

---

① 中国旅游研究院，http：//www. ctaweb. org/html/2010 - 1/2010 - 1 - 14 - 17 - 37 - 69350. html。

础设施发展水平的差距。西部地区普遍薄弱的基础设施严重制约了旅游业的发展。

西部地区由于区位的原因，距离东南主要国内客源地东南沿海地区较远，铁路和公路交通网络稀疏、机场数量少，吞吐能力有限，对旅游业发展是极大的限制。同时西部航空口岸数量太少，或远离主要航空口岸，国际旅游条件严重滞后，缺乏像北京、上海、广州那样的大型国际航空枢纽，成本也相对较高，对吸引国际游客无疑是个障碍。

三　西部地区旅游业发展的趋势

（一）旅游业将成为西部地区扩大内需、富民兴边的重要抓手

西部地区人口占全国总人口的27.5%，但是消费份额占全国消费市场的份额只有18.4%，开发内需的潜力巨大。此外，尽管我国西部地区地大物博、自然资源丰富，但由于绝大部分地区地处边疆，交通区位不便，经济发展水平较低，加之可利用资源供给有限，导致西部地区成为我国贫困人口集中、贫困程度较高、返贫现象较为严重的地区。因此，西部地区不仅是实现扩大内需的重要区域，也是我国扶贫工作的主战场。而旅游业是劳动密集型产业，具有扩大就业、促进人民群众脱贫致富的强大社会功能。而西部地区巨大的旅游资源优势尚未得以充分发挥，加快西部地区旅游业发展，已成为国家扶贫总体战略和区域经济协调发展战略的重要组成部分，自然地，旅游业将成为西部地区扩大内需、富民兴边的重要抓手。

（二）旅游业将成为保障生态安全、建设生态文明的重要手段

西部地区是我国的生态安全屏障，生态地位十分重要。同时，西部地区又是生态环境的极端脆弱区，水土流失、土地荒漠化等现象非常严重，人地关系矛盾十分突出。脆弱的生态环境不仅长期阻碍着西部地区潜在优势的发挥，还对我国其他地区的生态环境和生态安全构成了极大的威胁。因此，西部地区的生态建设不仅关系到西部大开发的成败，而且还关系到西部乃至全国的可持续发展。目前，西部地区正处在经济快速增长的阶段，在其他条件假定不变的情况下，经济规模的扩大通常需要消耗更多资源和向环境排放更多的废弃物，因

此，对资源环境的压力也不断增大。同时，西部地区经济结构上的重型化特征在很大程度上决定了当地经济发展的资源、能源密集型特征，以及污染物密集排放的特征，而西部地区本身生态环境就十分脆弱，再加上环境基础设施建设严重滞后、环境治理能力不足，从而给当地资源环境问题的解决带来了更大的压力和困难。

主体功能区战略的实施使得区域协调发展战略全面升级，它更加强调地区之间的功能互补，以及人与自然的和谐共生，因此，在这一背景下，西部地区所承担的保障我国生态安全，建设生态文明的任务更加艰巨，也更加紧迫，而大力发展旅游业将成为实现目标的重要手段。

（三）旅游业将成为保障民族团结、维护边疆稳定的重要力量

西部地区共有少数民族 50 个，少数民族人口占全国少数民族总人口的 80% 以上，是我国少数民族分布最集中的一个地区。长期以来，这些少数民族同广大汉族人民一起共同开发西部，相处融洽。但是，由于自然和历史的原因，这些少数民族人口中，至今还有许多人没有摆脱贫困，加之有 20 多个少数民族是跨国界居住的，与 14 个国家接壤，因此，民族问题和边疆问题都十分突出。一直以来，一些国内外敌对势力对我国实行“分化”和“西化”，利用西部地区民族和宗教问题大搞颠覆和分裂活动，这对我国的民族团结和边疆稳定带来了一定的干扰和破坏，也影响了西部地区乃至全国的经济发展。发展旅游业有助于各民族的文化传承、发扬和传播，通过区内、区际旅游活动的开展，促进民族融合，增强中华民族整体的向心力和凝聚力。

四　促进西部旅游业发展的战略措施

（一）集约发展内涵增长战略

西部大开发实施以来，尽管旅游业有了较快发展，但总的来说，外延式、粗放化的增长方式仍然占主导地位，与内涵式、集约化的发展要求还有很大的差距。具体表现为效益不高、结构不合理、人才和科技等要素在旅游业发展过程中所发挥的支撑作用还不够、可持续发展的意识还不强等。因此，西部地区要按照《国务院关于加快发展旅游业的意见》所提出的要把旅游业培育成为

国民经济的战略性支柱产业和人民群众更加满意的现代服务业的两大战略目标要求，加快转变旅游业的发展方式，从单纯地注重速度与数量，转变为追求增长速度与效益并重，并加强旅游服务质量建设。首先，西部地区要以发展旅游业为出发点，以低碳、环保发展为理念，通过科学合理地设计生态旅游线路和旅游产品，将开发资源、发展经济和保护环境有机地结合起来；其次，西部地区旅游业要转变资源驱动型的发展方式，更加注重科技、人才等要素在旅游业发展过程中作用的发挥，充分运用现代科技特别是信息技术来提升旅游业，推动旅游信息化、数字化和智能化的改造和提升；再次，要围绕实现战略性支柱产业的目标，加快旅游业与第一、二、三产业的融合发展，推动新产品和新业态的开发。

（二）可持续旅游战略

旅游业可持续发展强调旅游业的发展不能以破坏人类社会赖以生存的生态环境为前提，在获得经济增长的同时必须确保旅游资源的可持续利用，要保证其损耗速度不超过其更新速度，满足当代人生存发展的同时，还要考虑代际公平，实现旅游资源的可持续利用。

西部地区人口承载能力低、区域生产能力不平衡、环境缓冲能力有限，因此，西部旅游大开发必须注重可持续发展，把建立西部旅游业与环境的良性互动关系放在首位，充分考虑资源和环境对旅游开发的承受力，实现资源和环境的永续利用，使经济效益、社会效益和环境效益达到最优化，实现西部旅游业的可持续发展。生态旅游作为可持续旅游的一种方式，可以成为西部地区旅游发展的重点方向。西部地区拥有得天独厚的自然人文条件，是发展生态旅游的基础。

（三）文化多样性战略

文化多样性是相对于生物多样性而言的，是人类的共同遗产，而很多传统的生活方式或民族文化正在慢慢消失，其消失速度甚至超过了生物物种。保护民族文化多样性已成为世界范围内的共识。西部地区是我国少数民族最丰富、最集中的区域，不同民族的生活方式、民族习俗、语言甚至服饰等多样原生态文化，成为西部地区最为独特的旅游资源。随着文化旅游的持续增长，保护并利用西部地区的人文资源成为西部旅游发展的重大机遇。有很多案例显示，正是由于旅游的开发，很多少数民族增强了身份认同，意识到了本民族传统和文化的价值，从某种程度上有效地保护了少数民族文化。当然，因为游客的到来，而被同化、丧失本民族传统的现象也很多。因此，西部地区旅游开发不能单纯追求经济目标，应将保护、促进文化多样性作为原则，通过参与利益分享机制，保障原住民在旅游发展中受益。

（四）区域合作战略

随着西部产业格局的不断调整，作为第三产业龙头的旅游业正在逐步成为西部各地经济发展中新的增长点。以往的区块分割、地方保护是由于各个地方、各个部门只顾及自身利益，但基于旅游产业发展的规律，振兴西部旅游产业是大家的共同利益所在，过去那种“圈地成园”、“立门收钱”的简单区域旅游现象将不会有市场，而只有将旅游品牌做精、做大才能有生命力。因此，西部地区应当走西部区域旅游联合发展之路，以中心城市为依托，以综合运输通道为轴线，建立大西部旅游圈，将区域旅游的发展推向一个新的阶段。西部各省份旅游产业在政府主导型政策支持下，转变观念，从大区域、大产业的发展角度出发，实行区域间的联合，统一目标、突出主题，放眼整个西部地区进行旅游产业的空间布局，从而形成西部旅游整体品牌，进一步增强西部旅游区域间联合旅游市场的竞争力。推进旅游区域合作，应当适度打破行政区划的限制，制定统一的区域旅游发展规划，以指导、协调各地的旅游开发建设。建立西部旅游省际协调会制度、西部旅游局长联席会议制度、省际旅游信息系统和信誉披露制度、西部旅游投诉违规案件协查协办机制等多项合作机制，并建立旅游突发事件的应急处理机制。西部 12 省区市将联合促销，打造西部旅游品牌。

参考文献

国家旅游局：《中国“十二五”时期旅游发展规划纲要》，中国旅游出版社，2011。

邵伟琪：《促进西部后发地区旅游业跨越式发展》，《中国旅游报》2012 年 5 月 4 日。

瞿华、夏杰长：《积极推进我国旅游业绿色转型》，《宏观经济研究》2011 年第 8 期。

王佳元：《西部旅游业发展：问题与建议》，《中国科技投资》2011 年第 10 期。

《2011 年度全国旅行社统计调查情况的公报》，http：//www. cnta. gov. cn/html/2012 - 10/2012 - 10 - 25 - 9 - 0 - 71726. html。

图书在版编目(CIP)数据

中国服务业发展报告 .2013：中国区域服务业发展战略研究/史丹，夏杰长主编. —北京：社会科学文献出版社，2013.8
（中国社会科学院财经战略研究院报告）
ISBN 978-7-5097-4946-3

Ⅰ.①中… Ⅱ.①史… ②夏… Ⅲ.服务业-经济发展-研究报告-中国-2013 Ⅳ.①F719

中国版本图书馆 CIP 数据核字（2013）第 181381 号

·中国社会科学院财经战略研究院报告·
中国服务业发展报告 2013
——中国区域服务业发展战略研究

主　　编／史　丹　夏杰长
副 主 编／倪鹏飞　戴学锋

出 版 人／谢寿光
出 版 者／社会科学文献出版社
地　　址／北京市西城区北三环中路甲 29 号院 3 号楼华龙大厦
邮政编码／100029

责任部门／皮书出版中心（010）59367127　　责任编辑／周映希　张丽丽
电子信箱／pishubu@ssap.cn　　责任校对／李　娟
项目统筹／邓泳红　　责任印制／岳　阳
经　　销／社会科学文献出版社市场营销中心（010）59367081　59367089
读者服务／读者服务中心（010）59367028

印　　装／三河市尚艺印装有限公司
开　　本／787mm×1092mm　1/16　　印　　张／24.75
版　　次／2013 年 8 月第 1 版　　字　　数／419 千字
印　　次／2013 年 8 月第 1 次印刷
书　　号／ISBN 978-7-5097-4946-3
定　　价／79.00 元